Elena Zucconi Galli Fonseca

DIRITTO DELL'ARBITRATO

Bononia University Press

L'editore mette a disposizione sul sito **www.buponline.com** nella sezione **download** i materiali e le schede di aggiornamento riferite alle novità normative e giurisprudenziali successive alla data di pubblicazione.

Bononia University Press
Via Ugo Foscolo 7, 40123 Bologna
tel. (+39) 051 232 882
fax (+39) 051 221 019

ISBN 978-88-6923-070-7

www.buponline.com
info@buponline.com

Impaginazione: Design People (Bologna)

Stampa: Global Print (Gorgonzola, Milano)

Prima edizione: gennaio 2016

TERMINUS
Manuali

Terminus

Ci fu un tempo ove il senso dei confini era così acuto che gli uomini pensavano fossero presidiati dagli dei. I romani chiamarono il dio dei confini *Terminus*: trasponendo in cielo la necessità dell'uomo di stabilire un limite, e, al tempo stesso, l'incoercibile spinta a superarlo. Erasmo da Rotterdam elesse *Terminus* come proprio dio, sapendo di trovarsi sulla faglia di un cambiamento epocale, dove i confini diventano incerti e più impervio il procedere.

Forse anche noi ci troviamo in una stagione nella quale ridiscutere i grandi temi diventa essenziale: come fu in quel primo passaggio millenario illuminato dal rinascimento degli studi, segnatamente giuridici, bolognesi.

Per questo abbiamo deciso di raccogliere sotto l'egida di *Terminus* l'attività editoriale del Dipartimento di Scienze Giuridiche e della Scuola di Giurisprudenza dell'Ateneo bolognese sviluppata con Bononia University Press, dichiaratamente però aperta ad accogliere anche contributi di studiosi di altri Atenei.

Essa contempla sia un comparto, questo, dedicato all'approntamento di strumenti idonei per una didattica efficace; sia una collana di studi monografici che compendia lo sforzo di pensiero ed elaborazione dottrinale. Nella convinzione che didattica e ricerca siano due facce inscindibili della stessa medaglia, così come la nascita e la storia dell'*Alma Mater* stanno a testimoniare.

Ad Antonio
solo tu, per sempre

INDICE

Capitolo XV
IL LODO 379

Capitolo XVI
LE IMPUGNAZIONI DEL LODO 409

Capitolo XVII
I COSTI E LA RISERVATEZZA 449

PREFAZIONE

Questo lavoro è germogliato dalla passione per l'arbitrato, coltivata fin dall'inizio dei miei studi: è partito da alcune dispense preparate per le lezioni del corso di Diritto dell'arbitrato interno ed internazionale dell'Università di Bologna ed è pian piano cresciuto fino ad una trattazione unitaria.

L'idea di fondo sta nell'autonomia concettuale dell'arbitrato rispetto alla giurisdizione dello Stato: appartiene ad una sfera diversa, ma è capace di produrre un risultato pienamente fungibile, una decisione i cui effetti sono parificabili a quelli della sentenza del giudice.

L'arbitrato offre la grande ricchezza della dimensione internazionale, che, a mio avviso, rappresenta tuttora il terreno di maggior sviluppo pratico e teorico dell'istituto. Proprio per questo, condividendo la scelta di fondo del legislatore italiano, ho scelto di trattare l'arbitrato domestico ed internazionale unitariamente, evidenziando le differenze di volta in volta, con costanti riferimenti alle convenzioni internazionali, alle discipline di ordinamenti stranieri e al contenuto di alcuni fra i regolamenti arbitrali più rilevanti del panorama mondiale.

Credo altresì che l'arbitrato, usualmente visto come strumento di soluzione individuale della lite, possa dare un contributo alla realizzazione del bisogno collettivo di giustizia: per questo motivo, ho ritenuto importante dare spazio alle sue peculiarità in alcune materie, come lo sport, il consumo, la famiglia, il lavoro.

L'intento didattico emerge dal frequente ricorso ad esempi, specie per i profili più complessi della materia. Ad un tempo, mi è sembrato opportuno inserire in ogni capitolo specificazioni utili ad eventuali approfondimenti; il tutto attraverso la tecnica dei paragrafi a carattere più piccolo, sicché l'impostazione adottata permette due diversi livelli di lettura.

Poiché il diritto è in costante divenire, di concerto con l'editore, eventuali aggiornamenti o altri materiali utili saranno consultabili sul sito www.buponline.com.

Il mio grazie va al Maestro Federico Carpi, che mi ha avviato agli studi sull'arbitrato e a Paolo Biavati, per l'incoraggiamento ed il sostegno di tutti questi anni; grazie anche a Carlo Rasia, Elena Gabellini, Marika Ragni e Carolina Mancuso, per l'attenta e preziosa lettura critica; un ringraziamento particolare va a Chiara Giovannucci Orlandi, per gli appassionati e proficui scambi di idee.

Confido in un costante perfezionamento, senza il quale la ricerca perderebbe il senso più profondo.

Bologna, 14 gennaio 2016

Elena Zucconi Galli Fonseca

Capitolo I
L'ARBITRATO NEL SISTEMA DELLA GIUSTIZIA

1. Nozione di arbitrato; servizio pubblico e servizio privato.

Dell'arbitrato si sono offerte diverse definizioni.

Si è parlato di giustizia privata; di definizione privata delle liti; di alternativa alla via giudiziaria statuale, esterna alla giurisdizione; di alternativa alla via giudiziaria statuale, ma interna alla giurisdizione; di strumento di soluzione delle liti appartenente esclusivamente alla sfera negoziale.

Come si vede, si tratta di vedute spesso contrastanti.

Due elementi, però, sono costanti negli inquadramenti proposti:

a) l'alternatività dell'arbitrato rispetto al processo statuale, che implica l'analogia del risultato.

Per analogia si intende che il risultato a cui tendono entrambi gli strumenti soddisfa economicamente l'utente allo stesso modo.

Per "economicamente", intendo un risultato che non può dirsi identico sotto il profilo della qualificazione giuridica, ma che assicura la stessa utilità dal punto di vista economico, cioè soddisfa un bisogno individuale e collettivo relativamente ad un bene.

Nella specie, l'arbitrato porta ad una decisione, il lodo arbitrale, che garantisce alle parti l'accertamento di chi ha torto e di chi ha ragione, in modo analogo a quanto fa un giudice con la sentenza.

b) La scelta delle parti, nel senso che l'arbitrato, a differenza del processo statuale, è possibile solo se le parti esprimono apposita volontà contrattuale, attraverso la convenzione arbitrale.

La funzione dell'arbitrato è più chiara se si mette in evidenza la sua natura di "servizio privato", a confronto con il "servizio pubblico" della giustizia.

Il ricorso al giudice statuale è garantito al cittadino come servizio su un diritto essenziale, oltre a rappresentare una funzione primaria dello Stato e tende alla soluzione delle controversie attraverso l'accertamento dell'*an* o del *quomodo* dei diritti soggettivi.

In altri termini, esso è, ad un tempo, un potere dello Stato e un diritto fondamentale dell'individuo (art. 24 Cost.).

Il cittadino può peraltro optare per uno strumento privato di giustizia; può scegliere cioè di rivolgersi a giudici privati per ottenere ragione.

Il diritto di rivolgersi agli arbitri è garantito dal principio di autonomia negoziale, sancito dall'art. 41 Cost. (cap. III, par. 2).

Detta scelta non è indifferente all'ordinamento, che la regolamenta e ne richiede certe caratteristiche di efficienza e legittimità.

Lo Stato, inoltre, offre un'assistenza giudiziaria per dotare il servizio privato di effettività: ad esempio permette che la decisione privata degli arbitri, il lodo, possa essere eseguita con l'ausilio degli strumenti coattivi (ufficiale giudiziario, forza pubblica), dopo un *placet* meramente formale da parte del giudice statuale.

2. Il dibattito sulla natura dell'arbitrato: teoria giurisdizionale e teoria contrattuale.

L'arbitrato porta con sé un dilemma, ancora irrisolto, che impegna gli interpreti da secoli: quale sia la sua natura.

Il dibattito è stato sempre acceso nel nostro Paese e l'incertezza perdurante ha persino creato, in tempi passati, qualche problema di riconoscimento dei lodi italiani all'estero: infatti, la questione sulla natura dell'arbitrato si riflette sulla natura della decisione degli arbitri.

Due sono le posizioni antitetiche che si sono da sempre contese il terreno: la teoria giurisdizionale e la teoria contrattuale.

Tali teorie (pur nelle diverse sfumature proposte dalla dottrina) hanno avuto fortune alterne in base all'epoca storica e all'evoluzione normativa.

a) La prima tesi considera l'arbitrato parte integrante del sistema-giustizia, interno alla funzione statuale.

I sostenitori hanno trovato dapprima conforto nel c.p.c. del 1865, che prevedeva l'obbligatorietà del deposito del lodo in tribunale entro cinque giorni dall'emissione, pena la sua inesistenza; di poi nella disciplina del codice del 1940, prima della riforma del 1994, che attribuiva al lodo depositato efficacia di sentenza; da ultimo nell'art. 824-*bis* c.p.c. introdotto nel 2006, che conferisce al lodo arbitrale, fin dalla sua sottoscrizione, effetti di sentenza.

b) La seconda tesi ritiene invece che l'arbitrato debba essere ricondotto alla sfera negoziale e, pertanto, non abbia alcun collegamento con la funzione giurisdizionale che è propria dello Stato.

Il lodo è, così, valido ed efficace indipendentemente dall'intervento autoritativo, come qualunque altro negozio giuridico.

La teoria ha trovato particolare sostegno nella disciplina del codice del 1940, riformata nel 1994, che aveva espunto dall'art. 825 c.p.c. allora vigente il riferimento all'efficacia di sentenza ed aveva soppresso l'espressione "sentenza arbitrale".

Negli anni più recenti il dibattito si è concentrato sul lodo, che per alcuni ha natura di contratto e per altri di sentenza.

Benché, come si è appena visto, la novella del 2006, nell'equiparare gli effetti del lodo a quelli della sentenza, sembri propendere per la teoria giurisdizionale, rimangono tuttavia alcune vistose differenze, come la necessità dell'intervento giudiziale per ottenere l'esecutività e la trascrivibilità della decisione, tipici attributi della sentenza.

Pertanto, nonostante l'intervento normativo, il dibattito non si è sopito: i sostenitori delle rispettive tesi hanno offerto delle norme novellate un'esegesi adeguata alla propria impostazione.

La giurisprudenza, sino al 2000, attribuiva al lodo effetti di sentenza ed inquadrava il rapporto fra arbitri e giudici italiani in termini di competenza, propendendo così verso l'attrazione dell'arbitrato all'interno della giurisdizione.

Nel 2000, una sentenza della Corte di cassazione a sezioni unite ha compiuto un deciso *révirement*, a favore della natura contrattuale.

Cass., 3 agosto 2000, n. 527: "La concezione sulla natura privata dell'arbitrato [...] porta a qualificare il procedimento arbitrale come ontologicamente alternativo alla giurisdizione statuale, una volta che si fonda sul consenso delle parti, e che la decisione proviene da soggetti privati radicalmente carenti di potestà giurisdizionale di imperio. Vale a dire che il giudizio arbitrale è antitetico a quello giurisdizionale e ne costituisce la negazione. Correlativamente, la devoluzione della controversia ad arbitri si configura quale rinuncia all'azione giudiziaria ed alla giurisdizione dello Stato, nonché quale manifestazione d'una opzione per la soluzione della controversia sul piano privatistico, secondo il *dictum* di soggetti privati. Da ciò, la puntuale identificazione, in dottrina, del compromesso quale patto di deroga della giurisdizione. [...] L'attribuzione al lodo, *a posteriori*, di effetti propri della sentenza non può incidere sulla sua configurazione quale atto negoziale e, *a fortiori*, sulla costruzione del giudizio arbitrale quale giudizio privato; e può essere intesa solo quale attribuzione *quoad effectum* che lascia inalterata la natura originaria".

Nel 2013, la Corte di cassazione è tornata sui suoi passi affermando che, sulla base di una corretta interpretazione della disciplina vigente, l'arbitrato ha natura giurisdizionale e, di conseguenza, i rapporti fra giudici ed arbitri vanno inquadrati in termini di competenza.

Cass., ord., 26 ottobre 2013, n. 24153: "La funzione giurisdizionale sui diritti si esercita davanti ai giudici ordinari, essendo tuttavia consentito alle parti, nell'esercizio di una libera ed autonoma scelta, di derogare a tale regola agendo 'a tutela dei propri diritti' davanti a giudici privati, riconosciuti tali dalla legge, in presenza di determinate garanzie [...] La normativa [...] pare contenere sufficienti indici sistematici per riconoscere natura giurisdizionale al lodo arbitrale".

Il dibattito giurisprudenziale non si è però sopito.

Cass., 13 febbraio 2014, n. 3316 torna indietro, affermando che "deve escludersi che l'arbitrato, pur se rituale, sia riconducibile alla giurisdizione, risultando tale principio confortato anche dalla giurisprudenza costituzionale, sull'evidenziato rilievo che il fondamento di qualsiasi arbitrato è da rinvenirsi nella libera scelta delle parti". Nello stesso anno, Cass., 8 gennaio 2014, n. 132, afferma al contrario che si applica all'arbitrato l'art. 5 c.p.c., "non potendosi ormai dubitare della natura giurisdizionale dell'attività svolta nell'ambito dell'arbitrato rituale".

3. *Segue*: Il superamento della contrapposizione sulla natura dell'arbitrato, da intendersi come *tertium genus*.

La teoria giurisdizionale, se da una parte consente di attribuire all'arbitrato la stessa effettività ed efficacia della giurisdizione dello Stato, dall'altra indebolisce le sue doti di flessibilità ed autonomia; la teoria contrattualistica opera in senso diametralmente opposto.

Come conciliare le opposte esigenze? Partendo dall'idea che il dibattito poggia su un concetto, la giurisdizione, il cui significato è poliforme.

Infatti, se viene intesa come potere giurisdizionale in senso stretto, cioè un potere che promana dallo Stato ed in quanto tale è caratterizzato dall'*imperium,* in detta definizione non è possibile ricomprendere l'arbitrato, che è privo dell'elemento di autoritatività; se invece viene intesa in senso etimologico, come *iuris dictio*, o come servizio per l'individuo, vi rientra anche l'arbitrato, che tende, al pari della giustizia statuale, all'accertamento dell'esistenza o del modo di essere dei diritti.

In questa prospettiva, entrambe le teorie colgono una parte di verità.

È infatti mia opinione che l'arbitrato, nascendo dall'autonomia privata, sia un fenomeno eterogeneo, rispetto al servizio-giustizia dello Stato: è un altro, diverso servizio con analoga finalità.

Il diritto a risolvere la lite con l'arbitrato (cap. VII, par. 1), che nasce da un apposito contratto chiamato convenzione arbitrale, concorre con il diritto di azione di cui all'art. 24 Cost. a soddisfare la medesima utilità economica, cioè l'accertamento dei diritti.

Insomma, l'arbitrato offre un servizio fungibile rispetto a quello dello Stato, attraverso modalità diverse e con una decisione, il lodo, che non ha natura né di sentenza né di contratto di accertamento.

Può farsi utilmente ricorso al concetto di "fattispecie precettiva", cioè di una fattispecie (uno o più elementi rappresentati da fatti e/o effetti giuridicamente rilevanti), cui corrisponde un comando, un precetto.

Il lodo è una fattispecie precettiva autonoma, accanto alla sentenza, al contratto e all'atto amministrativo: è un *tertium genus* finalizzato, come la sentenza e il contratto di accertamento (di cui si dirà oltre), ad accertare dei diritti.

La parificazione degli effetti fra lodo e sentenza non significa, dunque, che entrambi condividano la stessa natura, ma rappresenta la spia della fungibilità di risultato, frutto della spinta normativa a valorizzare vie alternative di soluzione della lite.

L'idea che l'arbitrato appartenga ad un mondo diverso, benché parallelo rispetto a quello della giurisdizione pubblica, è senz'altro più coerente con l'obiettiva difficoltà di fare ricorso, per il primo, a canoni interpretativi che possono valere solo per la seconda.

Oggi, specie in giurisprudenza, si registra una crescente tendenza ad interpretare le norme processuali, fino talvolta a forzarne l'originario significato, sulla base di valori quali la brevità temporale, la proporzionalità fra costi e benefici, la scarsità delle forze impiegate nel servizio della giustizia. Ebbene, detti principi non possono valere, evidentemente, allo stesso modo nell'arbitrato.

Ad esempio, l'onere motivazionale del giudice e quello dell'arbitro non possono essere esaminati con argomenti comuni, se il primo venga interpretato alla luce dell'esigenza di "capacità deflativa del carico" al fine di "mettere in grado il sistema giudiziario di far fronte al maggior numero possibile di controversie in un tempo accettabile" (parole di Cass., 11 dicembre 2014, n. 26097, nel peculiare caso dell'ordinanza di inammissibilità in appello, ma suscettibili di trasposizione in altre ipotesi). Parimenti, in arbitrato, non potrebbe valere a giustificare la sussistenza di un ampio oggetto del processo (ad esempio in materia di impugnative o di adempimento del contratto, con riguardo alle quali recenti orientamenti della giurisprudenza, in linea con una parte della dottrina, hanno ritenuto che oggetto sia l'intero contratto: Cass., 12 dicembre 2014, n. 26242) la necessità di contemperare un risultato fruttuoso con l'esiguità delle risorse a disposizione.

4. Dalla natura dell'arbitrato alla disciplina positiva degli effetti: il *favor* nei confronti dell'arbitrato.

Un punto ha ormai trovato sostanziale convergenza fra gli interpreti: il dibattito sulla natura dell'arbitrato non sembra più proficuo nell'attuale situazione normativa.

Il c.d. monopolio della giurisdizione statuale (che accentra il servizio di soluzione delle liti in capo allo Stato) si sta vieppiù sgretolando, a favore di una crescente delocalizzazione e di un'apertura verso strumenti alternativi di giustizia.

Come giustamente notato, la predetta apertura ha mutato l'atteggiamento del legislatore italiano.

Dalla diffidenza si è passati alla tolleranza, fino ad un vero e proprio favore verso l'arbitrato: un *favor* che non deve trovare giustificazione nell'esigenza di ridurre il contenzioso davanti al giudice statuale, ma nella necessità di venire incontro al bisogno dell'individuo di una forma alternativa di giustizia, fondata sulla legittimazione del proprio giudice dal basso.

La riforma del 2006 (cap. III, par. 3) non è dunque espressione della natura giurisdizionale dell'arbitrato, bensì della volontà di favorire la scelta arbitrale, in un delicato equilibrio fra autonomia ed assistenza: ausilio giudiziario per potenziare i poteri dell'arbitro e per superare l'*impasse* che l'autonomia negoziale può determinare; regole positive affinché gli effetti degli atti procedimentali conducano ad una reale tutela del diritto, in sede arbitrale alla pari del processo statuale; infine, soluzioni sul raccordo con il giudizio statuale che garantiscano, per un verso, che la scelta arbitrale fatta dalle parti sia rispettata, per altro verso che l'incertezza sulla validità della suddetta scelta sia risolta nel più breve tempo possibile, andando altrimenti a discapito della parte che ha ragione.

Peraltro, non si coglierebbe la giusta prospettiva se si vedesse nell'atteggiamento del legislatore una preconcetta ed immotivata preferenza dell'arbitrato sul sistema statuale di giustizia.

La chiave della questione sta infatti nella già detta equivalenza fra servizio privato e servizio pubblico.

Una volta ammesso che l'arbitrato deve essere in grado di offrire un risultato economicamente fungibile rispetto all'accertamento giudiziale dei diritti, occorre dettare una disciplina che assicuri detta alternatività; e ciò in attuazione dell'art. 24 Cost., che, pur non disciplinando in via diretta l'arbitrato (cap. III, par. 2), intende garantire al cittadino italiano la tutela processuale dei propri diritti ed interessi, senza alcuna deroga.

In quest'ottica, il *favor* non va visto sotto il solo angolo prospettico dell'arbitrato, bensì in termini di efficienza dell'intero sistema della giustizia.

Pertanto, è giusto garantire la massima effettività dell'arbitrato, senza incentivare la sua funzione deflativa rispetto alla giurisdizione statuale, di cui occorre parimenti garantire l'efficienza: la ricerca di soluzioni adeguate per entrambi i rimedi innesca una concorrenza virtuosa a tutto vantaggio del cittadino.

Anche la Corte costituzionale, nel valutare la legittimità costituzionale della disciplina dell'arbitrato, si è basata sul criterio della fungibilità (cap. X, par. 3 e cap. XIV, par. 3): se è vero che "le disposizioni processuali non sono fini a se stesse, ma funzionali alla miglior qualità della decisione di merito" (Corte cost., 12 marzo 2007, n. 77), detta qualità va garantita anche all'arbitrato, né più né meno del processo statuale.

L'equivalenza di funzione mette in secondo piano la questione della collocazione dell'arbitrato dentro o fuori dalla giurisdizione.

Da un lato, infatti, il legislatore, affinando le norme, offre sempre maggiori soluzioni ai problemi pratici; dall'altro, le soluzioni interpretative alle questioni irrisolte dalla legge sono, in principio, adattabili ad entrambe le impostazioni teoriche, quando rispondono alla comune esigenza di effettività dell'arbitrato. Appare pertanto più proficuo, oggi, impegnarsi sull'analisi della disciplina e degli effetti dell'arbitrato.

5. Un esempio: l'*exceptio compromissi.*

Il dibattito sulla natura dell'arbitrato ha comportato incertezza sull'inquadramento dell'eccezione di compromesso, cioè dell'eccezione con la quale una parte, convenuta davanti al giudice dello Stato per una data controversia, rileva che, su di essa, i contendenti si sono vincolati all'arbitrato con apposito contratto (convenzione arbitrale, cap. VII, par. 1 ss.).

Tizio e Caio stipulano un contratto, nel quale è inserita una convenzione arbitrale, cioè la scelta di ricorrere ad arbitri nell'eventualità che sorga una lite fra le parti. Nasce una controversia in merito all'esecuzione del contratto e Tizio conviene Caio innanzi all'autorità giudiziaria; quest'ultimo, costituendosi, eccepisce l'esistenza del patto compromissorio sulla lite dedotta in causa, rilevando che Tizio non poteva rivolgersi al giudice dello Stato.

Ci si domanda se si tratti di eccezione di rito o di merito.

La risposta, ante-riforma del 2006, variava in base al tipo di concezione adottata.

Prima del 2000, la giurisprudenza riteneva che questa eccezione fosse parificabile ad una eccezione di incompetenza, da dedursi nei relativi termini; pertanto la sentenza che si pronunciava su tale aspetto doveva essere impugnata con il regolamento di competenza.

In seguito la Cassazione aveva qualificato l'eccezione di compromesso come questione di merito, soggetta, quindi, alle relative preclusioni, mentre la sentenza era ritenuta impugnabile con l'appello.

Nel 2013, la Cassazione è tornata all'interpretazione originaria, in termini di competenza.

Il legislatore del 2006 ha risolto in gran parte le questioni, prevedendo, per un verso, che l'eccezione di compromesso debba essere sollevata nella prima difesa, cioè la comparsa di risposta, per altro verso, che la relativa sentenza debba essere impugnata con il regolamento di competenza.

Il legislatore del 2006, pur sembrando, ad una prima lettura, propendere per la prima delle impostazioni segnalate, non fa, in realtà, una scelta netta: da un lato parla dei rapporti fra giudici ed arbitri in termini di competenza; d'altro lato, però, non trae da questa qualifica tutte le conseguenze che la legge riconnette alla disciplina sulla competenza (ad esempio non assoggetta il lodo arbitrale al regolamento di competenza): per maggiori approfondimenti rinvio al cap. X.

Ora, è mia convinzione che l'eccezione di compromesso non vada inquadrata né in termini di competenza, che riguarda il diverso fenomeno del riparto interno fra i giudici statuali; né in termini di merito, perché la questione, pur vertendo sulla validità di un contratto qual è la convenzione arbitrale, riguarda la scelta di uno strumento processuale alternativo; né, infine, in termini di giurisdizione, perché l'arbitrato si scontrerebbe con il divieto di giurisdizioni speciali di cui all'art. 102 Cost.

Si tratta di una questione di rito, di natura autonoma, dotata di regolamentazione *ad hoc* e non inquadrabile in nessun'altra eccezione processuale attualmente disciplinata. Le questioni non risolte dalla legge vanno dunque affrontate cercando soluzioni analogiche o conformi alla *ratio* della norma, secondo quanto si dirà al cap. X.

Capitolo II
L'ARBITRATO NEL SISTEMA DEGLI STRUMENTI EXTRA-GIUDIZIALI DI SOLUZIONE DELLE LITI

1. Gli strumenti di soluzione della lite diversi dal servizio pubblico della giustizia.

La giurisdizione statuale è a disposizione di ogni individuo, che ad un tempo vi è assoggettato in virtù dell'art. 24 Cost.

Peraltro, le parti hanno a disposizione una serie di rimedi diversi, con i quali la lite può essere risolta al di fuori della giurisdizione pubblica; sono rimedi fra loro profondamente eterogenei, per cui la difficoltà è quella di trovare un criterio omogeneo di catalogazione.

Molti di questi attengono alla sfera privata, cioè al potere di autonomia negoziale delle parti.

Nei paesi di *common law*, gli strumenti privati di soluzione delle liti vengono chiamati anche *Adr, Alternative Dispute Resolutions*: vi si comprendono, accanto all'arbitrato, altre vie di composizione dei conflitti, come la conciliazione, la mediazione, o la negoziazione.

Si suole dividere la categoria in due sottotipi: mezzi autonomi e mezzi eteronomi, a seconda che la soluzione della lite provenga dalle parti o da un terzo.

Carnelutti (*Sistema del dir. proc. civ.*, I, p. 168 ss.) parla di "equivalenti giurisdizionali" e ne offre una sistemazione fondata sulla distinzione fra mezzi di autocomposizione della lite (rinuncia e riconoscimento del diritto, come atti unilaterali, transazione come contratto) e mezzi di eterocomposizione della lite, intesa come composizione ad opera di terzi (conciliazione giudiziale, mediazione, compromesso).

La distinzione imperniata sul soggetto da cui promana la soluzione della lite è utile, purché si prenda atto che detti strumenti non possono essere accomunati in un'unica categoria.

L'arbitrato, pur nascendo dalla volontà delle parti, è un istituto realmente alternativo al processo statuale, nel senso che il suo risultato, cioè la decisione degli arbitri, è economicamente fungibile alla sentenza ed è, come quest'ultima, imposta alle parti.

La conciliazione e la mediazione, invece, sono strumenti che, pur prevedendo di regola l'intervento di un terzo imparziale, non hanno alcuna forza vincolante sulle parti, che sono libere di scegliere se accordarsi, o accettare la proposta del terzo, o non fare nulla; inoltre, il risultato consiste il più delle volte in una composizione della lite che prescinde dall'accertamento del torto e della ragione.

Vi sono poi strumenti che vivono integralmente sul piano negoziale, ma hanno ad un tempo natura eteronoma, provenendo da terzi, come l'arbitrato irrituale (cioè una particolare specie di arbitrato, con efficacia diversa da quella tradizionale, detto appunto rituale, di cui si parlerà al cap. XVIII), l'arbitraggio e la perizia contrattuale.

Infine, vi sono strumenti di soluzione delle liti che operano esclusivamente sul piano amministrativo, come accade quando sono chiamate ad intervenire le autorità amministrative indipendenti.

Per compararli e comprenderne le differenze è preferibile, a mio avviso, spostare l'ottica sugli elementi negoziali che quasi tutti presentano.

Non si tratterà, dunque, in questa sede, dei rimedi di natura amministrativa nella soluzione delle liti, ai quali si dedicherà un cenno nel capitolo dedicato all'arbitrato amministrato (cap. V), al solo fine di mettere in luce la distinzione fra autorità amministrativa indipendente in veste di ente amministratore di arbitrati o in veste di ente deputato alla soluzione amministrativa del conflitto.

La classificazione a cui sono dedicate le prossime pagine può essere riassunta nei termini che seguono.

a) *Contratti che risolvono la lite in via diretta* (transazione, negozio di accertamento). Si distingueranno i casi in cui le parti pervengono in via diretta all'accordo, attraverso il reciproco scambio di proposta-accettazione, da quelli in cui l'accordo viene raggiunto con l'aiuto di terzi, che si facciano parte attiva nel facilitare l'incontro (conciliatore, mediatore, avvocato).

In tutti i casi, la soluzione della lite proviene direttamente dalle parti.

b) *Contratti che si limitano ad individuare uno strumento per la soluzione della lite* (convenzione di mediazione o di conciliazione, convenzione di negoziazione assistita, convenzione arbitrale). In questi casi, il negozio non risolve la lite, ma impegna le parti a tentare una via di soluzione (conciliazione, mediazione, negoziazione assistita) o a risolvere il conflitto tramite l'accertamento di un terzo (arbitrato rituale o irrituale).

c) *Contratti con i quali le parti devolvono al terzo la determinazione di un elemento integrativo di un contratto o di un intero contratto* (arbitraggio, perizia contrattuale). A differenza della categoria *sub b*), l'intervento del terzo incide su un elemento negoziale, cioè su un fatto, a prescindere dall'esistenza o meno di una controversia. Pertanto, non può parlarsi, tecnicamente, di contratti con i quali le parti si impegnano a risolvere una lite su diritti soggettivi.

2. *a*) I contratti che risolvono la lite in via diretta.

Esaminiamo il primo gruppo.

a) *La transazione*. La transazione, regolata dall'art. 1965 ss. c.c., è il contratto con il quale le parti risolvono la lite – intesa come pretesa e contestazione –, o la prevengono, attraverso reciproche concessioni, senza stabilire chi abbia torto o chi abbia ragione.

Ad esempio, il committente e l'appaltatore compongono la lite sul prezzo dell'appalto, stabilendo una riduzione del prezzo richiesto per le opere non ultimate e non eseguite a regola d'arte (caso risolto da Cass., 13 maggio 2010, n. 11632).

La transazione, di regola, lascia intatto il rapporto preesistente, ma, in qualche caso, è novativa, componendo la lite attraverso la costituzione di nuovi rapporti giuridici, che estinguono quello controverso.

Ad esempio, è novativa la transazione stipulata tra una società di assicurazioni e il proprio dipendente, idonea a costituire a favore del lavoratore una rendita vitalizia reversibile, in quanto dotata di un contenuto normativo diverso e innovativo rispetto ai contributi previdenziali non versati (secondo Cass., 14 giugno 2006, n. 13717).

Potranno dunque darsi transazioni che si limitano a comporre la lite tramite reciproche concessioni, senza estinguere il rapporto sottostante; transazioni che compongono la lite, lasciando in vita il predetto rapporto, ma, ad un tempo, creando, estinguendo o modificando altri rapporti giuridici; infine transazioni che risolvono il conflitto tramite la creazione, modifica od estinzione di un rapporto giuridico diverso da quello litigioso, che viene contestualmente estinto.

Una dottrina definisce le ipotesi rispettivamente come transazione regolamentare, transazione innovativa e transazione novativa: solo quest'ultima, ai sensi dell'art. 1976 c.c., non è suscettibile di risoluzione per inadempimento, salva diversa previsione delle parti.

La transazione, come si è detto, può essere stipulata non soltanto quando la lite sia già sorta – cioè, secondo l'interpretazione prevalente, quando sia stata già notificata la domanda giudiziale –, ma anche al fine di prevenire una lite futura.

b) Il negozio di accertamento. Si tratta di un istituto discusso, in dottrina, perché ci si domanda se l'accertamento di un rapporto giuridico rientri nella funzione del contratto, diretto per definizione a costituire, modificare o estinguere un rapporto giuridico.

Tuttavia, va osservato che anche l'accertamento porta un'innovazione nel fenomeno giuridico, cristallizzando il diritto come accertato, con effetti preclusivi rispetto alla situazione giuridica che ne costituisce l'oggetto.

L'accertamento, infatti, si caratterizza per il fatto che le parti del conflitto attestano, con una loro dichiarazione accertativa, l'esistenza e il modo d'essere di un dato diritto soggettivo: chiariscono la *res dubia*.

Ad esempio, è un negozio di accertamento l'accordo con il quale i confinanti determinano consensualmente il confine, in via amichevole: per Cass., 5 giugno 1997, n. 4994, esso "adempie alla funzione di eliminare l'incertezza su di una situazione giuridica preesistente [...], non spiega, dunque, efficacia costitutiva, ma meramente dichiarativa, essendo diretto a realizzare un regolamento congruente alla situazione preesistente [...]. A differenza dalla transazione, con la quale le parti modificano la disciplina di un rapporto mediante reciproche concessioni, in modo che ciascuna subisca un sacrificio, con il negozio di accertamento le parti rimuovono i dubbi e le incertezze relativi ad un determinato rapporto giuridico con una regolamentazione nuova, ma corrispondente alla situazione precedente". Quanto all'efficacia, "il negozio di accertamento ha effetto preclusivo di ogni ulteriore contestazione al riguardo, rendendo definitive ed immutabili le situazioni già in stato di obbiettiva incertezza, in quanto vincola le parti ad attribuire ad esse gli effetti che risultano dall'accertamento e preclude ogni loro pretesa, ragione ed azione in contrasto con esso".

Va doverosamente ricordato che, accanto alla transazione e al negozio di accertamento, alcuni interpreti individuano un *tertium genus* di contratto *ad finiendas lites*, cioè l'accordo conciliativo, a cui fanno riferimento alcune fonti normative, come il d.lgs. n. 28 del 2010 sulla mediazione: ne dirò nel paragrafo che segue, anticipando che, a mio parere, questa terza categoria non ha ragione d'essere.

3. *Segue*: L'intervento del terzo nella formazione dell'accordo.

Alla formazione della transazione o del contratto di accertamento possono collaborare uno o più terzi.

Ciò può avvenire in modo informale: è frequente, ad esempio, che le parti si facciano assistere da professionisti (ad esempio avvocati o commercialisti), o che un terzo (ad esempio il notaio in sede di stipula di un contratto) si faccia parte attiva per facilitare la soluzione di un conflitto.

Vi sono alcuni casi, però, in cui l'intervento del terzo è regolato dalla legge, con regole procedimentali il cui rispetto permette alle parti di ottenere effetti particolarmente convenienti (ad esempio, l'esecutività dell'accordo di soluzione della lite).

a) Il mediatore o conciliatore. Il componimento della lite può avvenire tramite l'assistenza di un terzo, che non impone alcuna soluzione, ma si limita a facilitarla, in modo più o meno attivo.

Nella prassi, si usano talvolta i termini di mediatore, talvolta di conciliatore: peraltro, come precisato dalla legge modello *Uncitral* del 2002 sulla conciliazione commerciale, l'istituto, dal punto di vista sistematico, deve intendersi uno soltanto, a prescindere dal nome utilizzato.

Il legislatore italiano ha scelto di disciplinare in modo dettagliato, con il d.lgs. n. 28 del 2010, un procedimento strutturato e generalista (cioè adatto ad ogni tipo di controversia su diritti disponibili), denominandolo mediazione, destinata potenzialmente a sfociare in un accordo conciliativo.

La mediazione viene definita, dal medesimo decreto, come "attività, comunque denominata, svolta da un terzo imparziale e finalizzata ad assistere due o più soggetti nella ricerca di un accordo amichevole per la composizione di una controversia, anche con formulazione di una proposta per la risoluzione della stessa"; mentre la conciliazione, per lo stesso decreto, è "la composizione di una controversia a seguito dello svolgimento della mediazione", cioè il risultato sperato dell'attività di mediazione.

L'ordinamento contempla peraltro altri strumenti conciliativi, come quello in materia di telecomunicazioni: la differenza sta essenzialmente nei maggiori benefici che il ricorso alla mediazione regolata dal d.lgs. n. 28 del 2010 garantisce, quanto, ad esempio, all'efficacia di titolo esecutivo dell'accordo conciliativo.

In alcuni tipi di liti il tentativo di mediazione è obbligatorio, costituendo una condizione di procedibilità della causa davanti al giudice, che, se non adempiuta, impone a quest'ultimo di non decidere la lite nel merito.

Deve ritenersi che il tentativo obbligatorio di mediazione non operi, se le parti abbiano previsto la soluzione arbitrale della lite. La *ratio* della disposizione, infatti, sta nel favorire il componimento amichevole delle liti al fine di ottenere un effetto deflattivo del contenzioso statuale, effetto che la scelta arbitrale ha già conseguito.

Il comma 5° dell'art. 5 d.lgs. n. 28 del 2010 (nel regolare il caso in cui vi sia una clausola *multi-step*, su cui v. par. 5) contiene nell'*incipit* l'inciso "fermo quanto previsto dal comma 1°-*bis*", cioè ferma la disposizione sul tentativo di mediazione obbligatorio: si potrebbe essere tentati di ritenere, dunque, che quest'ultimo sia esteso anche all'arbitrato, ma lo escluderei, dato che il comma 1°-*bis* citato parla espressamente di domanda giudiziale e le condizioni di procedibilità hanno carattere tassativo, debbono cioè essere previste dalle legge.

Al di fuori dei casi in cui è obbligatoria, la mediazione può altresì essere delegata dal giudice ed anche in questa ipotesi diviene condizione di procedibilità del processo.

Quanto all'arbitrato, nulla toglie che gli arbitri invitino le parti a rivolgersi ad un mediatore, ma la disciplina sulla mediazione delegata dal giudice non sarà applicabile, in difetto di espressa volontà delle parti medesime: pertanto, la prosecuzione del procedimento arbitrale non potrà essere condizionata all'esperimento del tentativo di conciliazione.

Si è detto che il prodotto del procedimento di mediazione viene definito dal d.lgs. n. 28 del 2010 come accordo di conciliazione: potrebbe dunque sembrare che il legislatore abbia voluto delineare un nuovo contratto tipico, diverso dai contratti menzionati nel precedente paragrafo.

Tuttavia, è mia convinzione che le funzioni della transazione e del negozio di accertamento esauriscano il possibile contenuto della predetta conciliazione.

Anche quando l'accordo risolve la lite superando il conflitto attraverso una nuova sistemazione di interessi, si può parlare di transazione novativa oppure innovativa – che incide su rapporti giuridici diversi da quello litigioso, estinguendo o lasciando in vita quest'ultimo.

Ciò vale, in particolare, nella c.d. mediazione facilitativa che, a differenza di quella valutativa, non tiene conto delle pretese ma degli interessi che vi sottostanno, sicché si suole dire che l'accordo risulta a somma diversa da zero, tramite l'allargamento del c.d. valore negoziale (se, cioè, rispetto a due pretese reciproche, si pongono in gioco anche altri e diversi interessi, potrebbe darsi un accordo in cui entrambe le parti ottengano la soddisfazione piena di ciò che avevano in animo di ottenere prima della lite). Nel qual caso, può parlarsi di reciproche concessioni non nel senso di una cessione parziale delle proprie pretese, ma nel senso di nuove obbligazioni reciproche che permettano di conseguire in altro modo gli interessi che stavano alla base delle suddette pretese.

Se si parte da questo presupposto, il *nomen* diverso troverebbe giustificazione in un contratto che porta i medesimi contenuti degli accordi sopramenzionati, ma che ha la caratteristica di provenire da un procedimento strutturato dalla legge e che, per questo motivo, è in grado di spiegare peculiari effetti: l'esecutività, sia nel caso in cui gli avvocati che assistono le parti ne attestino la conformità alle norme imperative e all'ordine pubblico, sia nel caso in cui l'accordo sia omologato dal giudice.

b) Il giudice e l'arbitro. Il giudice può farsi parte attiva nell'incentivare il componimento spontaneo del conflitto: oltre al giudice di pace, che ha un generale potere conciliativo, a prescindere dalla pendenza di un processo (art. 322 c.p.c.), va ricordata la possibilità per il giudice incaricato della soluzione di una lite di formulare una proposta conciliativa ai sensi dell'art. 185-*bis* c.p.c.

Anche gli arbitri possono tentare la conciliazione e, in caso di successo, ne prendono atto nel verbale. Tuttavia, l'accordo avrà il medesimo effetto di un contratto redatto con scrittura privata e non sarà, perciò, esecutivo, a meno che la firma delle parti sia autenticata da un pubblico ufficiale, nel qual caso acquisirà valenza di titolo esecutivo, limitatamente alle obbligazioni di pagamento delle somme ivi contenute, ai sensi dell'art. 474 c.p.c.

In alcuni ordinamenti stranieri e regolamenti arbitrali è previsto che le parti possano chiedere agli arbitri di recepire l'accordo nel lodo arbitrale, al fine di ottenere i maggiori effetti che la decisione arbitrale accorda, come l'esecutività: si suole parlare di *award by consent*.

Per esempio, secondo l'art. 32 del regolamento *Icc* (cap. V, par. 1), "If the parties reach a settlement after the file has been transmitted to the arbitral tribunal in accordance with Article 16, the settlement shall be recorded in the form of an award made by consent of the parties, if so requested by the parties and if the arbitral tribunal agrees to do so". V. anche la legge modello *Uncitral* (di cui si dirà al cap. III, par. 1), art. 30.

È dubbio, però, che una siffatta previsione sia legittima alla luce dell'ordinamento italiano, dato che il lodo deve contenere, per propria essenziale natura, l'accertamento del rapporto controverso: il semplice recepimento dell'accordo delle parti snaturerebbe questa funzione.

Se invece le parti transigono nel corso del processo arbitrale, senza la partecipazione degli arbitri, che ne è del procedimento arbitrale in corso? Molto opportunamente il regolamento della Camera arbitrale di Milano prevede che "Le parti o i loro difensori comunicano alla segreteria generale la rinuncia agli atti a seguito di transazione o di altro motivo, così esonerando il tribunale arbitrale dall'obbligo di pronunciare il lodo" (art. 29).

c) L'avvocato nella negoziazione assistita. Il d.l. n. 132 del 2014, conv. in l. n. 162 del 2014, ha introdotto un ulteriore strumento strutturato dalla legge e diretto a risolvere la lite attraverso la cooperazione delle parti assistita dagli avvocati.

L'avvocato, in questo caso, funge da stimolo per la ricerca di un assetto amichevole del conflitto.

La disciplina non struttura in dettaglio il procedimento, limitandosi ad assicurare che l'avvocato assista le parti nella reciproca cooperazione "in buona fede e lealtà".

4. *b*) I contratti che predispongono uno strumento per risolvere la lite.

L'autonomia negoziale può poi esplicarsi nella scelta di un metodo di soluzione della lite.

In questo caso, il contratto non serve per risolvere la controversia, ma per determinare lo strumento che la risolverà o la potrà potenzialmente risolvere.

a) *La convenzione di mediazione o di conciliazione*. Con questo negozio, spesso sotto forma di clausola contenuta in un altro contratto, le parti si impegnano a tentare la via di un eventuale accordo conciliativo per una o più liti.

> Per esempio: "Tutte le controversie che dovessero sorgere in relazione al presente contratto saranno sottoposte al tentativo di conciliazione, presso la Camera di commercio di [...]".

Esse possono vincolarsi a tentare la via della mediazione regolata dal d.lgs. n. 28 del 2010, ma non è vietato fare ricorso a forme e modalità diverse, secondo i loro desideri (par. 3).

Poiché le parti si obbligano soltanto a tentare la conciliazione, non si tratta di un'alternativa al processo davanti all'autorità giudiziaria, bensì ne costituisce un ostacolo temporaneo.

A termini del d.lgs. n. 28 del 2010, infatti, ove il convenuto eccepisca nella prima difesa l'esistenza di un contratto finalizzato al tentativo di conciliazione, il giudice deve fissare la successiva udienza, tenendo conto dei tempi necessari per procedere al suddetto tentativo (tre mesi) e dando alla parti termine di quindici giorni per presentare la domanda al mediatore.

b) *La convenzione di negoziazione assistita*. Essa consiste nell'accordo "mediante il quale le parti convengono di cooperare in buona fede e con lealtà per risolvere in via amichevole la controversia tramite l'assistenza di avvocati" (d.l. n. 132 del 2014, conv. in l. n. 162 del 2014).

Anche in questo caso, il vincolo è a tentare la conciliazione e non a conciliarsi.

In alcune materie, la legge prevede che l'attore debba obbligatoriamente formulare una proposta di contratto di negoziazione assistita, pena l'improcedibilità del giudizio statuale.

Naturalmente, il convenuto è libero di accettare o meno: in caso positivo, scatterà l'impegno a tentare la conciliazione entro un determinato tempo; in caso negativo, l'attore potrà iniziare o proseguire la causa davanti al giudice, ma potranno esservi conseguenze negative, per esempio quanto alle spese del giudizio.

Ritengo che l'obbligo di proposta non operi quando le parti abbiano optato per l'arbitrato, per gli stessi motivi già visti al par. 3, lett. *a*).

c) *La convenzione arbitrale per arbitrato rituale o irrituale*. Come si vedrà meglio in seguito (cap. VII, par. 1), si tratta di un contratto, spesso sotto forma di clausola di un diverso contratto, attraverso il quale le parti scelgono l'arbitrato come mezzo di soluzione delle loro liti presenti o future e si vincolano, ora per allora, anche al risultato finale, cioè alla decisione degli arbitri.

Il risultato della scelta operata con la convenzione arbitrale è un accertamento eteronomo, proveniente da un terzo.

Poiché, a differenza del contratto di accertamento, la soluzione è imposta alle parti, è naturale ritenere che detta imposizione valga soltanto a condizione che siano rispettate fondamentali garanzie, quali l'imparzialità del giudicante ed un processo nel contraddittorio delle parti.

Ciò vale in special modo per gli arbitri rituali, la cui decisione ha efficacia di sentenza.

Esiste però un tipo di arbitrato, detto irrituale, di natura ibrida, che non sfocia in un risultato economicamente equivalente alla sentenza, bensì in una "determinazione contrattuale", che richiama l'elemento della volontà (*amplius* cap. XVII, par. 1 ss.).

Una sottospecie di arbitrato irrituale è il c.d. biancosegno, che consiste in un foglio in bianco, firmato in calce dalle parti e riempito dall'arbitro: questa modalità avvicina in modo particolare il lodo irrituale all'accertamento per diretta volontà delle parti.

Tuttavia, non è possibile, a mio avviso, equiparare il lodo irrituale al contratto di accertamento: anche quando le parti abbiano firmato in bianco il lodo, si tratta pur sempre di una valutazione eteronoma.

Conseguentemente, anche in questo caso dovranno essere rispettate le garanzie del contraddittorio e dell'imparzialità dell'arbitro.

5. *Segue*: Le clausole contrattuali *multi-step*.

Si parla di clausole *multi-step* quando la convenzione arbitrale e la convenzione di mediazione (o di conciliazione) siano contenute nello stesso contratto: le parti si obbligano dapprima a tentare la via della conciliazione e, ove quest'ultima fallisca, si vincolano a devolvere la lite in arbitrato.

Ai sensi dell'art. 5 d.lgs. n. 28 del 2010, nel caso in cui le parti non rispettino il preventivo obbligo di tentare la mediazione e si rivolgano direttamente all'arbitro, questi deve, su eccezione di una parte da proporsi nella prima difesa (successiva all'accettazione dell'incarico da parte dell'arbitro), rinviare la prosecuzione del procedimento per il tempo dei tre mesi previsti per la durata della mediazione, assegnando alle parti il termine di quindici giorni per il deposito della domanda di mediazione.

Parimenti dovrà fare se il tentativo di mediazione sia stato iniziato ma non concluso.

Poiché gli arbitri debbono a loro volta emettere il lodo arbitrale in un dato termine, deve intendersi che quest'ultimo venga conseguentemente allungato: nel caso in cui le parti non concedano la proroga, gli arbitri potranno rivolgersi al giudice competente per ottenerla (cap. XI, par. 9).

Se invece la parte instauri previamente la via conciliativa, la comunicazione della relativa domanda all'altra parte sarà in grado di sospendere la prescrizione e interrompere eventuali decadenze: i termini reinizieranno a decorrere dal deposito del verbale con il quale viene dato atto del fallimento del tentativo.

Ad esempio, il socio che vuole impugnare una delibera nel termine decadenziale previsto dalla legge, ove lo statuto preveda l'esperimento di un tentativo di conciliazione preventivo, depositerà e comunicherà la relativa istanza, con la quale otterrà l'interruzione del termine: in caso di fallimento della conciliazione, dovrà notificare la domanda d'arbitrato entro il termine che ricomincia a decorrere dal deposito del verbale dal quale risulta il mancato raggiungimento dell'accordo.

Se le parti non ottemperino all'ordine di rinvio alla mediazione, le conseguenze non sono chiare – a meno che, ovviamente, non vi sia l'accordo di tutti per estinguere la clausola di conciliazione.

Al di là di eventuali danni, la soluzione che mi pare preferibile è inquadrare la fattispecie nel *pactum de non petendo* suscettibile di dare luogo ad un lodo con il quale gli arbitri chiudono il processo senza pronunciarsi nel merito della controversia. Altri invece inquadrano il patto in un presupposto di merito, per cui la sua inosservanza darebbe luogo ad un vero e proprio rigetto della domanda per insussistenza del diritto.

Riterrei altresì possibile, pur con i dubbi del caso, che la clausola *multi-step* riguardi un previo vincolo a tentare la negoziazione assistita dagli avvocati.

Il d.lgs. n. 132 del 2014, conv. in l. n. 162 del 2014, sembra riferirsi solo al caso in cui la controversia sia già sorta, ma l'incerto tenore della norma induce a non escludere detta possibilità per liti future.

La legge non disciplina l'ipotesi in cui gli arbitri siano aditi nonostante la vigenza dell'impegno a negoziare. A me sembra che, per tutta la durata del tempo previsto dalle parti nella convenzione di negoziazione (art. 2, comma 2°, lett. *a*) e comma 3°), esse non possano rivolgersi al giudice, avendo assunto l'impegno a trattare, per cui si può parlare anche in questo caso di *pactum de non petendo*. Una volta scaduto il termine (a condizione che lo si intenda di efficacia), il patto dovrebbe venir meno, sia che esse abbiano effettivamente trattato senza successo, sia che si siano astenute da qualunque tentativo di trattativa.

Se la domanda assoggettata a negoziazione assistita e a successivo arbitrato è soggetta a decadenza extraprocessuale (ad esempio l'impugnazione di una delibera) o intraprocessuale (ad esempio il giudizio di merito a seguito di ottenimento di sequestro conservativo) sorge questione circa l'idoneità della procedura di negoziazione di interrompere dette decadenze: benché l'art. 8 d.lgs. n. 132 del 2014 sembri applicabile alla diversa ipotesi dell'invito a stipulare una convenzione (nella specie, invece, già conclusa) e non sia limpidissimo, può ritenersi che il termine decadenziale decorra dalla certificazione di mancato accordo a seguito dell'esperimento della procedura di negoziazione.

6. *c*) I contratti che deferiscono al terzo la determinazione del contenuto negoziale: l'arbitraggio.

Occorre ora tracciare il confine fra arbitrato ed arbitraggio, poiché entrambi sono caratterizzati dall'intervento di un terzo, finalizzato a dettare regole vincolanti per le parti.

L'arbitraggio consiste nell'incarico, affidato a un terzo, di determinare una "prestazione dedotta in contratto" (art. 1349 c.c.), di riempire, in altri termini, uno spazio contrattuale in bianco.

Gli arbitri, invece, come si è già visto, decidono una controversia accertando l'esistenza o il modo di essere di una situazione giuridica soggettiva.

Ad esempio, le parti di un contratto di cessione del pacchetto azionario di maggioranza deferiscono ad una società di revisione di determinare il prezzo del suddetto pacchetto. Nello stesso contratto aggiungono che qualunque controversia dovesse sorgere in ordine all'esecuzione del contratto sarà devoluta ad arbitri. Nel primo caso si tratta di una clausola per arbitraggio. Nel secondo caso, si tratta di una convenzione arbitrale.

Derivano due sostanziali differenze:

a) l'arbitratore determina fatti, mentre l'arbitro accerta diritti;

b) nell'arbitraggio, a differenza dell'arbitrato, l'esigenza di determinazione non nasce da una controversia giuridica su diritti soggettivi, bensì dalla mancanza di un elemento contrattuale; si suole dire, cioè, che non c'è lite intesa in senso giuridico.

Se sul piano teorico le differenze tra i due istituti sembrano chiare, non altrettanto vale sul terreno dell'applicazione concreta: infatti, capita spesso che le parti entrino in conflitto sulla determinazione di un elemento del contratto.

Riprendendo l'esempio precedente, durante la determinazione, affidata al terzo, del costo di un pacchetto azionario, ben può accadere vi sia una diversità di vedute, fra le parti, circa l'ammontare della giusta somma; l'arbitratore, in questo caso, interviene a fronte di un conflitto sulla quantificazione del prezzo: per una parte degli interpreti, in questo caso, si tratterebbe di un vero e proprio conflitto sul *quantum debeatur*, cioè sul modo d'essere di un diritto soggettivo (dunque su una controversia giuridica).

A ben vedere, la difficoltà nasce dalla circostanza che la differenza fra conflitto sul fatto (cioè sull'elemento negoziale) e conflitto sul diritto (cioè sulla situazione giuridica soggettiva della parte) è molto sottile, dato che è la qualificazione giuridica del fatto a segnare la linea di confine.

Ciononostante, a me pare che la distinzione possa mantenere una sua utilità per due ragioni.

In primo luogo, perché le parti, nel momento in cui hanno inserito la clausola per arbitraggio in un contratto, non hanno voluto deferire a terzi la soluzione di un eventuale conflitto futuro, bensì hanno voluto eliminare in radice, o comunque prevenire il conflitto prima ancora che sorga, attraverso il deferimento a terzi dell'elemento negoziale incerto.

In secondo luogo, perché non è detto che il conflitto sorga: può ben darsi, infatti, il caso in cui le parti non siano realmente in grado di determinare l'elemento negoziale, pur non presentando alcuna posizione contrastante, tale da poter parlare di *res dubia*.

Riprendendo l'esempio del prezzo, le parti potrebbero trovarsi d'accordo nel non essere in grado di determinarlo, affidandosi al giudizio di un terzo più esperto, nel quale ripongono pertanto piena fiducia: in tal caso il prezzo non costituirebbe neppure una *res dubia*, in quanto non vi è contestazione circa il *quantum*.

Con la clausola compromissoria contenuta in un contratto, invece, le parti danno per presupposto che l'arbitro intervenga a lite già sorta (impegnandosi ora per allora), dato che è sua propria funzione accertare la *res dubia* o *litigiosa*.

Una dottrina nega la differenza fra arbitrato ed arbitraggio partendo da un presupposto differente, cioè che l'arbitrato possa avere ad oggetto frammenti di situazioni giuridiche soggettive piene, mere questioni, dunque meri fatti (la c.d. minima entità azionabile davanti all'arbitro). In questo modo, la differenza tra fatto e questione si assottiglia ulteriormente. A me sembra, però, che la corrispondenza fra diritto soggettivo e oggetto dell'arbitrato metta in luce la funzione realmente alternativa rispetto al processo statuale e meriti pertanto di essere conservata.

La questione si complica quando al terzo venga deferita, addirittura, la formazione di un intero contratto fra le parti: in particolare, una transazione o un negozio di accertamento.

Si parla di arbitraggio nella transazione per definire il mandato che le parti danno ad un terzo di trovare un soluzione transattiva della lite con efficacia vincolante.

Il confine con l'arbitrato si fa labile, visto che l'arbitraggio nella transazione presuppone l'esistenza di un conflitto giuridico su diritti, sul quale l'accordo va, appunto, ad incidere; tanto che, per alcuni, l'arbitraggio nella transazione altro non sarebbe se non un arbitrato irrituale, un arbitrato, cioè, che dà luogo ad una decisione di natura contrattuale (cap. XVIII).

In realtà, la differenza permane, perché l'arbitro irrituale, a differenza dell'arbitratore, accerta diritti e non compone le liti attraverso reciproche concessioni.

Ai sensi dell'art. 240 del codice dei contratti pubblici (d.lgs. n. 163 del 2006), la Commissione incaricata di effettuare proposte per un accordo bonario fra la pubblica amministrazione e l'appaltatore può essere investita dalle parti del potere di dettare un accordo per loro vincolante. Si tratta di un vero e proprio mandato a determinare l'intero contenuto di un contratto transattivo, a cui le parti si vincolano in anticipo per loro stessa volontà. Non si tratta di arbitrato irrituale, bensì di un arbitraggio avente ad oggetto un intero contratto.

Trattandosi dunque di arbitraggio e non di arbitrato, non si applicheranno le regole di cui all'art. 808-*ter* c.p.c., bensì l'art. 1349 c.c., di cui si dirà subito appresso.

Il confine fra arbitrato ed arbitraggio si fa ancor più labile, se si ammetta la possibilità di deferire ad un terzo l'incarico di riempire un contratto di accertamento su diritti.

Questa ipotesi, a differenza della precedente, finisce per confondersi con l'arbitrato irrituale: in entrambi i casi si tratta, infatti, di un accertamento eteronomo su una controversia giuridica, a cui le parti scelgono in anticipo di assoggettarsi.

Sorge dunque il dubbio se l'arbitraggio nell'accertamento sia ammissibile con le forme dell'art. 1349 c.c., oppure se confluisca inevitabilmente in quelle previste dall'art. 808-*ter* c.p.c. sull'arbitrato irrituale.

Probabilmente la questione va risolta alla luce dei confini dell'autonomia negoziale: se cioè l'obbligazione a vincolarsi ad un contratto futuro di accertamento dei propri diritti, senza che la sequenza fra l'una e l'altro sia mediata dalle forme e dalle garanzie di un vero e proprio processo (art. 808-*ter* c.p.c.), sia espressione di un interesse meritevole di tutela. Se si risponde negativamente, l'arbitratore non potrà accertare, in difetto di un processo in contraddittorio fra le parti, utilizzando il metro della legge oppure l'equità, a seconda di quanto abbiano stabilito le parti in merito.

L'arbitraggio, si diceva, è disciplinato dall'art. 1349 c.c., secondo cui l'arbitratore determina l'elemento contrattuale mancante attraverso due modalità: con mero arbitrio, oppure con equo apprezzamento.

Nel primo caso la determinazione sarà impugnabile solo per mala fede, nel secondo caso anche per manifesta erroneità o iniquità.

Il procedimento non è compiutamente regolato e non è richiesto all'arbitratore il rispetto del principio del contraddittorio, elemento invece connaturato all'arbitrato.

Se sia necessario sostituire l'arbitratore, occorre l'accordo delle parti, pena la nullità del patto.

Uno speciale tipo di arbitraggio è contenuto all'art. 37 d.lgs. n. 5 del 2003, che prevede la possibilità per i soci di una società a responsabilità limitata o di una società di persone di affidare ad un terzo la decisione, in caso di "stallo decisionale" da parte degli amministratori, che non riescono a trovare un accordo su determinate attività di gestione della società (ad esempio l'acquisto di un immobile). Questo strumento può trovare proficua applicazione specialmente nelle società costituite da due soli soci, oppure nelle *joint ventures*. Altri tipi speciali di arbitraggio sono previsti dal codice della proprietà industriale (per es. artt. 64, 80, 143, 194 d.lgs. n. 30 del 2005).

Accade talvolta che arbitrato e arbitraggio convivano nello stesso contratto.

Talvolta le parti attribuiscono agli stessi soggetti, o a soggetti diversi, il potere di risolvere le liti derivanti da un contratto e anche quello di integrare, se lo ritengano opportuno o necessario, eventuali lacune del contratto, oppure di rinegoziare i patti contrattuali in caso di mutamento delle circostanze, quando la fase esecutiva del contratto perduri nel tempo o sia differita.

7. *Segue*: La perizia contrattuale.

Si definisce perizia contrattuale la determinazione di natura tecnica effettuata da un perito facendo uso delle proprie specifiche competenze, in assenza, cioè, di una valutazione pienamente discrezionale.

Le parti si vincolano alla futura perizia accordandosi in tal senso, o con contratto autonomo, o inserendo la relativa clausola in un altro contratto.

L'istituto non trova specifica regolamentazione nella legge e la sua natura non è pacifica fra gli interpreti.

La questione si pone specialmente quando le parti facciano ricorso alla perizia in presenza di un conflitto fra loro circa un elemento di natura tecnica.

Ci si domanda, infatti, se si tratti di un istituto autonomo, rispetto all'arbitraggio o all'arbitrato, o se sia una sottospecie di entrambi: chi la vede come un arbitrato su "questioni"; chi un arbitraggio di natura tecnica; chi un *tertium genus*, disciplinato dalle norme generali del contratto.

A ben vedere, è difficile dare una risposta univoca, perché, mentre la funzione dell'arbitraggio è quella di integrare un elemento contrattuale mancante e quella dell'arbitrato è di accertare l'*an* o il modo d'essere di un diritto soggettivo, la perizia contrattuale può avere una varietà di funzioni.

Può aversi quando sia necessario integrare il contratto con un elemento negoziale mancante, per il quale occorrono nozioni di natura tecnica;

> Ad esempio, in una compravendita, le parti deferiscono ad un perito la stima dei beni, per la determinazione del prezzo.

può aversi quando il contratto sia già perfetto, se sia necessario individuare un dato tecnico indispensabile per la sua esecuzione, nel qual caso non può rigorosamente parlarsi di elemento mancante nell'atto-contratto, bensì di elemento mancante nell'obbligazione contrattuale che nasce dall'atto;

> Ad esempio, nei contratti assicurativi contro i danni o contro gli infortuni, è sovente previsto che la determinazione del danno astrattamente individuabile sia affidata ad un collegio di periti. In questo caso l'intervento del perito è indispensabile ai fini della liquidazione dell'indennizzo dovuto dall'assicurazione, cioè con riguardo alla determinazione della sua obbligazione.

può aversi infine quando il fatto tecnico riguardi obbligazioni di natura non contrattuale, nel qual caso manca lo stesso presupposto, il contratto, al quale la legge correla la funzione dell'arbitraggio.

Ad esempio, in caso di illecito extracontrattuale, il danneggiante e il danneggiato deferiscono ad un perito la stima dell'entità del danno.

Anche per la perizia contrattuale, non sembra decisiva l'esistenza, sullo sfondo, di una controversia giuridica o di una controversia sul fatto, ben potendo farsi ricorso all'esperto anche per semplice ignoranza sull'elemento tecnico.

La costante è, piuttosto, la necessità di determinare un fatto, di natura specialistica, rilevante per la determinazione di una obbligazione giuridica contrattuale o extracontrattuale.

Quando l'obbligazione è contrattuale, sarei per fare capo all'arbitraggio ai sensi dell'art. 1349 c.c., a prescindere dal fatto che la perizia riguardi l'atto o il rapporto (si parla infatti di "determinazione della prestazione dedotta in contratto").

Una dottrina ha rilevato che nel primo caso si tratterebbe propriamente della formazione di una volontà negoziale al posto delle parti (dunque di attività costitutiva), nel secondo caso dell'accertamento di un fatto (dunque di attività accertativa, simile a quella dell'arbitro o del giudice, benché su questioni prodromiche a diritti): tuttavia, a me pare che sia l'accertamento sia la costituzione, estinzione o modificazione di rapporti giuridici possano essere espressione di autonomia negoziale (oltre che di attività giurisdizionale) ed abbiano tutti un contenuto "creativo", che nell'accertamento si sostanzia nell'effetto c.d. preclusivo.

Nel caso di obbligazioni extracontrattuali, l'art. 1349 c.c. non è, a rigore, applicabile, ma la comunanza di funzione autorizza analogo trattamento.

In entrambe le ipotesi, comunque, sono dell'avviso che l'arbitrato non sia richiamabile: il perito non accerta l'*an* o il *quomodo* di un diritto soggettivo, ma un fatto caratterizzato da specialità tecnica.

Con riguardo all'esempio fatto in precedenza, sull'indennizzo dell'assicurazione in caso di infortunio da determinarsi ad opera di un collegio peritale (di solito composto da medici, la c.d. collegiale medica), la Cassazione (per esempio Cass., 10 maggio 2007, n. 10705) ha ritenuto che, quando al collegio sia deferita la mera stima delle lesioni o dell'invalidità, si tratti di perizia contrattuale; quando, invece, al collegio sia demandato l'accertamento dell'*an* e del *quantum* della responsabilità risarcitoria, il patto vada interpretato come convenzione arbitrale.

Capitolo III
LE FONTI DELL'ARBITRATO

1. Le convenzioni internazionali e la normativa europea.

L'arbitrato è regolato, prima di tutto, dalle convenzioni internazionali, che si occupano prevalentemente degli arbitrati caratterizzati da elementi di estraneità rispetto a un dato territorio, ma hanno notevoli ricadute interpretative anche sulla disciplina interna, data la loro autorevolezza.

Vanno ricordate, specialmente, le convenzioni di New York del 1958, di Ginevra del 1961, di Washington del 1965.

a) La convenzione di New York è la più importante per ampiezza di applicazione, essendo stata ratificata dalla grande maggioranza dei paesi nel mondo.

Peraltro, essa disciplina solo alcuni profili dell'arbitrato: la rilevanza della convenzione arbitrale, al fine di assicurarne il rispetto negli Stati contraenti, nonché il riconoscimento e l'esecutività dei lodi arbitrali resi in un altro territorio, per favorirne la circolazione.

L'art. I della convenzione recita testualmente che la convenzione si applica "al riconoscimento e all'esecuzione delle sentenze arbitrali emesse, sul territorio di uno Stato diverso da quello dove sono domandati il riconoscimento e l'esecuzione, in controversie tra persone fisiche e giuridiche.

> Essa è parimente applicabile alle sentenze arbitrali non considerate nazionali nello Stato in cui il riconoscimento e l'esecuzione sono domandati". Tuttavia, l'art. II della convenzione, nel regolare la forma della convenzione arbitrale e il rapporto fra arbitro e giudice, va oltre la mera procedura di riconoscimento e deve intendersi applicabile anche agli arbitrati nazionali, purché, secondo parte degli interpreti, presentino elementi di estraneità (cap. IV).

È opportuno sottolineare fin d'ora che, sebbene la convenzione internazionale superi in gerarchia la legge nazionale ordinaria, è previsto che quest'ultima prevalga quando contenga disposizioni più favorevoli all'arbitrato.

b) La convenzione di Ginevra del 1961 opera in un contesto europeo, ma aspira a dettare una disciplina più completa rispetto alla convenzione di New York.

Si rivolge in particolare agli arbitrati riguardanti controversie "arising from international trade" fra parti aventi la sede o la residenza in differenti Stati aderenti (come si dirà nel prossimo capitolo, si parla, a questo proposito, di arbitrato internazionale).

c) La convenzione di Washington del 1965 si occupa di un particolare settore di scambi commerciali, quello degli investimenti dei privati nei paesi in via di sviluppo ed istituisce un peculiare strumento arbitrale, gestito da un ente denominato *Icsid* (*International Centre for Settlement of Investment Disputes*), per la soluzione delle relative liti.

Sul fronte europeo, ci si è chiesto se sia applicabile all'arbitrato la Carta europea dei diritti dell'uomo, il cui art. 6 detta i canoni del "giusto processo", che si deve svolgere in tempi ragionevoli, davanti ad un giudice imparziale, nel contraddittorio delle parti.

Le risposte non sono univoche e vale quanto si dirà oltre a proposito della Costituzione italiana. In particolare, se l'applicazione diretta pare da escludere, visto che la convenzione non fa espressa menzione dell'istituto arbitrale, i principi fondamentali che la ispirano non possono non valere anche per quest'ultimo, dato che si tratta di un vero e proprio processo alternativo alla giurisdizione statuale e dunque non può prescindere dalle garanzie che vi sono intrinsecamente connesse.

Quanto al legislatore europeo, vanno segnalati la direttiva n. 11 del 21 maggio 2013 (2013/11/Ue), che regolamenta l'arbitrato nelle liti di consumo (cap. VI, par. 7); nonché il regolamento n. 1215 del 2012, modificativo del precedente n. 44 del 2001, che si occupa della competenza giurisdizionale e della circolazione delle decisioni nell'Unione.

Quest'ultimo, pur continuando ad escludere dal proprio ambito applicativo l'arbitrato, dedica un intero "considerando" a disciplinare i rapporti fra giudice e arbitro appartenenti a diversi ordinamenti e fa specifica menzione della convenzione di New York, rendendola così una vera e propria fonte normativa europea (cap. X, par. 6).

Va infine menzionata, sul piano sovranazionale, la legge modello elaborata dall'*Uncitral*, un organismo costituito in seno all'Organizzazione delle nazioni unite allo scopo di uniformare le legislazioni statali, attraverso l'adozione delle norme che l'ente propone.

Detta legge (elaborata nel 1985 e modificata da ultimo nel 2006) non ha, ovviamente, valore vincolante, ma è stata presa a modello integrale o parziale di riferimento in molti ordinamenti, compiendosi in tal modo una importante opera di armonizzazione delle rispettive discipline: così hanno fatto, per esempio, Germania, Spagna, Austria, Svezia e Danimarca; il legislatore italiano ha invece scelto di non utilizzarla.

2. La legge nazionale: la Costituzione.

Nella Costituzione italiana la parola arbitrato non compare formalmente, ma questo non significa che vi sia totalmente indifferente.

L'ammissibilità dello strumento arbitrale si desume, in primo luogo, dall'art. 42 Cost., che sancisce la libertà di iniziativa economica privata.

Pertanto, poiché l'arbitrato nasce da una scelta negoziale, vietare tale iniziativa è incostituzionale in mancanza di valori contrastanti di pari o superiore dignità, da individuarsi secondo il principio di ragionevolezza.

L'art. 102 Cost. prevede poi che "la legge regola i casi e le forme della partecipazione diretta del popolo all'amministrazione della giustizia".

La norma è stata per lo più riferita alla partecipazione di privati ai collegi giudicanti, ma, cogliendo una suggestiva idea di una dottrina, si attaglia perfettamente all'arbitrato, che, come si è detto, rappresenta una forma di legittimazione dal basso del servizio-giustizia.

Vi sono poi gli artt. 111, sulle regole del giusto processo e 24 Cost., sulla garanzia del diritto di azione e di difesa: si discute se siano direttamente applicabili all'arbitrato.

In proposito, si può dire che i principi ivi contenuti sono espressione di una *ratio* richiamabile anche nell'arbitrato, se si tiene conto che quest'ultimo porta alla decisione sul diritto controverso attraverso un processo strutturato, al quale sono dunque connaturate le relative garanzie e che la fungibilità di tutela fra azione statuale e azione arbitrale lo avvicina alla *ratio* ispiratrice dell'art. 24 cit.

D'altro canto, però, ho già detto che l'arbitrato non può essere attratto nell'alveo della giurisdizione statuale, vivendo in un mondo parallelo ma diverso e che, di conseguenza, non può valere per l'arbitrato il ricorso a criteri quali la limitazione delle risorse disponibili o il bilancio fra costi e benefici, per l'esegesi delle norme processuali applicabili.

È preferibile pertanto ritenere che le disposizioni della Costituzione siano direttamente applicabili soltanto al processo davanti all'autorità giudiziaria, ma che costituiscano ad un tempo preziosi riferimenti da richiamare in via indiretta o analogica, ogniqualvolta siano espressione della funzione di "giudizio" tramite un "processo", funzione che contraddistingue il servizio arbitrale al pari di quello pubblico.

La Corte costituzionale, dal canto suo, è intervenuta più volte sul rapporto fra arbitrato e giurisdizione dello Stato.

L'analisi delle decisioni mostra chiaramente una evoluzione interpretativa, che va di pari passo con le alterne fortune dell'arbitrato nel nostro ordinamento.

Le pronunce più risalenti, infatti, concludevano in favore della sua legittimità, soltanto grazie alla previsione per la quale il lodo doveva obbligatoriamente essere recepito nell'alveo della giurisdizione statuale, attraverso il deposito in tribunale: centralità assoluta assumeva il c.d. monopolio della giurisdizione in favore dello Stato, di cui all'art. 102, comma 1°, Cost.

Venuta meno l'obbligatorietà del deposito, la Corte ha giustamente abbandonato questa prospettiva e, nel riconoscere piena dignità ed autonomia all'arbitrato, è passata a tratteggiarne la condizione essenziale di compatibilità con la garanzia del diritto di azione di cui all'art. 24 Cost.: le parti debbono poter scegliere di assoggettarsi o meno al rimedio arbitrale.

Di conseguenza, un arbitrato obbligatorio, che non sia frutto di una scelta libera e consapevole dell'individuo, è costituzionalmente illegittimo.

Il problema è sorto prevalentemente nell'ambito delle liti con la pubblica amministrazione, specie in materia di appalti pubblici, in seguito alla promulgazione del capitolato generale delle opere pubbliche del 1967, che prevedeva come unica scelta di tutela l'arbitrato. La giurisprudenza costituzionale non aveva annullato la norma, ma l'aveva interpretata nel senso che le parti dovessero ritenersi libere, in ogni caso, di decidere se rivolgersi all'arbitro o al giudice, trasformando l'arbitrato *ex lege* da obbligatorio a facoltativo. Con il codice dei contratti pubblici del 2006 e le successive modificazioni, l'arbitrato è rientrato nell'alveo della piena facoltatività (cap. VI, par. 12).

Oggi, la Corte costituzionale, nell'interpretare la disciplina sull'arbitrato in modo conforme a costituzione, ragiona in positivo e non soltanto, in negativo, con riguardo alla sua legittimità costituzionale: si tratta di un rimedio "potenzialmente fungibile" e sostitutivo, rispetto all'attività giurisdizionale pubblica, sicché gli vanno assicurate le garanzie necessarie affinché sia in grado di pervenire ad "un risultato di efficacia sostanzialmente analoga a quella del *dictum* del giudice statale".

Così, la Corte cost., 19 luglio 2013, n. 223 ha assicurato la *translatio iudicii*, dal giudice all'arbitrato, mentre la Corte cost., 28 novembre 2001, n. 376 ha abilitato gli arbitri a sollevare l'incidente di costituzionalità.

3. Il codice e le leggi speciali.

Al gradino immediatamente successivo delle fonti, si trova la legislazione nazionale.

L'arbitrato italiano è compiutamente disciplinato dagli artt. 806-832 e 839-840 c.p.c., più volte riformati (l'ultima, radicale, modifica risale al 2006).

Accanto alle norme codicistiche, vi sono molteplici leggi che prevedono regole parzialmente o totalmente derogatorie della disciplina generale, in determinate materie: anzi, negli ultimi anni, si è assistito ad un'ampia proliferazione di norme speciali sull'arbitrato.

Non v'è dubbio che determinate controversie, come quelle che portano uno squilibrio fra le parti (per esempio le liti di consumo), richiedano una tutela differenziata.

Tuttavia, la frequente incompletezza delle leggi speciali ed il mancato coordinamento con il modello generale creano incertezza sullo schema processuale di riferimento: meglio sarebbe riunificarle in un solo testo, contenente specifiche previsioni per i casi più delicati.

Di seguito elenco le disposizioni speciali più importanti:

a) l'arbitrato societario: è disciplinato dagli artt. 34-36 d.lgs. n. 5 del 2003, che riguardano esclusivamente le clausole compromissorie contenute negli statuti delle società, con riferimento alle liti endosocietarie, cioè alle liti nascenti all'interno della vita dei gruppi organizzati, spesso caratterizzate da particolare complessità oggettiva e soggettiva.

b) L'arbitrato di lavoro pubblico e privato: l'apposita disciplina è stata dettata a seguito dell'art. 806 c.p.c., che condiziona l'arbitrabilità della materia a specifiche previsioni nella legge o nei contratti collettivi.

In particolare vanno ricordati gli artt. 412, 412-*ter* e 412-*quater* c.p.c.: è ribadita l'ammissibilità di un arbitrato la cui disciplina sia affidata *in toto* alla contrattazione collettiva (art. 412-*ter*), con previsione che non sembra aggiungere nulla di sostanziale a quanto già previsto dall'art. 806 c.p.c.; seguono poi alcuni modelli *ex lege* di natura ibrida (cap. XVIII, par. 5).

c) L'arbitrato sportivo: si parte dal d.l. n. 220 del 2003 e successive modificazioni, per finire al nuovo codice della giustizia sportiva del 2014 (cap. VI, par. 16).

d) L'arbitrato Consob: amministrato dalla Camera arbitrale e di conciliazione presso la Consob per le liti fra risparmiatori ed intermediari (cap. V, par. 3).

e) L'arbitrato con gli enti pubblici: è talvolta previsto che le liti con la pubblica amministrazione possano essere risolte in arbitrato.

Una disciplina assai articolata è contenuta nel codice dei contratti pubblici, con l'art. 241 ss. d.lgs. n. 163 del 2006, poi modificato dal d.lgs. n. 53 del 2012 (cap. VI, par. 12).

È inoltre prevista e disciplinata la possibilità (da ritenersi facoltativa, in virtù della regola generale di divieto di arbitrato obbligatorio) di optare per l'arbitrato nelle liti fra operatore privato e "Gestore dei mercati energetici", di cui al d.m. 1° aprile 2011 in tema di disciplina del mercato elettrico (art. 135); va ricordata altresì la previsione arbitrale in materia di radiotelevisione (d.p.r. 4 ottobre 2010).

Le liti fra le imprese private e l'Agea (Agenzia per le erogazioni in agricoltura) possono essere risolte da un arbitrato amministrato dalla Camera arbitrale dell'agricoltura (d.m. 20 dicembre 2006).

In coerenza con l'esigenza di raccordare la disciplina del tipo ordinario con quelle dei tipi speciali, tratterò delle peculiarità delle singole materie man mano che si presentano.

4. Il ruolo della volontà delle parti.

Fonte di particolare importanza, seppur non normativa, è la volontà delle parti, che può essere manifestata nella convenzione arbitrale, con la previsione di una o più regole per il processo, o anche successivamente, purché prima dell'accettazione dell'incarico da parte degli arbitri (dopo occorre anche il consenso di questi ultimi).

Una particolare modalità di espressione della volontà negoziale è il rinvio ai regolamenti arbitrali predisposti.

Tale rinvio può inquadrarsi nel più ampio ricorso all'arbitrato amministrato da appositi enti (cap. V, par. 1), ma è possibile richiamare regolamenti che prescindono dalla presenza di un ente amministratore, come accade per le *Uncitral rules* (cap. V, par. 1).

Negli arbitrati internazionali (cap. IV, par. 2), la volontà delle parti è ancora più rilevante, perché più forte è l'esigenza di svincolarsi dalle rigidità delle discipline nazionali. Pertanto, il ricorso ai regolamenti arbitrali è frequente, perché permette di contare su una disciplina procedimentale precostituita, uniforme e condivisa.

L'aspirazione a prescindere dagli ordinamenti nazionali spinge sempre più verso la creazione di una vera e propria *lex mercatoria arbitralis* (*processualis*), quando le regole nascenti dalla volontà privata assurgono al ruolo di consuetudini accettate e recepite dalla comunità internazionale (cap. IV, par. 3).

La volontà delle parti prevale, di regola, sulla disciplina normativa di riferimento dell'arbitrato;

> Ad esempio le parti possono convenire che per la pronuncia del lodo valga un termine diverso da quello indicato nell'art. 820, comma 2°, c.p.c.

non può invece derogare a norme imperative o, comunque, a norme di ordine pubblico: non potrebbe attenuare o peggio sopprimere il diritto al contraddittorio, o il principio *nemo iudex in causa propria*, o ancora il canone dell'imparzialità dell'arbitro.

> Ad esempio: due parti di nazionalità diversa deferiscono la propria lite ad arbitri internazionali, stabiliscono che la sede dell'arbitrato sia l'Italia e decidono di richiamare le norme dettate dal regolamento dell'*International Chamber of Commerce* (*Icc*, v. cap. V, par. 1) di Parigi. Terminata la fase istruttoria, gli arbitri rimettono in decisione, accordandosi in separata sede per il giorno in cui incontrarsi per la deliberazione del lodo. All'incontro stabilito, uno degli arbitri non si presenta e, sollecitato, fa ostruzionismo. Come risolvere l'*impasse*? Nel regolamento *Icc* c'è una disposizione che consente all'ente arbitrale, in simili casi, di espellere l'arbitro riottoso (cap. XV, par. 3). Questa previsione è tuttavia incompatibile con l'ordinamento italiano, perché viola il principio inderogabile dell'equidistanza del collegio arbitrale: si dirà, infatti, che è necessario che il collegio arbitrale sia espressione di tutte le parti in lite. Un lodo reso a Parigi non potrebbe dunque essere riconosciuto in Italia.

Ulteriore complicazione nasce dalla superfetazione delle fonti negoziali, quando le parti facciano riferimento ad un regolamento e al contempo dettino previsioni che vi derogano: come si vedrà oltre (cap. V, par. 2), prevale la *lex specialis* dettata dai contendenti.

La Camera arbitrale di Milano prevede nel suo regolamento una interessante sistemazione delle fonti, che sintetizza ciò che si è detto: "Il procedimento arbitrale è retto dal regolamento, dalle regole fissate di comune accordo dalle parti sino alla costituzione del tribunale arbitrale in quanto compatibili con il regolamento medesimo o, in difetto, dalle regole fissate dal tribunale arbitrale. 2. In ogni caso, sono fatte salve le norme inderogabili applicabili al procedimento arbitrale".

Capitolo IV
ARBITRATO INTERNO ED ESTERO; ARBITRATO DOMESTICO E INTERNAZIONALE

1. L'appartenenza dell'arbitrato ad un ordinamento: *lex arbitri*.

Determinare a quale ordinamento appartenga l'arbitrato è importante per individuare le regole ad esso applicabili, cioè la c.d. *lex arbitri*.

Ad esempio, occorre conoscere la nazionalità per sapere davanti a quale giudice sarà possibile impugnare il lodo, oppure il giudice a cui rivolgersi per ottenere assistenza in caso di *impasse* nello svolgimento dell'arbitrato; o ancora per determinare la normativa processuale applicabile.

Le nozioni di arbitrato interno o nazionale e di arbitrato estero dipendono dall'ordinamento nel quale l'osservatore si trova.

La convenzione di New York del 1958, all'art. I, comma 1°, definisce come estraneo ad un dato ordinamento, cioè straniero, l'arbitrato il cui lodo sia stato reso (nella lingua inglese, ufficiale, "made") in uno Stato diverso da quello considerato.

La convenzione aggiunge che sono salve tutte le altre ipotesi in cui, sulla base della legge di un dato Stato, l'arbitrato non sia comunque da considerarsi domestico o nazionale.

Ad esempio, un lodo potrà essere ritenuto esterno all'ordinamento in cui abbia sede, ove quest'ultimo consenta alle parti di scegliere una diversa legge processuale applicabile.

Si delineano dunque due punti di vista differenti: un lodo "estero", rispetto ad un dato ordinamento, perché appartenente ad altro ordinamento; un lodo "non interno" rispetto ad un dato ordinamento, perché non appartenente a quell'ordinamento. La convenzione si applica in entrambi i casi.

Ad esempio, per l'ordinamento italiano, come si dirà *infra*, il lodo è straniero quando sia reso in un arbitrato avente sede in altro Paese. Il lodo pronunciato a seguito di un arbitrato per il quale non sia stata fissata alcuna sede e che non presenti altri elementi che dimostrino la sua appartenenza all'ordinamento italiano, è un lodo "non interno". Un lodo emesso a seguito di un arbitrato con sede in Italia è un lodo "interno".

Il criterio del luogo di pronuncia del lodo non è di facile applicazione, essendo quest'ultimo frutto di una sequenza procedimentale caratterizzata dalla delibera, dalla stesura e dalla sottoscrizione, tutti momenti che possono avvenire in luoghi diversi.

Nel corso del tempo, quindi, si è fatto strada un criterio diverso, più sicuro, da utilizzare per interpretare le norme internazionali ed interne: la sede dell'arbitrato.

La legge italiana non è esplicita in proposito: l'art. 839 c.p.c. si occupa di regolare il riconoscimento di un lodo straniero, ma non dice quando possa ritenersi tale; l'art. 4 della l. n. 218 del 1995 (legge di diritto internazionale privato), a sua volta, si limita a permettere la deroga della giurisdizione italiana a favore di un "arbitrato estero".

Detto criterio è però desumibile dall'art. 816 c.p.c., nel quale si legge che "le parti determinano la sede dell'arbitrato nel territorio della Repubblica...", mostrando così di considerare l'arbitrato con sede in Italia come italiano, cioè soggetto alla disciplina italiana.

La sede dell'arbitrato viene determinata dalle parti o, in mancanza, dagli arbitri.

Si noti che l'arbitrato con sede in Italia non può ritenersi straniero, anche se il lodo sia sottoscritto dagli arbitri in un diverso Paese: ai sensi dell'art. 816, comma 3°, è possibile che gli arbitri appongano le firme anche all'estero, non venendo per ciò solo meno la nazionalità italiana dell'arbitrato.

Anche altri ordinamenti utilizzano il criterio della sede dell'arbitrato.

L'art. 176 l. svizzera sull'arbitrato internazionale stabilisce che la relativa disciplina è applicabile ai tribunali arbitrali con sede in Svizzera; l'art. 2, comma 1°, *Arbitration act* inglese, richiama il criterio della sede; parimenti fa l'art. 1025 *ZPO* tedesca. L'art. 1 della legge spagnola n. 60 del 2003, modificata nel 2011, fa riferimento alla sede dell'arbitrato per l'applicazione della propria disciplina, ma all'art. 46 definisce come straniero l'arbitrato il cui lodo sia pronunciato all'estero, richiamando così testualmente la convenzione di New York.

Lo stesso criterio è adottato dall'art. 1 della legge modello dell'*Uncitral* sull'arbitrato commerciale internazionale.

Per sede si intende il luogo formale scelto dalle parti o, in difetto, dagli arbitri e non il luogo dove materialmente si svolgono le udienze o le attività dell'arbitrato, che potrà trovarsi anche all'estero.

Alcune legislazioni prevedono comunque l'applicazione di tutte o determinate norme interne anche quando la sede dell'arbitrato sia all'estero e ciò per valorizzare l'eventuale scelta delle parti circa la legislazione processuale da applicare, o per evitare che si formino vuoti di giustizia, o per offrire comunque una tutela in situazioni di incerta collocazione normativa (ad esempio nei casi in cui, al momento in cui vi è necessità di assistenza giudiziaria, la sede non sia stata ancora stabilita).

L'art. 1505 *c.p.c.* francese, riformato nel 2011, stabilisce indirettamente, attraverso l'individuazione del giudice che fornisce assistenza al procedimento, che l'arbitrato è soggetto alla disciplina francese sia se le parti abbiano previsto la sede in Francia, sia quando abbiano stabilito che la legge applicabile è quella francese; la competenza del giudice francese in assistenza all'arbitrato è altresì prevista in caso di diniego di giustizia, o se le parti l'abbiano espressamente prevista anche a prescindere dalla legge applicabile al procedimento.

Una questione assai dibattuta, in Italia, riguarda la possibilità, per le parti, di scegliere una legge processuale di un altro Stato per regolare un arbitrato avente sede in Italia, con l'effetto di considerare il relativo lodo straniero (eventualità prevista, come si è detto, dalla convenzione di New York).

Benché l'art. 816 faccia un evidente collegamento fra sede e legge processuale italiana, nel precisare che le parti fissano la sede dell'arbitrato in Italia, una parte degli interpreti fa leva su indici normativi contrari, quali l'art. 810 e l'art. 840 c.p.c., per sostenere la tesi dell'ammissibilità di un arbitrato straniero con sede in Italia.

L'art. 810 c.p.c. prevede che il Presidente del tribunale della sede dell'arbitrato possa rifiutare la nomina suppletiva degli arbitri quando valuti che la convenzione arbitrale preveda "manifestamente un arbitrato estero". Dal che si deduce, evidentemente, che un arbitrato con sede in Italia può essere considerato straniero se vi siano indici manifesti in tal senso: ad esempio se le parti abbiano stabilito espressamente la *lex arbitri*. Inoltre, l'art. 840 c.p.c. annovera, fra i motivi di rigetto della richiesta di esecutorietà del lodo straniero in Italia, il fatto che questo non sia ancora divenuto vincolante o sia stato annullato o sospeso da un'autorità competente dello Stato "nel quale, o secondo la legge del quale, è stato reso": il che potrebbe confermare che sia considerato straniero anche il lodo regolato da una legge processuale di un altro Stato, pur avendo sede in Italia.

La soluzione è sicuramente più liberale, ma dà luogo a maggiori incertezze circa l'individuazione dell'ordinamento di appartenenza e, conseguentemente, nella disciplina applicabile all'impugnazione del lodo, al suo riconoscimento e così via; tanto è vero che, per taluni interpreti, il rinvio ad altra legge nazionale riguarderebbe unicamente le regole relative al procedimento arbitrale (cap. XI, par. 1), continuandosi ad applicare, per tutto il resto, la legge italiana.

Probabilmente, una corretta interpretazione delle norme codicistiche porta a non poter escludere l'eventualità di un lodo straniero con sede italiana, il che rileverà specialmente ai fini del suo riconoscimento (cap. XIX, par. 1 ss.).

Nel dubbio, però, deve operare la presunzione di corrispondenza fra sede e nazionalità italiana.

Si pone anche l'assunto contrario, cioè se sia possibile considerare un lodo italiano, che tuttavia non abbia sede in Italia (ma che non abbia neppure sede all'estero, altrimenti vi sarebbe una pari presunzione di collegamento): la questione è legata a quella più ampia circa la configurabilità di un lodo sganciato da qualunque ordinamento, senza sede. L'art. 816 c.p.c., parrebbe proprio intervenire su questo problema, nello stabilire il criterio legale residuale della sede a Roma: vale a dire, se né le parti, né gli arbitri abbiano fissato la sede e la convenzione arbitrale sia stata stipulata all'estero, la sede è a Roma, ma questo presuppone, evidentemente, che le parti abbiano voluto un arbitrato italiano. Col che resta confermato, per un verso, che la mancata fissazione della sede non è di per sé criterio decisivo per escludere la nazionalità italiana; per altro verso, che opera comunque la corrispondenza fra sede e nazionalità.

Se la *lex arbitri* è in grado di delineare lo schema processuale di riferimento, non è da escludere che alcuni singoli aspetti siano retti da leggi diverse: ad esempio, il contratto che si instaura fra le parti e gli arbitri, quanto all'espletamento dell'incarico dietro corrispettivo (cap. VIII, par. 14); o il rapporto fra le parti e l'istituzione che amministra l'arbitrato (cap. V, par. 1 ss.); oppure i profili di validità della convenzione arbitrale (cap. VII, par. 3 ss.).

Come si vedrà oltre (cap. XIX, par. 2), il giudice italiano chiamato a riconoscere un lodo straniero deve valutare la validità della convenzione arbitrale alla luce, prima di tutto, della legge che le parti hanno scelto espressamente per quest'ultima (legge che non è necessariamente quella del contratto principale) ed in mancanza sulla base della *lex arbitri*.

Da ultimo, non è superfluo precisare che occorre tenere distinte le regole applicabili al processo arbitrale (*lex arbitri*) dalle regole applicabili al merito della lite (*lex causae*).

Mentre le prime riguardano il processo arbitrale e, a monte, il suo prodromo, cioè la convenzione arbitrale, le seconde rappresentano la base per il giudizio sul merito (cap. XI, par. 11).

La loro determinazione si fonda su criteri tutt'affatto differenti, per cui è ben possibile che gli arbitri siano chiamati a giudicare su un sistema normativo di un dato ordinamento, pur dovendo applicare le regole processuali di un altro sistema.

Ad esempio, se l'arbitrato ha sede in Italia, gli arbitri saranno tenuti ad applicare la legge processuale italiana, per regolare le attività arbitrali; se la lite abbia ad oggetto un contratto, al quale, per espressa dizione delle parti, sia applicabile la legge inglese, gli arbitri dovranno applicare quest'ultima, per verificare chi abbia torto e chi abbia ragione. La legge applicabile al merito della lite, infatti, come si dirà oltre (cap. XI, par. 11), non è quella della sede dell'arbitrato, ma va individuata, se la sede del lodo è in Italia, sulla base della disciplina di diritto internazionale privato (l. n. 218 del 1995 e fonti prevalenti, quali i regolamenti europei n. 44/01 e n. 1215/12).

2. Arbitrato internazionale.

La nozione di arbitrato internazionale, da contrapporsi all'arbitrato (integralmente) domestico, opera su un piano diverso, rispetto a quello della sua nazionalità.

L'arbitrato si definisce, infatti, internazionale, quando siano presenti taluni elementi di estraneità rispetto all'ordinamento a cui appartiene. Pertanto, un arbitrato "internazionale" è pur sempre "nazionale" (inteso nel senso sopra detto, cioè di appartenenza ad un dato ordinamento) quando abbia, ad esempio, sede in quello Stato.

Si capisce, dunque, che l'arbitrato internazionale non costituisce un'altra tipologia di arbitrato, diversa dall'arbitrato straniero e nazionale: più semplicemente si tratta di un arbitrato, di qualunque nazionalità esso sia, che mostra punti di contatto con una molteplicità di ordinamenti ed è, pertanto, a maggior rischio di incertezza circa la sua disciplina.

Da un lato, quindi, sono particolarmente importanti regole chiare ed univoche; dall'altro, nel settore degli scambi commerciali internazionali, l'arbitrato è la scelta elettiva degli operatori, che vogliono un foro neutrale ed equidistante, evitando per quanto possibile di sottoporsi ai meccanismi di giustizia degli Stati, per cui è opportuno favorire questa aspirazione.

Per sapere quando si ha di fronte un arbitrato internazionale ed individuarne la disciplina, occorre fare riferimento all'ordinamento applicabile (*lex arbitri*).

Tra le fonti, di particolare importanza è la convenzione di Ginevra del 1961 che regola l'arbitrato su liti derivanti dal commercio internazionale, fra soggetti fisici o giuridici aventi la loro residenza abituale o la loro sede (per le persone giuridiche) in paesi contraenti diversi, al momento della conclusione della convenzione arbitrale.

La convenzione si preoccupa di dettare una disciplina dettagliata di tutti gli aspetti dell'arbitrato, dalla convenzione arbitrale, al procedimento fino al lodo: essa va ritenuta prevalente rispetto alla legge nazionale applicabile.

Ad esempio, se l'arbitrato che risponde ai criteri della convenzione ha sede in Italia, si deve applicare in primo luogo la suddetta convenzione e solo in via sussidiaria la legge nazionale, disapplicando quest'ultima ove sia contrastante con una disposizione della convenzione.

La convenzione di New York del 1958, pur concentrandosi sul riconoscimento dei lodi all'estero, detta alcune regole sulla convenzione arbitrale che si applicano agli arbitrati internazionali con sede nei paesi contraenti.

Per il resto, si deve fare riferimento alla disciplina di appartenenza dell'arbitrato.

Gli approcci dei legislatori nazionali si distinguono in due linee di tendenza.

In alcuni paesi, come la Francia, il legislatore riserva all'arbitrato internazionale una disciplina diversa, di solito più liberale rispetto all'arbitrato domestico (approccio dualistico).

In altri ordinamenti, invece, si sceglie di regolare in modo uniforme l'arbitrato, a prescindere dal fatto che presenti o meno elementi di estraneità (approccio monistico).

Dal 2006, in Italia è scomparsa la differenziazione di disciplina tra i due tipi di arbitrato, in seguito alla completa abrogazione del titolo relativo all'arbitrato internazionale: ciò significa che a quest'ultimo si applica la stessa disciplina di quello domestico, eccetto alcune particolarità, come la decisione circa la lingua dell'arbitrato (art. 816-*bis* c.p.c.) e l'esclusione del giudizio rescissorio, cioè del giudizio sul merito, a seguito di annullamento del lodo internazionale (art. 830, comma 2°, c.p.c.).

Va però aggiunto che gli interpreti offrono talvolta interpretazioni discordanti della stessa norma, a seconda che l'arbitrato sia domestico o internazionale.

Ad esempio, si è ritenuto che il concetto di ordine pubblico, cui fare riferimento per l'annullamento del lodo internazionale con sede in Italia, debba essere più ristretto, rispetto a quello per l'annullamento di un lodo domestico.

Quali sono i criteri adottati dalle leggi nazionali per definire l'arbitrato internazionale?

Si tratta di una determinazione che varia da ordinamento ad ordinamento.

Dalla disciplina italiana dopo la riforma del 2006, si ricava che la caratteristica rilevante per definire l'arbitrato internazionale è la residenza di almeno una delle parti all'estero (art. 830).

Pertanto, un arbitrato con sede in Italia, fra parti che risiedono in Stati diversi, sarà un arbitrato italiano ed internazionale.

Ad esempio Tizio e Caio, residenti entrambi in Italia, devolvono la loro controversia ad arbitri e decidono di fissare la sede in Italia. L'arbitrato sarà italiano e "domestico". Si ponga invece il caso in cui Caio abbia la residenza a San Marino: l'arbitrato, in tal caso, sarà sempre italiano, ma internazionale.

Non in tutti gli ordinamenti vige il solo criterio della residenza delle parti in paesi differenti; talvolta rilevano anche altre circostanze, per lo più in alternativa, come ad esempio lo svolgersi della vicenda commerciale all'estero, o più genericamente l'attinenza della controversia al commercio internazionale, o ancora la volontà delle parti di applicare la normativa dell'arbitrato internazionale, piuttosto che quella interna, quando l'ordinamento di riferimento distingue fra le due discipline.

La Francia (art. 1504 *c.p.c.*) definisce l'arbitrato internazionale quando "met en cause des intérets du commerce international". La Spagna (art. 3, l. 60 del 2003) offre una serie di criteri fra loro alternativi: oltre alla diversa residenza delle parti e al medesimo criterio adottato in Francia, ritiene l'arbitrato internazionale anche quando il luogo in cui debba essere eseguita una parte rilevante della prestazione nascente dal rapporto giuridico fra le parti, ovvero il luogo con il quale quest'ultimo abbia il collegamento più stretto, o ancora la sede dell'arbitrato, siano situati in uno Stato diverso da quello di residenza delle parti. La legge modello *Uncitral* sull'arbitrato commerciale internazionale, all'art. 1, comma 3°, lett. *c*), qualifica come internazionale anche l'arbitrato che sia stato così definito dalle parti.

La libertà delle parti di determinare la *lex arbitri*, unitamente al *favor* verso la libera circolazione dei lodi all'estero, permette ai contendenti di scegliere l'ordinamento applicabile più in linea con le proprie esigenze e con lo spirito di autonomia del commercio internazionale: si parla di un vero e proprio "arbitration shopping".

Tuttavia, l'appartenenza di un arbitrato internazionale ad un dato ordinamento non impedisce l'applicabilità di altri sistemi normativi, su determinati aspetti.

Infatti, poiché, come si è già detto, gli elementi di estraneità dell'arbitrato internazionale significano riferimenti ad ordinamenti diversi, può accadere che, nonostante la scelta di un dato ordinamento come *lex arbitri*, per taluni aspetti dell'arbitrato si debba fare riferimento ad altre leggi.

Talvolta, sono le convenzioni internazionali e le leggi nazionali a prevedere che determinate questioni insorgenti in arbitrato debbano essere risolte non alla luce della *lex arbitri*, bensì con riferimento ad una legge differente, collegata con la specifica questione.

Ad esempio, la convenzione di Ginevra del 1961 prevede che il lodo internazionale sia annullabile quando "le parti della convenzione d'arbitrato erano incapaci ai sensi della legge applicabile nei loro confronti", oppure quando la convenzione medesima sia invalida "ai sensi della legge alla quale le parti l'hanno sottoposta, oppure, in mancanza di indicazione al riguardo, ai sensi della legge del paese dove il lodo è stato reso". Lasciando per ora da parte il riferimento al luogo di pronuncia del lodo (che va inteso, secondo l'interpretazione che ritengo preferibile, come sede dell'arbitrato, rispetto alla normativa italiana), ai fini della validità della convenzione arbitrale regolata dalla legge inglese non si potrà fare riferimento alla legge della sede dell'arbitrato bensì alla legge cui le parti abbiano voluto assoggettare la convenzione arbitrale. La stessa disposizione è contenuta nell'art. 840 c.p.c., con riguardo ai motivi di opposizione alla richiesta di riconoscimento in Italia di un lodo straniero, sulla falsariga della convenzione di New York: si vedranno al cap. XIX, par. 2 ss.

La situazione si aggrava quando vi sono lacune o incertezze interpretative sulla disciplina da applicare.

Con riguardo alla convenzione arbitrale, ad esempio, si discute se la stessa legge sia applicabile a tutte le questioni, o se invece, ad esempio, l'arbitrabilità debba essere valutata con la legge eventualmente scelta dalle parti per la convenzione, mentre l'autonomia della clausola compromissoria con la *lex arbitri*; ed ancora, per le questioni di incapacità dei contraenti la convenzione, si ha di regola (ma non sempre, quando la *lex arbitri* contenga regole materiali *ad hoc*) riguardo alla legge regolatrice della loro soggettività giuridica, sulla base delle norme di conflitto stabilite dalla legge applicata dagli arbitri o dal giudice (legge che può essere differente: per la l. italiana v. gli artt. 20, 23 e 25 della l. n. 218 del 1995); sulla questione della falsa rappresentanza, è dubbio se si tratti di un caso di invalidità (con legge applicabile conseguente), o un caso di incapacità dei contraenti; ancora, sulla sanatoria della invalidità per mancato rilievo nel processo arbitrale è dubbio se si applichi la *lex arbitri*.

A complicare ulteriormente le cose sta il fatto che la legge applicabile può variare a seconda che della questione si occupi un giudice nazionale oppure l'arbitro.

Ad esempio, si discute sulle regole a cui gli arbitri ed i giudici (all'atto dell'impugnazione del lodo o in sede di *exequatur*) debbono avere riguardo, per le questioni inerenti la convenzione arbitrale. Per quanto riguarda il giudice, si ritiene per lo più che questi debba fare riferimento alla *lex arbitri*, che si estende a disciplinare la fonte della legittimazione arbitrale, tenendo presente eventuali norme di conflitto della medesima, che lo conducano ad applicare altre leggi; fatto comunque salvo, per molti, il caso in cui le parti abbiano espressamente designato la legge applicabile alla convenzione arbitrale. Si tenga poi conto che, per tutto quanto attiene al processo davanti al giudice, si applica la *lex fori*, ai sensi dell'art. 12 l. n. 218 del 1995. Per quanto riguarda gli arbitri, invece (oltre a tenere in debito conto la *lex arbitri*, in vista di un eventuale annullamento in sede di impugnativa giudiziale del lodo), si ritiene che debba aversi riguardo, in primo luogo, all'eventuale volontà delle parti, che abbiano espressamente optato per una specifica legge applicabile alla convenzione (a prescindere da quella che regola il contratto); in mancanza, esse possono, secondo una tesi, fare riferimento alla legge che regola il contratto contenente la clausola; secondo altra tesi, alla *lex arbitri* (facendo uso delle sue eventuali norme di conflitto); o addirittura, secondo una ulteriore tesi, possono evitare ogni riferimento a leggi nazionali, facendo uso della già vista *lex mercatoria*; o ancora rinviare alla sede di stipula del contratto. Insomma, il panorama è davvero complesso.

3. Arbitrato senza nazionalità?

Ci si deve ora domandare se sia possibile prescindere, in tutto o in parte, dalle discipline statuali, per regolamentare l'arbitrato.

Come si è già detto, specie nel settore del commercio internazionale, è forte l'esigenza di staccarsi dagli ordinamenti interni per adire un foro realmente sovranazionale.

Si è così tentato di configurare una *lex mercatoria* arbitrale, costituita da principi generali, tratti dalle convenzioni, dalla prassi arbitrale, nonché dall'interpretazione delle norme ad opera di dottrina e giurisprudenza: canoni universalmente accettati nelle liti del commercio internazionale, a formazione non autoritativa (cap. III, par. 4).

Ad esempio, può ritenersi che il principio di autonomia della clausola compromissoria, ai sensi del quale la validità di quest'ultima deve essere valutata separatamente rispetto a quella del contratto (*infra*, cap. VIII), appartenga alla *lex mercatoria* arbitrale e vada perciò universalmente riconosciuta, a prescindere dalle previsioni dei singoli ordinamenti.

Un ruolo importante, in questo senso, rivestono i regolamenti arbitrali richiamati dalle parti nella convenzione compromissoria, perché, dettando una disciplina esaustiva, permettono uno sganciamento dalle leggi nazionali.

Si è addirittura parlato dell'arbitrato internazionale come di un vero e proprio ordinamento autonomo transnazionale (in applicazione della teoria della pluralità degli ordinamenti giuridici di Santi Romano), con funzione pubblicistica, come rimedio generalizzato per le liti del commercio internazionale.

È davvero possibile immaginare un arbitrato "flottante", vale a dire privo di qualunque legame con gli ordinamenti nazionali e dotato di una propria disciplina, traente legittimazione sul piano esclusivamente internazionale?

Per dare una risposta, bisogna partire dalle convenzioni internazionali, applicabili in via prevalente rispetto agli ordinamenti statuali.

In particolare, la convenzione di New York (ripresa testualmente dal nostro art. 840 c.p.c., in tema di riconoscimento del lodo straniero) dà ampio spazio alla volontà delle parti nel regolare la procedura arbitrale, tanto che permette al lodo straniero di essere riconosciuto quando sia stato reso conformemente alle regole stabilite dalle parti, indipendentemente dal fatto che dette regole siano o no conformi alla legge dello Stato di nazionalità dell'arbitrato (art. V, par. 1, lett. *d*)).

D'altro canto, la convenzione di Ginevra del 1961 contiene una disciplina assai articolata degli arbitrati sul commercio internazionale, che si svolgono fra parti di diversi Stati contraenti, dettando una serie di criteri specifici per individuare volta per volta i giudici statuali competenti ad intervenire in ausilio, ad esempio in caso di mancata nomina degli arbitri, o per determinare le regole applicabili al procedimento arbitrale (art. 4): come si è visto, un lodo italiano che rientri nell'ambito della convenzione seguirà prima di tutto la suddetta disciplina, che dovrà prevalere in caso di contrasto con la normativa interna.

Rimangono però profili che la volontà delle parti o la normativa internazionale non sono in grado di coprire.

Anche se si ammettesse la possibilità di un arbitrato in grado di svolgersi in modo autosufficiente, sulla base delle determinazioni delle parti, senza alcun riferimento o ricorso a leggi nazionali, una volta emesso il lodo, la mancata ottemperanza spontanea del soccombente costringerebbe il vincitore a chiedere l'aiuto dell'autorità nello Stato nel quale la pronuncia arbitrale debba essere eseguita, e, giocoforza, detta pronuncia passerebbe attraverso il vaglio di quell'ordinamento.

La *lex mercatoria* arbitrale potrebbe, in questi casi, conservare una importante valenza nella interpretazione delle norme, anche da parte della giurisprudenza chiamata ad applicarle, ma non sarebbe comunque decisiva.

In altri termini, non v'è dubbio che i legislatori nazionali abbiano sempre l'ultima parola.

Piuttosto, spetta a loro valutare se allentare ed in quale intensità, il controllo sull'arbitrato: in tal senso, vanno positivamente segnalati i tentativi di ridurre quanto più possibile l'intervento del giudice nazionale della sede dell'arbitrato.

Significativo è ad esempio l'art. 192 della legge svizzera sull'arbitrato (l.d.i.p.), secondo cui le parti possono rinunciare totalmente o parzialmente all'impugnazione del lodo, "qualora non abbiano il domicilio, la dimora abituale o una stabile organizzazione in Svizzera", quando cioè il collegamento con l'ordinamento svizzero sia particolarmente attenuato. È salva ovviamente la reazione in sede di *exequatur* ai sensi della convenzione di New York. L'art. 1522 del *c.p.c.* francese, prevede, analogamente, che con riguardo all'arbitrato francese con caratteri di internazionalità, le parti possano rinunciare all'impugnazione per annullamento, ferma la possibilità di appello contro l'ordinanza di *exequatur*.

Di arbitrato veramente anazionale si può parlare, forse, in un solo caso, vale a dire con riferimento all'arbitrato gestito dall'*Icsid* (cap. III, par. 1).

Si tratta di un vero e proprio sistema autoportante, finanche per quanto riguarda l'impugnazione del lodo, che viene gestita esclusivamente all'interno dell'ente; inoltre, gli Stati si impegnano a riconoscere e a dare esecuzione ai lodi, come se fossero sentenze domestiche.

Vi è poi la discussa ipotesi del lodo annullato nel Paese di origine, di cui si chieda il riconoscimento in un altro Stato, su cui si dirà al cap. XIX, par. 2.

Merita un cenno la Corte comune di giustizia e arbitrato istituita con il trattato di armonizzazione *Ohada* (*Organisation pour l'Harmonisation en Afrique du Droit des Affaires*), stipulato da una gran parte dei paesi africani allo scopo di uniformare la disciplina in campo commerciale. L'arbitrato svolto sotto la sua egida dà luogo ad un lodo immediatamente esecutivo in tutti gli stati firmatari del trattato, dietro *exequatur* concesso dallo stesso ente amministratore, il quale si occupa altresì di eventuali impugnazioni contro la pronuncia arbitrale (v. art. 27 ss. del regolamento d'arbitrato dvanti alla Corte).

Capitolo V
ARBITRATO *AD HOC* ED ARBITRATO AMMINISTRATO

1. L'arbitrato gestito da enti amministratori.

Un'importante distinzione è quella tra arbitrato *ad hoc* ed arbitrato amministrato.

La convenzione di Ginevra del 1961 adotta espressamente questa distinzione, nel prevedere che le parti possano rivolgersi ad istituzioni arbitrali permanenti, nel qual caso il procedimento arbitrale sarà svolto in conformità con il regolamento dell'ente; altrimenti l'arbitrato sarà *ad hoc*.

L'arbitrato *ad hoc* è la forma "ordinaria": le parti definiscono in autonomia tutte le caratteristiche che lo contraddistinguono, dalla nomina degli arbitri, alle regole procedimentali, con il limite dei precetti inderogabili fissati dalla disciplina normativa applicabile.

È arbitrato *ad hoc* anche quando le parti richiamano modalità di svolgimento regolate da una fonte eteronoma, come ad esempio un regolamento arbitrale formato *aliunde*: alcuni interpreti lo definiscono "arbitrato regolamentare".

Ad esempio, le *Uncitral rules* sull'arbitrato internazionale sono a disposizione di tutti i contendenti che desiderino una disciplina dettagliata precostituita. La stragrande maggioranza dei regolamenti, invece, proviene da enti gestori e di regola è previsto che il richiamo al regolamento importi anche richiamo alla gestione amministrata dell'ente: (ad esempio art. 6 del regolamento *Icc* di cui *infra*) nel qual caso, l'arbitrato non sarà più *ad hoc* ma amministrato, anche se le parti non l'abbiano specificato.

L'arbitrato amministrato è gestito da enti o istituzioni,

Fra gli enti più significativi, a livello internazionale, possono menzionarsi (ma l'elenco non è certo completo) l'*International Chamber of Commerce* di Parigi (*Icc*); la *London Court of International Arbitration* (*Lcia*); le Camere arbitrali presso le Camere di commercio svizzere; la Camera arbitrale di Milano; l'*American Arbitration Association* (*Aaa*); la *China International Economic and Trade Commission* (*Cietac*); l'*Hong Kong International Arbitration Centre* (*Hkiac*); il *Singapore International Arbitration Centre* (*Siac*); la Camera arbitrale di Stoccolma.

che non decidono la lite, ma offrono tre tipi di servizi:

a) logistico-amministrativo: mettono a disposizione il luogo per lo svolgimento delle adunanze arbitrali e la segreteria, che assume il compito di tenere i contatti con le parti;

b) di assistenza in caso di *impasse* nello svolgimento dell'arbitrato: ad esempio, intervengono nella nomina degli arbitri, ove necessario, determinano il costo o il tempo di durata dell'arbitrato e così via;

c) regolamentare: predispongono regole dettagliate per lo svolgimento dell'arbitrato.

Le parti che vogliono un arbitrato amministrato debbono accordarsi espressamente in tal senso: talvolta la loro volontà risulta incerta ed in questo caso molti enti arbitrali si riservano una valutazione *prima facie*, al fine di decidere se prestare o meno il servizio.

Una peculiare disciplina è contenuta nella convenzione di Ginevra del 1961, con riguardo agli arbitrati internazionali rientranti nel suo ambito. In particolare è previsto che, se le parti abbiano deciso "di sottomettere la soluzione delle loro controversie ad una istituzione arbitrale permanente, senza designare detta istituzione e non si mettono d'accordo su tale designazione, il richiedente potrà domandare detta designazione al presidente della camera di commercio della sede dell'arbitrato" (con criteri suppletivi in caso di mancata fissazione della sede). Ancor più interessante è l'ipotesi in cui la convenzione non contenga "nessuna indicazione circa il genere di arbitrato (arbitrato tramite una istituzione permanente di arbitrato o arbitrato *ad hoc*)", nel qual caso, in mancanza di accordo, l'attore potrà utilizzare la stessa procedura e l'autorità potrà "sia rinviare le Parti ad una istituzione permanente di arbitrato, sia invitare le Parti a designare i loro arbitri entro un termine" eventualmente fissato.

L'arbitrato amministrato ha alcuni vantaggi.

Innanzitutto, i costi sono spesso contenuti e sempre prevedibili: i regolamenti contengono tariffe, calibrate in base al valore della lite, sia con riguardo al compenso degli arbitri, sia per quanto attiene al compenso dello stesso ente.

In secondo luogo, la predisposizione di un regolamento dettagliato permette una maggiore prevedibilità delle modalità di svolgimento del processo, utile specie nell'arbitrato irrituale (cap. XVIII, par. 1 ss.).

In terzo luogo, le parti beneficiano dell'assistenza e dell'esperienza di un organismo specializzato, che è in grado di risolvere gli ostacoli che si presentano via via nel corso del procedimento arbitrale e vigila sul rispetto dei canoni fondamentali, come l'imparzialità degli arbitri.

Gli aspetti negativi sono una minore flessibilità dello strumento ed il maggior costo rappresentato dai servizi dell'istituzione arbitrale.

Come va inquadrato giuridicamente il ruolo dell'organismo amministratore?

Quest'ultimo, attraverso la pubblicità delle sue prestazioni compie, propriamente, una offerta al pubblico (art. 1336 c.c.); si è anche richiamato l'istituto della promessa al pubblico (art. 1989 c.c.).

Detta ricostruzione, più convincente rispetto a quella che vede nella proposta un mero invito ad offrire, fa sì che l'ente sia vincolato al servizio non appena le parti portino a sua conoscenza l'intenzione di usufruirne, di regola attraverso la trasmissione all'ente della domanda d'arbitrato, per l'attore e della memoria di risposta, per il convenuto.

Con l'accettazione, si perfeziona un vero e proprio contratto fra le parti e l'ente gestore per l'organizzazione del procedimento arbitrale: il contratto di amministrazione.

Rimane, a fianco di quest'ultimo, il rapporto diretto fra le parti, da un lato e gli arbitri, dall'altro, per lo svolgimento della funzione demandata dalle prime ai secondi, con la contropartita del compenso (c.d. contratto di arbitrato, cap. IX, par. 10); l'ente amministratore si limita ad integrarne il contenuto con il proprio regolamento e a fornire l'assistenza necessaria affinché l'esecuzione del rapporto si svolga nel modo più efficiente.

Per contro, secondo l'interpretazione che ritengo preferibile, non si instaura un rapporto diretto ente-arbitri, quanto alla gestione dell'arbitrato e ai compensi.

> Potranno forse configurarsi obbligazioni o fonti di responsabilità dirette quanto all'iscrizione o alla tenuta di eventuali liste di arbitri, ma si tratta, con evidenza, di tutt'altro rispetto al procedimento arbitrale.

In certi casi, il legislatore incoraggia l'arbitrato amministrato, prevedendo l'istituzione di camere arbitrali per la gestione di determinate controversie. Anzi, la forma amministrata appare la più idonea alla gestione dei conflitti fra parti in squilibrio contrattuale (ad esempio i contratti con i consumatori).

Vanno ricordati la l. n. 580 del 1993, che prevede la possibilità di istituire enti arbitrali presso le camere di commercio; l'arbitrato amministrato nella subfornitura di cui all'art. 10, l. n. 192 del 1998; nonché il ruolo delle autorità amministrative indipendenti di cui al par. 3.

2. La disciplina: art. 832 c.p.c.

Il legislatore non si è mai occupato (se non in via indiretta e specifica, attraverso le leggi che consentono l'istituzione di camere arbitrali) dell'arbitrato amministrato sino alla novella del 2006, che ha introdotto una generale disciplina nell'art. 832 c.p.c.

Questa norma, per la verità, contiene disposizioni applicabili anche all'arbitrato *ad hoc* e si occupa soltanto di alcuni aspetti dell'arbitrato amministrato, lasciando il resto alla libera autonomia delle parti, degli arbitri e degli enti.

a) La norma prevede innanzitutto che, nel caso di contrasto tra quanto previsto dal regolamento e la volontà delle parti, quest'ultima prevalga sempre.

È senz'altro una soluzione rispettosa dell'autonomia negoziale: tuttavia può nascondere delle insidie, soprattutto quando il regolamento mira a correggere scelte sbagliate compiute dalle parti.

Può accadere, ad esempio, che le parti inseriscano, all'interno di uno statuto sociale, una clausola compromissoria che, oltre a contenere espresso rinvio al regolamento di un determinato ente arbitrale, stabilisca che la nomina degli arbitri sia effettuata dalle medesime parti; detta previsione è in aperta violazione del divieto contenuto nell'art. 34 d.lgs. 5/03, che impone, a pena di nullità dell'intera clausola, che l'arbitro sia designato da un terzo estraneo alla società; talvolta i regolamenti prevedono, proprio per ovviare a situazioni come queste, che, in caso di difformità fra il regolamento e il tenore della clausola arbitrale, prevalga il primo; seguendo alla lettera il disposto dell'art. 832 c.p.c., la previsione delle parti dovrebbe prevalere sulla disposizione regolamentare; peraltro, si potrebbe in contrario invocare il canone esegetico dell'art. 1367 c.c., secondo cui, nel dubbio, una previsione contrattuale deve interpretarsi nel senso della sua efficacia, facendo così prevalere la previsione del regolamento.

Lo stesso canone potrebbe valere quando il regolamento preveda espressamente l'inderogabilità ad opera delle parti di alcune sue regole. Il conflitto andrebbe risolto, a mio avviso, a favore del regolamento, poiché, in difetto, l'ente potrebbe rifiutarsi di amministrare, rendendo, così, vana l'intenzione delle parti di ricorrere ad un arbitrato amministrato.

b) L'art. 832 prevede poi che le "istituzioni di carattere associativo" e quelle "costituite per la rappresentanza degli interessi di categorie professionali" (ad esempio, ordini professionali, sindacati, associazioni di imprese e così via) non possano nominare arbitri nelle liti che contrappongono associati a terzi.

Ad esempio, l'ordine degli avvocati non può nominare un arbitro nella lite che contrapponga un avvocato iscritto al suo cliente, per il pagamento del compenso.

La *ratio* della disposizione risiede nell'esigenza che il collegio arbitrale sia equidistante rispetto alle parti e la mancanza di indipendenza in capo al terzo designatore può minare questo indispensabile requisito.

Pertanto, quando le parti si rivolgano alle loro associazioni di categoria, per nominare i rispettivi arbitri, l'equidistanza è garantita e deve ritenersi che il divieto di cui all'art. 832 non operi.

In materia di lavoro, è lo stesso art. 412 c.p.c. a prevedere che l'incarico arbitrale possa essere conferito alla commissione di conciliazione, a composizione paritetica. Inoltre, la direttiva n. 11 del 2013, con riferimento all'arbitrato fra consumatori e professionisti, permette ed anzi impone che il collegio arbitrale sia espressione equilibrata delle rispettive associazioni di categoria.

È stato giustamente notato che il termine "istituzioni di carattere associativo" è troppo generico, perché è in grado di comprendere enti che non hanno alcuna derivazione da una categoria professionale specifica (come le camere di commercio) e per i quali è assai meno pericoloso il rischio della mancanza di equidistanza.

c) Sempre l'art. 832 permette ai regolamenti arbitrali di ampliare i motivi di ricusazione degli arbitri previsti dall'art. 815 c.p.c. (cap. VIII, par. 9 ss.).

La citata norma contiene un elenco tassativo dei casi in cui l'arbitro può essere ricusato in quanto carente dei necessari requisiti di indipendenza, ma non copre tutte le possibili ipotesi in cui la questione può astrattamente porsi.

In molti regolamenti (cfr. art. 19 reg. Camera arbitrale di Milano) si usa l'espressione: "ogni motivo idoneo a porre in dubbio la loro indipendenza o imparzialità". In questo modo si dà spazio per altre fattispecie non previste dalla norma codicistica, come, per esempio, eventuali rapporti fra arbitri, rapporti fra arbitri e difensori al di fuori della "commensalità abituale", ecc.

d) Vi è poi una opportuna previsione di carattere intertemporale, secondo cui se, nelle more fra la conclusione della convenzione arbitrale e l'inizio dell'arbitrato, il regolamento sia cambiato, prevale la versione più aggiornata.

Spesso infatti accade che la lite insorga molto tempo dopo la stipula della convenzione arbitrale (si pensi alle clausole contenute negli statuti delle società) e diventa indispensabile individuare la fonte regolamentare a cui fare riferimento, in caso di successione di diversi testi nel tempo.

e) Infine, è presa in considerazione l'ipotesi, peraltro non frequente, in cui l'ente rifiuti per qualche motivo di amministrare.

In questo caso, la scelta arbitrale non viene meno: più semplicemente l'arbitrato diviene *ad hoc* con conseguente applicazione della disciplina degli artt. 806 ss., quanto alle modalità di costituzione del giudice arbitrale, del procedimento e così via.

L'ente potrebbe rifiutarsi di amministrare quando le parti, pur richiamando il regolamento arbitrale, prevedano deroghe corpose, che finiscono per stravolgere lo schema delineato dell'organismo arbitrale o che riguardano previsioni ritenute inderogabili da quest'ultimo.

Ad esempio potrebbe accadere che le parti, in difformità con il regolamento, stabiliscano che le spese dell'arbitrato siano decise direttamente dagli arbitri e l'ente ritenga di non poter derogare al controllo sulla liquidazione dei compensi.

Può anche accadere che il rinvio all'ente amministratore non risulti chiaramente dalla convenzione arbitrale e che, pertanto, l'organismo si ritenga privo dell'incarico di gestire l'arbitrato.

In tutti questi casi, può ritenersi che l'offerta al pubblico non sia stata accettata e il rifiuto deve ritenersi legittimo.

Altrimenti, l'ente non può rifiutarsi di amministrare e, nel caso lo faccia, pur operando la regola della trasformazione in arbitrato *ad hoc*, sarà tenuto al risarcimento dei danni.

3. L'autorità amministrativa indipendente come ente gestore di arbitrati.

Occorre ora mettere in luce il rapporto fra arbitrato e autorità amministrative indipendenti.

Va premesso che non verrà qui presa in considerazione l'attività di soluzione dei conflitti, svolta dalla pubblica amministrazione nella gestione della cosa pubblica, in quanto quest'ultima agisce come parte, in difetto cioè di una posizione di terzietà.

Diverso è per le autorità amministrative indipendenti, talvolta incaricate dal legislatore della gestione di veri e propri arbitrati, oltre che di procedure di mediazione.

La l. n. 481 del 1995 ha previsto che presso le autorità di regolazione dei servizi di pubblica utilità sia possibile istituire una camera arbitrale.

Per quanto riguarda l'Autorità per l'energia elettrica e il gas, mentre la direttiva Ce n. 72 del 2009 aveva invitato gli Stati a predisporre apposite discipline di soluzione extragiudiziale delle liti nei riguardi dei consumatori, la legge attuativa n. 93 del 2011 si limita a regolamentare i reclami e le eventuali procedure di conciliazione, ma con delibera n. 42 del 2005, l'autorità inizia timidamente ad introdurre l'arbitrato.

Viene infatti adottato uno schema di convenzione arbitrale, limitato però "alle sole controversie che sorgano quanto alla interpretazione ed esecuzione di rapporti aventi ad oggetto i servizi di trasmissione dell'energia elettrica e di trasporto del gas naturale sulle infrastrutture ad alta pressione", nel quale si prevede la nomina *ex parte* di due arbitri ed il terzo in funzione di presidente, sempre nella persona di un interno all'autorità stessa.

La realtà più significativa è la Camera arbitrale e di conciliazione presso la Consob, istituita per gestire gli arbitrati fra risparmiatori o investitori non professionali e intermediari finanziari, con riguardo alla prestazione di servizi, di attività di investimento e di gestione collettiva del risparmio (d.lgs. n. 179 del 2007, in attuazione della l. n. 262 del 2005, seguito dal regolamento dapprima con delibera n. 16763 del 2008, poi con delibera n. 18275 del 2012).

L'arbitrato Consob richiama per lo più le regole codicistiche, con lodo sempre impugnabile per violazione di legge, ad evidente tutela della parte debole. È poi previsto un "arbitrato semplificato", di più rapido svolgimento, per il danno patrimoniale lamentato dall'investitore, con sole prove precostituite (cap. XI, par. 5). Si tratta di una peculiare ipotesi di convenzione arbitrale unilaterale (cap. VII, par. 11).

Al di là di queste realtà, il compito delle autorità si muove su piani radicalmente eterogenei rispetto all'arbitrato.

Infatti, in molti casi, essa offre, nella sua veste autoritativa, una tutela amministrativa alternativa a quella giurisdizionale, per la soluzione della lite, con un provvedimento decisorio che non può però, a pena di incostituzionalità per violazione dell'art. 24 Cost., escludere il ricorso alla autorità giurisdizionale.

Infatti, chi vuole ottenere tutela può sempre scegliere tra la via amministrativa e giudiziale. Più delicato è quando una delle parti, scegliendo la prima, sia in grado di bloccare eventuali ricorsi al giudice da parte dell'avversario, attuandosi così un meccanismo di "giurisdizione condizionata" (Garante per la *privacy*, Autorità garante per le telecomunicazioni, nelle liti con utenti).

Deve poi essere assicurato il ricorso al giudice dopo la pronuncia della decisione dell'autorità.

È possibile per esempio proporre opposizione davanti al giudice ordinario contro il provvedimento dell'autorità (Garante per la *privacy*);

o chiedere tutela davanti al giudice amministrativo (Autorità garante per le telecomunicazioni, nelle liti fra operatori).

Il c.d. arbitro bancario e finanziario (di cui all'art. 128-*bis* d.lgs. n. 385 del 1993 – t.u. bancario –, dettagliato da ultimo con il comunicato della Banca d'Italia 19 dicembre 2011), nonostante il nome, svolge un procedimento di natura amministrativa.

Si occupa delle liti relative a operazioni e servizi bancari e finanziari oggetto del contratto tra il cliente e l'intermediario (nei limiti e ai sensi dell'art. 23, comma 4°, d.lgs. 1998, n. 58): non presenta le caratteristiche tipiche dell'arbitrato perché il giudice è precostituito; il risparmiatore vi accede direttamente su reclamo, mentre l'intermediario non deve manifestare una volontà, essendo prevista la sua preventiva adesione al meccanismo, come condizione di esercizio della sua attività; la decisione è vincolante per l'intermediario, che però è sempre libero, come il risparmiatore, di rivolgersi all'autorità giudiziaria.

Capitolo VI
L'ARBITRABILITÀ DEI DIRITTI

1. L'arbitrato ha ad oggetto situazioni giuridiche soggettive tutelate dall'ordinamento.

La già vista funzione alternativa dell'arbitrato rispetto alla giustizia dello Stato implica un'analogia di risultato: per questo motivo, l'arbitrato ha ad oggetto l'accertamento di situazioni giuridiche soggettive controverse.

Più esattamente, si può dire che, ogniqualvolta sia dato ad un soggetto un diritto alla tutela di una propria situazione giuridica soggettiva e quest'ultima non sia indisponibile, sarà dato pari diritto a scegliere l'arbitrato.

Per situazione giuridica soggettiva si intendono non solo i diritti, ma anche gli interessi legittimi contro la pubblica amministrazione, o altre situazioni rilevanti e tutelabili da parte del privato (ad esempio interessi legittimi di diritto privato, ove se ne riconosca l'ammissibilità).

Una dottrina ritiene che l'arbitrato possa avere un oggetto più ampio, ad esempio semplici questioni di fatto, cioè frazioni di diritti (se ne è già parlato a proposito dell'arbitraggio). A me pare, invece, che la fungibilità con la tutela statuale sia a corrispondenza biunivoca.

È pacifico che non sia assoggettabile ad arbitrato l'illecito penale; saranno invece devolvibili ad arbitri le conseguenze risarcitorie derivanti da reato, negli stessi limiti in cui ciò è possibile davanti al giudice civile.

Si suole dire che non sono compromettibili le questioni di volontaria giurisdizione: la ragione sta nel fatto che questa attività non consiste nell'accertamento di diritti, bensì nell'amministrazione di interessi.

2. L'incompromettibilità dei diritti e l'art. 806 c.p.c.

Non tutti i diritti soggettivi possono essere devoluti in arbitrato.

L'art. 806 c.p.c. annovera infatti due categorie di divieti: i diritti indisponibili per natura o per legge; i diritti disponibili per i quali l'arbitrato è vietato dalla legge.

Non tutti gli ordinamenti hanno fatto la stessa scelta: l'art. 1030 *ZPO* stabilisce che sono assoggettabili ad arbitrato i diritti di contenuto patrimoniale (*vermögensrechtlicher Anspruch*); in mancanza, come criterio residuale, si fa riferimento alla disponibilità del diritto, intesa come diritto a concludere un contratto sulla lite.

Cominciando dal primo caso, non è facile dare un'esatta nozione di disponibilità: è un concetto influenzato da una serie di fattori, come il periodo storico, i valori culturali ed il contesto nel quale il diritto viene in rilievo.

Ad ogni modo, si può affermare che:

a) non v'è coincidenza tra disponibilità del diritto soggettivo sostanziale e principio dispositivo della domanda: il fatto che un soggetto sia libero di non tutelare il diritto di cui è titolare davanti al giudice non implica necessariamente che detto diritto sia disponibile.

Ad esempio, la tutela di diritti personalissimi quali la *privacy* spetta alla parte, che può scegliere di non tutelarsi, ma il diritto, come si vedrà oltre, è da ritenersi indisponibile, salvo le conseguenze risarcitorie. D'altro canto, la nullità del contratto può essere fatta valere da chiunque vi abbia interesse e d'ufficio, sicché può rilevare a prescindere dall'iniziativa della parte titolare della situazione soggettiva originante dal negozio: si dirà però oltre che l'impugnativa di nullità è disponibile.

b) Quando la disponibilità del diritto, intesa come potere di alienarlo o rinunciarvi (c.d. disponibilità in senso stretto, contrapposta alla disponibilità in senso ampio, intesa come potere di autonomia negoziale), è soltanto parzialmente compressa, si dovrà parlare di disponibilità relativa, che non incide sull'arbitrabilità.

Ad esempio, la legge prevede un divieto temporaneo di alienazione in materia di edilizia residenziale pubblica, ma ciò non importa l'indisponibilità del diritto di proprietà.

Ciò posto, prima di verificare che cosa si intenda per diritto arbitrabile, conviene effettuare qualche precisazione circa l'irrilevanza di alcuni fattori, che molti hanno ritenuto indici di inarbitrabilità delle liti.

3. L'arbitrabilità non può essere influenzata dalla specialità del rito (in particolare le liti fallimentari).

Si potrebbe essere tentati di ritenere che le materie soggette a rito speciale non siano compromettibili, data l'impossibilità di trasporre le relative regole processuali in arbitrato – che trova la sua disciplina unicamente negli artt. 806 ss. –; penso al procedimento per ingiunzione o per convalida di sfratto.

In realtà, per valutare l'incompromettibilità, bisogna avere esclusivo riguardo ai diritti soggettivi sostanziali in gioco: il rilascio di un immobile locato o il pagamento di somme di denaro sono diritti pienamente arbitrabili.

Altro problema sarà quello di verificare se resti salvo il ricorso ai procedimenti speciali e sommari davanti al giudice o se, comunque, l'arbitro possa applicare il rito speciale previsto per il processo statuale: rimando a quanto dirò al cap. XI, par. 14.

Caso a sé è l'arbitrabilità delle controversie endofallimentari.

Anche in questa ipotesi, non possono rilevare la specialità del rito o eventuali previsioni di fori inderogabili: occorre sempre avere esclusivo riferimento alla disponibilità del diritto.

Tuttavia, la specialità del rito è connaturata all'effetto a cui la procedura fallimentare tende, vale a dire la liquidazione concorsuale.

Quest'ultima è realizzabile solo attraverso le forme delineate dalla legge, che sono dunque funzionalmente inderogabili: l'arbitrato è impedito, perché altro è l'accertamento di diritti, altro sono le attività finalizzate al concorso fallimentare.

In altri termini, solo la procedura prevista dalla legge è in grado di rispettare il principio della *par condicio creditorum*, sicché il rito è un tutt'uno con l'oggetto del processo.

Di conseguenza, quando vi sono in gioco debiti a sfavore della massa, è necessario applicare il rito fallimentare; diversamente, quando oggetto della lite sono crediti a favore della massa, non vi è alcun ostacolo alla giustizia privata.

Ove però si ritenga che il fallito mantenga una propria legittimazione a far accertare un suo debito, con decisione inopponibile al curatore, ma spendibile nel caso di ritorno *in bonis*, l'arbitrato dovrà ritenersi ammissibile anche per le situazioni passive.

Esemplificando, non saranno soggetti ad arbitrato:

a) il procedimento di ammissione al passivo, comprese le impugnazioni dello stato passivo *ex* art. 96 l. fall.;

b) le insinuazioni tardive di crediti e le richieste di restituzione e rivendica di beni mobili od immobili;

c) in generale i rimedi impugnatori dei provvedimenti del giudice fallimentare;

d) in particolare, il reclamo contro la sentenza di fallimento *ex* art. 18 l. fall.;

e) i procedimenti di nullità degli atti della procedura.

Per quanto riguarda invece i crediti o diritti a favore della massa, saranno compromettibili tutte le situazioni attive derivanti dalla stipula di contratti da parte del curatore, dal subentro di costui in rapporti già avviati dal fallito, dalle azioni revocatorie degli artt. 64 ss. l. fall. e dalle procedure endofallimentari che fanno ricorso al rito ingiuntivo.

Altro problema è capire se il curatore fallimentare sia vincolato alla convenzione arbitrale stipulata dal fallito quand'era *in bonis*: rinvio al cap. VII, par. 10.

4. L'intervento o l'azione del pubblico ministero non è di per sé motivo di indisponibilità.

Si ritiene comunemente che non possano essere devolute ad arbitri le liti in cui si prevede l'azione o l'intervento obbligatorio del pubblico ministero.

Secondo l'orientamento maggioritario, infatti, l'azione del p.m. sarebbe sicuro indice di indisponibilità del diritto, mentre l'intervento obbligatorio manterrebbe inalterata la disponibilità – ove tale sia a prescindere –, ma, in ogni caso, influirebbe sulle "modalità dell'esercizio dell'azione e di elementi della sua struttura".

Al contrario, ritengo che il ruolo del pubblico ministero non sia in grado, di per sé solo, di precludere il percorso alternativo dell'azione arbitrale, dato che il solo parametro resta la disponibilità del diritto sostanziale sottostante.

Anche quando il pubblico ministero ha il potere di iniziativa processuale, l'alterazione, a ben vedere, riguarda l'azione e non il diritto. Occorre dunque dimostrare l'ulteriore passaggio, cioè che l'affiancamento dell'azione del pubblico ministero a quella della parte comporta anche il divieto di incidere sul proprio diritto sostanziale: dimostrazione ardua, se si tiene conto del fatto che in molti altri casi in cui la legittimazione ad agire è data a chi non è titolare del diritto, quest'ultimo non è per ciò stesso indisponibile.

Per approfondire la questione, si deve anche tenere conto dei profondi cambiamenti che hanno caratterizzato il ruolo del pubblico ministero, dovuti, in larga parte, alla difficoltà pratica di gestire la mole di contenzioso civile, oltre a quella penale.

Per un verso, il diritto vivente, emergente dall'orientamento univoco della giurisprudenza, ha ridotto l'intervento obbligatorio del pubblico ministero alla mera comunicazione degli atti presso il suo ufficio; per altro verso, il legislatore, in tempi più recenti, tende a restringere la sua partecipazione al processo civile (v. ad esempio la modifica dell'art. 70 c.p.c., che ha limitato il suo ruolo in cassazione ai soli casi previsti dalla legge).

Soprattutto, è stata interrotta la necessaria correlazione fra azione ed intervento: nell'art. 122 del codice della proprietà industriale, infatti, il pubblico ministero ha azione per dichiarare la nullità del titolo industriale, ma, se il processo viene avviato dalla parte, non deve necessariamente intervenirvi.

Il potere di azione disgiunto da quello di intervento va visto in una più limitata prospettiva di protezione di determinate situazioni giuridiche soggettive: una volta che l'ordinamento abbia garantito l'iniziativa anche in caso di inerzia della parte, le modalità della difesa sono lasciate a quest'ultima e si assiste, dunque, ad un'attenuazione del valore pubblicistico della tutela.

La modifica è più significativa di quanto appaia. Se, infatti, il potere di azione trae la sua *ratio* nel particolare rilievo che l'interesse pubblico riveste in certe materie, esso deve essere garantito per tutto l'arco del processo – anche in contrasto con le scelte difensive (specie probatorie) delle parti –, sicché l'intervento obbligatorio nel processo instaurato da altri ne costituisce corollario ineliminabile.

È difficile negare, in questo caso, che l'attore sia vincolato alla convenzione arbitrale che abbia sottoscritto.

Si tratterà se mai di capire se, ove il privato abbia scelto l'arbitrato per l'azione di nullità, il pubblico ministero che voglia intraprendere l'iniziativa vi sia vincolato: la risposta dipende dall'inquadramento teorico del ruolo del pubblico ministero, se cioè sia un sostituto processuale (nel qual caso il patto compromissorio si estende) oppure sia titolare di un'azione autonoma (nel qual caso può iniziare la causa davanti al giudice, con tutte le complicazioni che derivano dall'identità della lite).

A maggior ragione, nei casi in cui al p.m. è concesso solo l'intervento nell'ambito delle allegazioni poste dalla parte, non mi pare che i limitati poteri probatori che gli spettano rappresentino indici decisivi di indisponibilità del diritto, significando piuttosto una più incisiva salvaguardia della ricerca della verità in controversie particolarmente delicate o a rischio di squilibrio fra le parti.

Del resto, se l'intervento del p.m. fosse sicuro indice di indisponibilità, l'art. 34 d.lgs. n. 5 del 2003 non avrebbe avuto motivo di vietare la clausola compromissoria nelle liti endosocietarie che prevedono la partecipazione obbligatoria del p.m.

La verità è che la funzione pubblicistica del pubblico ministero e l'arbitrato come gestione della lite fra privati sembrano a prima vista inconciliabili, eppure non lo sono, se si sia disposti ad ammettere che, ferma l'appartenenza della giurisdizione privata e di quella pubblica a due mondi diversi, questi possano comunicare fra loro, come dimostrano i recenti sviluppi in tema di *translatio iudicii*: la commistione fra attività privata e intervento del pubblico ministero è oggi sancita dalla nuova disciplina sulla negoziazione assistita in materia familiare, come si vedrà più avanti (par. 9).

Ne consegue che, quando il diritto è da ritenersi compromettibile, la partecipazione del pubblico ministero è questione di adattamento delle regole processuali, di cui occorre verificare l'operatività in arbitrato, una volta preso atto che esso è in grado di offrire tutte le garanzie fondamentali di un vero e proprio processo.

L'art. 70 c.p.c., quando parla di "cause" non specifica che debba trattarsi di procedimenti pendenti davanti all'autorità giudiziaria: d'altro canto, l'art. 816-*quinquies* ammette l'intervento in arbitrato del litisconsorte necessario e questa accezione può comprendere in senso lato ogni soggetto che debba obbligatoriamente partecipare al processo, a prescindere da ragioni sostanziali. Non è neppure da escludere, almeno in principio, l'applicabilità, questa volta in via analogica, della comunicazione degli atti da parte degli arbitri, *ex* art. 71 c.p.c.

Sulla querela di falso rinvio al cap. XII, par. 5.

5. Il diritto è arbitrabile quando il legislatore ne permette l'accertamento tramite processo privato.

Occorre ora affrontare più da vicino il significato di situazione giuridica soggettiva non arbitrabile.

a) *L'inderogabilità della normativa non importa incompromettibilità del diritto.* Mentre i diritti indisponibili sono sempre regolati da norme imperative, il fatto che un dato diritto sia regolato da norme imperative non implica, per ciò solo, la sua indisponibilità.

Vale a dire, l'inderogabilità della legge che disciplina un diritto soggettivo non determina necessariamente l'inarbitrabilità di quest'ultimo.

Prova di questa confusione sono le liti di lavoro: pur dominati da norme inderogabili, i relativi diritti sono arbitrabili a determinate condizioni – su previsione della legge o dei contratti collettivi.

Parimenti, nessun ostacolo può derivare dall'inderogabilità della normativa, in materie quali la concorrenza e il libero mercato, il consumo, la proprietà industriale e così via.

Piuttosto, gli arbitri, come il giudice, saranno tenuti ad applicare la legge e, in caso negativo, il lodo sarà annullabile, quanto meno in caso di violazione dell'ordine pubblico.

In pratica, il legislatore preferisce predisporre apposite garanzie affinché l'arbitro sia tenuto a decidere conformemente alla legge imperativa, piuttosto che vietare l'arbitrato a monte.

Un esempio calzante è rappresentato dalla materia *antitrust*.

Un contratto con il quale due società si accordano per la licenza di un marchio e per la commercializzazione di un dato prodotto può porre in gioco norme *antitrust*, anche di natura europea, che involgono l'ordine pubblico; tuttavia, la materia non è per ciò solo indisponibile, ben potendo le parti devolvere ad arbitrato le liti nascenti dal contratto; gli arbitri saranno tenuti ad applicare le norme di ordine pubblico. È ciò che è successo nel caso *Ecoswiss/Benetton* (C-126/97): la Corte di giustizia Ue ha indirettamente affermato la possibilità per gli arbitri di decidere una lite che involga la disciplina europea sulla garanzia della concorrenza. Prima ancora, di fondamentale importanza nel panorama internazionale è stato il caso *Mitsubishi*, risolto dalla Corte suprema americana, 473 *US* 614 (1985), nel senso dell'arbitrabilità.

b) Il diritto non è arbitrabile quando l'ordinamento non tollera il suo accertamento tramite un processo privato. Se quanto sopra detto è vero, è anche vero che rimane uno stretto collegamento fra arbitrabilità e ordine pubblico.

Per spiegarlo, occorre tenere presente la funzione dell'istituto che si esamina: infatti, l'individuazione dell'àmbito di ordine pubblico che impedisce una determinata funzione è strettamente dipendente da quest'ultima.

L'arbitrato consiste nell'accertamento dei diritti tramite un processo privato: è pertanto logico ritenere che sia compromettibile solo ciò che l'ordinamento permette che sia sottoposto a dette modalità di accertamento.

Altro è il compito svolto, ad esempio, dalla transazione, che non accerta ma supera la lite tramite reciproche concessioni. L'arbitrato non importa disposizione e non consiste in una rinuncia, neppure parziale, del diritto, perciò non può valere la massima *transigere est alienare*.

Ad esempio, nelle liti di lavoro, l'arbitrato è ammesso a particolari condizioni, mentre non è ammessa la procedura di negoziazione assistita *ex* d.lgs. n. 132 del 2014, conv. in l. n. 162 del 2014.

Per determinare l'ambito delle materie arbitrabili, occorre dunque verificare se il legislatore consenta l'esperimento, su una determinata lite, di un accertamento tramite processo privato e non se permetta la disposizione parziale o totale del diritto.

L'affermazione è dimostrata dalla compromettibilità dell'azione di nullità del contratto.

Si afferma che la nullità, essendo imprescrittibile, rilevabile da chiunque vi abbia interesse, o d'ufficio e non convalidabile, presenterebbe chiari indici di indisponibilità: detta natura sarebbe confermata dall'art. 1972 c.c., secondo cui la transazione è nulla se verte su un titolo illecito.

Tuttavia, il divieto di transazione non importa il divieto di accertamento, specie quando quest'ultimo abbia determinate caratteristiche, cioè provenga da un terzo imparziale, a seguito di un processo nel contraddittorio delle parti, con una decisione annullabile in caso di violazione dell'ordine pubblico.

La convenzione arbitrale non dispone del diritto in modo illecito, né dispone dell'atto nullo, ma tende all'accertamento della sua illiceità, mentre l'eventuale contrarietà del lodo alla legge si converte nel suo annullamento.

Si può ragionevolmente sostenere che l'apertura all'arbitrabilità del diritto sia sufficientemente controbilanciata dalla garanzia di controllo del rispetto dell'ordine pubblico: gli arbitri sono pienamente in grado, alla pari dei giudici, di evitare che l'atto nullo produca effetti, o che nascano da esso altri rapporti giuridici.

Che la nullità del contratto sia compromettibile, è dimostrato implicitamente dall'art. 808 c.p.c.: nello stabilire che la validità della clausola compromissoria va valutata in modo autonomo rispetto a quella del contratto principale, la norma dà per scontato che gli arbitri possano pronunciarsi sull'invalidità di quest'ultimo.

A maggior ragione saranno arbitrabili le nullità non soggette al rigoroso regime dell'art. 1418 ss. c.c., cioè le nullità relative, nullità di protezione, nullità-funzione;

> Si è giustamente notato che il rilievo d'ufficio è compatibile con la nullità di protezione, perché finalizzato alla tutela della parte debole più che all'accertamento dell'atto nullo; tanto che quest'ultima può rifiutare l'operatività del rilievo officioso.

nonché le liti sulla nullità o decadenza dei brevetti e dei marchi, che in svariati casi prevedono una legittimazione ad agire soggettivamente ristretta o addirittura la possibilità di convalida (d.lgs. n. 30 del 2005, all'art. 122).

c) Il diritto non è arbitrabile quando viene in rilievo l'ordine pubblico di direzione e non quello di protezione. Occorre dunque chiedersi quando l'ordinamento non permetta l'accertamento di un diritto tramite processo privato ed è, a tal fine, utile richiamare la distinzione, particolarmente approfondita dalla dottrina francese, fra ordine pubblico di direzione e ordine pubblico di protezione.

Il primo rappresenta l'insieme dei princìpi talmente essenziali da far prevalere l'interesse generale su quello del singolo; il secondo è diretto a tutelare l'equilibrio sostanziale fra le parti.

Cogliendo il prezioso spunto di Carnacini sulla distinzione fra tutela giurisdizionale e tecnica del processo, si delineano, dunque, due diverse direzioni.

c1) L'esigenza di garantire, su determinati diritti individuali, l'interesse generale che vi sottende è tale da impedire in radice la "tutela arbitrale", lo svolgimento cioè, per iniziativa del titolare, di un processo privato per accertare il diritto; si ricade nell'incompromettibilità da indisponibilità (arbitrale) del diritto.

c2) L'esigenza di assicurare, su determinati diritti individuali, l'interesse generale che vi sottende non è tale da impedire al titolare di scegliere un processo privato per l'accertamento del proprio diritti (e ciò a prescindere dal fatto che l'impedimento valga per altri atti, quali i contratti), ma vi è il timore che una parte, o un terzo, non ricevano sufficiente protezione dall'arbitrato.

L'arbitrato deve perciò assicurare alla parte debole la stessa tutela del processo statuale e ciò è possibile solo se sia svolto con particolari modalità, a condizione cioè che sia rispettata una determinata "tecnica del processo arbitrale".

Rileveranno a seconda del caso le seguenti circostanze: la piena consapevolezza della scelta arbitrale, anche attraverso la restrizione dell'uso della clausola compromissoria; il costo dell'arbitrato e, più in generale, degli strumenti di *access to justice*; la specializzazione dell'arbitro; poteri istruttori particolarmente incisivi, rafforzati dall'ausilio dei tribunali statali per garantirne l'efficacia; la garanzia del rispetto della legge sostanziale a prescindere dalla sua inderogabilità, attraverso l'impugnazione del lodo; la garanzia di difesa dei terzi strettamente connessi alla lite; la trasparenza necessaria per assicurare l'interesse pubblico che sottostà al rapporto in lite.

Del resto, come si vedrà nelle prossime pagine, vi è una crescente tendenza, nel diritto scritto e vivente, a trasformare il divieto di arbitrato in arbitrabilità caratterizzata da tecniche del processo arbitrale idonee ad assicurare determinate garanzie, ulteriori rispetto a quelle del modello ordinario.

6. I casi in cui la materia è incompromettibile.

Vanno ritenuti indisponibili, poiché attinenti a quello che ho chiamato "ordine pubblico di direzione", i diritti assoluti e personalissimi, come ad esempio il diritto alla vita, all'integrità, alla riservatezza.

Per contro, i diritti risarcitori, conseguenti alla violazione di tali diritti, debbono ritenersi pienamente compromettibili.

Rientrano anche, tra i diritti indisponibili, quelli relativi allo *status* e alla capacità delle persone.

Così gli arbitri non potranno pronunciare lo stato di interdizione, di inabilitazione, la paternità di un figlio, l'adozione: sulla separazione personale e il divorzio fra i coniugi occorrerà invece fare dei distinguo (par. 9).

Sulla verificazione di scrittura privata e sulla querela di falso rinvio a quanto dirò nel cap. XII, par. 5.

7. I casi in cui la materia è compromettibile, ma è necessaria una "tecnica differenziata": le liti di consumo.

Un esempio di quella che si è definita "tecnica del processo arbitrale" è rappresentato dalle liti di consumo.

Innanzitutto, non può porsi in dubbio che i diritti patrimoniali dei consumatori siano disponibili.

Lo conferma il diritto europeo, che, da ultimo con la direttiva n. 2013/11/Ue – in modifica al regolamento n. 2006 del 2004 e alla direttiva n. 2009/22/Ce –, regolamenta ed incentiva il ricorso a strumenti alternativi di soluzione delle liti di consumo, fra i quali l'arbitrato.

Deve dunque ritenersi, in assenza di specifico divieto, che la materia sia pienamente compromettibile.

Lo stesso legislatore italiano regolamenta una forma di arbitrato di consumo, il già menzionato arbitrato amministrato dalla Consob "per la decisione di controversie insorte fra i risparmiatori o gli investitori, esclusi gli investitori professionali, e le banche o gli altri intermediari finanziari circa l'adempimento degli obblighi di informazione, correttezza e trasparenza previsti nei rapporti contrattuali con la clientela".

Altra questione è se la clausola compromissoria contenuta nei contratti dei consumatori cada sotto la scure della vessatorietà, cioè della nullità.

Con riguardo agli investitori non professionali, il d.lgs. n. 179 del 2007 prevede un compromesso vincolante solo per l'intermediario.

L'art. 6 del d.lgs. cit., infatti, stabilisce che "La clausola compromissoria inserita nei contratti, stipulati con gli investitori, relativi ai servizi e attività di investimento, compresi quelli accessori, nonché i contratti di gestione collettiva del risparmio, è vincolante solo per l'intermediario, a meno che questo non provi che sia frutto di una trattativa diretta". Il d.lgs. n. 130 del 2015 va oltre, come si vedrà nel cap. VII, par. 11.

Per le altre tipologie di consumo, la legislazione italiana non è chiara.

La direttiva europea n. 1993/13/Cee, con specifico riferimento ai contratti stipulati dai consumatori, definisce abusiva la clausola che impone una forma di arbitrato non "disciplinato da disposizioni giuridiche".

L'interpretazione letterale della disposizione prova troppo: dovrebbe infatti ritenersi abusiva solo la clausola arbitrale che rinvii all'arbitrato irrituale e sempre che non si ritenga, com'è preferibile, che anche questa forma di arbitrato trovi la sua disciplina nella legge (art. 808-*ter* c.p.c.).

Tuttavia, il legislatore italiano, nel recepire la direttiva, prima negli artt. 1469-*bis-sexies* c.c. e poi nel codice del consumo del 2005, ha espunto il predetto riferimento ed ha definito come vessatorie tutte le clausole che derogano alla "competenza dell'autorità giudiziaria".

L'arbitrato rientra in questa accezione?

Tutte le tesi possibili sono state proposte.

La Corte di giustizia Ue (2 ottobre 2006, C-168/05) non ha

contribuito a risolvere il dilemma perché, pur precisando che la vessatorietà della convenzione arbitrale nei riguardi del consumatore deve poter essere rilevata d'ufficio, anche per la prima volta in sede di impugnazione – in deroga alla regola italiana di cui all'art. 817 c.p.c., che prevede il rilievo *ex parte* –, lascia libero lo Stato membro di stabilire quando detta clausola sia vessatoria.

A mio parere, la vessatorietà della clausola va valutata a seconda del caso; infatti, se l'arbitrato presenta sufficienti garanzie di tutela del consumatore, la previsione arbitrale deve ritenersi pienamente valida.

Dette garanzie sono puntualmente elencate nella direttiva n. 2013/11/Ue.

In primo luogo occorre accertare che il consumatore abbia espresso il consenso con l'effettiva consapevolezza delle implicazioni che ne derivano sul piano della tutela dei suoi diritti.

Pertanto, il patto sarà valido nei casi di compromesso, o di clausola compromissoria unilaterale – cioè vincolante per il solo professionista, come è previsto per l'arbitrato Consob –, o ancora di clausola compromissoria frutto di trattativa privata: in questi casi, il modello ordinario di arbitrato di cui agli artt. 806 ss., sia esso *ad hoc* o amministrato, presenta sufficienti garanzie.

Per contro, la clausola compromissoria inserita nel contratto di consumo sarà da considerarsi vessatoria se l'arbitrato, che deve essere obbligatoriamente amministrato, non presenti le seguenti caratteristiche:

a) imparzialità ed indipendenza sia dell'ente amministratore sia dell'arbitro, attraverso la garanzia di professionalità e di un mandato di durata sufficiente ed irrevocabile, per evitare pressioni; in casi particolari, poi, è necessario che il tribunale arbitrale sia espressione paritetica delle categorie da cui provengono le parti;

b) trasparenza, intesa come conoscibilità e conseguente affidamento sulle regole procedurali (lingua, oralità o scrittura, criteri di giudizio, efficacia della decisione); intesa altresì come accesso pubblico ai dati sull'attività e sui risultati dell'ente;

c) equità e contraddittorio; in particolare va assicurata la necessità che "le parti abbiano la possibilità, entro un periodo di tempo ragionevole, di esprimere la loro opinione, di ottenere dall'organismo *Adr* le argomentazioni, le prove, i documenti e i fatti presentati dall'altra parte, le eventuali dichiarazioni rilasciate e opinioni espresse da esperti e di poter esprimere osservazioni in merito" (testualmente la direttiva citata);

d) effettività della tutela, attraverso un arbitrato gratuito o con costi minimi e predeterminati per il consumatore; di breve durata; caratterizzato da un ruolo attivo del tribunale arbitrale per la ricerca della verità materiale, con la possibilità e non l'obbligo di un difensore; solo in alcuni casi deve essere consentito all'ente di rifiutare la gestione della lite;

e) rispetto delle norme sostanziali inderogabili dell'ordinamento in cui hanno residenza le parti.

L'allegazione del regolamento arbitrale al contratto contenente la clausola arbitrale soddisferà il necessario dovere di informazione del consumatore e consentirà l'avvio di un processo privato rispettoso dell'esigenza di tutela differenziata.

La legge austriaca sull'arbitrato (art. 617) contiene una serie di disposizioni speciali, quando la lite riguardi un rapporto *business to consumer*. Ad esempio, viene previsto il vincolo compromissorio soltanto a lite già sorta, occorre la firma del consumatore sul documento che deve contenere unicamente la clausola arbitrale; è necessaria un'approfondita previa informazione del consumatore, sulle differenze fra rimedio arbitrale e giudiziale, affinché la scelta sia valida; vi sono particolari disposizioni sulla sede sia formale che sostanziale, per evitare che il consumatore sia costretto a spostarsi in luoghi scomodi e lontani; il lodo sarà impugnabile, in ogni caso, per violazione di legge inderogabile (anche nell'arbitrato internazionale).

Altra questione è se sia possibile, attraverso l'arbitrato, svolgere l'azione collettiva.

L'azione inibitoria, concessa all'ente esponenziale (associazioni dei consumatori) per la cessazione del comportamento lesivo (cfr. artt. 37 e 140 cod. cons.), tutela un diritto soggettivo superindividuale di titolarità dell'ente: non sussistono ostacoli alla sua compromettibilità da parte del titolare ed il relativo lodo avrà effetti riflessi sui consumatori.

Per quanto riguarda, invece, i diritti individuali dei consumatori al risarcimento del danno subito (c.d. diritti individuali omogenei), mentre la compromettibilità non può essere messa in dubbio, si tratta di capire se l'arbitrato sia compatibile con la struttura dell'azione collettiva risarcitoria di cui all'art. 140-*bis* del codice del consumo.

Vi sono sicuramente difficoltà tecniche di adattamento, che possono essere superate con diversi accorgimenti, mentre non si frappone l'ostacolo più rilevante, perché la scelta dell'*opt in* (secondo cui solo gli appartenenti alla classe che aderiscono all'azione risentono degli effetti della pronuncia) come metodo di estensione della decisione nei riguardi dei terzi scongiura il rischio dell'arbitrato obbligatorio.

Negli Stati Uniti da tempo si utilizza l'arbitrato nelle liti di consumo. Di recente, si è posta la questione se la clausola secondo cui l'arbitrato deve svolgersi secondo le forme tradizionali e non per via di *class action*, sia opponibile al consumatore; la Corte suprema (27 aprile 2011, caso *AT&T Mobility llc vs. Conception*) si è pronunciata ritenendo dette clausole in linea con l'*Arbitration act* federale e in contrasto con eventuali diverse previsioni dei singoli Stati della federazione (v. in contrario la *Supreme Court of California* nel caso *Discover Bank*). Secondo l'opinione di maggioranza, "requiring the availability of classwide arbitration interferes with fundamental attributes of arbitration and thus creates a scheme inconsistent with the Federal Arbitration Act". In tal senso anche la successiva *Am Express vs. Italian Colors* (20 giugno 2013), nella quale gli attori avevano portato una relazione in base alla quale il costo dell'azione arbitrale individuale avrebbe superato di molto il valore della lite.

8. *Segue*: Le liti di lavoro.

L'art. 806 sancisce la piena compromettibilità delle liti di lavoro; la necessità che l'arbitrato sia regolato dalla legge o dai contratti collettivi costituisce una mera condizione di legittimità dell'arbitrato e non di arbitrabilità.

L'assunto è discusso: la scelta fra le due teorie non è innocua, perché se si sostiene quanto nel testo, il lodo sarà annullabile solo nei limiti dell'impugnazione per nullità, entro un determinato termine; se si accede alla teoria qui contestata, invece, il lodo sarà sempre impugnabile con un'autonoma *actio nullitatis* (cap. XVI, par. 13).

Anche nelle liti di lavoro vi sono speciali accorgimenti per garantire un riequilibrio fra le parti.

Ad esempio, si dà preferenza al compromesso, piuttosto che alla clausola compromissoria su liti future; peraltro, quest'ultima non è vietata, bensì è soggetta a certificazione.

Poiché la maggior parte dei modelli di arbitrato di lavoro hanno natura irrituale, se ne parlerà compiutamente al cap. XVIII, par. 5.

9. *Segue*: Le liti familiari.

Mentre nessun dubbio di arbitrabilità deve porsi con riguardo alle controversie in materia di successione e divisione di patrimoni fra familiari, si suole tradizionalmente ritenere che le questioni in materia di matrimonio e di filiazione siano indisponibili.

In altri paesi, di matrice *common law* (specie Stati Uniti, Canada, Australia) il divorzio e la separazione delle coppie con o senza prole è ammessa e regolamentata da tempo. Si segnala, ad esempio, la sentenza inglese della *High Court of Justice, Family division*, 14 gennaio 2014, che accorda un "consent order" con riguardo ad un lodo emesso in un arbitrato amministrato dall'*Ifla* (*Institute of Family Law Arbitrators*).

In realtà, l'art. 806, nel tenore novellato, non contiene più il riferimento esplicito all'inarbitrabilità delle questioni di stato e di separazione personale fra coniugi, sicché si deve fare riferimento, ancora una volta, soltanto al criterio di indisponibilità del diritto, inteso però nel significato visto al par. 5.

Dopo il d.l. n. 132 del 2014, convertito in l. n. 162 del 2014, il mutamento di *status* che si verifica con il divorzio (mentre con la separazione lo *status* non muta ma si permea di nuove caratteristiche), nonché le conseguenti statuizioni, patrimoniali e non patrimoniali, possono essere attuati con accordo delle parti, a certe condizioni; lo Stato interviene con un controllo *ex post*, esteso al merito dei patti solo in caso di presenza di figli non autosufficienti.

Nel caso della negoziazione assistita è possibile risolvere la crisi familiare anche in presenza di figli minori o maggiorenni non autosufficienti, o ancora portatori di *handicap*: viene però introdotto il necessario vaglio del pubblico ministero, che deve verificare la rispondenza dell'accordo agli interessi di questi ultimi e, ove ne riscontri la mancanza, deve rinviare i coniugi davanti al giudice. Se la coppia è senza figli con le caratteristiche sopra dette, il filtro del pubblico ministero è unicamente limitato alla regolarità formale dell'accordo. La separazione ed il divorzio davanti all'ufficiale di stato civile è possibile, invece, soltanto in assenza di figli non autosufficienti e non è previsto alcun filtro di controllo esterno: l'ufficiale di stato civile si limita a raccogliere la dichiarazione dei coniugi.

Benché possa sembrare il contrario, la novità non porta all'affermazione di un libero ed incondizionato dispiegarsi dell'autonomia negoziale, perché essa viene pur sempre esercitata nello spazio ridotto ed alle condizioni imposte dalla legge.

Infatti, affinché le parti possano liberamente sciogliere il vincolo matrimoniale, esse debbono rimanere nell'ambito degli stretti presupposti di legge. Anche l'art. 160 c.c., nello stabilire che i rapporti scaturenti dal matrimonio sono inderogabili, non importa l'assoluto divieto di autonomia negoziale dei coniugi, bensì richiede che essi la esercitino nel rispetto della solidarietà ed assistenza morale e materiale all'interno della famiglia (la norma infatti, che fra l'altro non riguarda direttamente la fase post-matrimoniale, viene da molti interpretata in senso riduttivo, alla luce degli orientamenti circa l'ammissibilità di accordi di scelta del regime patrimoniale della famiglia e più generalmente delle convenzioni matrimoniali atipiche).

Tuttavia, l'apertura all'iniziativa privata spinge a ritenere che i rapporti familiari siano permeati di ordine pubblico di protezione, lasciando così spazio per un accertamento privato dei diritti, purché siano rispettati certi canoni.

A questo proposito, la disciplina sulla negoziazione assistita offre preziosi spunti per quella dell'arbitrato familiare: se le parti possono regolare autonomamente lo scioglimento del rapporto coniugale, possono anche decidere, a mio parere, di raggiungere un accordo sullo strumento di soluzione del loro contrasto.

Mi sembra che il riferimento dell'art. 6 del d.l. n. 132 del 2014, all'intesa sulla "soluzione consensuale di separazione personale, di cessazione degli effetti civili del matrimonio" possa intendersi a maggior ragione riferito all'accordo sul mezzo per pervenire a detta soluzione. Vi è anche un dato testuale, nel d.l. n. 132 del 2014, che potrebbe confermare l'assunto: si precisa infatti all'art. 9 che "I difensori non possono essere nominati arbitri ai sensi dell'articolo 810 del codice di procedura civile nelle controversie aventi il medesimo oggetto o connesse", includendo così anche quelle in materia familiare. Altro elemento testuale è contenuto dell'art. 2 del decreto, che prevede espressamente l'inesperibilità del rimedio su diritti indisponibili: il modo più ragionevole di armonizzarlo con le previsioni sulla separazione e sul divorzio consiste nel ritenere che queste ultime siano divenute ormai disponibili, almeno per la funzione arbitrale.

In altri termini, l'accertamento eteronomo (cioè affidato ad un terzo) è ammesso, se voluto dalle parti al posto di quello autonomo (cioè proveniente direttamente da loro), a patto che dia le stesse garanzie che la legge richiede per l'ammissibilità di quest'ultimo: garanzie che cambiano a seconda che vi siano o meno figli non autosufficienti, come si dirà subito appresso.

La convenzione arbitrale potrà, dunque, essere stipulata solo se il diritto alla separazione o al divorzio sia già sorto, al verificarsi dei presupposti di legge, con l'assistenza degli avvocati che attestino la sua conformità alle norme imperative e all'ordine pubblico, nonché con il vaglio del pubblico ministero.

Un'interpretazione incrociata degli artt. 2 e 6 d.lgs. cit. conduce a ritenere che la disputa debba essere già esistente all'atto della convenzione per negoziazione assistita; l'art. 2 parla infatti di "controversia" lasciando intendere che sia già nata. La stessa norma precisa successivamente che la convenzione deve contenere l'oggetto della controversia, ricalcando così l'espressione contenuta nell'art. 807 c.p.c. con riguardo al compromesso, che viene stipulato a lite già sorta. L'assunto è confermato dall'art. 6, che presuppone che la convenzione sia finalizzata ad un accordo sulla separazione o sul divorzio, sicché i relativi diritti debbono già essere maturati. Dovrà dunque trattarsi, almeno *de iure condito*, di un compromesso. L'assunto è coerente con la componente (peraltro da alcuni contestata) assistenziale ed alimentare del mantenimento: il diritto agli alimenti, infatti, è compromettibile a patto che il diritto sia già sorto. Si suole affermare che gli alimenti futuri, insorgenti dalla legge, sarebbero indisponibili, mentre gli alimenti arretrati sarebbero disponibili, dunque rinunciabili, in quanto dotati di natura meramente risarcitoria (parimenti lo sarebbero quelli ricevuti tramite un contratto a titolo oneroso): una tale impostazione è però contraddittoria, perché anche il credito da alimento arretrato è un bene futuro, suscettibile di influire sullo stato di bisogno attuale. In realtà, il diritto agli alimenti, in astratto, non è disponibile, mentre una volta sorto in concreto, è passibile di rinuncia: pertanto, l'arbitrabilità non è impedita, ma condizionata da determinate cautele come il divieto di clausola compromissoria a lite non ancora sorta. Non si vuole impedire all'alimentando di disporre del suo diritto, lo si vuole proteggere da scelte di cui, al momento dell'atto di disposizione, non è in grado di comprendere tutte le conseguenze, mentre l'esigenza viene meno quando, una volta sorto il diritto, ogni valutazione viene fatta a ragion veduta.

a) Nel caso di coppie senza figli non autosufficienti, detto vaglio sarà limitato al controllo della mera regolarità formale.

Una volta sorta la crisi, i coniugi potranno così devolvere ad arbitri l'intero contenzioso con un compromesso, anche dopo l'eventuale proposizione della domanda al giudice (cap. X, par. 8).

Potranno quindi essere devoluti ad arbitrato l'assegno di separazione o di divorzio, l'eventuale assegnazione della casa familiare, voci di credito diverse come il trattamento di fine rapporto, lo scioglimento della comunione legale e la conseguente divisione del patrimonio ed ogni condizione patrimoniale accessoria o connessa, compresi eventuali *trusts* o responsabilità civile da illecito coniugale. Ai sensi dell'art. 819 c.p.c. di cui si dirà oltre (cap. XIV), poi, nulla vieta all'arbitro di conoscere, ad esempio, del c.d. addebito (ove lo si ritenga indisponibile), ai fini della determinazione delle condizioni patrimoniali fra coniugi.

L'accordo arbitrale potrebbe avere altresì ad oggetto la modifica o la revisione dei precedenti patti di separazione e divorzio.

Non vedrei ostacoli, poi, all'inserimento della clausola arbitrale per qualunque lite dovesse insorgere in merito all'accordo di separazione, divorzio o modifica dei patti precedenti, raggiunto in sede di negoziazione assistita o concluso davanti all'ufficiale di stato civile.

Sarà possibile l'annotazione del divorzio o della separazione pronunciati nel lodo, ai sensi del d.p.r. n. 396 del 2000, appositamente modificato per inserirvi gli accordi di cui si è detto *supra*; infatti il lodo ha la stessa efficacia della sentenza sulla crisi familiare e dovrebbe pertanto potersi annotare alla pari di quest'ultima. Neppure vedo difficoltà, per lo stesso motivo, a ritenere che il divorzio sia possibile trascorsi dodici mesi (l. n. 55 del 2015) dalla separazione pronunciata con lodo non più impugnabile (mentre non sarà possibile l'anticipazione all'udienza di comparizione presidenziale).

b) Nel caso di crisi di una coppia con figli minori, o maggiorenni non autosufficienti, o portatori di *handicap*, la questione è più complicata: la legge si preoccupa infatti di garantire che l'accordo sulla crisi familiare risponda "all'interesse dei figli", chiamando il pubblico ministero ad un controllo avente ad oggetto la soluzione raggiunta in sede di negoziazione assistita.

> Il problema sta nel fatto che l'assetto familiare coinvolge anche la prole, che, seppur non sia parte in senso formale del processo di soluzione della crisi, è pur sempre portatrice di veri e propri diritti autonomi rispetto ai genitori, tanto che deve essere obbligatoriamente ascoltata.

Di fronte all'incertezza del quadro normativo, occorre fare una scelta di campo.

O si ritiene che l'arbitrato non sia ammissibile, perché il vaglio del pubblico ministero deve necessariamente avere riguardo *ex post* al contenuto dell'accordo sulla crisi e non a quello della convenzione arbitrale e, pertanto, verrebbe meno l'efficacia vincolante del lodo;

> Resta però l'incongruenza normativa che, da un lato, non permette la soluzione arbitrale della crisi con prole e, d'altro lato, consente alle parti di risolverla con la sola assistenza degli avvocati, lasciando il compito più delicato ad un controllo *ex post*, da parte di un magistrato le cui funzioni primarie sono di tutt'altro tenore.

o, al converso, si apre uno spiraglio verso la possibilità di un accertamento privato, ritenendo che la tutela della prole possa venire realizzata appieno anche attraverso la scelta di un modello arbitrale adatto a gestire la delicatezza degli interessi in gioco. Scelta che, a mio parere, dovrebbe vertere su un arbitrato gestito da un ente amministratore specializzato, che garantisca la nomina di arbitri particolarmente esperti, norme procedimentali che assicurino la massima tutela delle parti deboli, l'impugnabilità del lodo per violazione di legge. Il vaglio del pubblico ministero resterebbe, ma verterebbe sulla rispondenza dell'arbitrato a queste caratteristiche.

10. *Segue:* Le liti endosocietarie.

Un settore in cui l'arbitrato è diffuso riguarda le controversie endosocietarie, cioè le liti fra soci, fra soci e società, da e contro gli organi sociali.

Tuttavia, non tutte le liti sono ritenute pacificamente arbitrabili.

In particolare, si è talvolta negata la compromettibilità dell'azione di impugnazione della delibera di approvazione del bilancio ritenuto falso (ad es. Cass., 30 ottobre 2012, n. 18671), o di scioglimento della società (Cass., 19 settembre 2000, n. 12412) o ancora di revoca dell'amministratore nelle società personali (Cass., 12 settembre 2011, n. 18600).

Infatti, secondo un orientamento, non potrebbero essere devolute ad arbitri le controversie che coinvolgono diritti ed interessi estranei a quelli dei soci, come quelli della società, o di terzi, o più in generale della collettività.

L'orientamento va criticato: il fatto che siano coinvolti diritti ultronei rispetto a quelli delle parti non è decisivo per escludere l'arbitrato, in quanto lo stesso problema si pone in molte altre controversie per le quali la compromettibilità non è in discussione (si pensi ad un accordo economico che mette in gioco l'interesse dei consumatori).

Ancora, si è prospettata l'idea che le impugnazioni di delibere assembleari siano arbitrabili solo quando si lamenti l'annullabilità e non la nullità per illiceità, di natura indisponibile.

Il d.lgs. n. 5 del 2003 (art. 35) non aiuta a risolvere la questione perché, pur prevedendo la possibilità che le parti devolvano ad arbitri le impugnazioni delle delibere, non precisa se siano tutte arbitrabili.

A mio avviso, dette impugnative debbono ritenersi compromettibili, a prescindere dalla materia su cui si discute (perciò anche quando riguardino la falsità del bilancio).

Una volta, infatti, escluso che la presenza di norme inderogabili o interessi di terzi siano in grado di impedire la compromettibilità, la domanda da porsi è: il diritto alla nullità dell'atto assembleare è assoggettabile ad accertamento privato?

Si dà qui per scontato che l'oggetto del processo non sia l'effetto-nullità o addirittura la delibera, bensì il diritto all'impugnativa – benché l'assunto non sia pacifico.

La risposta è positiva.

In quasi tutti i casi, l'azione di nullità o annullamento delle delibere è soggetta a termine, il rilievo d'ufficio è previsto a decadenza, la legge individua alcuni casi espressi di sanatoria, l'assemblea può eliminare gli effetti della nullità (salvi i diritti quesiti dei terzi) ed inibire la declaratoria del vizio, con una nuova deliberazione conforme alla legge: si tratta dunque di forme attenuate di nullità, per le quali non vi è ragione per negare l'arbitrabilità.

A ben vedere, anche volendo ragionare nella prospettiva dell'effetto-nullità, gran parte delle questioni non nascono dall'indisponibilità oggettiva del diritto bensì da un problema di legittimazione soggettiva a disporre. Infatti, la modificazione della deliberazione non può provenire dalle parti in causa, cioè il socio e la società in persona del suo legale rappresentante, bensì dall'assemblea, che ha piena discrezionalità non coercibile: si assiste cioè ad una dissociazione fra imputazione soggettiva della delibera (società) ed il suo modo interno di formazione della volontà (assemblea). La procedura conciliativa prevista dall'art. 2378 c.c. lo dimostra, perché il giudice, nel sondare proposte di transazione, "suggerisce" le eventuali modificazioni da apportare: suggerimento che potrà poi essere attuato dall'organo assembleare, nei limiti e nel rispetto delle regole interne di recepimento degli impegni assunti dalla società nel suo ruolo esterno. Ne segue che la disgiunzione soggettiva fra i soggetti transigenti (socio e società) e il soggetto incaricato di rimuovere gli effetti della delibera non può essere considerata ostacolo alla compromettibilità, perché non determina alcuna indisponibilità oggettiva.

Vi fa eccezione soltanto la nullità derivante dalla modifica dell'oggetto sociale al fine di prevedere attività illecite ed impossibili: per essa vale, peraltro, quanto già osservato a proposito dell'azione di nullità del contratto.

Vale a dire, a mio parere, non può escludersi l'arbitrabilità neppure in questo caso, dato che, come si è visto (par. 5), la disciplina dell'arbitrato societario è in grado di soddisfare, come il giudizio statuale, l'esigenza del legislatore di evitare che siffatte delibere, radicalmente nulle, pongano le basi per ulteriori effetti giuridici.

Del resto, il legislatore è sempre più favorevole all'arbitrabilità delle liti del gruppo, al punto da condizionare addirittura il riconoscimento ministeriale di alcuni consorzi all'inserimento di clausole arbitrali nei relativi statuti (ad esempio il d.m. 16 dicembre 2010).

Ciò posto, non v'è dubbio che questa materia presenti profili peculiari: norme inderogabili, interessi di terzi estranei al gruppo sociale, pluralità di parti nella lite.

Per questo motivo la legge (artt. 34-36 d.lgs. n. 5 del 2003) stabilisce alcune regole speciali, rispetto al modello generale degli artt. 806 ss.

In primo luogo, vieta l'arbitrato statutario quando le società facciano ricorso al capitale di rischio (per esempio siano quotate in borsa), all'evidente scopo di proteggere i soci deboli, cioè gli investitori non professionali e quando sia previsto l'intervento obbligatorio del pubblico ministero.

In secondo luogo, regola le ipotesi in cui la clausola arbitrale contenuta nello statuto delle società possa essere opposta a soggetti che non l'abbiano firmata, per favorire l'arbitrato "di gruppo".

Ancora, garantisce una maggiore efficienza dello strumento arbitrale, consentendo agli arbitri di sospendere, in via cautelare, gli effetti della delibera assembleare impugnata.

Con riguardo alla tutela dei terzi, oltre a prevedere la nomina eterodeterminata degli arbitri, allarga notevolmente la possibilità di intervento nel procedimento arbitrale, prevedendo altresì penetranti oneri di pubblicità dell'arbitrato, attraverso il deposito presso il registro delle imprese della domanda e del lodo.

Infine, stabilisce l'impugnabilità del lodo per qualunque violazione di norme di diritto, anche derogabili, con riguardo a specifiche liti.

Di tutte queste innovazioni si parlerà più approfonditamente man mano che verranno in rilievo i rispettivi argomenti.

11. Diritti soggettivi e interessi legittimi nei riguardi della pubblica amministrazione.

Il solo fatto che le liti coinvolgano la pubblica amministrazione non è elemento sufficiente per escluderne la arbitrabilità.

Il parametro di riferimento rimane pur sempre la natura della situazione soggettiva controversa e non può in alcun modo influire la circostanza che detta situazione sia riservata ad una giurisdizione speciale.

Lo conferma, indirettamente, l'art. 12 del codice del processo amministrativo (d.lgs. n. 104 del 2010), ai sensi del quale le liti aventi ad oggetto diritti soggettivi devoluti alla giurisdizione esclusiva del giudice amministrativo possono essere affidate ad arbitri, purché l'arbitrato sia "rituale, di diritto, ai sensi degli artt. 806 ss. c.p.c.".

Dovranno intendersi compresi sia i diritti devoluti in giurisdizione esclusiva, sia i diritti patrimoniali che conseguono alla giurisdizione generale di legittimità del giudice amministrativo.

Ciò significa che, a maggior ragione, potranno essere devolute ad arbitri le controversie con la pubblica amministrazione che spetterebbero alla giurisdizione del giudice ordinario. In più, se la lite sia devoluta al giudice ordinario, le parti potranno scegliere l'arbitrato irrituale ed autorizzare il giudizio secondo equità – benché la differenziazione sia discutibile, in quanto basata unicamente sul criterio di giurisdizione.

Nulla dice la legge in ordine alla compromettibilità degli interessi legittimi e la questione è aperta.

Si afferma che l'indisponibilità non riguarda tanto la situazione soggettiva dell'individuo, quanto il potere amministrativo che vi sottostà: quest'ultimo sarebbe sempre vincolato all'interesse pubblico, sia nell'attribuzione, sia nell'esercizio e pertanto non potrebbe essere oggetto di disposizione da parte della pubblica amministrazione.

Vi sono però margini per una diversa soluzione. Se è vero che il potere amministrativo è in astratto indisponibile, può viceversa non esserlo nel momento del suo esercizio, perché la pubblica amministrazione può decidere di vincolarsi ad una determinata modalità di attuazione. In certi casi, è lo stesso legislatore a prevedere espressamente l'arbitrato, negli accordi fra pubbliche amministrazioni e privati, nonché fra pubbliche amministrazioni (rispettivamente degli artt. 11 e 15 l. n. 241 del 1990; art. 34 t.u. sugli enti locali).

Per alcuni, un ostacolo sarebbe rappresentato dal fatto che l'amministrazione deve essere libera di poter scegliere la via migliore per il perseguimento dell'interesse pubblico: talvolta, però, l'interesse pubblico è – come si è efficacemente detto – già "stato tutto prevalutato"; in altri termini, il margine di discrezionalità spettante alla pubblica amministrazione nello svolgimento della propria funzione è ridotto ai minimi termini, per cui l'esercizio del potere non lascia spazi di manovra quanto al contenuto e diviene più difficile negare la sua disponibilità ad opera dell'ente pubblico. In ogni caso, poi, l'arbitro interviene quando la scelta è già stata compiuta, dovendo limitarsi a valutarne la legittimità.

Non si deve dimenticare, poi, che l'arbitrato non equivale a transazione, sicché non possono trarsi indici contrari dall'impossibilità di negoziare sulla posizione soggettiva.

Appartiene comunque alla sfera dell'arbitrabilità la risarcibilità dell'interesse legittimo leso, data la sua derivazione dal danno aquiliano.

È vero che il codice del processo amministrativo (artt. 7 e 30) riserva al giudice amministrativo la decisione sulla lesione degli interessi legittimi e dei diritti soggettivi (ove su questi ultimi abbia la giurisdizione esclusiva), ma la previsione, a mio parere, non è in grado di inficiare l'arbitrabilità di queste liti, una volta riconosciuto che si tratta di diritti.

L'orientamento contrario si fonda su una diversa concezione della natura del risarcimento: in pratica, non un diritto soggettivo, ma una più ridotta "forma di tutela" indistinguibile dall'interesse legittimo leso e proprio per questo affidato alla stessa giustizia amministrativa.

Si pone allora la questione se l'arbitro possa sindacare l'atto amministrativo che ha leso l'interesse legittimo e se valga in arbitrato la c.d. pregiudiziale amministrativa, cioè se sia necessario il previo annullamento dell'atto amministrativo.

Quanto alla prima questione, si è sostenuto che gli arbitri non potrebbero né disapplicarlo né valutarlo incidentalmente.

In realtà, non vi è motivo per ritenere che gli arbitri abbiano minori poteri di quelli spettanti al giudice ordinario, attesa la fungibilità delle due funzioni, per cui è ragionevole ritenere che spetti all'arbitro, quanto meno, la stessa possibilità di sindacato dell'atto che viene riservata al giudice (con riguardo all'art. 4 l. n. 2248 del 1865, all. E).

Vi è chi addirittura riconosce agli arbitri il potere di annullare l'atto amministrativo, perché gli arbitri deriverebbero i propri poteri dalle parti ed in specie dalla pubblica amministrazione, che può intervenire sull'atto; mentre la rigida separazione fra potere giurisdizionale ordinario e speciale varrebbe soltanto per la giurisdizione pubblica.

Quanto alla seconda questione, il codice del processo amministrativo, all'art. 30, contemperando le opposte esigenze, prevede, da un lato, la possibilità di una autonoma domanda risarcitoria, rispetto all'impugnazione dell'atto (perciò escludendo la pregiudizialità), dall'altro lato assoggetta la suddetta domanda ad un rigido termine decadenziale (centoventi giorni decorrente dal giorno in cui il fatto si è verificato, o dalla conoscenza del provvedimento se il danno deriva direttamente da questo), oltre a limitare i danni a quelli che non si sarebbero potuti evitare facendo ricorso ad altri strumenti di tutela (fra i quali, appunto, l'impugnazione dell'atto amministrativo).

Prima del codice del processo amministrativo vi era stato un vero e proprio braccio di ferro fra Cassazione e Consiglio di Stato: la prima negava l'esigenza di una pregiudiziale declaratoria di annullamento del provvedimento lesivo, con conseguente valutazione incidentale del giudice ordinario circa l'illegittimità dell'atto, ai fini del risarcimento dell'interesse leso; il secondo negava l'ammissibilità di detta valutazione, imponendo la pregiudiziale impugnazione dell'atto amministrativo davanti al Tribunale amministrativo regionale. Vi erano poi stati parziali revisioni dell'orientamento della Cassazione.

Deve dunque ritenersi che la stessa disciplina valga per l'arbitro, investito di una eventuale domanda risarcitoria.

Una particolare ipotesi riguarda la possibilità per gli arbitri, investiti di una lite sulla nullità del titolo di proprietà industriale, di sindacare l'atto di registrazione o brevettazione, che viene definito dal codice della proprietà industriale come attività amministrativa, con "natura di accertamento costitutivo". La questione va a mio avviso impostata facendo ancora una volta riferimento alla fungibilità fra giudizio arbitrale e giudizio ordinario. Poiché, come si è già detto, il diritto alla nullità del titolo industriale deve ritenersi compromettibile; poiché nessuno dubita che il giudice ordinario possa dichiarare la nullità del titolo, con effetti diretti sull'atto di registrazione e brevettazione; poiché, infine, è innegabile che, insieme all'atto, oggetto del diritto all'invalidità sia anche il bene privato in una coesione inscindibile; si può legittimamente ritenere che l'arbitro sia legittimato a pronunciarsi su entrambe le situazioni.

Che l'arbitrato possa trovare ampio spazio nelle liti con la pubblica amministrazione è implicitamente riconosciuto dalla l. n. 190 del 2012, intervenuta per regolare alcuni specifici profili, come i requisiti degli arbitri (cap. VIII, par. 5) e la determinazione dei compensi (cap. XVII, par. 2).

Si conferma, così, quanto detto nell'*incipit* di questo capitolo: dall'inammissibilità della tutela arbitrale ci si sposta sul piano della tecnica necessaria per garantire un processo arbitrale rispettoso degli interessi pubblicistici che sottostanno a questo tipo di liti.

12. *Segue*: L'arbitrato nei contratti pubblici.

L'arbitrato in questo settore ha avuto ampia diffusione, specie in seguito all'introduzione nel nostro ordinamento del capitolato generale del 1967, che, nella sua versione originaria, prevedeva l'obbligatorietà dello strumento arbitrale per le liti sugli appalti pubblici.

Come si è già visto (cap. III, par. 2), la Corte costituzionale è intervenuta, trasformando l'arbitrato da obbligatorio in facoltativo, pena la violazione dell'art. 24 Cost.

Con la successiva introduzione delle tre c.d. leggi Merloni (l. n. 109 del 1994; l. n. 216 del 1995; l. n. 415 del 1998; a cui è seguita poi la l. n. 166 del 2002, art. 7), è iniziata una vera e propria altalena: dal divieto di arbitrato si è passati all'obbligo e poi di nuovo alla facoltatività dell'arbitrato. Veniva contemporaneamente istituita una apposita Camera arbitrale, alla quale era attribuito il compito di gestire gli arbitrati e di intervenire nella nomina del collegio arbitrale limitatamente alla figura del presidente; era stato altresì predisposto un apposito regolamento di procedura. L'arbitrato costituiva, così, una libera opzione, ma, una volta scelto, doveva necessariamente svolgersi nelle forme e con l'assistenza della predetta Camera. Si era così forgiata la definizione di "arbitrato obbligatoriamente amministrato". Sul punto era intervenuto il Consiglio di Stato (n. 6335 del 2003), che, annullando il regolamento della Camera arbitrale, aveva ridimensionato tale peculiarità.

Nel 2006, viene finalmente promulgato il codice dei contratti pubblici (d.lgs. n. 163 del 2006, poi modificato dal d.lgs. n. 53 del 2010 – cui è seguito il regolamento di attuazione d.p.r. n. 207 del 2010 – e dalla l. n. 190 del 2012), il quale, riaffermando la natura facoltativa dell'arbitrato, lascia le parti libere di devolvere la lite ad arbitrato; viene altresì opportunamente ribadito il divieto di arbitrato obbligatorio (art. 253, comma 34°, lett. *d*), c.c.p.).

Anzi, al fine di evitare che il contraente privato si trovi a subire la scelta arbitrale dell'amministrazione committente, l'art. 241 c.c.p. prevede che questi possa rifiutare la clausola compromissoria preannunciata nel bando, nell'invito o nell'avviso, entro venti giorni dall'aggiudicazione.

Inoltre, l'inserimento della clausola compromissoria nei contratti pubblici deve essere specificamente autorizzata, con debita motivazione, dall'organo di governo dell'amministrazione, a pena di nullità del patto e del relativo arbitrato nel frattempo iniziato.

La l. n. 190 del 2012 precisa che la stessa regola si applica a tutte le controversie "relative a concessioni e appalti pubblici di opere, servizi e forniture in cui sia parte una società a partecipazione pubblica ovvero una società controllata o collegata a una società a partecipazione pubblica", o "che comunque abbiano ad oggetto opere o forniture finanziate con risorse a carico dei bilanci pubblici.

La legge disciplina vari modelli di arbitrato.

Nelle materie non comprese nell'art. 241 c.c.p., vige l'arbitrato di diritto comune, regolato cioè dagli art. 806 ss. c.p.c.

Con riguardo, invece, a tutte le controversie su "diritti soggettivi derivanti dall'esecuzione dei contratti pubblici relativi a lavori, servizi, forniture, concorsi di progettazione e di idee, comprese quelle conseguenti al mancato raggiungimento dell'accordo bonario" vale una disciplina *ad hoc*.

Il modello speciale di arbitrato si sdoppia a sua volta in due submodelli: arbitrato *ex* art. 241 c.c.p. e arbitrato *ex* art. 243 c.c.p.

Lo sdoppiamento funziona in questo modo.

Il codice impone la modalità binaria di nomina degli arbitri, vale a dire ciascuna parte nomina il proprio arbitro, mentre il terzo arbitro deve essere nominato d'accordo fra entrambe e deve avere specifici requisiti di competenza e indipendenza (cap. VIII, par. 5).

Per i limiti nella scelta degli arbitri si veda il par. precedente, nonché il cap. VIII, par. 5.

Se le parti si accordano sulla nomina, l'arbitrato si svolge secondo le regole degli artt. 806 ss. c.p.c., integrate dall'art. 241 c.c.p., mentre il ruolo della Camera arbitrale per i contratti pubblici è limitato a mera depositaria del lodo (peraltro a pena di inefficacia di quest'ultimo).

Sono previsti opportuni calmieramenti degli importi spettanti agli arbitri (cap. XVII, par. 2 ss.).

Se invece le parti non si accordano sulla nomina del terzo arbitro, entra in campo la Camera arbitrale, ai sensi dell'art. 243 c.c.p.

Innanzitutto, quest'ultima provvede alla nomina suppletiva, dopo aver ricevuto dalle parti gli atti introduttivi; inoltre, funge da sede dell'arbitrato, a meno che le parti non abbiano previsto diversamente; il lodo dovrà poi essere depositato presso di lei, a pena di inefficacia.

Infine, spetta alla Camera arbitrale determinare le spese dell'arbitrato, comprensive dei compensi sia degli arbitri, sia di eventuali ausiliari, sulla base di apposita tariffa: spese che dovranno essere versate direttamente nella sede della Camera in due diversi momenti, acconto e saldo.

Benché sia previsto l'intervento di un ente arbitrale, non si può a mio avviso parlare di arbitrato amministrato, né per l'arbitrato *ex* art. 241, né per quello *ex* art. 243 c.p.p.

Nell'arbitrato regolato dall'art. 241 cit. ciò è evidente, in quanto la Camera è mera depositaria del lodo, ma anche nel secondo modello *ex* art. 243 l'ente si limita ad assumere la veste di autorità designante e di arbitratore per la determinazione del compenso degli arbitri. Ad oggi, dunque, l'arbitrato nei contratti pubblici va ricondotto alla specie *ad hoc*, ma le parti sono sempre libere di affidare la gestione dell'arbitrato ad un ente amministratore di loro scelta.

Infine, è previsto che il lodo sia sempre impugnabile per violazione di legge (anche derogabile) sul merito della lite.

È evidente lo sforzo di garantire la massima trasparenza e legalità, in un settore di grande impatto sulla collettività.

13. L'arbitrato nello sport.

L'arbitrato è visto come uno strumento particolarmente idoneo a preservare l'autonomia dell'ordinamento sportivo.

Si è parlato in proposito di vero e proprio "arbitrato dei gruppi", cioè di un sistema organizzato di soluzione delle liti all'interno di un gruppo, per mantenerne l'autonomia, assicurando l'uniforme rispetto delle regole interne all'organizzazione.

Peraltro, anche nel settore dello sport, l'eterogeneità delle situazioni soggettive in gioco può creare questioni di arbitrabilità.

È opportuno distinguere fra tre categorie di contenzioso sportivo, facendo riferimento al d.l. n. 220 del 2003, conv. in l. n. 280 del 2003 (modificato dal d.lgs. n. 104 del 2010 e confermato dall'art. 4 del Codice della giustizia sportiva 2014).

a) In primo luogo vi sono posizioni soggettive che non consistono né in diritti soggettivi, né in interessi legittimi tutelabili in via giurisdizionale e sono dunque soggette a riserva a favore della c.d. giustizia sportiva.

Si tratta dell'"osservanza e l'applicazione delle norme regolamentari, organizzative e statutarie dell'ordinamento sportivo nazionale e delle sue articolazioni al fine di garantire il corretto svolgimento delle attività sportive", nonché dei "comportamenti rilevanti sul piano disciplinare e l'irrogazione ed applicazione delle relative sanzioni disciplinari sportive" (su queste ultime v. però *sub c*).

Queste liti sono devolute esclusivamente agli organi di giustizia dell'ordinamento sportivo, perché sono irrilevanti per l'ordinamento statuale (c.d. rilevanza interna).

Dato che l'arbitrato ha ad oggetto soltanto situazioni giuridiche soggettive tutelate dallo Stato, la giustizia sportiva, in questi casi, non può essere inquadrata nel fenomeno arbitrale, ma deve essere vista come un rimedio endoassociativo, senza che successivamente sia dato alcun ricorso alla giurisdizione.

b) Il giudice ordinario ha invece giurisdizione in materia di "rapporti patrimoniali tra società, associazioni e atleti" e su ogni controversia rilevante per l'ordinamento statuale, che non riguardi il punto *c*).

L'arbitrato è senz'altro ammissibile ed è, anzi, il mezzo elettivo scelto dagli enti sportivi per la soluzione di queste controversie.

Infatti, il codice della giustizia sportiva del Coni, all'art. 4, prevede che "gli Statuti e i regolamenti federali possono prevedere il deferimento delle controversie su rapporti meramente patrimoniali a commissioni e collegi arbitrali".

Un esempio assai rilevante di arbitrato patrimoniale è costituito dalle clausole arbitrali contenute nei contratti di lavoro subordinato sportivo di cui alla l. n. 91 del 1981.

Il d.l. n. 220 del 2003 rinvia all'art. 4 della l. n. 91 del 1981, ai termini del quale nel contratto individuale di lavoro "potrà essere prevista una clausola compromissoria con la quale le controversie concernenti l'attuazione del contratto e insorte fra la società sportiva e lo sportivo sono deferite ad un collegio arbitrale. La stessa clausola dovrà contenere la nomina degli arbitri oppure stabilire il numero degli arbitri e il modo di nominarli". Potrà trattarsi di arbitrato rituale o irrituale ed in entrambi i casi la disciplina prevista dalle parti o dai contratti-tipo a cui le parti facciano rinvio dovrà essere integrata dalle regole sull'arbitrato di lavoro (cap. XVIII, par. 5).

Un altro esempio di arbitrato patrimoniale riguarda il risarcimento del danno derivante da comportamento lesivo delle regole sportive, *ex* art. 2043 c.c., sempre che, peraltro, il danneggiato sia vincolato alla clausola compromissoria sportiva.

c) Ogni altra controversia "avente ad oggetto atti del Comitato olimpico nazionale italiano o delle Federazioni sportive" che presenti rilevanza per l'ordinamento statuale, perché lesiva di situazioni giuridiche soggettive (diritti soggettivi, o interessi legittimi) è di giurisdizione del giudice amministrativo, una volta, però, esauriti i rimedi della giustizia sportiva (c.d. pregiudiziale sportiva).

La ripartizione ha posto notevoli problemi nella esatta individuazione del confine fra rilevanza interna ed esterna.

Ad esempio, i provvedimenti delle federazioni di non ammissione di una società sportiva ad un determinato campionato, o le questioni di tesseramento degli atleti presso le federazioni sono a rilevanza interna o sono di giurisdizione del giudice amministrativo? Secondo il Consiglio di Stato (per esempio n. 5025 del 2004) la seconda soluzione è quella giusta. Parimenti, la Corte cost. (n. 49 del 2011) ha deciso che, per quanto riguarda le sanzioni disciplinari, ferma la rilevanza interna del potere di annullamento, va riservato al giudice il risarcimento del danno, quale diritto soggettivo nascente dall'illegittimità della sanzione. Una dottrina ha ritenuto che questo principio possa estendersi tanto da limitare la giurisdizione amministrativa alle sole conseguenze risarcitorie.

Anche in questi casi, l'arbitrato deve ritenersi ammissibile.

Infatti, il d.l. n. 220 del 2003 fa espressamente salva la scelta arbitrale eventualmente prevista dagli statuti e dai regolamenti del Coni e delle federazioni.

Nel periodo precedente alle modifiche dello statuto e del codice della giustizia sportiva Coni del 2014, erano stati istituiti, dapprima, la Camera di conciliazione ed arbitrato e, successivamente, il Tribunale nazionale per l'arbitrato sportivo, inquadrabili, per la maggioranza degli interpreti, come enti amministratori di arbitrati sulle liti in esame.

In particolare si occupavano delle "controversie aventi ad oggetto diritti disponibili che contrappongono una federazione sportiva nazionale a soggetti affiliati, tesserati o licenziati" previo esaurimento dei gradi di giustizia endoassociativa, nonché di ogni altra controversia in materia sportiva, anche tra soggetti non affiliati, licenziati o tesserati, su accordo delle parti.

Le federazioni sportive facevano richiamo agli enti *de quibus*, vincolando così gli aderenti all'arbitrato, benché una parte degli interpreti contestasse la natura arbitrale di dette clausole.

Il Consiglio di Stato (n. 5025 del 2004) era giunto ad affermare la natura amministrativa della decisione delle Camera di conciliazione ed arbitrato del Coni, come ultimo gradino della giustizia sportiva endoassociativa e conseguentemente impugnabile davanti al Tar, argomentando sulla non arbitrabilità degli interessi legittimi (non arbitrabilità che va contestata, come si è detto nel par. 11). Il Tnas si occupava, invece, di diritti disponibili, per cui l'argomento era venuto meno.

Oggi, questi organismi sono stati soppressi ed è subentrato il Collegio di garanzia per lo sport, definito come organo di ultimo grado della giustizia sportiva (art. 3, codice della giustizia sportiva) e disegnato come un giudice di mera legittimità.

Scompare dunque ogni riferimento all'arbitrato e si delinea una vera e propria Corte di cassazione sportiva, ultimo gradino dei rimedi endoassociativi, sicché, al loro esito, si apre il ricorso al giudice.

Il collegio si pronuncia su "tutte le decisioni non altrimenti impugnabili nell'ambito dell'ordinamento federale ed emesse dai relativi organi di giustizia", "ad esclusione di quelle in materia di *doping* e di quelle che hanno comportato l'irrogazione di sanzioni tecnico-sportive di durata inferiore a novanta giorni o pecuniarie fino a 10.000 euro" (art. 12-*bis* statuto Coni). Tuttavia, viene prevista, all'art. 54 del codice della giustizia sportiva Coni, una competenza su "controversie ad esso devolute dalle altre disposizioni del presente Codice, nonché dagli Statuti e dai Regolamenti federali sulla base di speciali regole procedurali definite d'intesa con il Coni": competenza la cui natura arbitrale è tutta da indagare, specie alla luce di alcune previsioni federali, come quella dell'art. 30 dello statuto Figc.

Ciò non toglie che vi sia ancora un potenziale ampio spazio per l'arbitrato, nelle controversie in esame, se gli statuti sportivi decidano di prevedere clausole compromissorie.

In particolare, i diritti soggettivi, pur devoluti in via esclusiva al giudice amministrativo, saranno sicuramente arbitrabili, mentre per gli interessi legittimi varrà quanto detto al par. 11.

Ad esempio, si potrebbe prevedere l'arbitrato sulla lite fra la società e la federazione di appartenenza, per l'esclusione dalla partecipazione al campionato; o per la risarcibilità del danno provocato dalle sanzioni disciplinari che, secondo l'orientamento già visto dalla Corte costituzionale, è devoluta alla giurisdizione esclusiva del giudice amministrativo; ancora per una lite sull'avvenuta penalizzazione di una squadra, che ha portato quest'ultima ad essere retrocessa (dunque incidente sull'ammissione al campionato);

nonché per l'istanza di una società, al fine di annullare l'attribuzione della vittoria del campionato ad altra squadra. In presenza di clausola compromissoria, il ricorso al giudice sarebbe limitato ai motivi di impugnazione del lodo, mentre la giurisdizione spetterebbe al giudice ordinario, in caso di lodo arbitrale rituale ed al giudice amministrativo, in caso di lodo irrituale che verta su materia devoluta in esclusiva a quel giudice.

Un ruolo particolarmente rilevante è svolto dalla Corte di arbitrato per lo sport con sede a Losanna, che amministra arbitrati relativi al contenzioso sportivo a rilevanza internazionale.

In conformità con le sue *Procedural rules* il Tribunale può giudicare di "matters of principle relating to sport or matters of pecuniary or other interests relating to the practice or the development of sport and may include, more generally, any activity or matter related or connected to sport".

Vi sono alcuni aspetti problematici, con riguardo all'arbitrato sportivo.

Prima di tutto ci si domanda se gli atleti o i gruppi sportivi possano dirsi vincolati alla clausola compromissoria contenuta negli statuti delle federazioni, tramite un semplice rinvio a detti statuti all'atto del tesseramento o dell'affiliazione.

Il problema non è soltanto quello di verificare se il consenso formale sia rispettato;

Si tende ad escludere l'applicazione dell'art. 1341 c.c. ed il conseguente onere di doppia sottoscrizione, non trattandosi di contratti in serie; per quanto riguarda la validità del consenso per rinvio, invece, il requisito della *relatio perfecta* richiesta dalla giurisprudenza (cap. VII, par. 12) potrebbe essere soddisfatto da una specifica menzione della clausola compromissoria nell'atto di tesseramento.

ma anche, sul piano sostanziale, di contemperare due opposte esigenze, entrambe meritevoli di piena tutela: da un lato, la mancanza di potere di negoziazione da parte dell'affiliato o del tesserato, che non potrebbe scegliere di entrare senza vincolarsi alla clausola compromissoria, pena le sanzioni disciplinari stabilite dalle norme federali e l'inibizione allo svolgimento di un'attività sportiva di minimo rilievo; dall'altro, un sistema che esige l'unanime rispetto delle sue regole (una *ratio* analoga ispira l'arbitrato endosocietario, su cui cap. VII, par. 9), nonché l'uniformità di decisioni in tempi rapidi, affinché siano pienamente garantiti i valori dell'ordinamento sportivo.

La tendenza che emerge dalle più recenti vicende, anche sul piano internazionale, sembra esprimere un certo *favor* nei riguardi della legittimità della scelta arbitrale, purché la tecnica dell'arbitrato sportivo risponda a specifici requisiti di tutela delle parti più deboli e di tutti gli interessi, anche di natura pubblicistica, in gioco. In altri termini, ove il processo arbitrale sia "giusto", esso può risolversi in una migliore alternativa rispetto al processo statuale, per la rapidità e la specializzazione del giudice (che dovrebbe a sua volta assicurare una certa uniformità) e ciò giustifica l'attenuazione sostanziale della libertà di scelta dei soggetti che entrano a far parte del gruppo.

Uno degli aspetti maggiormente problematici, per quanto appena detto, è rappresentato dalla necessità di garantire l'equidistanza del tribunale arbitrale, nonché dell'ente designatore degli arbitri, rispetto alle parti contrapposte.

In un caso svoltosi davanti al Tas (v. *infra*), la Corte d'appello (*Oberlandesgericht*) di Monaco (15 gennaio 2015, su impugnazione della sentenza del Tribunale di Monaco del 26 febbraio 2014, caso *Pechstein*) ha ritenuto che la scelta arbitrale "imposta" agli atleti attraverso l'adesione alle federazioni internazionali integri gli estremi dell'abuso di potere di mercato: ciò non tanto perché non vi è stato consenso valido, bensì perché le modalità di nomina degli arbitri (a lista chiusa) non sono idonee a garantire l'equidistanza dell'organo arbitrale nella lite, essendo preponderante l'influenza delle federazioni e dei comitati olimpici.

Ai sensi dell'art. 832 c.p.c. (cap. V, par. 2), se si voglia, come sembra, inquadrare le federazioni nell'ambito delle istituzioni di carattere associativo, queste non potranno essere coinvolte nella nomina degli arbitri in una lite fra un appartenente al gruppo ed un terzo; tuttavia, nei casi che si esaminano il problema riguarda le controversie fra appartenenti al gruppo, o con le stesse federazioni. In passato si era dubitato dell'equidistanza della Camera di conciliazione (Ccas) e, successivamente, del Tribunale (Tnas), per il fatto che la lista degli arbitri era formata dall'Alta corte di giustizia sportiva.

14. I diritti disponibili per i quali la legge vieta l'arbitrato.

Veniamo ora ai diritti per i quali l'arbitrato è vietato dalla legge.

Si tratta di diritti pienamente disponibili, sui quali il legislatore interviene vietando l'arbitrato.

Tale divieto è legittimo solo quando risponde ad esigenze di ragionevolezza, perché altrimenti violerebbe il diritto costituzionale all'autonomia negoziale, di cui l'arbitrato è espressione.

Ad esempio, è vietato l'arbitrato su liti in materia opere pubbliche "inerenti programmi di ricostruzione dei territori colpiti da calamità naturali" (art. 1, comma 2°-*quater*, d.l. n. 15 del 2003, convertito in l. n. 62 del 2003).

Opera il divieto di arbitrato anche con riguardo alle controversie di previdenza ed assistenza: non risulta infatti abrogato l'art 147 disp. att. c.p.c., a termini del quale "nelle controversie in materia di previdenza ed assistenza obbligatoria, sono privi di qualsiasi efficacia vincolante, sostanziale e processuale, gli arbitrati rituali, gli arbitrati irrituali".

Ritengo, in linea con quanto detto al par. 8, che la norma stabilisca un divieto di arbitrato in diritti – altrimenti – disponibili.

In alcuni casi, la legge proibisce soltanto un sotto-tipo di convenzione arbitrale (cap. VII, par. 1): qui non si vuole vietare l'arbitrato *tout court*, bensì si desidera orientare le parti verso un arbitrato con certe modalità.

Pertanto, non può parlarsi, a rigore, di divieto di arbitrato, piuttosto si rientra nei particolari accorgimenti di "tecnica del processo arbitrale" che servono per assoggettare alcune materie a particolari garanzie.

In proposito, va annoverato il peculiare divieto di compromesso, per le liti coinvolgenti la Agenzia per l'erogazione in agricoltura, regioni e privati (di cui al d.m. 20 dicembre 2006), quando sia già pendente un processo e non tutti i titolari della pluralità di liti connesse fra loro, anche in via impropria, accettino; o il divieto di compromesso nell'arbitrato degli appalti pubblici, *ex* d.lgs. n. 163 del 2006; o ancora il già visto divieto di clausole compromissorie negli statuti delle società c.d. aperte (ad esempio quotate in borsa), ai sensi dell'art. 34 d.lgs. n. 5 del 2003.

Capitolo VII
LA CONVENZIONE ARBITRALE

1. La convenzione arbitrale e i suoi sottotipi.

La convenzione arbitrale è un contratto con comunione di scopo, finalizzato a rendere operativo l'arbitrato per la soluzione di una o più liti, presenti o future, fra le parti.

Detto contratto è esercizio del diritto (potestativo) di un soggetto alla scelta di questo particolare strumento di soluzione della propria controversia.

La convenzione arbitrale, a sua volta, fa nascere in capo alle parti una serie dinamica di situazioni giuridiche soggettive (poteri, oneri, soggezioni, doveri) strumentali, cioè processuali, che rappresentano, viste nel loro insieme, il processo arbitrale.

Per esigenza di sintesi, definisco questo fascio di situazioni giuridiche soggettive come "diritto al processo arbitrale" o, se si vuole, "diritto di azione arbitrale".

Occorre tenere distinti il "diritto al processo arbitrale" o di "azione arbitrale" dal diritto di scelta dello strumento arbitrale che deriva dal principio costituzionale di autonomia negoziale: il secondo, infatti, garantisce al cittadino di poter costituire in capo a sé il primo: in altri termini, l'esercizio del secondo fa sorgere il primo. Il diritto al processo arbitrale, dunque, non trova fonte diretta in una norma, come accade per il diritto di azione giudiziale, ma in un atto di volontà.

Il diritto di azione arbitrale, lo si è già visto (cap. I, par. 3 ss.) si pone in termini di concorso sostanziale alternativo con il diritto di azione giudiziale: essi tendono infatti ad un risultato economicamente fungibile.

L'utilizzo del termine "convenzione" deriva essenzialmente dall'esigenza di armonizzare la disciplina interna alle convenzioni internazionali; ciò non toglie che si tratti di un vero e proprio contratto, disciplinato dalle regole generali del codice civile.

Si distingue ulteriormente fra compromesso, clausola compromissoria e convenzione arbitrale non contrattuale.

La suddetta classificazione riguarda tre sottotipi, ininfluenti sull'unità della fattispecie: la convenzione arbitrale rimane infatti un tipo contrattuale unitario.

Pertanto, è possibile delineare uno schema-base, al quale uniformare tutti i sottotipi, ogni qualvolta la legge non disponga altrimenti; inoltre, ogni ambiguità normativa va risolta nel senso di una uniformità di trattamento di ciascun sottotipo. Mi sembra l'interpretazione più idonea a regolare possibili combinazioni: per esempio, è possibile, come si vedrà *sub b*) che un patto arbitrale funga ad un tempo da clausola compromissoria (per le liti derivanti da un dato contratto) e da convenzione arbitrale non contrattuale (per le liti extracontrattuali derivanti da quel contratto); oppure, la clausola compromissoria stipulata separatamente rispetto ad un contratto potrà comprendere anche liti già sorte in ordine a quel negozio ed avrà anche in questo caso natura "mista" nel senso appena detto. In dottrina sono state invece prospettate diverse letture, tutte imperniate sulla separazione fra tipi e sull'attribuzione a ciascuno di caratteristiche-base diverse (per esempio, la forma scritta *ad probationem* anziché *ad substantiam*, per l'uno e non per l'altro v. par. 12).

a) *Compromesso* (art. 807 c.p.c.): è il contratto con il quale le parti scelgono l'arbitrato a lite già sorta.

Esempio: "Scrittura privata. I sottoscritti Tizio e Caio, rispettivamente proprietari del fondo Sempronio e Mevio, fra loro confinanti; premesso che tra loro è insorta controversia circa la determinazione del confine fra i due fondi; convengono di deferire la predetta lite ad arbitrato rituale, da svolgersi davanti ad un collegio di tre arbitri, due scelti dalle parti ed il terzo, che fungerà da presidente, di comune accordo dagli arbitri così nominati. Il collegio deciderà secondo equità".

b) *Clausola compromissoria* (art. 808 c.p.c.): le parti scelgono l'arbitrato per eventuali liti che dovessero sorgere in relazione ad un determinato rapporto contrattuale, prima ancora che esse nascano.

Il patto viene di regola inserito, sotto forma di clausola, nel contratto al quale si riferisce.

Per questo motivo, la clausola compromissoria può essere definita come una clausola-contratto: formalmente è una clausola, ma dal punto di vista sostanziale è un contratto autonomo in tutto e per tutto.

È probabilmente il tipo di convenzione più diffuso nella prassi.

Di seguito alcuni esempi di clausola compromissoria.

Arbitrato amministrato: "Tutte le controversie derivanti dal presente contratto saranno risolte mediante arbitrato secondo il regolamento di [...]. Il tribunale arbitrale sarà composto da un collegio di tre arbitri, due dei quali nominati, ognuno, da ciascuna parte ed il terzo, con funzioni di presidente, di comune accordo dai due arbitri già nominati o, in mancanza di accordo, dalla Camera arbitrale".

Arbitrato *ad hoc*: "Qualsiasi controversia che dovesse insorgere in relazione al presente contratto sarà deferita al giudizio di un collegio arbitrale composto da tre arbitri, due scelti rispettivamente dalle parti e il terzo di comune accordo fra gli arbitri così nominati. L'arbitrato sarà rituale e gli arbitri giudicheranno secondo diritto. Il lodo sarà impugnabile anche per violazione di norme di diritto; in caso di eventuale annullamento del lodo, il nuovo giudizio sarà reso nuovamente da arbitri, nominati nello stesso modo sopra indicato".

c) Convenzione arbitrale non contrattuale: già prevista dall'art. II della convenzione di New York, è stata introdotta dalla novella del 2006 e concerne liti, non ancora sorte, riguardanti rapporti extracontrattuali.

Ad esempio, due o più soggetti confinanti potrebbero scegliere di devolvere ad arbitri eventuali future liti con riguardo alle loro proprietà; oppure il testatore potrebbe inserire nel testamento una convenzione arbitrale (par. 6).

In questo caso, è necessario che la convenzione abbia un ambito determinato o determinabile.

Non sembra dunque possibile che due soggetti (ad esempio due fratelli) decidano di devolvere ad arbitri tutte le liti che dovessero insorgere fra loro nel corso della vita.

L'introduzione della convenzione arbitrale non contrattuale ha dato un prezioso spunto per la risoluzione di un problema che si era posto in precedenza: nella prassi, spesso accade che gli arbitri, chiamati a decidere una lite riguardante un contratto, si trovino a dover decidere rapporti, che da quel contratto traggono ragione o occasione, ma che non possono essere qualificati come strettamente contrattuali, cioè direttamente nascenti dal medesimo.

Ad esempio: viene stipulato un contratto di licenza di marchi e di distribuzione nel quale è inserita una clausola compromissoria. Nasce una lite sull'adempimento del contratto da parte del distributore, al quale viene altresì imputata una responsabilità (extracontrattuale) da concorrenza sleale. Gli arbitri possono pronunciarsi anche su questo secondo profilo? Lo stesso problema si pone di fronte alla domanda di responsabilità contrattuale e precontrattuale; o alla domanda di restituzione a seguito di invalidità, o di ripetizione, o ancora di arricchimento indebito. Un'altra ipotesi frequente è quella della responsabilità precontrattuale fatta valere dopo la stipula del contratto, che peraltro viene, per un certo orientamento, inquadrata nella responsabilità da contatto sociale, di natura sostanzialmente contrattuale.

Prima della riforma del 2006 potevano sorgere fondati dubbi in merito alla soluzione di questo problema.

Oggi, grazie al combinato disposto degli artt. 808-*bis*, ai sensi del quale è possibile stipulare una convenzione arbitrale su rapporti extracontrattuali e 808-*quater* c.p.c. secondo cui, nell'incertezza, la convenzione va interpretata nel senso più ampio possibile rispetto al rapporto dedotto in causa, tali dubbi sono scomparsi: il patto arbitrale contenuto nel contratto sarà in grado – salvo casi in cui la volontà delle parti sia di segno contrario – di comprendere anche i profili connessi al rapporto, non direttamente nascenti dal medesimo contratto.

2. L'autonomia della convenzione arbitrale.

Un problema dibattuto, specie in passato, è quello dell'autonomia della clausola compromissoria, rispetto al contratto che la contiene.

A ben guardare non vi dovrebbero essere dubbi: la clausola è un contratto a tutti gli effetti ed in quanto tale è dotato di una propria autonomia.

Eppure, la veste formale di clausola fa sorgere la domanda: la nullità del contratto principale importa automaticamente la nullità della clausola compromissoria?

Ad esempio, due parti stipulano un contratto di licenza in violazione delle norme comunitarie, quindi un contratto illecito. Se la nullità del contratto si estendesse automaticamente anche alla clausola compromissoria inserita nel contratto di licenza, gli arbitri non potrebbero neppure conoscere della nullità del contratto, in quanto sarebbero privi della relativa legittimazione, che poggia sulla convenzione arbitrale. Dovrebbero quindi pronunciare un lodo di rito, con il quale dichiarano di non potersi pronunciare nel merito della nullità del contratto e le parti dovrebbero rivolgersi al giudice per ottenere ragione. Se invece la clausola compromissoria fosse autonoma rispetto al contratto, gli arbitri potrebbero pronunciare un lodo di merito sulla nullità del contratto contenente la clausola.

Il problema è risolto dall'art. 808 c.p.c., secondo cui la nullità della clausola deve essere valutata in modo autonomo rispetto a quella del contratto a cui accede.

Ciò non significa che la convenzione arbitrale non possa mai essere nulla o annullabile; significa soltanto che il vizio dovrà essere inerente alla clausola, non potendosi ovviamente escludere che esso sia comune al contratto.

Ad esempio, se un soggetto incapace stipula un contratto contenente una clausola compromissoria, entrambi saranno annullabili e gli arbitri, nel caso in cui l'eccezione sia sollevata dall'incapace nelle modalità previste, dovranno pronunciarsi sulla validità del patto arbitrale.

Deve ritenersi che analoga soluzione valga anche in caso di inesistenza del contratto (per chi ammette questa categoria).

Dall'autonomia della convenzione arbitrale bisogna tenere distinto il principio della *Kompetenz-Kompetenz* (o principio della competenza sulla competenza: cap. X, par. 1).

Quest'ultimo canone, infatti, garantisce agli arbitri, come ad ogni giudice, il diritto di decidere sulla propria competenza, cioè sul proprio potere di decidere: gli arbitri possono e debbono poter valutare la validità ed efficacia della convenzione arbitrale, per verificare la propria legittimazione a risolvere la lite.

Lo conferma il comma 1° dell'art. 817 c.p.c.: "Se la validità, il contenuto o l'ampiezza della convenzione d'arbitrato o la regolare costituzione degli arbitri sono contestate nel corso dell'arbitrato, gli arbitri decidono sulla propria competenza", a prescindere da qualunque contestazione circa i poteri degli arbitri.

L'autonomia della clausola compromissoria attribuisce invece agli arbitri un'altra prerogativa: quella di decidere sull'esistenza e validità del contratto principale, quando la clausola compromissoria sia a sua volta valida.

3. Limiti oggettivi della convenzione arbitrale; il collegamento contrattuale fra le stesse parti.

Si è detto che la convenzione arbitrale dà luogo ad una serie di situazioni di natura processuale – in una sintesi efficace, al diritto d'azione arbitrale – che ne costituiscono, pertanto, l'oggetto.

Il diritto soggettivo sostanziale litigioso, invece, rappresenta un presupposto esterno alla convenzione arbitrale e rileva per alcuni importanti profili, in particolare per determinare i limiti oggettivi e soggettivi del patto compromissorio.

Esaminiamo dapprima l'ambito oggettivo, cioè l'esatta individuazione dei rapporti giuridici che le parti scelgono di devolvere ad arbitri: non è sempre facile, infatti, delimitare gli esatti contorni della loro volontà.

In primo luogo, capita nella prassi che le parti non individuino con esattezza le liti che intendono assoggettare ad arbitrato.

Esempio: la clausola arbitrale si riferisce a tutte le liti che scaturiscono "dall'esecuzione del presente contratto"; sorge controversia sulla nullità; è compresa nel patto compromissorio, che si riferisce solo all'esecuzione?

Oggi questo problema è superato grazie all'introduzione dell'art. 808-*quater* c.p.c., secondo cui, nel dubbio, la convenzione arbitrale si interpreta nel modo più ampio possibile, comprensivo di tutti gli aspetti del rapporto devoluto ad arbitri: occorre però che il tenore della clausola sia tale da suscitare dubbi circa l'esclusione di determinate liti.

Un problema più spinoso è rappresentato dall'eventualità che sussistano più contratti tra le stesse parti collegati fra loro.

Secondo una classificazione proposta da una dottrina, il collegamento negoziale si dice volontario quando più contratti concorrono ad una operazione economica unitaria. Il collegamento è invece necessario, quando la connessione fra due o più contratti è oggettivamente stabilita dal legislatore: ad esempio, la fideiussione ha come funzione quella di garantire l'adempimento di un rapporto altrui ed occorre pertanto che la legge dia apposite regole di coordinamento fra i due contratti.

È possibile devolvere ad arbitrato tutte le liti nascenti dai contratti collegati?

Il modo migliore per farlo è stipulare una convenzione arbitrale "ad ombrello", cioè un unico patto arbitrale, su documento separato, che si riferisca a tutti i contratti collegati; lo stesso risultato si può ottenere quando i contratti collegati facciano tutti esplicito rinvio ad una clausola arbitrale contenuta in uno di essi.

Può invece accadere che in ogni contratto collegato sia contenuta una clausola compromissoria.

In questo caso occorre chiedersi se sia possibile iniziare un procedimento arbitrale unitario, o se sia necessario instaurare tanti processi quanti sono i contratti.

L'unicità permette una migliore armonia delle decisioni e valorizza l'unità funzionale del collegamento, o comunque la connessione fra rapporti fissata dalla legge. Tuttavia, ciò è astrattamente possibile soltanto se le clausole arbitrali siano di tenore compatibile.

Ad esempio, non sarà possibile instaurare un unico procedimento arbitrale se la clausola compromissoria del contratto A preveda un collegio arbitrale, mentre la clausola compromissoria del contratto B preveda un arbitro unico.

Una volta verificata la compatibilità delle convenzioni il problema non è ancora risolto: infatti, occorre chiedersi se chi inizia l'arbitrato possa imporre all'altra parte la nomina di organo arbitrale unitario per tutte le controversie che riguardano i contratti collegati; o se, al contrario, il convenuto abbia il diritto di nominare arbitri diversi per ciascun contratto, avviando così più processi arbitrali separati.

La Cassazione ha risposto nel primo senso: la nomina, da parte del convenuto, di un arbitro per tutte le liti inerenti i contratti collegati è imposta dal dovere di eseguire il contratto (cioè il patto compromissorio) secondo buona fede.

Nel caso risolto da Cass., n. 12321 del 2007, i contratti contenevano ciascuno una clausola compromissoria di identico tenore. I giudici hanno ritenuto che il convenuto non avesse il diritto di nominare arbitri diversi per ogni lite insorgente dal diverso contratto, tenendo distinti gli arbitrati, perché "il principio di libera determinazione delle parti nella scelta degli arbitri non è illimitato, ma trova argine nel dovere di leale collaborazione nella costituzione del collegio espressione del più generale principio di buona fede nella esecuzione del contratto". Tuttavia, la Corte aggiunge un inciso che rischia di togliere effetto al principio affermato: il convenuto può infatti manifestare la volontà di tenere distinte le procedure, nominando un arbitro diverso per ciascuna, qualora "non vi sia consenso sull'esistenza di una situazione di collegamento negoziale o di clausole omologhe".

Alcuni regolamenti arbitrali prevedono espressamente questa possibilità.

Per esempio, l'art. 29 delle *Hong Kong arbitration Centre rules* (2013) richiede, oltre all'identità delle parti vincolate ai patti arbitrali compatibili, l'inerenza della lite ad un'unica operazione economica e una comunanza di questioni fra i potenziali arbitrati.

Può capitare che il contratto contenente una delle convenzioni arbitrali incompatibili sia modificativo o addirittura estintivo (anche solo parzialmente) del contratto collegato. In questo caso, la questione si complica, perché ci si può trovare di fronte ad una successione di convenzioni arbitrali, da ricostruire sulla base di un'attenta esegesi della volontà delle parti.

Ad esempio, si può ritenere che le parti abbiano inteso sostituire la convenzione arbitrale originaria con quella successiva, estinguendo la prima; oppure che abbiano voluto ripartire le liti relativamente all'uno o all'altro accordo in due arbitrati diversi (soluzione a mio avviso da tenersi come residuale); si è persino avanzata l'idea che le parti abbiano voluto semplicemente modificare la clausola arbitrale originaria, sicché la domanda d'arbitrato proposta con riguardo a quest'ultima potrebbe mantenere validità, salva l'irregolarità quanto all'elemento modificato (ad esempio le modalità di nomina degli arbitri).

Se la clausola compromissoria è inserita solo in alcuni dei contratti collegati, l'eventuale lite che dovesse sorgere in merito a quello che non contiene la clausola può essere devoluta ad arbitri?

Nel silenzio della legge, la risposta può essere trovata solo attraverso un'analisi della casistica giurisprudenziale.

Di regola, il collegamento contrattuale non è sufficiente ad estendere la scelta arbitrale fatta per uno solo dei contratti agli altri.

Ad esempio Cass., 7 febbraio 2006, n. 2598 nega che la clausola arbitrale contenuta nello statuto societario si estenda ad un successivo contratto con il quale un socio vende parzialmente agli altri mura e licenza di un esercizio commerciale, da intestare poi, integralmente, alla società.

Tuttavia, si è ritenuto che la clausola compromissoria contenuta in un contratto si estenda all'altro nei seguenti casi:

a) *Accordo-quadro e contratti esecutivi*: la spiegazione sta nel fatto che l'accordo quadro si inserisce in una operazione a formazione progressiva, nella quale i contratti esecutivi sono indispensabili per raggiungere lo scopo economico già esplicitato; per questo motivo, l'accordo-quadro contiene in sé, a livello germinale, l'intero affare. Naturalmente l'estensione potrà operare solo a senso unico, dal primo ai secondi e non viceversa.

Ad esempio, viene stipulato un contratto con il quale si stabiliscono le linee generali di un complesso intervento edilizio; vengono poi conclusi alcuni contratti esecutivi, fra le stesse parti, nei quali si disciplinano le condizioni di costruzione di singole unità; la clausola arbitrale contenuta nel contratto-quadro si estenderà ad eventuali liti contenute nei contratti esecutivi; per contro, la clausola arbitrale eventualmente contenuta in uno di questi ultimi, non si estenderà all'intero affare, bensì resterà limitata alle liti riguardanti la singola unità.

b) *Contratti complementari a "indivisibilità economica"*: contratti cioè che rappresentano l'uno la naturale conseguenza dell'altro.

Ad esempio, può trattarsi di contratti che precisano i dettagli e le modalità di esecuzione di obbligazioni già contenute in altro negozio, o accordi la cui stipulazione è già prevista in un contratto precedente; si può determinare un ordine gerarchico simile all'accordo quadro.

Può trattarsi altresì di contratti posti in piano di parità ma uniti da un nesso di "indivisibilità economica" (cioè qualcosa di più di un collegamento).

Così, si è estesa la clausola arbitrale contenuta nella vendita, al contratto di finanziamento fra le stesse parti (Lodo, 1 ottobre 1980 della Corte d'arbitrato presso la Camera di commercio di Sofia, in *Yearbook of int. arb.*, 1987, p. 84); quella prevista nel contratto di vendita di quote azionarie, al contratto di *escrow* (Cass. francese, 30 marzo 2000); oppure si è ritenuto che il patto arbitrale coprisse un complesso affare, sorto da un contratto di costruzione di un complesso immobiliare e da un annesso contratto per l'implementazione di una fabbrica, destinata alla produzione di prefabbricati da utilizzare nelle costruzioni (Lodo *Icsid*, 25 febbraio 1988, *Soabi vs. République du Sénégal*, in *Journal de dr. int.*, 1990, p. 192 ss.).

Vi sono, poi, casi più problematici:

c) *Contratto preliminare e contratto definitivo*: quando il contratto preliminare contenga una clausola arbitrale, occorre chiedersi se essa si estenda alle liti sul contratto definitivo.

Solo se vi sia un riferimento espresso a quest'ultimo, o quando quest'ultimo a sua volta vi faccia rinvio, vi sarà estensione; altrimenti la clausola opererà solo per le controversie nascenti dal preliminare, ivi compresa l'azione *ex* art. 2932 c.c.

Un allargamento potrebbe teorizzarsi solo se i due contratti si configurino come un *ensemble* orientato alla realizzazione di un'unica operazione economica con le caratteristiche di cui al punto *b*).

d) *Contratti modificativi o transattivi*. Quando un contratto si limita a modificare parte del contenuto di un altro precedente, non sembrano esservi ostacoli all'estensione della clausola arbitrale contenuta nel contratto originario.

La transazione comporta maggiori difficoltà.

Ad esempio, due parti stipulano un contratto di compravendita contenente una clausola compromissoria e successivamente, sorta la lite, stipulano una transazione, che nulla prevede in ordine all'arbitrato. Se nasce un conflitto in merito all'adempimento delle reciproche concessioni, la lite deve essere devoluta ad arbitri?

Occorre distinguere.

Se si tratta di una transazione novativa o innovativa (cap. II, par. 2), se dà, cioè, origine ad un nuovo rapporto giuridico, la clausola contenuta nel precedente contratto non può trovare applicazione con riferimento alle liti nascenti dalla transazione medesima, quando riguardino il rapporto giuridico costituito con il contratto.

Si tratterà se mai di capire se la clausola arbitrale continui a valere per eventuali liti derivanti dal rapporto estinto, nell'ipotesi in cui si neghi la natura novativa della transazione, oppure nell'eventualità di risoluzione di quest'ultima. Per quanto riguarda la transazione innovativa, invece, l'arbitrato dovrebbe continuare a valere per il rapporto transatto. È comunque conveniente in sede transattiva prendere espressa posizione sulla volontà di mantenere o meno la scelta arbitrale sull'intero assetto dei rapporti fra le parti.

Nel caso in cui, invece, la transazione non abbia carattere novativo, il rapporto giuridico assistito dalla convenzione arbitrale rimane in piedi, alle condizioni stabilite dalla transazione e pertanto la convenzione arbitrale dovrebbe conservare il suo vigore.

Infine, può capitare che alcuni contratti contengano clausole arbitrali ed altri, pur collegati, clausole sul foro competente, nel qual caso occorrerà operare un'attenta esegesi della volontà negoziale (v. par. 13).

Ad esempio la Cassazione francese, nel caso *Bioalliance*, 6 novembre 2013, ha ritenuto che la clausola contenuta nel contratto quadro non potesse estendersi ai contratti esecutivi contenenti clausole di foro, ravvisando nel tenore dei patti una volontà contraria all'estensione (nella specie era coinvolta anche una terza società, nata dal contratto quadro).

4. Limiti soggettivi della convenzione d'arbitrato: premessa metodologica.

L'efficacia soggettiva della convenzione arbitrale è un tema assai delicato, in quanto interferisce con il diritto di azione davanti al giudice statuale di cui all'art. 24 Cost. e con il conseguente divieto di arbitrato obbligatorio.

Per affrontare correttamente il problema, occorre distinguere fra terzo rispetto al patto compromissorio, terzo rispetto al processo arbitrale (cap. XI, par. 4) e terzo rispetto al lodo arbitrale (cap. XV, par. 6).

Può accadere che il lodo arbitrale abbia effetto nei confronti di un soggetto estraneo al patto compromissorio ed al processo arbitrale;

> Ad esempio il terzo subconduttore è investito degli effetti del lodo con il quale viene sciolto il rapporto di locazione principale.

o, viceversa, che una parte del patto compromissorio non partecipi al processo arbitrale e non sia investito degli effetti del lodo;

> Ad esempio, un contratto d'appalto, stipulato da Sempronio in qualità di committente, nel quale è previsto che Tizio costruisca la casa e Caio la stalla: nasce una lite fra Sempronio e Tizio quanto alla costruzione della casa, mentre Caio rimane estraneo alla lite e agli effetti del lodo.

o ancora che un terzo partecipi al processo arbitrale e subisca gli effetti del lodo, senza aver stipulato il patto compromissorio;

> Ad esempio, il creditore di una società interviene in una lite fra socio ed amministratore, in ordine alla responsabilità di quest'ultimo. Egli, pur non essendo parte della clausola compromissoria contenuta nello statuto della società, sarà vincolato al lodo arbitrale.

In questa sede, esaminerò la categoria dei terzi rispetto al patto compromissorio.

La norma di riferimento è l'art. 1372 c.c., secondo cui il contratto ha forza di legge fra le parti e non ha effetto riguardo ai terzi, salvo i casi previsti dalla legge.

Pertanto, occorre prima di tutto sapere quali soggetti possano considerarsi parti della convenzione arbitrale.

5. Le parti della convenzione arbitrale.

Le parti del patto compromissorio sono coloro che manifestano il consenso al contratto.

Trattandosi di un contratto da stipularsi in forma scritta, si avrà riguardo alla parte che fa proprio il contenuto contrattuale attraverso la sottoscrizione (anche elettronica) o forme equipollenti di paternità.

Non sempre, però, la sottoscrizione del contratto contenente la clausola compromissoria equivale a consenso, come accade quando il terzo si limiti ad approvare (o "vistare") il contratto altrui.

Ad esempio, nel caso *Plateau des Pyramides*, la Corte d'appello di Parigi (12 luglio 1984) ha ritenuto che la clausola compromissoria contenuta in un contratto d'appalto non fosse opponibile allo Stato egiziano che si era limitato ad apporre l'autorizzazione all'accordo stipulato da un ente pubblico. Parimenti, il subappaltatore, che firma il contratto di appalto per conoscenza senza farne proprio il contenuto, non è vincolato alla scelta arbitrale ivi contenuta (Lodo *Icc*, n. 6769 del 1991, in *Journal de dr. int.*, 1992, p. 1019 ss.).

È parte anche colui che contratta attraverso rappresentante, per effetto della spendita del nome.

Come precisa l'art. 808 c.p.c. (che, pur riguardando solo la clausola compromissoria va esteso anche agli altri sottotipi), è sufficiente che il rappresentante abbia il potere di concludere il contratto principale a nome e per conto del rappresentato, affinché possa stipulare validamente la relativa clausola compromissoria.

Prima della riforma del 2006, si riteneva che la conclusione della convenzione arbitrale richiedesse i poteri di straordinaria amministrazione.

Oggi, invece, la capacità richiesta è "neutra", vale a dire, ferma la capacità di agire in capo al soggetto stipulante, la convenzione arbitrale non è atto di ordinaria o straordinaria amministrazione, bensì la sua natura varia a seconda del rapporto giuridico a cui si riferisce.

Ad esempio, l'amministratore di una società, dotato di soli poteri di ordinaria amministrazione, può legittimamente vincolare il gruppo ad un patto arbitrale inserito in un contratto rientrante nei suoi poteri. Si tenga però presente che, poiché la forma della procura segue la forma del contratto a cui si riferisce, quando quest'ultimo non richieda la forma scritta, la procura dovrà comunque avere detta forma, affinché possa valere anche per la convenzione arbitrale, che, come si dirà oltre, è contratto formale.

La falsa rappresentanza determina l'inefficacia del patto compromissorio nei confronti del falso rappresentato.

Ciò non toglie che sia possibile opporre il patto compromissorio, quando il falso rappresentato abbia ingenerato, nel terzo contraente, l'affidamento incolpevole circa l'esistenza della procura, secondo la teoria dell'"apparenza".

Per esempio, nel caso *Orri*, la Cassazione francese (11 giugno 1991), ha ritenuto che la clausola arbitrale contenuta in un contratto stipulato dal rappresentante della società fosse opponibile al proprietario della suddetta società, che aveva ingenerato nell'avversario l'affidamento circa l'esistenza di un mandato a suo nome, partecipando ad alcune fasi dell'arbitrato.

A questo proposito, occorre dare conto di un orientamento sviluppatosi specialmente nella giurisprudenza francese, che tende ad estendere la clausola arbitrale non solo alle parti che l'hanno sottoscritta, ma anche a coloro che hanno di fatto partecipato all'affare nel suo complesso, o nella fase delle trattative, o all'atto della stipula, o ancora durante la fase di esecuzione del contratto principale, sulla base di una sorta di "consenso presunto" o "implicito".

Le fattispecie applicative riguardano spesso casi in cui si vuole squarciare il velo societario (c.d. dottrina del *piercing the corporate veil*) e superare così l'autonomia delle persone giuridiche, coinvolgendo volta per volta la società *holding*, altre società del gruppo, le persone fisiche che detengono il pacchetto di maggioranza, o i soci unici di società di capitali.

Nel caso *Dallah Real Estate vs. Ministry of religious affairs, Government of Pakistan*, la Corte d'appello di Parigi del 17 febbraio 2011 ha ritenuto che il governo del Pakistan fosse vincolato ad una clausola arbitrale firmata da un *trust* da lui costituito, data la sua costante partecipazione alle trattative e alla fase post-contrattuale; la Corte suprema inglese (3 novembre 2010) ha deciso in senso opposto la stessa questione.

Gli interpreti italiani sono assai più prudenti, tendendo a salvaguardare al massimo l'autonomia delle persone giuridiche: l'estensione del patto arbitrale deve trovare giustificazione in istituti già sperimentati quali l'interposizione fittizia, la simulazione, l'apparenza del diritto, l'imprenditore occulto.

È parte anche chi venga successivamente eletto nel contratto per persona da nominare.

Spesso lo schema per persona da nominare si ritrova nel preliminare di compravendita: nel qual caso il problema si complica, perché è necessario prima di tutto capire se la variazione soggettiva riguardi il preliminare medesimo o il definitivo; poi verificare se il patto compromissorio riguardi le controversie sul preliminare, o quelle sul definitivo; incrociando i dati così ottenuti sarà possibile individuare l'ambito oggettivo e soggettivo della clausola compromissoria.

Talvolta non è facile capire se ci si trovi di fronte ad un lineare schema di contratto per persona da nominare, oppure all'entrata del terzo a fianco del contraente originario: la domanda è rilevante perché nel primo caso, a differenza del secondo, il contraente originario non sarebbe vincolato al patto compromissorio. In dottrina è stato fatto l'esempio del contratto di cessione di partecipazioni sociali qualificate, nel quale spesso è previsto che il *buyer* si riservi di indicare un'altra società (sovente una c.d. *newco*, appositamente creata all'uopo) come acquirente delle quote, fino al *closing*, cioè al momento di definitivo trasferimento delle azioni.

Infine, il terzo litisconsorte necessario o facoltativo può aderire successivamente alla convenzione arbitrale conclusa in origine *inter alios*, quando ci sia l'accordo di tutte.

Inoltre, le parti possono prevedere espressamente che la convenzione arbitrale sia aperta all'adesione di terzi (art. 1332 c.c.), dettando le relative modalità, per cui non sarà necessario alcun successivo consenso.

6. I terzi titolari del diritto devoluto ad arbitri con il patto compromissorio.

È legittimato a compromettere solo il soggetto che si afferma titolare del diritto. La regola assicura che nessuno possa essere vincolato all'arbitrato su un proprio diritto, per altrui iniziativa.

Vi sono però alcuni casi problematici.

a) Gestione del patrimonio altrui, sostituzione sostanziale. Quando l'ordinamento conferisce a terzi il potere di gestire patrimoni altrui, questi soggetti sono in grado di imporre al titolare del patrimonio l'arbitrato per la risoluzione delle controversie riguardanti l'atto di gestione.

Ove, infatti, sia dato ad un soggetto il potere di disporre di un diritto altrui, a questi è concesso di compromettere in arbitri, in ordine a quel diritto.

Per esempio, nel contratto di cessione dei beni ai creditori, questi possono vendere i beni del debitore, pur non diventandone titolari e possono altresì compromettere in arbitri le controversie eventualmente derivanti dalla vendita.

Altra ipotesi è il mandato senza rappresentanza: se si tratti di costituire obblighi e diritti, questi sono direttamente imputabili al mandatario, perciò non vi è alcuna disgiunzione fra chi compromette e chi sarà parte della eventuale controversia; se invece il mandatario disponga di un diritto del mandante, la scelta arbitrale sarà opponibile a quest'ultimo, in caso di controversia, inerente l'atto di disposizione, che lo riguardi.

b) *Clausola testamentaria.* Può il testatore inserire una clausola arbitrale nel testamento, per imporre agli eredi la soluzione in arbitrato di eventuali future liti circa la successione (divisione, amministrazione ereditaria, *petitio haereditatis,* interpretazione od esecuzione del testamento)?

Alcuni ordinamenti ammettono espressamente od implicitamente questa possibilità.

In Spagna, la legge n. 60 del 2003, prevede, all'art. 10, l'*arbitraje testamentario*: "También será válido el arbitraje instituido por disposición testamentaria para solucionar diferencias entre herederos no forzosos o legatarios por cuestiones relativas a la distribución o administración de la herencia".

In Italia, la questione è dibattuta.

La clausola testamentaria potrebbe essere inquadrabile come condizione o, meglio, come *modus* dell'attribuzione.

Il problema più rilevante è quello dei limiti soggettivi della convenzione compromissoria: infatti, il *de cuius* finirebbe per vincolare, ora per allora, non se stesso, ma i suoi successori alla soluzione arbitrale delle eventuali liti che dovessero nascere dal patrimonio ereditario.

L'ostacolo è superabile se si tiene conto del fatto che la legge conferisce al testatore poteri di ingerenza nella sistemazione, fra gli eredi, del proprio patrimonio dopo la morte (v. gli artt. 733 e 734 c.c.): alle attribuzioni, infatti, sottende anche l'interesse del disponente.

Non sarei, dunque, per escludere l'ammissibilità di un'ingerenza anche con riguardo al mezzo di tutela relativo all'attribuzione.

Più complicata è la compromettibilità del diritto alla legittima, tenendo presente che l'art. 549 c.c. vieta di porre pesi o condizioni ai legittimari.

Sarà valida la clausola arbitrale testamentaria nei confronti dei legatari, potendosi utilmente richiamare l'analogia con il contratto a favore di terzo, di cui si dirà subito appresso: dovranno dunque essere assoggettate ad arbitrato le eventuali liti che insorgano fra più legatari o colegatari, con riferimento al o ai beni oggetto del legato.

Nel caso di un patto di famiglia, *ex* art. 768-*quater* c.c., il disponente può stabilire che le liti, che dovessero in futuro insorgere fra i cessionari dell'azienda o delle quote societarie di sua proprietà, con riferimento a tali liberalità, anche dopo la successione, siano risolte in arbitrato. La clausola potrà coprire, se ben congegnata, anche le future liti fra gli eredi legittimari ed i beneficiari dell'azienda o delle quote sociali, circa la liquidazione dei primi. Se la liquidazione dei legittimari rimasti esclusi dalla successione sia disposta in un separato contratto, "che sia espressamente dichiarato collegato" al patto di famiglia – art. 768-*quater*, comma 3° –, la convenzione contenuta nel patto di famiglia potrà invece estendersi a quest'ultimo, solo se si sia disposti a riconoscere un allargamento fra contratti collegati fra parti diverse (su cui v. *infra*).

c) Sostituzione processuale. Se sia dato ad un soggetto il potere di tutelare un diritto altrui, attraverso la proposizione dell'azione in giudizio (c.d. legittimazione straordinaria), senza però poter disporre del suddetto diritto, questi non è legittimato a compromettere.

Ad esempio, il creditore che agisce, sia in via giudiziale sia in via stragiudiziale, per tutelare il diritto del debitore (l'azione surrogatoria) non è abilitato a compromettere in arbitri quella controversia.

Dunque, non soltanto il sostituto processuale non è in grado di compromettere in arbitri validamente, ma è altresì vincolato al patto compromissorio eventualmente stipulato dal titolare del diritto, cosicché, se voglia esercitare l'azione che gli è concessa, deve rivolgersi agli arbitri e non al giudice.

Nella stragrande maggioranza dei casi, il titolare del diritto è litisconsorte necessario, sicché si avranno arbitrati a pluralità di parti, con i conseguenti problemi circa, ad esempio, la nomina del collegio, in presenza di una clausola c.d. binaria (nomina di ciascun arbitro da parte dei due contendenti): il sostituto ed il sostituito potranno, eventualmente, accorparsi in un unico centro di interessi, operando così l'art. 816-*quater* c.p.c. (cap. VIII, par. 3).

Il titolare dell'azione diretta, per contro, esercita un proprio diritto ad ottenere la somma dovuta direttamente dal *debitor debitoris*, perciò non è vincolato dal patto compromissorio che assista, in ipotesi, il credito del suo debitore.

d) Contratto a favore di terzo. Quando un soggetto costituisce una situazione vantaggiosa a favore di un terzo, quest'ultimo deve rispettare la scelta arbitrale eventualmente inserita nel contratto.

Il terzo potrà decidere di non profittare del vantaggio, ma, se ne profitti, dovrà rivolgersi agli arbitri in caso di controversia.

Ad esempio, è contratto a favore della società, l'accordo di cessione quote, che preveda che il venditore, nel caso in cui la società non sia *in bonis* all'atto del *closing*, versi denaro nelle casse del gruppo. La società, dunque, sarà vincolata all'eventuale clausola compromissoria contenuta nel contratto di vendita.

Per contro, quando si prometta il fatto del terzo, quest'ultimo non è vincolato, né al comportamento promesso, né all'eventuale patto compromissorio che lo riguardi.

e) Diritti in contitolarità. Residuano infine le situazioni uniche plurisoggettive, nelle quali un unico rapporto giuridico è di titolarità di più persone.

È appena il caso di precisare che occorre a monte verificare se la lite riguardi un diritto unico a pluralità di parti o se si tratti di più diritti fra loro scindibili (cap. XIII, par. 1).

Mentre nella seconda ipotesi la legittimazione a compromettere è disgiunta, nel primo caso la legittimazione a compromettere è necessariamente congiunta: il patto compromissorio stipulato da soltanto alcuni dei titolari è inutile (o inefficace, se si preferisce), ma i titolari pretermessi potranno, se lo vorranno, spontaneamente aderirvi.

Per esempio, Tizio, Caio e Mevio sono tre fratelli che ereditano un patrimonio dal comune padre e decidono di dividerlo. La clausola arbitrale stipulata soltanto da Mevio e Caio non è opponibile a Tizio, il quale ha peraltro diritto di entrare nel contratto compromissorio.

Parimenti, sarà possibile per il litisconsorte pretermesso intervenire nel giudizio arbitrale, anche senza il consenso delle altre parti, ai sensi dell'art. 816-*quinquies*, comma 2°, c.p.c. (cap. XIII, par. 3).

7. La successione nel patto compromissorio.

Cosa accade se il diritto passa di mano dopo la stipula del patto compromissorio?

Quest'ultimo ha effetto nei confronti del successore. Infatti, quando si succede in un diritto, si succede nello strumento di tutela, cioè nell'azione: poiché l'arbitrato offre uno strumento di tutela alternativo all'azione giudiziale, che non può più essere esercitata, il patto arbitrale passerà automaticamente al successore, salvo diverso accordo fra le parti.

Occorre peraltro distinguere fra le diverse tipologie di successione.

a) *Successione universale*. Nella successione universale fra persone fisiche, il patto compromissorio vincola l'erede.

Ad esempio, nel caso dell'erede di un socio di una società il cui statuto contenga una clausola arbitrale, la lite sul credito derivante dalla liquidazione della quota sociale sarà soggetta ad arbitrato.

La medesima soluzione vale per la successione nelle persone giuridiche.

b) *Successione a titolo particolare*. Occorre ulteriormente distinguere.

b1) Nel legato *mortis causa*, il legatario, una volta ammessa la sua qualità di vero e proprio successore nel diritto attribuito dal defunto, sarà vincolato al relativo patto compromissorio.

b2) La successione per atto tra vivi può avvenire, in primo luogo, nella cessione del contratto, o nella successione *ex lege* nei contratti in caso di cessione di azienda, nonché nella surrogazione, legale e del fideiussore.

In tutte queste ipotesi, opererà la regola generale, per cui il patto compromissorio sarà opponibile al successore.

Naturalmente, è sempre possibile, se vi è l'accordo di tutte le parti, escludere dalla successione la clausola arbitrale, regolandone l'ambito applicativo ridotto (ad esempio nella cessione del contratto solo con riguardo alle parti originarie).

b3) In secondo luogo, si può succedere in una sola coppia diritto-obbligo derivante dal contratto, vale a dire, dal lato attivo, la cessione del credito, dal lato passivo, l'accollo, l'espromissione, la delegazione (quando diano luogo a successione e non a novazione).

Anche in questo caso dovrebbe ritenersi operante l'estensione del patto arbitrale: tuttavia, la soluzione non è pacifica.

Si scontrano tre teorie: la prima dà rilievo alla necessità del consenso ed esclude l'opponibilità al cessionario del credito; la seconda valorizza l'esigenza di tutelare il debitore che non partecipa all'accordo di cessione, riconoscendo il vincolo compromissorio contro ed a favore del cessionario; la terza, sostenuta specialmente dalla Cassazione, permette al solo debitore di avvalersi del patto compromissorio contro il cessionario, il quale non può, per contro, iniziare l'arbitrato invocando la convenzione arbitrale.

Quest'ultima soluzione non è soddisfacente: l'introduzione di una sorta di clausola compromissoria unilaterale (cioè invocabile soltanto dal terzo ceduto) non trova infatti alcun supporto normativo, né l'altrimenti necessaria previsione contrattuale. Inoltre, comporta gravi problemi di tutela del cessionario, il quale, iniziata una causa davanti al giudice ordinario, rischia di vedersi costretto a percorrere la via arbitrale per desiderio del debitore ceduto e di dover sopportare i costi del processo statuale malamente instaurato.

Propendo senz'altro per la piena operatività della convenzione arbitrale nei confronti del cessionario, che avrà come corollario la possibilità per quest'ultimo di intervenire nel processo arbitrale già pendente, in posizione adesiva rispetto al cedente.

Occorre tenere distinti il rapporto di credito ceduto (fra cessionario e debitore ceduto) dal contratto di cessione del credito (fra cedente e cessionario). Infatti, il vincolo arbitrale riguardo al credito non si estende automaticamente alla lite fra cedente e cessionario nascente dal contratto di cessione. Perciò, ove il cedente, convenuto davanti agli arbitri, lamenti di essere estraneo al patto compromissorio, in quanto non più titolare del rapporto giuridico per effetto di una cessione avvenuta prima del processo arbitrale (in caso di successione *post-litem* opera invece l'art. 111 c.p.c., per effetto del rinvio dell'art. 816-*quinquies*, comma 3°), gli arbitri potranno occuparsi della questione pregiudiziale relativa alla cessione, *incidenter tantum*, ai soli fini di verificare chi sia vincolato dal patto compromissorio. Se riconoscano che la cessione è avvenuta, il cessionario potrà essere chiamato davanti a loro; in caso contrario, il (presunto) cedente rimarrà soggetto alla *potestas iudicandi* degli arbitri.

8. I terzi titolari di rapporti diversi ma connessi fra loro.

I terzi titolari di rapporti diversi da quello dedotto nella convenzione arbitrale non sono assoggettati al vincolo arbitrale, anche se detti rapporti siano connessi a quello oggetto della lite arbitrale.

Ciò vale, in particolare, per il collegamento necessario come emerge dagli esempi che seguono:

a) le vendite a catena, nelle quali ogni "anello" (produttore-grossista, grossista-dettagliante e così via) si pone in senso pregiudiziale all'altro; il patto compromissorio non può estendersi a chi, entrato nella catena, non sia parte contrattuale diretta;

In senso opposto è la giurisprudenza della Cassazione francese per via di una diversa interpretazione della catena contrattuale: ad esempio, *Cass.*, 27 marzo 2007, n. 04-20842.

b) i contratti c.d. derivati o subcontratti, che sono in relazione di dipendenza rispetto al contratto principale, ma non sono soggetti alla convenzione arbitrale ivi contenuta, a meno che le parti del subcontratto non l'abbiano espressamente accettata, anche per *relationem*;

c) il fideiussore, rispetto al patto compromissorio eventualmente inserito nel contratto di debito principale; l'inopponibilità vale a maggior ragione con riguardo al contratto autonomo di garanzia (attenuandosi al massimo il rapporto di accessorietà).

Si è sostenuto che l'art. 1945 c.c., nella parte in cui consente al fideiussore di invocare le eccezioni di cui si potrebbe avvalere il debitore principale, permette a questi di opporre il patto compromissorio al creditore. Il dettato dell'art. 1945 c.c. non è, a mio avviso, sufficientemente espresso nel sancire tale deroga. Infatti, quando si fa riferimento alle "eccezioni" si intende la possibilità, per il fideiussore, di esercitare i poteri che spetterebbero al debitore con riguardo al debito principale; occorre dimostrare, a monte, che la norma si riferisca non solo al contratto di debito principale, ma anche a quello compromissorio, annesso ma pur sempre autonomo. Escluderei, dunque, la possibilità per il fideiussore di imporre al creditore la via arbitrale con riguardo al rapporto di garanzia e adotterei analoga soluzione con riferimento all'azione di regresso del fideiussore nei confronti del debitore.

Per contro, qualora il fideiussore si surroghi nei diritti del creditore, allora il vincolo compromissorio che assiste il credito principale si trasferirà con la successione.

Se due contratti fra parti diverse siano collegati in modo volontario, perché concorrono alla realizzazione di un unico affare e solo uno di questi contenga il patto compromissorio, quest'ultimo si estende al terzo, parte del contratto collegato?

Ad esempio, nel credito al consumo, la clausola compromissoria contenuta nel contratto di acquisto, si estende anche al rapporto di finanziamento con la banca? Con riguardo all'operazione economica del *leasing*, la clausola arbitrale contenuta nel contratto fra l'utilizzatore e la società di *leasing*, si estende al contratto di acquisto del bene fra il fornitore e la società di *leasing*, o viceversa?

In linea generale, la risposta è negativa, a meno che non ci si trovi di fronte a casi in cui, oltre ad una connessione funzionale, si assista ad un affievolimento dell'autonomia strutturale dei contratti, fino a poter parlare di un contratto sostanzialmente unitario.

Potrebbe farsi l'esempio dei contratti-quadro, che contengono *in nuce* l'intero programma negoziale, poi semplicemente specificato nei contratti esecutivi, ma l'assunto è rigorosamente da dimostrare, sulla base delle circostanze del caso concreto. Fanno eccezione anche le ipotesi in cui da più contratti collegati nascano rapporti di sostituzione sostanziale o surrogazione (parr. 6-7); altre eccezioni potranno conseguire dall'accoglimento di orientamenti favorevoli al c.d. consenso presunto o implicito (par. 5).

La soluzione è a maggior ragione quella dell'autonomia, ove uno dei contratti contenga la clausola del foro competente. Nel caso *Deutsche Bank vs. Tongkah vs. Tungkum*, *High Court of Justice*, 24 agosto 2011 vi erano tre contratti (di cui due stipulati da diverse filiali della banca nei riguardi di una della due società, per una complessa operazione economica e uno con la società collegata in qualità di garante); mentre i primi due contenevano la clausola arbitrale, il contratto di garanzia conteneva la clausola di foro competente: il giudice ha riteunto che la lite sulla garanzia non potesse essere a maggior ragione attratta in arbitrato.

Discorso a parte riguarda la possibilità di instaurare un unico processo arbitrale nei confronti di tutte le parti dei contratti collegati, quando ciascuno di questi contenga una clausola arbitrale, oppure quando la clausola arbitrale contenuta in uno dei contratti sia allargabile agli altri: rinvio al cap. XIII, par. 2.

9. Limiti oggettivi e soggettivi della clausola compromissoria contenuta negli statuti delle società.

Il contenzioso endosocietario è denso di problematiche, quanto ai limiti oggettivi e soggettivi della clausola compromissoria contenuta nello statuto della società.

a) *Limiti oggettivi*. Il raggio massimo che la clausola può coprire comprende tutte le liti fra soci,

Ad esempio, le liti riguardanti il diritto di prelazione, o il risarcimento danni fra soci.

le liti fra soci e società,

Ad esempio, le impugnazioni di delibere assembleari, comprese quelle del consiglio di amministrazione; oppure quelle riguardanti la liquidazione della quota in capo al socio uscente.

le liti da e contro gli organi sociali.

Ad esempio, l'azione di responsabilità dell'amministratore.

All'interno di questo campo le parti possono decidere di limitare l'operatività ad alcune soltanto delle controversie.

Ad esempio, le parti possono decidere di devolvere ad arbitri soltanto le liti fra soci e la società, escludendo gli organi sociali, contro i quali si dovrà agire davanti al giudice. Va detto però che una scelta di questo tipo è spesso inopportuna, perché eventuali processi paralleli, davanti al giudice e davanti agli arbitri, non sono coordinabili fra loro e possono dare luogo a giudicati logicamente contrastanti.

Vi sono alcuni casi problematici.

Si ritiene, in primo luogo, che la clausola statutaria non possa coprire le liti derivanti da patti parasociali.

Occorre però distinguere: se i patti parasociali sono contenuti nel contratto sociale, la soluzione sarà opposta; inoltre, anche nel caso in cui siano esterni, occorrerà verificare se il collegamento contrattuale con il patto sociale non comporti l'allargamento della clausola statutaria (parr. 3 e 8).

Parimenti, si esclude la sua estensione alle controversie nascenti da contratti di acquisto delle quote sociali fra soci, o fra un socio ed un terzo.

Un particolare problema riguarda la possibilità di includere nella clausola arbitrale contenuta nello statuto di una società cooperativa le liti riguardanti il rapporto mutualistico fra socio e società.

Come è noto, si distinguono due livelli, nel rapporto fra socio e cooperativa: il rapporto sociale, dal quale possono scaturire liti quali, ad esempio, l'esclusione dalla società ed il rapporto mutualistico, che realizza lo scopo della cooperativa (ad esempio il lavoro, o l'acquisto di un bene, come avviene nelle cooperative edilizie). L'esplicita inclusione di queste controversie potrebbe risolvere il problema, mentre, con riguardo ad una clausola arbitrale generica, sorge il dubbio quanto alle liti derivanti dal rapporto mutualistico. Si potrebbe richiamare a sostegno della risposta positiva l'art. 808-*quater* c.p.c., ma la questione si complica quando sussistano autonomi contratti di attuazione del rapporto mutualistico contenenti o no clausole arbitrali (nel qual caso ci si troverebbe di fronte ad un collegamento contrattuale, da esaminare sulla base di quanto detto ai parr. 3 e 8). In tutti i casi, gli arbitri potranno pronunciarsi *incidenter tantum*, se al fine di valutare, ad esempio, la delibera di esclusione del socio, occorra affrontare la questione pregiudiziale sul rapporto mutualistico (cap. XIV, par. 9). Ad esempio, se la società cooperativa chieda l'esclusione del socio, per gravi inadempienze riguardanti il rapporto mutualistico (ad esempio compravendita, nelle società cooperative edilizie, o credito o rapporti di lavoro, ecc.), la valutazione di quest'ultimo è un fatto-diritto, di cui gli arbitri conoscono in via meramente incidentale. Tuttavia, se vi sia domanda di una parte per l'accertamento del rapporto mutualistico, gli arbitri potranno deciderla con efficacia di giudicato, in quanto compresa nella clausola statutaria, oppure dovranno richiedere il consenso di tutte le parti? Occorrerà, come si è detto prima, verificare il tenore della clausola statutaria, per vedere se essa faccia esplicito riferimento anche alle liti mutualistiche, o se queste possano comunque essere ritenute comprese in una accezione generica; o ancora se nella regolamentazione del rapporto mutualistico (cioè nei negozi attuativi) si faccia riferimento alla suddetta clausola. Diverso ancora è il caso in cui venga in questione un rapporto mutualistico di lavoro, poiché l'arbitrato è permesso solo se la legge o i contratti collettivi lo prevedano.

b) *Limiti soggettivi*. In tre ipotesi anche chi non abbia prestato il consenso si troverà vincolato alla convenzione arbitrale contenuta nello statuto della società.

b1) Poiché parte della clausola compromissoria statutaria è il socio, ai sensi dell'art. 34 d.lgs. n. 5 del 2003, l'adesione al contratto di società in un tempo successivo alla sua costituzione implica l'estensione del relativo patto arbitrale, anche in assenza di espressa *relatio* a quest'ultimo. L'assunto si spiega per via della struttura aperta (art. 1332 c.c.) del contratto compromissorio.

Al socio va parificato l'usufruttuario.

b2) Gli organi sociali prestano il consenso alla scelta arbitrale per effetto della sola accettazione dell'incarico e ciò anche quando l'amministratore non abbia fatto esplicito richiamo allo statuto.

Sarei per escludere i dubbi di costituzionalità da altri prospettati, poiché l'accettazione dell'incarico non può andare disgiunta dall'impegno di rispettare i patti fissati dai soci.

Potrebbe l'organo sociale separare il consenso e rifiutare il patto compromissorio per le liti che lo riguarderanno? La volontarietà dell'arbitrato suggerisce la risposta positiva, ma occorre consentire alla compagine sociale di riesaminare l'opportunità di conferire l'incarico, anche senza vincolo arbitrale.

Più problematica è l'estensione all'amministratore di fatto, benché non sia da escludere (ad esempio quando sia anche socio, o abbia successivamente accettato formalmente l'incarico).

b3) La clausola statutaria può essere imposta ai soci assenti o dissenzienti, se la maggioranza di almeno due terzi della compagine sociale deliberi il suo successivo inserimento, o la sua modifica (la stessa regola vale per la sua soppressione). Unica via per chi non voglia sottostare alla decisione è recedere dalla società entro i novanta giorni successivi.

In questo caso è legittimo dubitare della costituzionalità della norma, perché il gruppo finisce per imporre la scelta arbitrale con riguardo a diritti soggettivi individuali dei soci dissenzienti, come l'impugnazione delle deliberazioni assembleari, realizzando così una sorta di arbitrato obbligatorio. Si suole però giustificare il sacrificio con l'esigenza di operatività del gruppo.

L'estensione della clausola statutaria ai soci comprende anche coloro "la cui qualità di socio è oggetto della controversia" (art. 34, comma 3°, d.lgs. n. 5 del 2003).

La disposizione tende ad evitare che la domanda diretta a riconoscere o ad escludere lo *status* di socio sia per ciò solo sottratta agli arbitri.

Ove si volesse accogliere l'interpretazione più ampia ed aderente al tenore letterale della norma, gli arbitri, mentre non potrebbero decidere su un diritto non oggetto della clausola arbitrale statutaria, che sia pregiudiziale all'acquisizione dello *status* di socio,

Ad esempio, Tizio propone una domanda agli arbitri, con la quale vuole sentir accertare l'invalidità di un contratto di cessione di quote societarie nei confronti di Caio.

potrebbero sempre pronunciarsi direttamente nel merito, ogni qualvolta il bene della vita richiesto sia l'accertamento della qualità di socio (o di terzo).

Ad esempio, Tizio propone una domanda agli arbitri, per sentir dichiarare che Sempronio è socio occulto della società.

L'interpretazione è aderente al tenore della norma, ma comporta il rischio che una parte proponga pretestuosamente una domanda di accertamento della qualità di socio, al solo scopo di vincolare un terzo alla convenzione arbitrale.

Per questo motivo si è tentato di ridurre l'ambito applicativo della norma, ritenendo che non possa avere l'effetto di estendere la cognizione arbitrale al terzo che, per accertamento degli stessi arbitri, non abbia rivestito la qualità di socio all'epoca dei fatti in causa e che non sia vincolato per altra via al patto compromissorio; oppure quando non risulti *per tabulas* un titolo idoneo all'acquisto della qualità di socio; o ancora quando l'oggetto della controversia (pur vertendo sulla qualità di socio) non riguardi in via diretta le norme statutarie (ad esempio vi rientrerebbe la lite sul gradimento dei soci all'ingresso del terzo); altri hanno sostenuto che sarebbe consentito al terzo scegliere se far valere la questione dello *status* ai fini della competenza degli arbitri, cioè in rito, o ai fini del merito.

Resta fermo che gli arbitri potranno occuparsi anche di fatti successivi alla perdita della qualità di socio, purché traggano diretta rilevanza da quello *status*.

Ad esempio, la clausola statutaria coprirà le liti derivanti dalla liquidazione della quote del socio che abbia esercitato il diritto di recesso.

10. La convenzione arbitrale nei confronti del curatore fallimentare.

Una questione molto discussa riguarda il vincolo del curatore fallimentare al patto arbitrale stipulato dall'imprenditore *in bonis*.

Le risposte prima della modifica della legge fallimentare del 2006 erano state le più varie: *a*) il patto compromissorio si scioglie al momento del fallimento (con riguardo al patto arbitrale irrituale si faceva leva sulla sua assimilazione al rapporto di mandato); *b*) il curatore può sempre scegliere se avvalersi del patto compromissorio o meno; *c*) il patto arbitrale è opponibile solo se il processo arbitrale sia già iniziato.

A questo interrogativo cerca di rispondere l'art. 83-*bis* l. fall., secondo cui "se il contratto in cui è contenuta una clausola compromissoria è sciolto a norma delle disposizioni della presente sezione, il procedimento arbitrale pendente non può essere proseguito".

Sullo sfondo, sta l'art. 72, comma 1°, l. fall., norma di chiusura ai sensi della quale, in tutti i casi non previsti dalla legge, i contratti non ancora eseguiti all'epoca del fallimento rimangono sospesi, finché il curatore non abbia scelto se subentrare o sciogliersi dal vincolo.

L'art. 83-*bis* cit. si occupa della sola ipotesi in cui il processo arbitrale sia già pendente all'atto del fallimento (cap. XIII, par. 8). A molti è parso di poter dedurre che la norma sancisca l'estinzione della clausola arbitrale insieme all'estinzione del contratto a cui accede, in deroga al principio di autonomia, ma l'assunto non mi convince, in assenza di un chiaro tenore normativo.

Una siffatta interpretazione avrebbe come conseguenza di escludere l'arbitrato in ordine ai rapporti fra fallito e terzo contraente che sopravvivano allo scioglimento del contratto e che derivino da quest'ultimo, ledendo il diritto del terzo all'arbitrato, scelto a suo tempo in accordo con il contraente poi fallito.

Volendo dunque prescindere dalla norma citata, occorre prima di tutto risolvere il nodo pregiudiziale circa il ruolo del curatore rispetto al fallito ed ai rapporti giuridici inerenti il suo patrimonio. L'impostazione da me preferita vede il curatore come amministratore della massa nell'interesse dei creditori, dotato di funzione autonoma, rispetto al fallito, di cui non è rappresentante legale, né sostituto processuale.

La soluzione è coerente con il riconoscimento, in capo al fallito, della persistenza di un interesse a regolare i propri rapporti patrimoniali per l'eventualità di un ritorno *in bonis* (ad esempio ai fini della ripetizione di indebito per un credito insussistente). Ad un tempo, però, occorre tenere conto del fatto che, come si dirà al cap. XIII, par. 8, la legge fallimentare (art. 43) sembra condurre decisamente verso la perdita della legittimazione a stare in giudizio, in capo al fallito, per tutti (e limitatamente a) i "rapporti patrimoniali compresi nel fallimento".

Premesso ciò, distinguerei fra contratti non eseguiti, contratti già eseguiti all'atto del fallimento e liti alle quali il curatore è estraneo perché riguardano beni estranei alla massa fallimentare.

a) Per i contratti non eseguiti, ove il curatore scelga di subentrare, vi è vera e propria successione nei relativi rapporti e nelle relative clausoli arbitrali, secondo le regole generali già viste (par. 7).

Il vincolo arbitrale riguarderà però solo i crediti e non i debiti della massa, che devono necessariamente seguire la procedura fallimentare.

Se invece il curatore scelga di non subentrare, rimane estraneo al contratto e alla clausola arbitrale annessa – che peraltro non si estingue, per il solo fatto del fallimento.

Dunque, il vincolo non opererà con riguardo alle liti nate dal contratto sciolto (anche se relative al suo scioglimento) e ciò varrà anche se dal rapporto dovessero derivare crediti a favore del fallito.

Ad esempio, con riguardo ad un contratto di *leasing*, l'utilizzatore non ha pagato alcune rate maturate prima del fallimento della società di *leasing* e c'è un procedimento arbitrale in corso su questo oggetto. Il curatore decide di sciogliersi dal contratto di *leasing*, ma intende altresì recuperare il credito a favore della massa: dovrà rivolgersi al giudice statuale, perché, rimanendo terzo anche rispetto al credito del fallito, il patto compromissorio è inopponibile.

Ancora, riprendendo l'esempio, poiché ai sensi dell'art. 72-*quater* l. fall. il concedente ha diritto alla restituzione del bene, mentre il curatore del fallimento dell'utilizzatore ha diritto alla differenza fra maggior somma ricavata dalla eventuale vendita ed il credito residuo che il fallito avrebbe dovuto pagare, nessun vincolo arbitrale potrà operare nel caso in cui il curatore faccia valere il diritto della massa e neppure se il concedente reclami la restituzione della cosa dal curatore.

Sarebbe stato preferibile, *de iure condendo*, dare al curatore la possibilità di valutare la maggior convenienza dell'arbitrato rispetto al processo ordinario, ma, allo stato, non vi sono chiari appigli normativi in tal senso.

Diverso è invece qualora siano pendenti, nonostante lo scioglimento del contratto, azioni che definirei "neutre" (ad esempio, l'azione di risoluzione del contratto) con riguardo al contratto sciolto: qui opererà la regola speciale dell'art. 72, comma 4°, l. fall., per cui il lodo spiegherà effetti anche nei riguardi del curatore, al quale deve dunque essere data la possibilità di difendersi attivamente (cap. XIII, par. 8).

b) Anche per i contratti interamente eseguiti, possono darsi rapporti rimasti sospesi.

Se si vuol essere coerenti, a maggior ragione deve ritenersi che il curatore non succeda nei rapporti scaturenti dai contratti già eseguiti e conseguentemente non sia vincolato dal relativo patto compromissorio.

c) Infine, occorre menzionare i casi in cui la controversia tra il fallito e il terzo abbia ad oggetto un rapporto diverso, anche se pregiudiziale rispetto a quelli confluiti nella massa.

Ad esempio, una lite fra fallito e terzo contraente, con riguardo ad una disposizione negoziale non opponibile alla massa; oppure, direi, l'impugnativa di una delibera assembleare da parte di un socio, devoluta ad arbitri per effetto di una clausola arbitrale contenuta nello statuto, con successivo fallimento della società.

A maggior ragione il curatore rimane terzo sia rispetto alla convenzione arbitrale, sia all'eventuale processo arbitrale, sia al successivo lodo, che potrà se del caso impugnare con l'opposizione di terzo.

Che il legislatore non abbia ancora trovato un punto fermo nei rapporti fra arbitrato e procedure concorsuali è dimostrato dall'art. 169-*bis*, comma 3°, l. fall., in tema di concordato preventivo: infatti, con evidente inversione di tendenza rispetto alla disciplina fallimentare, la clausola compromissoria rimane vincolante anche in caso di scioglimento da un contratto in corso di esecuzione.

Significativa è anche la proposta di revisione del regolamento europeo sul fallimento transfrontaliero n. 1346 del 2000: l'art. 15 dovrebbe infatti prevedere che "gli effetti della procedura d'insolvenza su un procedimento giudiziario o arbitrale pendente relativo a un bene o a un diritto del quale il debitore è stato spossessato sono disciplinati esclusivamente dalla legge dello Stato membro in cui il procedimento è pendente o ha sede l'arbitrato"; si aprono pertanto le porte – limitatamente ai fallimenti transnazionali – ad ordinamenti non altrettanto restrittivi rispetto al nostro, quanto all'operatività dell'arbitrato rispetto al fallimento.

11. Il consenso alla convenzione arbitrale.

La convenzione arbitrale si ha per conclusa quando vi sia il consenso contestuale, tramite sottoscrizione congiunta.

È anche possibile un consenso a formazione progressiva, quando emerga da una pluralità di atti, in forma scritta, che si integrino a vicenda: ad esempio lo scambio di lettere firmate da ciascuna delle parti.

Secondo un orientamento (Cass., 26 giugno 2001, n. 8744), poi, la produzione davanti al giudice di un documento contenente la convenzione arbitrale equivale a sua accettazione. L'effetto è da escludere, peraltro, ove la produzione sia finalizzata a far valere l'inoperatività della convenzione.

Più problematico è verificare se lo scambio fra domanda di arbitrato e comparsa di risposta, in mancanza di una precedente convenzione arbitrale, implichi consenso all'arbitrato (ipotesi che si definisce da alcuni *forum prorogatum*).

Alcuni regolamenti arbitrali prevedono che, anche in mancanza di convenzione arbitrale una parte possa adire l'ente e l'altra vi possa aderire in un certo tempo: v. ad esempio il regolamento Consob del 29 dicembre 2008 n. 16763. Il regolamento del c.d. *Ombudsman* bancario prevede la possibilità, in assenza di convenzione arbitrale, di iniziare la procedura arbitrale facendo una proposta di compromesso, unitamente alla proposizione della domanda. Detta proposta può essere accettata o modificata dal convenuto: in quest'ultimo caso viene ritrasmessa all'attore e, se non v'è accordo, non tutto è perduto, in quanto la Camera arbitrale formula una proposta di conciliazione sul contratto compromissorio.

L'art. 817 c.p.c. stabilisce che, nel caso in cui il convenuto in arbitrato non eccepisca nella prima difesa successiva all'accettazione degli arbitri l'inoperatività della convenzione arbitrale, il lodo non è impugnabile per questo motivo: non dà quindi una indicazione decisiva per risolvere in senso positivo la questione. Non è chiaro, infatti, se la norma introduca una mera preclusione processuale, limitata all'inimpugnabilità del lodo – soluzione che preferisco –, oppure comporti la ben più incisiva formazione negoziale della convenzione arbitrale.

Le conseguenze applicative dell'una o dell'altra soluzione sono diverse: ove si tratti di una mera preclusione processuale, il giudice, in un diverso processo, sarebbe sempre libero di valutare l'esistenza del compromesso; per l'opposta tesi, invece, il giudice dovrebbe riconoscere la formazione del consenso, a prescindere dall'esistenza o meno di una precedente convenzione arbitrale, declinando così la *potestas iudicandi*. Inoltre, solo nel secondo caso si resterebbe vincolati all'arbitrato anche nell'ipotesi in cui il giudizio si estingua prima del lodo di merito. Per via del tenore letterale della norma e tenendo presente che per la stipula del compromesso occorre un consenso espresso dalla parte personalmente, in assenza di questo (come accade là ove il difensore resti silente sul punto nelle sue memorie) non credo si possa accedere alla seconda soluzione prospettata. Vi è poi una terza tesi secondo la quale la convenzione arbitrale sarebbe perfezionata solo se il convenuto partecipi attivamente all'arbitrato senza eccepire alcunché, mentre, in caso di mancata partecipazione, il comportamento rimarrebbe allo stato di mera preclusione.

In tutti i casi, la nomina dell'arbitro non può valere come stipula della convenzione, perché il convenuto può decidere di collaborare nella costituzione del giudice arbitrale proprio al fine di far valere l'inesistenza del patto compromissorio.

Occorrerà dunque verificare caso per caso se dal contenuto dell'atto emerga espressamente la volontà della parte personalmente (e non del difensore) di assoggettarsi ad arbitrato. Un'applicazione speciale sarà esaminata al cap. X, par. 8, nel caso in cui le parti scelgano l'arbitrato a lite pendente.

Se la convenzione arbitrale sia contenuta in contratti in serie o in formulari predisposti, a prescindere dalla qualifica di consumatore in capo ad una delle parti, si pone la questione di applicazione dell'onere della doppia sottoscrizione, ai sensi dell'art. 1341 c.c.

Nell'arbitrato domestico la norma si applica.

Per l'arbitrato internazionale, prima della riforma del 2006, vi era una disposizione espressa che esentava dal requisito della doppia sottoscrizione, ma la previsione è venuta meno, per cui la questione è aperta.

Si potrebbe essere portati a ritenere che detto requisito valga per tutti gli arbitrati di nazionalità italiana, a prescindere dal luogo di residenza delle parti. Una parte degli interpreti ha però ritenuto, in contrario, che la convenzione di New York, nel dettare i requisiti sufficienti al riconoscimento della convenzione arbitrale, sia esaustiva e debba prevalere. Quest'ultima interpretazione è preferibile, pur a discapito dell'art. 1341 c.c., in quanto maggiormente rispettosa al *favor* nei riguardi dell'arbitrato internazionale. Si potrebbe infine sostenere che vi facciano eccezione gli arbitrati italiani, nascenti da convenzione arbitrale regolata da una legge straniera, se non fosse che, in assenza di specifica diversa disposizione, la questione sembra comunque ricadere nel disposto dell'art. 816 ed essere così "assorbita" dal criterio della sede dell'arbitrato.

Se invece una delle parti abbia la veste di consumatore, vale il regime delle clausole vessatorie di cui si è già detto (cap. VI, par. 7).

Deve ritenersi ammissibile una clausola arbitrale unilaterale, che vincola una sola delle parti, lasciando libera l'altra di adire o meno l'autorità giudiziaria, facendo richiamo al contratto di opzione di cui all'art. 1331 c.c. Il d.lgs. n. 179 del 2007, con riguardo all'arbitrato Consob, prevede l'obbligatorietà della convenzione solo in capo al professionista.

La soluzione viene vista da molti paesi come la più equilibrata nelle liti di consumo: ritenendo sempre inopponibile al consumatore la clausola arbitrale, lo si lascerebbe libero di optare o meno per questo strumento a lite già sorta, attraverso la propria iniziativa o aderendo all'iniziativa intrapresa dall'avversario. In tal senso è la legislazione europea (cap. VI, par. 7). Il d.lgs. n. 130 del 2015 va oltre, dettando una norma di dubbia costituzionalità, ai termini della quale i professionisti "devono aderire" a sistemi di risoluzione alternativa delle controversie, tra i quali va incluso anche l'arbitrato.

È parimenti ammissibile un'offerta pubblica revocabile, che vale come proposta, con conclusione del contratto compromissorio su accettazione o su inizio di esecuzione, attraverso la proposizione della domanda di controparte.

Un esempio di offerta unilaterale a soggetti non identificati consiste nella prassi internazionale nei *Bit* (*Bilateral Investment Treaty*), cioè dei trattati bilaterali di protezione degli investimenti, che spesso contengono una clausola con la quale gli Stati contraenti si impegnano alla scelta arbitrale, ove insorga lite fra i medesimi e l'investitore dell'altro Stato; se l'investitore accetta la convenzione, quest'ultima si ha per perfezionata (v. per esempio il 2012 *U.S. Model Bilateral Investment Treaty*). Ancora, va ricordato l'arbitrato nell'ambito degli impegni presi ai sensi del regolamento europeo sulle concentrazioni (n. 139 del 2004): nei relativi atti sono spesso contenute clausole arbitrali a destinatari indefiniti, volte a tutelare i terzi che pretendano il rispetto dei suddetti impegni e che, se lo vorranno, potranno aderirvi. Oggi, nell'Unione europea, si dibatte sull'opportunità di continuare a prevedere (attualmente con riguardo al negoziato sul trattato di investimento con l'Usa – Ttip) la clausola "Investor to state dispute settlement" (che permette appunto agli investitori stranieri di iniziare un arbitrato contro lo Stato, per la violazione del trattato), per il timore che essa divenga uno strumento di influenza degli investitori privati sulle politiche di interesse pubblico degli Stati dell'Unione. Infine, è da segnalare il consenso incondizionato dello Stato contraente alla soluzione arbitrale con gli investitori, di cui all'art. 26 dell'*Energy Charter Treaty*.

12. La forma della convenzione arbitrale.

Il legislatore italiano prevede espressamente la forma scritta per tutti e tre i tipi di convenzione arbitrale, benché non sia chiaro se questa sia richiesta *ad substantiam* (come pare stabilito per il compromesso) o *ad probationem* (come invece sembra previsto per la clausola compromissoria e per la convenzione arbitrale non contrattuale). L'unità del tipo, peraltro, indirizza verso il requisito più rigoroso.

Mentre l'art. 807, con riguardo al compromesso, stabilisce la forma scritta a pena di nullità, l'art 808, con riguardo alla clausola compromissoria, richiede che la scelta arbitrale "risulti" da atto avente la forma richiesta per il compromesso: la differenza terminologica ha spinto una parte della dottrina a distinguere due regimi, *ad substantiam* nel primo caso, solo *ad probationem,* nel secondo caso. Indubbiamente, il tenore letterale potrebbe prestarsi ad una distinzione di tal fatta, ma a me pare che la *ratio* di fondo della disciplina sia quella di accomunare i sottotipi di convenzione arbitrale sotto un unico schema-base normativo, sicché la soluzione quanto alla forma dovrebbe essere unitaria, sulla base dell'art. 807 cit. Va peraltro osservato che l'art. 4, commi 2° e 11° della l. n. 218 del 1995 equipara l'arbitrato estero alla deroga della giurisdizione italiana a favore di un giudice straniero, richiedendo la forma scritta *ad probationem* della convenzione arbitrale.

La convenzione di New York, all'art. II.2, stabilisce che per convenzione scritta "s'intende una clausola compromissoria inserita in un contratto, o un compromesso, firmati dalle parti oppure contenuti in uno scambio di lettere o di telegrammi".

La convenzione di Ginevra, all'art. 1, riconosce a sua volta la legittimità di forme come il telex e la telescrivente.

Significativa è l'evoluzione della legge modello *Uncitral*, che ha cambiato la disciplina, prevedendo che s'intende scritta anche la convenzione arbitrale "recorded in any form", ovvero quella stipulata "by an electronic communication", che comprende "electronic data interchange (EDI), electronic mail, telegram, telex or telecopy"; la forma scritta è rispettata anche quando la proposta sia contenuta nella domanda presentata in giudizio (*statement of claim*) e nella risposta del convenuto non vi sia alcuna espressa contestazione. La legge modello propone addirittura, come alternativa, la possibilità di superare definitivamente il requisito della forma scritta.

L'art. 807 c.p.c. recepisce le fonti internazionali e va oltre, stabilendo che "la forma scritta s'intende rispettata anche quando la volontà delle parti è espressa per telegrafo, telescrivente, tele facsimile o messaggio telematico nel rispetto della normativa, anche regolamentare, concernente la trasmissione e la ricezione dei documenti teletrasmessi".

Per quanto concerne l'uso del fax e dei mezzi telematici, occorre fare riferimento al codice dell'amministrazione digitale (d.lgs. 82 del 2005, poi modificato con il d.lgs. 159 del 2006, di seguito cad), che, pur regolando i rapporti tra le pubbliche amministrazioni, trova applicazione anche tra i privati ai sensi e nei limiti dell'art. 2.

Riguardo al fax, la relativa trasmissione dovrebbe soddisfare il requisito della forma scritta, non dovendo essere seguita da quella del documento originale, purché lo strumento sia "idoneo ad accertare la fonte di provenienza" (art. 45 cad).

Si tenga però conto che il successivo art. 47 (applicabile anch'esso ai privati) esclude che il fax sia idoneo ad accertare la provenienza dell'atto. Emerge dunque un mancato coordinamento con l'art. 807, che continua a ravvisare il fax fra le fonti validamente utilizzabili.

Per quanto concerne la convenzione arbitrale telematica, invece, occorre differenziare a seconda del caso (artt. 20 e 21 cad), dato che l'art. 807 è generico e ad un tempo ristretto, limitandosi a parlare di messaggio telematico che rispetti la normativa sulla trasmissione informatica.

Occorre dunque distinguere fra convenzione arbitrale sottoscritta elettronicamente e non sottoscritta.

a) La convenzione arbitrale sottoscritta con firma elettronica avanzata, qualificata o digitale (purché ciò avvenga nel rispetto delle regole tecniche, in grado di garantire "l'identificabilità dell'autore, l'integrità e l'immodificabilità del documento"), ha la stessa efficacia della scrittura privata (art. 2702 c.c.) e la sottoscrizione si presume riconducibile al titolare, salvo prova contraria (art 21, comma 2°, cad).

L'assunto è confermato dal comma 2°-*bis* dell'art. 21 cit., dato che la convenzione arbitrale rientra nei contratti a forma scritta obbligatoria (art. 1350, n. 13, c.c.).

Le nozioni di firma avanzata, qualificata e digitale si trovano nell'art. 2 cad: in particolare la firma elettronica avanzata si distingue da quella semplice, perché i dati elettronici, che permettono l'identificazione del soggetto, garantiscono una "connessione univoca" al firmatario e sono creati con mezzi controllabili esclusivamente da costui, nonché permettono di rilevare se i dati stessi siano stati successivamente modificati, mentre la firma qualificata si basa su un certificato qualificato e la firma digitale su un certificato qualificato a chiave crittografica privata e pubblica. Una speciale forma di firma avanzata è la firma grafometrica, che consiste nell'apposizione di una firma autografa ad un documento informatico, con appositi dispositivi (penna, *tablet*, ecc.): la riferibilità della sottoscrizione viene assicurata dall'elaborazione di dati biometrici, quali il tempo, la posizione, la pressione della mano.

b) Per tutti gli altri documenti informatici, privi della sottoscrizione indicata *sub a*, viene affermato il principio generale secondo cui "l'idoneità del documento informatico a soddisfare il requisito della forma scritta e il suo valore probatorio sono liberamente valutabili in giudizio, tenuto conto delle sue caratteristiche oggettive di qualità, sicurezza, integrità, ed immodificabilità" (art. 20, comma 1°-*bis*, cad).

Ciò vale in particolare per la convenzione arbitrale la cui paternità sia deducibile da una firma elettronica che non abbia le caratteristiche indicate *sub a*.

Si pongono dunque problemi di validità della convenzione arbitrale derivante dallo scambio di consensi per *short messages* via telefono cellulare, o in rete attraverso le c.d. *chat lines*, oppure via *e-mail*.

In particolare, per quanto riguarda le *e-mails* inviate attraverso la c.d. posta elettronica certificata di cui al d.p.r. 11 febbraio 2005, n. 68, occorre effettuare un delicato lavoro di coordinamento fra gli artt. 20 cit., 21 cit., 45 cad e l'art. 807 c.p.c.: se la convenzione arbitrale venga allegata come documento ad una pec, essa avrà sicuramente valore di forma scritta se sussista una firma quanto meno avanzata: altrimenti (ad es. un contratto scannerizzato in formato pdf) dovrebbe valere il criterio generale dell'art. 20, comma 1°-*bis*, che lascia ogni valutazione al giudice. La pec, infatti, ai sensi dell'art. 45, assicura solo la "forma scritta" del messaggio via *e-mail* (come conferma l'art. 807 c.p.c.) e non la forma scritta del documento allegato. Se invece la convenzione arbitrale sia contenuta direttamente nel messaggio *e-mail*, la soluzione è diversa, poiché dovrebbe prevalere l'art. 45 cit., in una con l'art. 807 c.p.c.; parimenti vale se il messaggio *e-mail* inviato via pec contenga un riferimento espresso al documento allegato contenente la convenzione arbitrale (anche non sottoscritta a penna).

Più difficile è rispondere positivamente per la posta elettronica semplice, gli *short messages* via telefono cellulare e lo scambio di consensi in rete. Infatti, i dispositivi di riconoscimento tramite *pin* o *password* presentano requisiti di attendibilità scarsi, anche con riguardo al loro valore probatorio. Si tenga peraltro conto che, oltre confine, si è ritenuta valida la clausola compromissoria contenuta in contratti elettronici, reperibili sulla rete Internet, stipulabili *online* e memorizzabili sul proprio disco fisso, a fini di successiva stampa e conservazione. In questi casi, in Italia, dovrebbe valere l'art. 20 cit., che lascia al giudice valutare caso per caso.

È possibile parlare di forma scritta anche nel caso di convenzioni compromissorie *per relationem*, quando il contratto rinvia ad altro documento contenente il patto arbitrale, purché il rinvio alla scelta arbitrale sia consapevole.

Per esempio il contratto di appalto rinvia ad un capitolato separato contenente la convenzione arbitrale.

La giurisprudenza esige la *relatio perfecta*, con ciò intendendo la necessità che la convenzione arbitrale sia espressamente e specificamente richiamata: non è dunque sufficiente il semplice rinvio al documento che la contiene.

Maggiori aperture verso la *relatio imperfecta* si registrano con riguardo ai lodi internazionali o esteri, sulla base dell'art. II della convenzione di New York, che contiene una formula apparentemente (ma non chiaramente) favorevole. Un orientamento svizzero (Trib. federale, 1° dicembre 1982, *Dft* 108 II, 416) fa riferimento alla "règle de l'insolite", ritenendo che il rinvio ad un documento contenente il patto arbitrale, senza specifica menzione di quest'ultimo, importi un valido consenso, quando la convenzione arbitrale rientri nelle condizioni contrattuali "usuali" per il settore di riferimento.

Nell'ambito del diritto dei trasporti, ci si è chiesti se il titolare della polizza di carico (*bill of laden*) sia vincolato alla convenzione arbitrale contenuta nel contratto di noleggio (*charter party*), da lui non sottoscritto. Si tende per lo più a ritenere che il vincolo sussista, almeno quando la polizza contenga rinvio espresso alla convenzione. Sull'arbitrato sportivo, cap. VI, par. 10.

Infine, non è necessario che la clausola compromissoria sia inserita direttamente nel contratto, essendo valida anche se contenuta in un foglio separato, formato in un momento diverso da quello del contratto principale.

13. L'interpretazione della convenzione arbitrale.

L'introduzione dell'art. 808-*quater* c.p.c. ha permesso il superamento di numerosi problemi interpretativi che si ponevano, prima della novella del 2006, nel caso di clausole compromissorie di tenore non chiaro.

La norma prevede che, nel dubbio, l'arbitrato si applica a tutti i possibili aspetti del rapporto devoluto ad arbitri, anche se la specifica lite non sia espressamente menzionata all'interno del patto compromissorio.

Ad esempio, come si è detto al par. 3, se la clausola compromissoria si riferisce a controversie in materia di interpretazione o di applicazione del contratto, si intende devoluta ad arbitri anche la lite sull'inadempimento o sulla risoluzione del contratto stesso. La clausola compromissoria relativa alle controversie sull'interpretazione, la conclusione e la risoluzione di un contratto comprende nel suo ambito anche la domanda di risarcimento del danno da inadempimento.

Oltre ad incertezze circa l'ambito oggettivo della convenzione, la norma aiuta a risolvere l'ipotesi in cui, accanto alla scelta arbitrale, si trovino previsioni con essa contrastanti (ipotesi che può, peraltro, essere prevenuta con un'attenta redazione dei testi contrattuali).

Capita, talvolta, che all'interno di uno stesso contratto coesistano una clausola arbitrale e una clausola di elezione del foro giurisdizionale competente.

In questo caso, non si deve per ciò solo concludere per l'inconciliabilità assoluta delle due previsioni e dedurne automaticamente la prevalenza della scelta giurisdizionale, come pure è stato prospettato.

Occorre invece tenere conto di tutte le circostanze del caso concreto, al fine di verificare quale fosse l'effettiva volontà delle parti, secondo i criteri ermeneutici applicabili e valorizzando ad un tempo il netto *favor* per la scelta arbitrale, esplicitato nell'art. 808-*quater*.

Detto *favor* ha ispirato anche la giurisprudenza internazionale: la *High Court* inglese, nel caso *British American Insurance Ltd vs. Matelec* (29 ottobre 2013), adottando l'interpretazione più coerente al "more commercial sense", conclude per la salvaguardia della scelta arbitrale, comune "in commercial insurance contracts" e particolarmente idonea a risolvere la lite in oggetto.

Potrà ritenersi che, in mancanza di indicazione della sede dell'arbitrato, l'indicazione del foro valga come tale e come individuazione della *lex arbitri* (v. la decisione della *High Court* inglese del 18 febbraio 1991 nel caso *Paul Smith vs. H&S International Holding*). Ancora, è stato giustamente rilevato che la deroga al foro competente potrebbere intendersi come unicamente riferita alle eventuali liti non compromettibili. Si è anche avanzata l'idea che le due clausole possano coesistere come "opzioni incrociate", sicché chi inizia la lite per primo radica la competenza davanti al foro prescelto, ma l'ammissibilità di una opzione arbitrale "bilaterale" è assai dubbia, almeno quando le parti non l'abbiano espressamente specificato.

La questione si complica se le due clausole siano contenute in più contratti collegati fra loro: rinvio ai parr. 3 e 8.

Un altro problema riguarda la possibilità di comprendere all'interno del patto arbitrale concernente un contratto tutte le azioni derivanti dal medesimo, anche se attinenti a responsabilità extracontrattuali quali l'arricchimento indebito e così via: se ne è detto nel par. 1.

14. Gli effetti e la durata della convenzione arbitrale.

Si è già detto che, con la scelta dell'arbitrato, le parti predispongono uno strumento economicamente equivalente alla via giurisdizionale pubblica: il giudice eventualmente adito, dunque, dovrà dismettere il processo eventualmente instaurato davanti a lui (cap. X, par. 3).

Poiché la convenzione arbitrale è a tutti gli effetti un contratto, non vi è motivo di negare l'ammissibilità di conseguenze risarcitorie per il suo inadempimento (a prescindere ora dalla difficoltà di costruzione e prova del danno), come riconosciuto da una sentenza del giudice inglese, secondo la quale gli arbitri stessi sono competenti a liquidare il danno (*High Court of Justice*, nel caso *West Tankers Inc. vs. Allianz e Generali Assicurazioni*, 4 aprile 2012); come giustamente è stato rilevato, non vi sono altresì ostacoli a prevedere, all'interno della clausola, una penale per l'eventuale inadempimento.

L'art. 808-*quinquies* c.p.c. stabilisce che "la conclusione del procedimento arbitrale senza pronuncia sul merito, non toglie efficacia alla convenzione d'arbitrato".

La regola è stata introdotta per contrastare un pregresso orientamento, specialmente giurisprudenziale, secondo cui la convenzione d'arbitrato si consumava, a prescindere dall'esito fisiologico del procedimento arbitrale.

Ad esempio, se gli arbitri non avevano pronunciato il lodo nei termini, le parti dovevano rivolgersi al giudice statuale.

Oggi, in ogni ipotesi in cui il procedimento arbitrale finisca senza un lodo di merito, le parti potranno e dovranno attivarne uno nuovo.

Ciò non è sempre possibile: se ad esempio gli arbitri abbiano pronunciato con lodo di rito il difetto di legittimazione ad agire e la clausola non vincola il legittimato, non potrà farsi luogo ad alcun nuovo processo; parimenti vale in caso di litisconsorte necessario non vincolato alla convenzione e comunque quando la clausola arbitrale sia invalida.

Un'esplicita eccezione alla regola riguarda il caso in cui le parti optino per un compromesso in fase di appello (cap. X, par. 8).

Se gli arbitri hanno pronunciato il lodo di merito, invece, possono darsi due ipotesi: o la pronuncia "passa in giudicato", perché non impugnata o perché l'impugnazione è stata respinta e non vi sarà più luogo a giudizio arbitrale, salva l'esperibilità delle impugnazioni straordinarie; oppure il lodo viene annullato, nel qual caso, ai sensi dell'art. 830 c.p.c., il merito torna agli arbitri solo se la nullità sia stata pronunciata per alcuni dei motivi di cui all'art. 829 c.p.c., o se le parti lo abbiano voluto; altrimenti, si resta davanti al giudice. Naturalmente, se la convenzione arbitrale sia sucettibile di coprire più liti ed una sola di queste sia stata devoluta e decisa nel merito dagli arbitri, il vincolo continuerà a valere per le altre.

15. Breve guida al contenuto facoltativo della convenzione arbitrale.

Accanto ai requisiti necessari per la validità ed efficacia della convenzione d'arbitrato, le parti possono inserire alcune previsioni facoltative.

a) Innanzitutto, i contraenti possono stabilire le regole del procedimento: l'art. 816-*bis* c.p.c. prevede questa possibilità, aggiungendo che, in difetto, detto potere spetta agli arbitri (cap. XI, par. 1).

La modalità più diffusa è il rinvio ai regolamenti di enti amministratori di arbitrato.

b) Può essere determinata la sede dell'arbitrato, come stabilisce l'art. 816 c.p.c. (cap. IV e cap. XI, par. 3).

c) Le parti possono fissare un termine per la pronuncia del lodo, che gli arbitri avranno l'obbligo di rispettare, pena il risarcimento del danno.

Qualora le parti non ne facciano alcuna menzione, troverà applicazione l'art. 820 c.p.c. (cap. XI, par. 9).

d) Può altresì essere previsto che gli arbitri decidano il merito della lite secondo equità. Nel silenzio delle parti, varrà il metro di diritto, ai sensi dell'art. 822 c.p.c. (cap. XI, par. 11).

e) Sempre con riferimento alla decisione nel merito, le parti possono stabilire che il lodo sia impugnabile per violazione o falsa applicazione delle norme di diritto: in mancanza di espressa previsione, sarà possibile far valere unicamente la violazione delle norme di ordine pubblico (cap. XVI, par. 8).

f) Infine, le parti possono prevedere che l'eventuale giudizio rescissorio, resosi necessario a seguito della pronuncia di nullità del lodo, sia sempre deferito ad arbitri.

In difetto di previsione, il giudizio rescissorio verrà affidato alla Corte d'appello nei casi stabiliti dall'art. 830 c.p.c. (cap. XVI, par. 10).

CAPITOLO VIII
GLI ARBITRI

1. I vantaggi della scelta dell'arbitro e il principio di eguaglianza delle parti.

Dalla convenzione arbitrale scaturisce il potere di nominare o far nominare gli arbitri: infatti, l'art. 809, comma 2°, c.p.c. prevede che "il compromesso o la clausola compromissoria deve contenere la nomina degli arbitri oppure stabilire il numero di essi e il modo di nominarli".

La stessa disposizione precisa altresì che gli arbitri possono essere uno o più di uno, purché sempre in numero dispari.

Non ovunque è imposta la composizione dispari: l'*Arbitration act* inglese (art. 15, comma 2°), ad esempio, consente alle parti di accordarsi per un numero pari e prevede il particolare istituto dell'*umpire* (art. 21) che interviene solo quando gli altri arbitri non raggiungano un accordo.

Libertà delle parti non significa diritto di nominare l'arbitro, bensì di influire sulla sua scelta, determinando liberamente le sue caratteristiche o quelle del terzo che dovrà designarlo.

Questa possibilità rappresenta uno dei vantaggi più considerevoli dell'arbitrato.

Il valore è innanzitutto ideologico, perché, in un periodo di crisi nei rapporti fra il cittadino e la giurisdizione autoritativa, l'arbitro trova la propria legittimazione nella volontà diretta delle parti, senza interposizione di terzi o imposizione dello Stato.

Sul piano umano, viene incentivato il rapporto di fiducia fra le parti ed il loro giudice, innescando un circolo virtuoso che favorisce l'efficienza del processo e il rispetto della decisione.

Detto vantaggio, tuttavia, non può trasformarsi in abuso: l'arbitro deve avere le caratteristiche di imparzialità e terzietà che si convengono alla sua funzione, alla pari del giudice (par. 7).

A tal fine, è indispensabile che sia rispettata l'eguaglianza delle parti nella fase di costituzione dell'organo arbitrale.

Si tratta di un principio di elaborazione interpretativa, ma immanente al sistema e di ordine pubblico internazionale: la nomina dell'arbitro o degli arbitri deve essere riferibile, in modo equidistante, a tutti i contendenti.

In Germania, è espressamente previsto che se la nomina del giudice arbitrale sia frutto dell'"influenza preponderante" di una sola parte, tutti gli arbitri dovranno essere designati dal giudice statuale (art. 1034, comma 2°, *ZPO*).

Non è dunque ammissibile che l'arbitro sia designato con l'apporto di una sola delle parti.

Non può inoltre trovare applicazione, nell'ordinamento italiano, il c.d. arbitrato *ex parte*, ovvero la possibilità che il collegio arbitrale sia composto esclusivamente dagli arbitri nominati da una parte, nel caso in cui l'altra parte, a cui sia rivolto l'invito alla nomina, rimanga inattiva, come previsto dall'*Arbitration act* inglese, all'art. 17.

Il principio di eguaglianza non significa che ciascuna parte abbia il diritto di nominare il proprio arbitro: è ben possibile, come si vedrà fra poco, che due convenuti decidano di nominare un arbitro d'accordo fra loro, a fronte della nomina dell'altro arbitro da parte dell'attore.

Il principio vale anche per i terzi designatori, che debbono presentare sufficienti caratteristiche di indipendenza, rispetto a tutte le parti in causa.

Lo si desume dall'art. 832 c.p.c., che vieta alle istituzioni associative e a quelle costituite per la rappresentanza degli interessi di categoria di nominare arbitri, quando la lite contrapponga un loro associato ad un terzo (cap. V, par. 2).

Sempre alla luce di tale principio, la giurisprudenza della Corte di cassazione è intervenuta su un fenomeno molto diffuso nell'ambito cooperativo, con riguardo al collegio dei probiviri: si tratta di un organo nominato dall'assemblea delle società cooperative, cui è talvolta affidato il compito di risolvere le liti tra soci e società. Dapprima, la giurisprudenza aveva ritenuto che l'arbitrato fosse legittimo solo quando il collegio fosse nominato dall'unanimità dei soci e non dalla maggioranza con il dissenso di una delle parti. Un successivo orientamento (ad esempio Cass., 1° aprile 2009, n. 7962) ha salvato queste previsioni dalla inoperatività (che inevitabilmente conseguirebbe al dissenso del socio escluso), affermando che non si tratta di arbitrato, ma di un "sistema di soluzione della lite endosocietario": una sorta di procedimento interno, che non preclude (a differenza dell'arbitrato) il ricorso del socio escluso all'autorità giudiziaria, ma si limita a perfezionare la procedura di esclusione.

Anche nell'arbitrato societario, occorre che il terzo sia estraneo alla società (art. 34 d.lgs. n. 5 del 2003), a pena di nullità del patto compromissorio.

Il termine usato dal legislatore, a mio avviso, va interpretato secondo un criterio formale. Se il terzo, pur formalmente estraneo, abbia legami che non gli garantiscono la perfetta indipendenza, non ne seguirà la nullità dell'intera convenzione arbitrale, come vorrebbe l'art. 34 cit., bensì la mera impossibilità di rivolgersi a costui per la nomina, ai sensi del cit. art. 832 c.p.c., con conseguente designazione suppletiva del Presidente del tribunale ai sensi dell'art. 810 c.p.c., per effetto dell'art. 809, comma 3°, c.p.c. (su cui par. 4). Ad esempio, in un caso deciso da Trib. Milano, 18 luglio 2005, la clausola arbitrale individuava l'ente designatore in un sindacato di categoria cui apparteneva la società, parte in causa: la previsione, a mio avviso, rispetta l'estraneità formale dell'ente, ma non l'art. 832 c.p.c.

2. Le possibili modalità di nomina degli arbitri.

Le modalità di scelta degli arbitri possono variare, a discrezione delle parti.

a) La nomina può essere contenuta direttamente nella convenzione d'arbitrato.

È una scelta legittima ma rischiosa, in quanto potrebbe darsi che l'arbitro così individuato, nel momento (magari distante nel tempo) in cui sorga effettivamente la lite, non possa o non voglia ricoprire l'incarico. In tal caso, l'intera convenzione arbitrale potrebbe risultare inoperante, qualora si ritenga che la scelta sia stata fatta *intuitu personae:* sia cioè essenziale, per la stessa legittimità dell'arbitrato, che l'incarico di decidere sia attribuito ad un determinato soggetto.

b) La nomina può essere devoluta ad un soggetto terzo, con le caratteristiche di indipendenza già viste: ad esempio un ente amministratore o un'altra autorità di nomina, come il presidente del tribunale, il presidente di un ordine professionale, ecc. (c.d. nomina eterodeterminata).

Il regolamento *Lcia* contiene una previsione assai rigorosa: "No party or third person may appoint any arbitrator under the Arbitration Agreement: the Lcia Court alone is empowered to appoint arbitrators (albeit taking into account any written agreement or joint nomination by the parties)".

c) Ciascuna parte provvede alla nomina di un arbitro e poi le parti insieme, o gli arbitri così designati, o un altro soggetto ancora nominano l'ulteriore arbitro.

Quest'ultima modalità si adatta perfettamente al caso in cui le parti siano soltanto due (c.d. nomina binaria); se le parti siano più di due sarà consigliabile individuare modalità diverse, come la designazione eterodeterminata (par. 3).

In alcuni casi, la legge non lascia libere le parti di individuare le modalità di nomina che preferiscono: si è già visto che nell'arbitrato sulle liti endosocietarie, la nomina eterodeterminata è imposta a pena di nullità dell'intera convenzione arbitrale (art. 34, d.lgs. n. 5 del 2003).

A quest'ultimo proposito, sarei per ritenere che, ove le parti nulla abbiano previsto in merito alla nomina, soccorra l'art. 809 c.p.c. (par. 4), applicabile alla fattispecie tramite il rinvio alla disciplina comune per quanto non previsto e che la sanzione operi, invece, se le parti abbiano previsto una modalità di nomina diversa da quella prescritta o quando la convenzione arbitrale preveda la modalità di nomina eterodeterminata soltanto in via subordinata. Inoltre, come giustamente osservato, anche quando le parti abbiano inserito modalità di nomina diverse da quella eterodeterminata, si potrebbe richiamare l'istituto dell'inserzione automatica della previsione di legge in caso di modalità difformi, ai sensi dell'art. 1419, comma 2°, c.c. (mentre l'applicazione dell'art. 1419, comma 1°, c.c., è più dubbia, perché il tenore normativo non induce a ritenere agevolmente la sussistenza di una nullità solo parziale per previsione non essenziale).

3. L'arbitrato multiparte.

La necessità di rispettare il principio di eguaglianza si pone in modo particolare quando le parti dell'arbitrato sono più di due e nella convenzione arbitrale è prevista la nomina degli arbitri secondo la modalità binaria.

Prima della riforma del 2006, la giurisprudenza tendeva a preservare l'attuabilità del meccanismo binario, richiedendo alle parti di raggrupparsi in due centri di interessi contrapposti ed omogenei, al fine di nominare un arbitro per ciascun centro.

Il raggruppamento, però, doveva avvenire *ex post*, in modo spontaneo, per cui bastava una lieve differenziazione delle difese o anche solo il rifiuto di raggrupparsi, per vanificare la scelta arbitrale.

Un noto caso di arbitrato internazionale pose la questione alla Cassazione francese (7 gennaio 1992, *Siemens vs. BKMI and Dutco*) che la risolse nel senso che il principio di equidistanza del tribunale arbitrale rispetto alle parti è di ordine pubblico e non può essere oggetto di rinuncia preventiva, bensì solo *ex post*.

Sul punto è intervenuto l'art. 816-*quater* c.p.c., secondo cui, qualora un parte convenga in arbitrato una pluralità di soggetti, è possibile addivenire alla nomina degli arbitri solo nei casi in cui:

a) la nomina sia devoluta ad un terzo;

Ad esempio, in una lite fra Tizio, Caio e Sempronio, la convenzione arbitrale prevede che la nomina di un collegio di tre arbitri sia devoluta al Presidente del tribunale della sede dell'arbitrato.

b) vi sia l'accordo di tutte le parti sulla nomina degli arbitri,

Ad esempio, in una lite fra Tizio, Caio e Sempronio, la convenzione arbitrale prevede il sistema binario: le parti si accordano, una volta sorta la lite, affinché detta previsione sia mutata in favore della nomina dell'intero collegio arbitrale ad opera del Presidente del tribunale della sede dell'arbitrato.

purché sia rispettoso del principio di eguaglianza, cioè non porti ad uno squilibrio fra le parti in ordine alla costituzione dell'organo arbitrale;

Ad esempio, in una lite fra Tizio, Caio e Sempronio e Mevio, la convenzione arbitrale prevede il sistema binario: le parti si accordano, una volta sorta la lite, affinché detta previsione sia mutata in favore della nomina, per ciascuna parte, di un arbitro, stabilendo anche che il collegio arbitrale così composto sia integrato con un quinto membro nominato dai quattro arbitri. L'accordo è pienamente lecito, purché non emerga che tre delle quattro parti (Tizio, Caio e Sempronio) siano in realtà unite in un solo centro di interessi, tendano cioè al riconoscimento del medesimo diritto (in ipotesi, differenziando solo formalmente le loro difese): in tal caso, si determinerebbe uno squilibrio nella formazione del collegio arbitrale, poiché tre arbitri su cinque sarebbero nominati da un'unica parte in senso sostanziale.

c) le parti chiamate in arbitrato si accordino per nominare, tutte insieme, un eguale numero di arbitri rispetto a quello o quelli nominati dalla parte che si è attivata per prima.

Ad esempio, in una lite fra Tizio, Caio e Sempronio, la convenzione arbitrale prevede il sistema binario: Tizio inizia l'arbitrato notificando a Caio e Sempronio la domanda d'arbitrato contenente la nomina dell'arbitro Mevio; Caio e Sempronio si accordano spontaneamente per nominare, nel loro atto di risposta, lo stesso arbitro Filano.

Si noti che non occorre che le parti abbiano difese comuni, tali da poterle raggruppare in un medesimo centro di interessi; è sufficiente che si accorpino ai soli fini della nomina degli arbitri.

Se le parti non si accordano, l'arbitrato si scinde in tanti procedimenti quante sono le parti.

Ad esempio, in una lite fra Tizio, Caio e Sempronio, la convenzione arbitrale prevede il sistema binario; Tizio inizia l'arbitrato notificando a Caio e Sempronio la domanda d'arbitrato contenente la nomina dell'arbitro Mevio; Caio e Sempronio non si accordano per la nomina dello stesso arbitro. Tizio deve proseguire due procedimenti arbitrali distinti nei riguardi rispettivamente di Caio e di Sempronio, che nomineranno ciascuno un proprio arbitro.

Quest'ultima soluzione non è soddisfacente perché determina problemi di coordinamento tra i diversi arbitrati paralleli, su questioni molto probabilmente connesse fra loro e con un aumento significativo di costi.

In secondo luogo, essa non è praticabile nel caso in cui la pluralità di parti dia luogo ad un litisconsorzio necessario e non sia perciò possibile scindere il procedimento.

Nell'esempio precedente, se la lite riguardi la divisione di un patrimonio ricevuto dai tre fratelli in eredità, Tizio non può instaurare singoli procedimenti arbitrali nei confronti di Caio e di Sempronio, perché tutti e tre debbono partecipare ad un unico processo in litisconsorzio necessario. Pertanto non resterà che adire l'autorità giudiziaria, essendo la convenzione arbitrale non attuabile.

Se nell'arbitrato siano proposte più domande fra loro connesse (ad es. una domanda attorea ed una riconvenzionale del convenuto), occorre esaminare ciascuna di esse separatamente, sicché se la prima sia a litisconsorzio facoltativo e la seconda a litisconsorzio necessario, gli arbitri potranno proseguire con la prima – previa scissione rispetto alla parte che non ha nominato il proprio arbitro –, mentre sulla seconda dovranno dichiarare in ogni caso l'improcedibilità.

Sarebbe stato meglio prevedere che, in caso di mancato rispetto del diritto di eguaglianza, la nomina fosse devoluta a terzi, per esempio al Presidente del tribunale.

Oltre al già menzionato art. 1034, comma 2°, *ZPO* tedesca, a termini del quale, se la nomina del giudice arbitrale sia frutto dell'influenza preponderante di una sola parte, tutti gli arbitri dovranno essere designati dal giudice statuale, si veda l'art. 1451 *c.p.c.* francese, secondo cui, in mancanza di accordo delle parti, gli arbitri sono nominati dall'ente amministratore o dal giudice; parimenti l'art. 15 l. spagnola prevede, in caso di mancato accordo fra le parti, l'intervento del giudice.

L'unico sistema per evitare tutte le problematiche testé menzionate è affidare la scelta dell'arbitro ad un terzo o congegnare da subito la convenzione arbitrale in modo tale da prevedere l'eventualità di una pluralità di parti, dettando regole di nomina di un collegio arbitrale equidistante rispetto ai contendenti.

Ad esempio, quando non è possibile prevedere, quando sorgerà la lite, se le parti saranno due o più, si può stabilire che, nel caso in cui le parti siano soltanto due, operi il meccanismo binario, mentre nell'eventualità in cui vi sia una pluralità di parti, sarà un terzo a designare l'intero collegio arbitrale. È dubbio invece se sia possibile prevedere, già in convenzione arbitrale, il raggruppamento delle parti in due centri di interessi e vincolare le parti dissenzienti a detto accordo. Infatti, la nomina congiunta deve avvenire spontaneamente, una volta iniziato l'arbitrato: in verità l'art. 816-*quater* c.p.c., nel richiedere l'accordo di tutte le parti, non è chiaro, ma parrebbe fare riferimento alla fase di instaurazione del procedimento, escludendo dunque un impegno preventivo.

Nell'arbitrato amministrato, la maggior parte dei regolamenti contiene previsioni per risolvere l'*impasse*, deferendo di solito la nomina dell'intero collegio all'ente amministratore.

Ad esempio, il regolamento della Camera arbitrale di Milano, all'art. 15, prevede che, in caso di pluralità di parti e la nomina sia prevista come binaria, sia dapprima necessario verificare se le parti si raggruppino in due centri di interesse al momento del deposito degli atti introduttivi; in caso negativo, provvede la Camera arbitrale, anche in deroga a quanto previsto dalla convenzione e senza tener conto delle nomine effettuate dalle parti.

È bene ricordare che, in caso di contestazioni sulla regolarità della costituzione degli arbitri, questi hanno il potere-dovere di pronunciarsi, *ex* art. 817 c.p.c., secondo il principio della *Kompetenz-Kompetenz* (cap. X, par. 1).

4. Nomina suppletiva degli arbitri.

Le previsioni delle parti sulla nomina degli arbitri possono essere mancanti, incomplete, oppure, pur complete, possono creare problemi nella formazione dell'organo arbitrale.

In primo luogo, le parti potrebbero non aver previsto nulla circa la nomina degli arbitri.

La convenzione arbitrale non è invalida ma va integrata con la previsione dell'art. 809 c.p.c., a termini del quale gli arbitri sono tre, da nominarsi ad opera del Presidente del tribunale nei modi di cui all'art. 810 c.p.c. (v. *sub b*)).

Ad esempio, le parti hanno inserito in un contratto una clausola compromissoria del seguente tenore: "tutte le controversie che nasceranno dal presente contratto saranno devolute ad arbitrato". La convenzione è pienamente valida, gli arbitri saranno tre e saranno tutti nominati dal Presidente del tribunale del luogo di stipula della convenzione (non avendo le parti determinato la sede dell'arbitrato).

Si fa parimenti ricorso alla suddetta norma quando la convenzione arbitrale contenga previsioni di nomina incomplete.

Ad esempio, le parti hanno inserito in un contratto una clausola compromissoria del seguente tenore: "Tutte le controversie che nasceranno dal presente contratto saranno devolute ad arbitrato e saranno decise da tre arbitri" (verranno nominati tutti dal Presidente del tribunale); oppure: "Tutte le controversie che nasceranno dal presente contratto saranno devolute ad arbitri da nominarsi ad opera del Presidente dell'ordine degli avvocati di Bologna" (gli arbitri sono tre); oppure: "Tutte le controversie che nasceranno dal presente contratto saranno devolute ad arbitri da nominarsi ad opera del Presidente dell'ordine degli avvocati" senza specificare il luogo dove risiede l'ordine richiamato (qui sarei comunque per l'applicazione dell'art. 809 c.p.c. - benché l'assunto sia controverso -, perché la mancata determinazione dell'organo terzo permette il subentro della nomina presidenziale).

Anche quando la convenzione arbitrale sia esaustiva, essa può risultare non operativa in concreto.

Per esempio, può accadere che una delle parti non presti la dovuta collaborazione, astenendosi dal nominare il proprio arbitro, oppure che il terzo indicato dalle parti come autorità di nomina rifiuti la designazione richiesta.

In tutti questi casi entra in gioco l'art. 810 c.p.c., che prevede la nomina suppletiva da parte del Presidente del tribunale della sede dell'arbitrato.

La norma trova applicazione nei seguenti casi:

a) quando, in caso di modalità binaria, la parte non nomini l'arbitro entro venti giorni dalla notificazione dell'invito formale alla designazione da parte dell'avversario che abbia già provveduto alla nomina;

b) quando, in caso di modalità eterodeterminata, il terzo designatore individuato dalle parti si astenga dalla nomina;

c) quando le parti abbiano previsto la nomina direttamente in capo al Presidente del tribunale, in veste di autorità designatrice;

d) quando le parti abbiano previsto la designazione di tutti gli arbitri o del terzo arbitro su loro accordo (o su accordo degli arbitri già nominati) e quest'ultimo non sia stato raggiunto.

L'art. 810 c.p.c. disciplina un procedimento snello, da svolgersi in camera di consiglio.

Il Presidente del tribunale, infatti, deve limitarsi a valutare la sua competenza, nonché l'esistenza di una convenzione per arbitrato di nazionalità italiana – anche internazionale, si intende – e infine la sussistenza delle condizioni per il suo intervento.

Si ritiene che la norma non possa operare in caso di arbitrato estero (cioè con sede all'estero, o, eventualmente, con scelta di una *lex arbitri* straniera): pertanto, se l'istanza sia giunta al Presidente quando ancora la sede non è stata stabilita, egli deve compiere una indagine *prima facie* e rifiutare solo nel caso in cui riscontri una natura manifestamente estera; il che significa, in sostanza, che *in dubio pro nomina*; ove poi abbia designato gli arbitri e successivamente le parti abbiano chiarito che l'arbitrato non è italiano, il provvedimento perde ogni efficacia ed il lodo sarà invalidabile se così preveda la legge di appartenenza; facendo il caso speculare di nomina da parte di un giudice estero in un arbitrato inizialmente senza sede e poi di nazionalità italiana per successiva precisazione delle parti, il lodo dovrebbe ritenersi annullabile, a meno che le parti non abbiano in qualche modo accettato la nomina o non abbiano sollevato alcuna contestazione.

Competente è il Presidente del tribunale nella cui circoscrizione è la sede dell'arbitrato; nel caso di mancata indicazione della sede, è il Presidente del tribunale del luogo di stipula della convenzione o, se quest'ultima sia stata conclusa all'estero, quello di Roma.

Quando l'arbitrato riguarda liti endosocietarie di società di capitali, l'art. 34, comma 2°, d.lgs. n. 5 del 2003 prevede che il giudice competente sia il Presidente del Tribunale del luogo in cui la società ha la sede legale.

Il convenuto in arbitrato, che rifiuti di nominare l'arbitro perché ritiene che la convenzione arbitrale sia nulla, può far valere tale motivo davanti al giudice ed impedire così la nomina suppletiva?

La risposta data dalla norma è negativa: il giudice può astenersi dal nominare l'arbitro solo quando la convenzione arbitrale sia inesistente e non semplicemente nulla, o riguardi un arbitrato estero, perciò indifferente all'ordinamento italiano, almeno in questa fase. Saranno gli arbitri a giudicare sulla loro *potestas iudicandi*, in base alla validità o meno del patto arbitrale.

Connessa a questa è la questione se il tribunale debba sentire le parti prima di procedere alla nomina: l'art. 810 c.p.c. nulla dice in proposito e deve dunque ritenersi che il presidente ne abbia la facoltà, ma non vi sia obbligato.

Il provvedimento giudiziale è ritenuto non impugnabile, neppure con ricorso straordinario in Cassazione: nel silenzio della legge, va però ammesso il reclamo *ex* art. 739 c.p.c.

Se l'arbitrato è internazionale e rientra nell'ambito applicativo della convenzione di Ginevra del 1961, si applicherà la disciplina di cui all'art. 4, comma 2° della convenzione, in parte analoga a quella già vista. In particolare, se "entro trenta giorni dalla data della notifica della richiesta d'arbitrato al convenuto" una delle parti non designa l'arbitro, "quest'ultimo verrà designato, salvo accordo contrario, su richiesta dell'altra parte, dal Presidente della Camera di commercio competente del paese in cui la parte in difetto ha la sua residenza abituale oppure la sua sede al momento della presentazione della richiesta di arbitrato".

5. Requisiti "formali" dell'arbitro.

Ogni arbitro deve possedere i requisiti formali che la legge gli impone.

In primo luogo, può essere nominato arbitro solo colui che è capace di agire (art. 812 c.p.c.).

A parte i casi di scuola del minore o dell'interdetto, o dell'inabilitato, il problema potrebbe porsi per il fallito, il quale peraltro, più che privo della capacità (cioè dell'idoneità astratta ad agire) non ne ha i relativi poteri (manca cioè della legittimazione). Nella versione previgente dell'art. 812 c.p.c., era espressamente escluso che i falliti potessero assumere la veste di arbitri. La scomparsa della precisazione apre ad una soluzione positiva.

Singolare è, in proposito, una speciale forma di "incapacità", così definita dal codice dei contratti pubblici (art. 241, d.lgs. n. 163 del 2006), che riguarda più propriamente un problema di indipendenza del presidente del collegio arbitrale.

Si stabilisce, infatti, che il presidente del collegio, oltre che avere "particolare esperienza nella materia oggetto del contratto cui l'arbitrato si riferisce", non può essere scelto fra coloro che nell'ultimo triennio abbiano "esercitato le funzioni di arbitro di parte o di difensore in giudizi arbitrali disciplinati dal presente articolo, ad eccezione delle ipotesi in cui l'esercizio della difesa costituisca adempimento di dovere d'ufficio del difensore dipendente pubblico": la violazione viene sanzionata con la nullità del lodo *ex* art. 829, comma 1°, n. 3, c.p.c.

Possono altresì essere previsti divieti di assunzione dell'incarico, per determinate categorie di soggetti, come i magistrati;

Prima della l. n. 190 del 2012, si poneva la questione dell'autorizzazione dei magistrati ordinari a svolgere incarichi arbitrali da parte del Csm. Oggi il divieto è definitivamente sancito dalla l. citata, art. 1, comma 18°, che recita "Ai magistrati ordinari, amministrativi, contabili e militari, agli avvocati e procuratori dello Stato e ai componenti delle commissioni tributarie è vietata, pena la decadenza dagli incarichi e la nullità degli atti compiuti, la partecipazione a collegi arbitrali o l'assunzione di incarico di arbitro unico". Sono esclusi dal divieto i magistrati a riposo, come precisato dalla determinazione n. 6 del 18 dicembre 2013 dell'Autorità per la vigilanza sui contratti pubblici di lavori, servizi e forniture.

o specifici limiti all'assunzione dell'incarico.

Un esempio è rappresentato dai professori universitari a tempo pieno, in base all'art. 3, l. 118 del 1989. Se la norma sia violata, non vi sono ciononostante conseguenze sul lodo.

Vi sono poi casi in cui la legge prevede che gli arbitri debbano essere tratti da determinate categorie o liste di appartenenza.

Nel d.l. n. 132 del 2014, conv. in l. n. 162 del 2014, ad esempio, è prevista una limitazione alla scelta degli arbitri, nell'ipotesi in cui le parti convengano di deferire ad arbitri una lite già pendente davanti al giudice ordinario e scelgano la via tracciata dal citato decreto: gli arbitri sono infatti tratti da una lista, formata da iscritti all'albo degli avvocati da almeno tre anni, che non abbiano avuto condanne disciplinari definitive. Tuttavia, a mio avviso, detta disposizione va confinata al caso in cui, non avendo le parti previsto diversamente, la nomina sia deferita al Presidente dell'ordine degli avvocati (cap. XI, par. 8).

Con riguardo all'arbitrato con la pubblica amministrazione, *ex* l. n. 190 del 2012, sono imposti limiti alla libertà nella scelta degli arbitri da parte della pubblica amministrazione, nel rispetto dei prevalenti criteri di pubblicità, trasparenza (con utilizzo preferenziale delle reti *web*) e rotazione. In particolare, quando la lite si svolge tra pubbliche amministrazioni, queste ultime sono obbligate a nominare esclusivamente dirigenti pubblici, mentre nel caso in cui sia coinvolto un privato, l'obbligo diviene facoltà preferenziale, derogabile con decreto motivato. I chiarimenti sono effettuati nella determinazione n. 6 del 18 dicembre 2013 dell'Autorità per la vigilanza sui contratti pubblici di lavori, servizi e forniture.

Un caso particolare riguarda l'albo degli arbitri della Camera arbitrale per i contratti pubblici, dal quale quest'ultima deve trarre le nomine di sua competenza, nell'ipotesi in cui le parti non si accordino diversamente (artt. 241 e 242 d.lgs. n. 163 del 2006).

L'art. 412-*quater* c.p.c., in tema di lavoro, prevede che il presidente del collegio debba rivestire la qualità di professore universitario o di avvocato cassazionista.

Se non sia specificato il contrario o non vi siano decisivi indizi in tal senso, ritengo peraltro che le parti possano derogare alla disposizione normativa.

Gli stessi contendenti possono, nella convenzione arbitrale o successivamente, purché prima della nomina, esigere in accordo fra loro qualifiche speciali degli arbitri: se questi ultimi non le posseggano, potranno essere ricusati ai sensi dell'art. 815 c.p.c.

Ad esempio, le parti possono prevedere che l'arbitro sia un professore universitario di una data materia, o avvocato, o ingegnere, ecc. Nel celebre caso *Icc Campenon Bernard vs. Eurodisneyland* (in *Rev. arb.*, 1996, p. 516 ss.) era previsto che gli arbitri dovessero avere esperienza nel campo delle costruzioni e fossero in grado di parlare fluentemente l'inglese. Il rischio è quello della difficoltà di controllare il possesso di detti requisiti, quando non siano sufficientemente dettagliati ed oggettivamente riscontrabili.

Non si rinviene nella legge un obbligo del Presidente del tribunale, chiamato ad effettuare la nomina suppletiva, di rispetto delle qualifiche poste dalle parti: ferma, peraltro, la possibilità di ricusazione, può essere opportuno sottolinearlo in sede di richiesta di nomina.

Infine, negli arbitrati amministrati, gli enti gestori possono prevedere specifiche incompatibilità, o speciali requisiti: talvolta si tratta di condizioni indispensabili per poter essere inseriti nelle liste dalle quali l'ente trae i nominativi da designare volta per volta.

La Camera arbitrale di Milano, ad esempio, esclude dalla nomina ad arbitro: "a. i membri del Consiglio di Amministrazione e del Consiglio Arbitrale, nonché i revisori dei conti della Camera Arbitrale; b. i dipendenti della Camera Arbitrale; c. gli associati professionali, i dipendenti e coloro che hanno stabili rapporti di collaborazione professionale con le persone indicate *sub a*), fatta salva la diversa e concorde volontà delle parti".

6. Requisiti "sostanziali" dell'arbitro.

Si suole giustamente dire che *arbitration is only as good as the arbitrators*.

Vi sono alcune caratteristiche che sono intimamente connesse alla funzione di arbitro e sono dunque imprescindibili:

a) l'imparzialità, l'indipendenza e la neutralità (par. 7 ss.);

b) l'etica nel comportamento e la correttezza professionale (par. 13);

c) la riservatezza nei limiti di quanto si dirà al cap. XVII, par. 7;

d) la professionalità, la preparazione e la competenza, sia per quanto concerne lo strumento arbitrale, sia con riferimento alla materia della lite. Queste ultime sono caratteristiche particolarmente importanti negli arbitrati internazionali, che richiedono la conoscenza approfondita di lingue (cap. XII, par. 10) e di regole spesso appartenenti ad ordinamenti diversi da quello proprio dell'arbitro (cap. XII, par. 11).

Uno degli strumenti maggiormente efficaci per garantire la qualità dell'arbitro è la sua formazione preventiva e permanente, specie quando sia soggetta al controllo di enti amministratori, che spesso organizzano corsi e formano, conseguentemente, apposite liste di candidati dai quali trarre le nomine.

Particolarmente significativa è la metodologia utilizzata dall'*American Arbitration Association* (*Aaa*), per assistere le parti nella scelta dell'arbitro più adatto alla vertenza.

Gli aspiranti arbitri devono presentare requisiti di anzianità ed esperienza nei singoli campi applicativi. Debbono anche assicurare: *neu-*

trality, ability to evaluate and apply legal, business, or trade principles, judicial capacity, reputation ("held in the highest regard by peers for integrity, fairness, and good judgment"), willingness to devote time and effort when selected to serve; in molti casi occorrono fino a tre lettere di presentazione redatte da professionisti dello stesso campo. Vi sono poi requisiti specifici a seconda del settore su cui verte la lite (costruzioni, contabilità, energia, ecc.). Viene addirittura offerto alle parti un servizio apposito in grado di selezionare il terzo arbitro più adatto alla loro vertenza (*Arbitrator Select*). Il servizio consta di un primo livello (*List only*), che consiste nel fornire una lista di un certo numero di arbitri, rispondenti alle caratteristiche sulla base del tipo di lite descritta dalle parti. Si passa, se le parti lo richiedano, ad un secondo livello (*List and appointment*), nel quale l'ente le assiste attivamente nella nomina: se queste non si accordano su uno dei nomi della lista fornita dall'ente, ciascuna individua i candidati che vorrebbe in ordine di preferenza e l'ente cerca di individuare un nome condiviso.

7. L'imparzialità, l'indipendenza e la neutralità.

Sebbene la legge italiana non contenga una generale ed espressa declaratoria in tal senso, nessuno può dubitare che l'arbitro debba essere imparziale, indipendente e neutrale: sono requisiti connaturati alla funzione giudicante.

L'art. 815 c.p.c. individua una lista di casi in cui l'arbitro è ricusabile, dalla quale può dedursi il dovere di imparzialità. Altre legislazioni enunciano un principio generale. Ad esempio, l'*Arbitration act* inglese art. 24 stabilisce che l'arbitro può essere ricusato quando "circumstances exist that give rise to justifiable doubts as to his impartiality"; l'art. 1036 *ZPO* tedesca parla invece di dubbi circa l'imparzialità e l'indipendenza dell'arbitro, così come l'art. 1456 *c.p.c.* francese.

a) L'imparzialità è il bene primario da garantire per assicurare una decisione giusta: tuttavia, poiché consiste in uno stato mentale libero da pregiudizi e predisposto alla neutralità nel giudizio, non può essere imposta forzatamente.

La mancanza di imparzialità può rimanere interna all'arbitro, senza segni esteriori (ed è il caso più grave), oppure può manifestarsi in comportamenti scorretti nel corso del procedimento.

Per valutare se l'arbitro tenga comportamenti scorretti, soccorrono le regole etiche, di cui si dirà al par. 13.

In quest'ultimo caso, se la condotta dell'arbitro dia luogo a veri e propri vizi procedimentali (in termini, essenzialmente, di contraddittorio), il lodo sarà annullabile; potrà anche farsi ricorso alla sostituzione dell'arbitro riottoso (par. 16).

b) L'indipendenza, invece, è una condizione obiettiva e, essendo controllabile in base a circostanze di fatto, può essere direttamente assicurata dalla legge.

La garanzia di indipendenza ha una doppia valenza.

Per un verso, presenta un'utilità indiretta, perché è più facile che un giudice indipendente sia anche imparziale (potendo però valere anche il contrario, cioè un giudice indipendente ma parziale).

Per altro verso, va tutelata in via autonoma, perché assicura in via diretta l'apparenza di imparzialità; secondo la nota massima di Lord Hewart (*Rex vs. Sussex Justices, 1 King's Bench Reports* 256, at 259, 1924), infatti, "it is not merely of some importance but is of fondamental importance that justice should not only be done, but should manifestely and undoubtedly be seen to be done".

c) La neutralità (da alcuni definita terzietà) è di più difficile inquadramento: secondo la tesi più attendibile, consiste nella necessità di equidistanza dell'arbitro rispetto agli interessi ed ai valori non solo giuridici, ma anche culturali, politici e sociali delle parti.

L'equidistanza è requisito diverso dall'imparzialità: si può essere imparziali ma non equidistanti, come accade, ad esempio, con la pubblica amministrazione, che deve agire in modo imparziale, ma non è terza nel senso appena riferito, perché è tenuta a perseguire l'interesse pubblico.

La questione si pone specialmente nell'arbitrato internazionale, quando si tratta di scegliere l'arbitro in una lite che vede contrapposti soggetti appartenenti a diversi ordinamenti.

Da un lato, un'eccessiva lontananza giuridico-culturale dell'arbitro rispetto alle parti può creare pregiudizi o incomprensioni: occorre in altri termini che gli arbitri siano in grado di comprendere il *way of thinking* delle parti.

D'altro lato, occorre tenere conto, nella scelta degli arbitri, della condizione extragiuridica, anche in chiave storica, nella quale si trovano i paesi o le comunità alle quali appartengono le parti.

Occorre insomma valutare caso per caso.

Un ruolo prezioso è svolto, in tal senso, dagli enti amministratori, che abbiano maturato competenze ed esperienze tali da consentire una scelta avveduta ed attenta a tutte le circostanze del caso concreto.

Quando è previsto un collegio arbitrale, la questione vale specialmente per il terzo arbitro, perché si tende ad ammettere la possibilità che gli arbitri nominati dalle parti appartengano al paese di provenienza di queste ultime: ciò che più conta, in questi casi, è che entrambe le parti abbiano avuto le medesime *chances* nella designazione dei loro arbitri.

8. L'imparzialità dell'arbitro nominato dalla parte.

L'imparzialità è un valore da garantire sempre, a prescindere dal fatto che l'arbitro sia stato nominato dalla parte.

Infatti, la legge italiana non ammette il c.d. arbitro non neutrale, un arbitro, cioè, che riserva alla parte che l'ha nominato un trattamento di favore (per esempio ha contatti riservati con quest'ultima durante l'arbitrato).

Nel sistema americano dell'arbitrato domestico vi sono regolamenti che permettono gli arbitri non neutrali, dettando anche i relativi limiti. Ad esempio l'art. 17 del regolamento dell'*American Arbitration Association* stabilisce che "parties may agree in writing, however, that arbitrators directly appointed by a party pursuant to section R-12 shall be non neutral, in which case such arbitrators need not be impartial or independent and shall not be subject to disqualification for partiality or lack of independence"; nel *Code of ethics* dell'ente sono indicati i limiti che gli arbitri non neutrali non possono oltrepassare ("arbitrators are expected to observe all of the ethical obligations prescribed by this code except those from which they are specifically excused by canon X").

Così facendo, il sistema italiano si conforma alla tendenza, decisamente maggioritaria sul piano internazionale, di integrale parificazione fra arbitro nominato dalla parte e arbitro nominato da terzi, quanto al rigoroso rispetto dell'imparzialità.

Sul piano pratico, l'arbitro parziale può divenire una specie di secondo difensore, con il rischio di lasciare al terzo arbitro la decisione della lite in violazione della necessaria collegialità o di pervenire ad una decisione di compromesso, che è incompatibile con la funzione di accertamento del torto e della ragione. Questa condotta finisce per stravolgere lo strumento arbitrale, rendendolo radicalmente difforme non soltanto dallo schema legislativo, ma anche dalle aspettative delle parti, con il risultato di rendere l'arbitrato poco efficace – il che, poi, può risolversi in una disaffezione verso l'arbitrato nella pratica.

Il vantaggio insito nella possibilità di scelta del proprio arbitro non sta dunque nella vicinanza fra questi e la parte, bensì nella possibilità di optare per un soggetto le cui caratteristiche di competenza, qualità e professionalità siano previamente acclarate.

La stessa qualità può essere garantita, anzi maggiormente assicurata, quando si deferisce la nomina ad un ente terzo, una volta verificato che detto ente sia idoneo alla scelta, attraverso prassi o regolamenti virtuosi.

Se dunque l'arbitro designato dalla parte (e non "di parte") non è ammesso a trattamento diverso rispetto all'arbitro terzo, è da escludere che possa avere contatti con la parte che l'ha nominato, riguardanti la vertenza in atto, nel corso dell'arbitrato.

Si tende invece a permettere all'arbitro di consultare la parte nella fase iniziale del procedimento, quando si tratta di nominare l'arbitro terzo.

L'art. 2 del codice deontologico della Camera arbitrale di Milano prevede in proposito che "L'arbitro nominato dalla parte [...] può sentire la parte o il suo difensore in occasione della nomina del presidente del tribunale arbitrale, qualora sia stato incaricato di provvedervi. Le indicazioni fornite dalla parte non sono vincolanti per l'arbitro".

Con riguardo più che altro all'arbitrato internazionale, si è sviluppata la prassi di fissare un colloquio, ad opera delle parti e dei loro avvocati, con i potenziali futuri arbitri (di parte o terzi), al fine di valutare in anticipo l'idoneità di costoro all'incarico. Sono state redatte a tal fine delle *Guidelines*, sul comportamento più corretto da tenere in questi casi (v. per esempio *Practice Guideline 16: The Interviewing of Prospective Arbitrators* elaborata dal *Chartered Institute of Arbitrators*). Ad ogni modo, è opportuno che il candidato arbitro non esprima alcun punto di vista sulla vertenza.

Quanto alla neutralità, l'atteggiamento è meno rigoroso: si è già menzionata la possibilità di nominare un arbitro della stessa nazionalità ed estrazione giuridico-culturale della parte.

9. I casi di mancanza di indipendenza.

Il legislatore italiano ha predisposto un elenco tassativo di casi (art. 815 c.p.c.) in cui non sussiste l'indipendenza degli arbitri.

Tali casi possono essere incrementati dalle parti grazie all'espressa previsione contenuta nell'art. 832 c.p.c. e lo sono in concreto da molti regolamenti arbitrali, che utilizzano formule elastiche, come la previsione di ricusabilità in "tutti i casi in cui sia posta in ragionevole dubbio l'indipendenza o l'imparzialità dell'arbitro".

Le ipotesi contemplate sono le seguenti:

1) se l'arbitro non abbia le qualifiche espressamente convenute dalle parti;

2) se egli stesso, o un ente, associazione o società di cui sia amministratore, abbia interesse nella causa;

Come per il giudice, l'interesse può essere diretto o indiretto, benché debba sempre essere personale; inoltre, anche se non è menzionato il caso dell'interesse "in altra causa vertente su identica questione di diritto", l'ipotesi dovrebbe poter valere anche per l'arbitro.

3) se egli stesso o il coniuge sia parente fino al quarto grado o sia convivente o commensale abituale di una delle parti, di un rappresentante legale di una delle parti, o di alcuno dei difensori;

4) se egli stesso o il coniuge abbia causa pendente o grave inimicizia con una delle parti, con un suo rappresentante legale, o con alcuno dei suoi difensori;

5) se sia legato ad una delle parti, a una società da questa controllata, al soggetto che la controlla, o a società sottoposta a comune controllo, da un rapporto di lavoro subordinato o da un rapporto continuativo di consulenza o di prestazione d'opera retribuita, ovvero da altri rapporti di natura patrimoniale o associativa che ne compromettono l'indipendenza; inoltre, se sia tutore o curatore di una delle parti;

6) se abbia prestato consulenza, assistenza o difesa ad una delle parti in una precedente fase della vicenda o vi abbia deposto come testimone.

Nell'arbitrato con la pubblica amministrazione, il codice dei contratti pubblici aggiunge alcune specifiche ipotesi di ricusabilità, da integrare con quelle generali: *a*) aver "compilato il progetto o dato parere su di esso, ovvero diretto, sorvegliato o collaudato i lavori, i servizi, le forniture", o ancora aver "espresso un giudizio o parere sull'oggetto delle controversie"; *b*) limitatamente al terzo arbitro nominato dalla Camera arbitrale dei lavori pubblici, aver espletato incarichi professionali, compreso l'arbitro di parte, in favore delle parti dei giudizi arbitrali, nel triennio di appartenenza all'albo della Camera; *c*) limitatamente al terzo arbitro nominato sull'accordo delle parti, avere, negli ultimi tre anni, "esercitato le funzioni di arbitro di parte o di difensore" in arbitrati regolati dall'art. 241 d.lgs. n. 163 del 2006 (cap. VI, par. 12).

L'indipendenza deve essere garantita per tutto l'arco del giudizio e anche per un certo tempo dopo la conclusione del procedimento.

La prassi pone spesso casi dubbi. Per aiutare l'arbitro e le parti a chiarirli, ampio rilievo assumono, specie sul piano internazionale, i codici di comportamento e le linee guida, di valore non normativo ma assai persuasivo.

L'esempio più significativo è rappresentato dalle *Iba* (*International Bar Association*) *Guidelines on conflict of interest in international arbitration* (2014), precedute dalle *Rules of ethics for international arbitration* (che restano in vigore per quanto non regolato dalle *Guidelines*): nel testo sono contenute alcune brevi ed incisive linee guida a cui l'arbitro può fare ricorso ogni qualvolta si ponga un dubbio sulla sua indipendenza ed imparzialità o sul comportamento da adottare in ogni circostanza.

Le linee guida, oltre a contenere alcuni principi generali, riportano anche una utile classificazione dei casi pratici che possono presentarsi, dividendoli in quattro liste: *a*) la lista rossa, "irrinunciabile", dei casi in cui si viola il principio *nemo iudex in causa propria*; *b*) la lista rossa, rinunciabile, in cui il vizio di indipendenza può essere superato solo se le parti abbiano espressamente acconsentito alla nomina dell'arbitro che lo abbia convenientemente dichiarato; *c*) la lista arancione, dei casi che possono determinare dubbi agli occhi delle parti e che perciò debbono essere rivelati tempestivamente dall'arbitro, per dar modo alle parti, se lo ritengano, di sollevare l'eccezione, in mancanza della quale egli potrà proseguire; *d*) la lista verde, di casi in cui non è riscontrabile alcun conflitto di interessi oggettivo, per cui non vi è l'obbligo di farne apposita dichiarazione.

Vediamo i casi più frequenti e più critici.

10. *Segue*: Criticità della prassi.

a) *L'arbitro ha legami con la parte*. Se l'arbitro è, o è stato legato a una delle parti da rapporti di collaborazione lavorativa sia autonoma che dipendente, per verificare se in concreto si ponga un problema di indipendenza rilevano varie circostanze.

Per esempio occorre valutare se la collaborazione sia attuale o passata; in questo secondo caso, se sia stata continuativa o solo occasionale e se abbia riguardato vicende connesse o totalmente estranee; se la collaborazione sia stata posta in essere da colleghi dello stesso studio, o di studi associati, o di studi con mera *partnership*; se sia stata intrattenuta con la parte direttamente o soggetti (ad esempio società) ad essa collegati.

L'art. 815 c.p.c. appare meno rigoroso rispetto alla prassi internazionale: sembrerebbe rilevare soltanto la collaborazione attuale, direttamente fra l'arbitro, da un lato e la parte o un soggetto ad essa vincolato in termini di controllo, dall'altro.

Si noti che non si fa riferimento al collegamento fra società, bensì al solo controllo: sono propensa però a ritenere che, se il legame sia particolarmente forte, si possa comunque costruire un'ipotesi di ricusazione per via estensiva.

Il codice deontologico forense, all'art. 61, è opportunamente più ampio: prevede innanzitutto che l'arbitro non possa accettare l'incarico se abbia avuto rapporti con le parti negli ultimi due anni e il divieto va esteso al caso in cui detti rapporti siano stati intrattenuti da suoi soci, associati o colleghi che esercitino negli stessi locali.

In secondo luogo, il divieto di rapporti permane anche successivamente all'espletamento dell'incarico, nei due anni successivi ed in ogni tempo, ove riguardi la stessa vertenza decisa; analoga previsione riguarda i professionisti soci, associati o che esercitino negli stessi locali.

Un peculiare problema si è posto, in ambito internazionale, con riguardo ai casi in cui parti del procedimento siano Stati, che abbiano nominato propri funzionari pubblici come arbitri. Anche in questo caso possono essere valutate le circostanze del caso, per esempio se il funzionario sia diretto dipendente dell'amministrazione coinvolta, oppure se lo Stato (ad esempio in via di sviluppo, come negli arbitrati *Icsid*) abbia difficoltà ad individuare professionalità in grado di affrontare il caso.

Una speciale deroga è contenuta nella l. n. 190 del 2012, con riguardo alla pubblica amministrazione (par. 5).

Maggiore incertezza si pone quando il legame fra arbitro e parte non sia strettamente inquadrabile in rapporti di lavoro subordinato o di collaborazione autonoma: il riferimento dell'art. 815 c.p.c. a "rapporti di natura patrimoniale o associativa che ne compromettono l'indipendenza" non dà criteri precisi al riguardo.

Ci si può chiedere, pertanto, se l'appartenenza comune ad associazioni, anche non finalizzate a scopi patrimoniali, possa rilevare: si tratterà di valutare caso per caso, perché non è sufficiente la mera compartecipazione, bensì è necessario che quest'ultima comprometta l'indipendenza dell'arbitro.

b) L'arbitro ha rapporti con i difensori. Può capitare che vi siano contatti fra l'arbitro e il difensore, anche perché, talvolta, è quest'ultimo a consigliare la parte sulla scelta del primo.

Il difensore può nominare quale arbitro il proprio collega di studio?

Il codice deontologico forense, all'art. 61, lo vieta espressamente, pena la responsabilità disciplinare.

Non è possibile per i soci, gli associati o comunque i colleghi che esercitino negli stessi locali di uno dei difensori delle parti, o l'abbiano fatto negli ultimi due anni.

Al di fuori di questo caso, l'art. 815 c.p.c. stabilisce che il requisito di indipendenza viene meno solo quando tra l'arbitro e il difensore sussista un rapporto di "commensalità abituale", cioè una relazione intensa e continuativa, non soltanto tecnico-organizzativa ma espressione di un rapporto di amicizia e confidenza.

Occorre come sempre tenere conto di tutte le circostanze concrete: ad esempio, la comunanza quotidiana dei locali potrebbe incidere sul rapporto fra il difensore e l'arbitro se si aggiunga ad altri indizi rilevanti.

Nel caso risolto dal Tribunale di Genova (ord., 4 maggio 2006), l'arbitro nominato dalla parte faceva parte dello stesso studio legale dell'avvocato difensore, pur esercitando entrambi la professione in modo autonomo. I giudici hanno ritenuto che l'arbitro fosse ricusabile per "commensalità abituale" con il difensore, argomentando su ulteriori circostanze, rispetto alla comunanza di studio, ad esempio sul fatto che il difensore tenesse una stanza in comodato gratuito concesso dall'associazione professionale dell'arbitro.

Il problema si è posto anche in ambito internazionale: peculiare è il caso del *barrister* eletto arbitro in un procedimento nel quale uno dei difensori è un altro *barrister* appartenente alla stessa *Chamber*.

Nel caso *Laker Airways vs. Aerospace*, la *Queen's Bench Division*, 20 aprile 1999, ha ritenuto che la circostanza non fosse motivo di ricusazione dell'arbitro, perché ogni *barrister* è autonomo rispetto agli altri, senza alcuna reciproca dipendenza intellettuale o economica. Nel caso *Icsid* n. ARB/05/24 gli arbitri, invece, mettono in dubbio la correttezza di un siffatto assunto, escludendo però non l'arbitro bensì l'avvocato difensore di una delle parti, attesa l'immutabilità del tribunale arbitrale così costituito ed esprimendo l'auspicio che la *Chamber* venga concepita alla pari di uno studio legale unitario, specie quando l'arbitrato coinvolga parti di diversa estrazione giuridica rispetto a quella inglese. Le *Iba Guidelines* inseriscono la circostanza nella lista "arancione".

CollegANZE accademiche o associazionismo comune non possono ritenersi di per sé sufficienti, ma occorre ancora una volta verificare se le circostanze di ogni singolo caso siano in grado di mettere in discussione l'imparzialità dell'arbitro.

Ad esempio, si è ritenuto in caso deciso dal Tribunale di Napoli (ord. 31 gennaio 2011) che non sia ricusabile l'arbitro professore universitario dello stesso settore di materie e della stessa facoltà del difensore.

c) Frequenti scambi di ruolo e nomine reciproche. Accade talvolta vi siano scambi di ruolo fra arbitro e difensore: l'avvocato che difende una parte in arbitrato si trova di fronte ad un arbitro o al presidente del collegio che, a loro volta, assumono la qualità di difensore in altri arbitrati nei quali l'avvocato ha veste di arbitro.

La circostanza non è rilevante a fini della ricusazione, ma, se l'alternanza dei ruoli è molto frequente, può destare perplessità. Occorrerà dunque che il professionista faccia leva sul proprio senso etico, per valutare la sua capacità di tenere un profilo neutrale.

Le *Iba Guidelines*, ad ogni modo, inseriscono nella lista "verde" l'ipotesi in cui "The arbitrator and counsel for one of the parties have previously served together as arbitrators".

d) L'arbitro conciliatore, mediatore, negoziatore, consulente tecnico. Una fattispecie particolare riguarda il caso in cui l'arbitro abbia assunto le precedenti vesti di conciliatore o mediatore per la stessa vertenza.

L'art. 815 c.p.c. induce a ritenere che vada tendenzialmente esclusa la possibilità di svolgere l'incarico di arbitro, essendo questi già a conoscenza di profili della controversia che potrebbero influenzarlo nella decisione.

Lo esclude la legge spagnola sull'arbitrato all'art. 7.

In controtendenza è l'arbitrato del lavoro di cui all'art. 412 c.p.c., secondo cui il collegio di conciliazione, dopo aver tentato inutilmente di mettere d'accordo le parti, può essere investito da queste ultime della decisione della lite in via arbitrale (cap. XVIII, par. 5).

Per contro, gli avvocati che abbiano assistito le parti in una procedura di negoziazione assistita non possono essere nominati arbitri *ex* art. 810 c.p.c., ai sensi dell'art. 9, d.l. n. 132 del 2014, "nelle controversie aventi il medesimo oggetto o connesse".

La stessa soluzione deve valere quando l'arbitro abbia effettuato perizie in veste di c.t.u. o a maggior ragione per conto di una parte.

e) Ripetuta nomina dell'arbitro. L'arbitro può essere ripetutamente nominato dalla stessa parte in più arbitrati (il c.d. arbitro di fiducia)?

Occorre distinguere.

Se vi sono più cause fra loro connesse, può essere conveniente nominare gli stessi arbitri, per favorire la riunione o comunque l'armonizzazione dei giudizi; se, però, soltanto una parte nomini lo stesso arbitro per entrambe le cause, vi è il rischio che questi faccia uso di conoscenze non note agli altri, perché acquisite nell'altra causa (specie quando le questioni siano decisive, come nella connessione per pregiudizialità). Sarà opportuno che l'arbitro faccia presente la doppia nomina, per valutare eventuali obiezioni delle parti.

Diverso è il caso in cui una parte nomini ripetutamente lo stesso arbitro per vicende fra loro scollegate, perché occorre valutare se ci si trovi di fronte ad una collaborazione continuativa vietata dall'art. 815.

Le *Iba Guidelines* inseriscono nella lista "arancione" il caso in cui l'arbitro sia stato nominato dalla parte due o più volte nel corso dei tre anni precedenti, ma aggiunge che, in materie molto specialistiche, nelle quali i professionisti esperti sono pochi, la regola può essere derogata dalla prassi.

f) Legami fra arbitri. L'art. 815 non disciplina la circostanza che l'arbitro abbia legami con gli altri membri del collegio giudicante; peraltro, quando il rapporto sia stretto, come, ad esempio, in caso di parentela, l'indipendenza dell'arbitro può essere posta in dubbio.

Le *Iba Guidelines* inseriscono nella lista "arancione" l'ipotesi in cui due arbitri appartengano allo stesso studio legale, o vi abbiano fatto parte nei tre anni precedenti.

g) Opinioni già espresse. Se l'arbitro abbia espresso opinioni in vicende analoghe o in sede dottrinale e scientifica, si ritiene, salvo eccezioni, che la circostanza non costituisca un giusto motivo per impedire la nomina.

Diverso è, ovviamente, il caso in cui l'arbitro abbia espresso la propria opinione sulla specifica controversia, nel qual caso torna ad operare l'art. 815.

11. I mezzi preventivi di tutela dell'imparzialità.

Gli strumenti per garantire l'indipendenza e l'imparzialità vanno distinti in preventivi e successivi rispetto all'accettazione dell'incarico da parte dell'arbitro.

Partiamo dai rimedi preventivi.

a) *L'equidistanza degli arbitri rispetto alle parti.* Occorre prima di tutto che ciascuna parte abbia le stesse possibilità dell'altra di influire sulla nomina degli arbitri, in osservanza del principio di eguaglianza di cui si è già detto (par. 3).

b) *La dichiarazione di indipendenza.* L'arbitro effettua la *disclosure*, ovvero una dichiarazione, prima di accettare l'incarico, nella quale vanno indicati tutti i motivi che possano mettere in dubbio la sua indipendenza e la sua imparzialità.

Tale onere riguarda non soltanto i motivi che potrebbero destare dubbi dal punto di vista oggettivo (riscontrabili cioè da "a reasonable third person, having knowledge of the relevant facts and circumstances" – *Iba Guidelines, principle* 2), ma anche soggettivamente, cioè agli occhi delle parti.

Tale dichiarazione, benché sia prevista nella stragrande maggioranza delle fonti a livello internazionale, non ha trovato accoglimento nella legislazione italiana. Tuttavia, è di regola imposta nei regolamenti arbitrali, mentre l'arbitro che svolga la professione di avvocato vi è tenuto in forza del codice deontologico forense.

Dato il silenzio normativo, non sembra possibile sanzionare la mancata dichiarazione di indipendenza, se non a livello deontologico, o interno alle istituzioni arbitrali.

La *disclosure* va effettuata anche durante il procedimento, se il fatto sorga successivamente all'accettazione.

Si ritiene giustamente che l'arbitro debba dichiarare qualsiasi circostanza potenzialmente rilevante, a prescindere dal fatto che rientri o meno nell'elenco contenuto nell'art. 815.

Il solo fatto di tacere una circostanza è di per sé indice di mancanza di indipendenza? La risposta può essere positiva soltanto se detta circostanza dia luogo a ragionevoli dubbi (ragionevoli per l'uomo medio). In proposito, le *Iba Guidelines* sottolineano, per un verso, che la dichiarazione non è necessaria per le situazioni che "non dovrebbero mai condurre alla ricusazione in base al criterio oggettivo" (c.d. lista verde), fermo che ogni dubbio in merito va risolto a favore della dichiarazione; per altro verso, che "la dichiarazione di fatti o circostanze non equivale all'ammissione di un conflitto di interessi", in quanto "un arbitro che ha fatto una dichiarazione alle parti si considera imparziale ed indipendente rispetto ad esse malgrado i fatti oggetto della dichiarazione, poiché altrimenti non avrebbe accettato la nomina o si sarebbe dimesso".

c) La conferma dell'ente. Molti regolamenti assoggettano la nomina degli arbitri (non solo di quello designato dalla parte) ad una procedura di conferma.

La soluzione è molto interessante, perché permette un controllo preventivo circa i necessari requisiti di imparzialità, di terzietà, finanche di professionalità e competenza.

In tal senso è il regolamento *Icc*, che all'art. 13 prevede che la Corte possa tenere conto, nella conferma, "della disponibilità e della capacità degli arbitri di condurre un arbitrato conformemente al Regolamento".

Il bilanciamento fra la giusta esigenza della parte di scegliere il proprio arbitro e la necessità che l'ente garantisca un procedimento in linea con i propri valori non è di facile realizzazione e va misurato caso per caso.

Ad ogni modo, l'ente potrebbe tenere conto, ai fini della conferma, anche di circostanze che non integrino strettamente i motivi di cui all'art. 815 c.p.c.: ad esempio la reiterata nomina dell'arbitro, o a maggior ragione la reiterata nomina dello stesso difensore e dello stesso arbitro in vertenze diverse riguardanti la stessa parte, o ancora comunanze con la parte e con il difensore non chiaramente riconducibili alla norma citata (v. le ipotesi al par. 10).

La Camera arbitrale di Milano esercita un siffatto controllo, che, come è stato osservato, è tendenzialmente una formalità quando l'arbitro di parte non abbia rivelato alcunché nella *disclosure* e le parti non abbiano fatto alcuna obiezione. Ove invece emergano circostanze nella *disclosure*, sulle quali le parti non formulino osservazioni nel termine dato dalla Camera, deve ritenersi che la conferma, salvo casi eccezionali (ma possibili), sia indotta dalla sostanziale accettazione dell'arbitro, ad opera di entrambi i contendenti; il caso più spinoso è quando le parti formulino osservazioni. La prassi della Camera, si è rilevato, dimostra la non perfetta coincidenza fra ipotesi di ricusabilità ed ipotesi di non conferma; come si diceva, non è da escludere che, pur non rientrando la circostanza nei casi di cui all'art. 815 c.p.c. (o essendo dubbio che vi rientri), l'ente proceda comunque a non confermare l'arbitro, per motivi di opportunità.

d) *La non accettazione dell'incarico.* Nel caso vi siano fondati dubbi circa la sua indipendenza, è lo stesso arbitro a non dover, prima di tutto, accettare l'incarico.

12. I mezzi successivi di tutela dell'imparzialità.

Una volta accettato l'incarico, le parti hanno a disposizione i seguenti rimedi.

a) *La ricusazione.* L'arbitro può essere ricusato, ai sensi dell'art. 815 c.p.c., per i motivi già visti al par. 9.

L'istanza deve essere proposta subito dopo la nomina dell'arbitro, a meno che la violazione sia scoperta in un momento successivo; inoltre, la parte che ha nominato l'arbitro non può ricusarlo, salvo il caso in cui abbia conosciuto il motivo dopo la designazione.

L'istanza va proposta al Presidente del tribunale della sede dell'arbitrato, entro dieci giorni dalla notificazione della nomina o dalla scoperta della causa.

Il giudice pronuncia con ordinanza, nel contraddittorio delle parti, assunte, se del caso, sommarie informazioni.

La decisione è dichiarata dalla legge non impugnabile; secondo la giurisprudenza, è da escludere anche il ricorso straordinario in cassazione *ex* art. 111 Cost., eccetto il provvedimento sulle spese.

La questione va però coordinata con quella relativa all'impugnabilità del lodo per imparzialità dell'arbitro: se ne dirà *sub c*).

Il procedimento di ricusazione non comporta automaticamente la sospensione del giudizio arbitrale, potendo gli arbitri valutarne l'opportunità o meno.

Se la ricusazione venga accolta, l'arbitro viene sostituito (par. 16).

Se invece venga rigettata, per manifesta inammissibilità o infondatezza, il giudice condanna la parte ricusante al pagamento in favore dell'altra parte di una somma equitativamente determinata, non superiore al triplo del compenso massimo spettante all'arbitro.

La norma fa riferimento alle tariffe forensi, che sono state abrogate: vale però quanto si dirà nel cap. XVII, par. 2. Per "altra parte" deve probabilmente intendersi l'arbitro ingiustamente ricusato.

Nell'arbitrato amministrato, i regolamenti prevedono spesso una disciplina speciale di ricusazione davanti all'ente amministratore: nasce dunque la necessità di armonizzarla con il procedimento di ricusazione giudiziale.

La soluzione più aderente al tenore normativo, seppur meno efficiente, è che la ricusazione gestita dall'ente non sostituisca quella giudiziale: in altri termini, finché pende il termine di cui all'art. 815 c.p.c., dovrebbe essere sempre possibile rivolgersi al giudice, indipendentemente dall'esperimento o meno del rimedio endoarbitrale.

Nel silenzio della legge, non è facile trovare spazio per la soluzione contraria, che sarebbe peraltro più in linea con la scelta delle parti di deferire tutti gli aspetti di gestione all'ente gestore, piuttosto che alla giurisdizione statuale.

In altri ordinamenti, invece, è previsto un coordinamento: ad esempio, l'art. 24, comma 2°, *Arbitration act* inglese, stabilisce che se l'arbitrato amministrato preveda una fase di ricusazione davanti all'ente, occorre che la parte adisca quest'ultimo, per poter poi rivolgersi, successivamente, alla corte inglese. In Italia, si potrebbe forse valorizzare l'argomento secondo il quale il procedimento di ricusazione non è norma di ordine pubblico, a differenza dell'imparzialità dell'arbitro, perciò sarebbe derogabile; si potrebbe altresì fare leva sull'art. 832 c.p.c. nella parte in cui riconosce la possibilità per il regolamento di prevedere nuovi e diversi motivi di ricusazione. Dovrebbe comunque essere sempre ammesso il controllo in sede di impugnazione del lodo (v. *infra*).

b) *Rinuncia all'incarico*. Sussiste poi la possibilità di rinunciare all'incarico da parte dell'arbitro, in caso di sopravvenute circostanze, che integrino la giusta causa richiesta per la rinuncia.

c) *Impugnazione del lodo*. Ci si deve chiedere, infine, se la mancanza di imparzialità o indipendenza possa rientrare tra i motivi di impugnazione del lodo.

A tale interrogativo, specie in giurisprudenza, si dà risposta tendenzialmente negativa, mancando uno specifico riferimento nell'elenco dei motivi di nullità di cui all'art. 829 c.p.c. ed essendo a disposizione il rimedio della ricusazione.

Vi sono tuttavia alcuni casi particolarmente delicati.

Ad esempio, quando la ricusazione sia stata esperita e rigettata, poiché l'imparzialità (al pari dell'equidistanza) è un requisito indispensabile affinché si possa parlare di giusto processo, non si può impedire la ricorribilità in cassazione dell'ordinanza di ricusazione, assumendone il valore ordinatorio e allo stesso tempo negare l'annullabilità del lodo: o l'una o l'altra.

Pertanto, è giusto ritenere che l'ordinanza di rigetto della ricusazione possa essere riesaminata in sede di annullamento del lodo.

Il motivo sollevabile potrebbe essere quello del n. 2 dell'art. 829, comma 1°, vale a dire la violazione delle norme sulla costituzione dell'organo arbitrale; o comunque la violazione dell'ordine pubblico, riguardante, a mio avviso (cap. XVI, par. 8) anche le norme processuali. Secondo la giurisprudenza, il lodo sarebbe impugnabile anche se la ricusazione sia stata rigettata per tardività.

In caso di accoglimento della ricusazione, il lodo sarà parimenti impugnabile nel caso in cui l'arbitro ricusato abbia continuato nelle sue funzioni, per violazione del n. 2 dell'art. 829, comma 1°, c.p.c.

Anche nell'ipotesi di mancata proposizione della ricusazione, l'impugnabilità del lodo andrà riconosciuta se il motivo di parzialità pervenga a conoscenza della parte quando non è più possibile ricusare l'arbitro (ad esempio dopo la fine del procedimento), o quando il motivo non sia ricompreso all'interno di quelli elencati dall'art. 815 c.p.c. (ad esempio il mancato rispetto dell'equidistanza del collegio nei confronti delle parti, sanzionato dall'art. 829, comma 1°, n. 3).

Vi sono ulteriori tre eccezioni: quando il lodo sia frutto di dolo dell'arbitro, riconosciuto con sentenza passata in giudicato, è possibile proporre la revocazione straordinaria, a termini dell'art. 831 c.p.c.; quando vi sia un interesse diretto nella causa, analogamente a quanto si ritiene per il giudice statuale, la violazione del canone *nemo iudex in causa propria* è talmente grave da doversi permettere l'impugnativa del lodo; infine, quando la mancanza di imparzialità abbia portato alla violazione del contraddittorio durante il procedimento, l'annullamento del lodo è ammesso in virtù dell'apposita censura contenuta nell'art. 829, comma 1°, n. 9.

13. L'etica degli arbitri e dell'arbitrato.

Uno dei fattori decisivi per il buon funzionamento dell'arbitrato è il rispetto dell'etica arbitrale.

Il concetto di etica, per la verità, è in grado di racchiudere una prospettiva più ampia rispetto a quella a cui comunemente si pensa quando si parla di deontologia: non solo il comportamento dell'arbitro (o degli altri partecipanti) nel processo arbitrale, ma anche una vera e propria "etica dell'arbitrato", nella quale rientrino tutti i comportamenti virtuosi che permettano di sviluppare una "cultura dell'arbitrato" in grado di realizzarne i valori fondanti. Si è messo in luce, ad esempio, il negativo declino verso una "commercializzazione" dell'arbitrato, visto come una occasione di lavoro, più che come efficiente strumento di giustizia.

Vi sono regole etiche e di costume che l'arbitro deve osservare per prestare un servizio a regola d'arte, non soltanto sotto il profilo strettamente tecnico, ma al fine di svolgere il suo incarico nel modo più corretto ed accurato.

Ad esempio, l'arbitro deve arrivare alle udienze preparato, tenere un comportamento ed un contegno attento e rispettoso nei confronti delle parti, dei difensori e dei testimoni, accettare l'incarico solo se ha la disponibilità di tempo sufficiente per dedicarsi alla vertenza; ancor più delicato è il compito del presidente del collegio arbitrale che deve trovare il giusto equilibrio fra direzione ed ascolto.

Anche il difensore, la parte e l'ente amministratore sono tenuti a rispettare regole etiche indispensabili affinché l'arbitrato si svolga, per usare le parole dell'art. 88 c.p.c., con lealtà e probità.

Assai significative, in tal senso, sono le *Guidelines on Party Representation in International Arbitration*, adottate dal *Council dell'International Bar Association*, nel 2013, che contengono indicazioni e raccomandazioni sul comportamento dei difensori delle parti, nel corso dell'arbitrato, nei confronti dei difensori avversari e degli arbitri.

Le *Iba Guidelines,* al canone 7, hanno introdotto l'onere di *disclosure* anche a carico delle parti, su eventuali conflitti di interesse con gli arbitri.

Le regole di comportamento possono derivare da fonti di natura eterogenea.

Accanto a disposizioni aventi efficacia normativa, un ruolo assai significativo è svolto dalle norme deontologiche di *soft law*.

Vanno, prima di tutto, ricordati i codici di comportamento, che l'arbitro deve seguire in forza della sua appartenenza a determinate categorie professionali e la cui violazione dà luogo a sanzioni disciplinari.

Particolarmente significativo è il codice deontologico forense italiano, obbligatorio per gli avvocati che assumono la veste di arbitri o che svolgono la difesa in un arbitrato.

L'art. 61 stabilisce che "L'avvocato che viene designato arbitro deve comportarsi nel corso del procedimento in modo da preservare la fiducia in lui riposta dalle parti e deve rimanere immune da influenze e condizionamenti esterni di qualunque tipo". Inoltre "L'avvocato nella veste di arbitro: *a*) deve mantenere la riservatezza sui fatti di cui venga a conoscenza in ragione del procedimento arbitrale; *b*) non deve fornire notizie su questioni attinenti al procedimento; *c*) non deve rendere nota la decisione prima che questa sia formalmente comunicata a tutte le parti".

Gli enti arbitrali più importanti, poi, dettano specifici codici di comportamento per i propri arbitri.

Secondo il codice deontologico della Camera arbitrale di Milano, art. 9, "L'arbitro deve evitare, in qualunque fase del procedimento, ogni comunicazione unilaterale con qualunque parte o i suoi difensori, senza darne immediata notizia alla Camera arbitrale perché lo comunichi alle altre parti e agli altri arbitri"; e "deve evitare qualunque atteggiamento ostruzionistico o non collaborativo, garantendo una pronta partecipazione alla fase di deliberazione del lodo" (art. 11).

Anche negli arbitrati *ad hoc* nulla impedisce alle parti di recepire le regole di comportamento all'interno della convenzione arbitrale o successivamente, in accordo con gli arbitri già nominati.

Il mancato rispetto della regola etica può causare, in alcuni casi, la violazione di una norma, da cui conseguiranno gli effetti previsti dall'ordinamento; negli altri casi, il comportamento scorretto può dar luogo a conseguenze parimenti o addirittura più dannose, di fatto, rispetto a quelle che derivano dall'inosservanza della legge, come ad esempio l'esclusione dalle future nomine di un ente, o la perdita di affidabilità e di credibilità, qualità ritenute imprescindibili dalla comunità arbitrale.

Inoltre, la regola etica conferisce presunzione di legittimità al comportamento assunto nel suo rispetto e può dunque avere un ruolo decisivo nell'interpretazione di una norma di legge.

14. Il contratto di arbitrato.

La nomina degli arbitri costituisce una proposta contrattuale, che deve essere accettata per iscritto.

L'accettazione può essere espressa dagli arbitri con lettera scritta (magari contestualmente alla dichiarazione di indipendenza) o con sottoscrizione della convenzione arbitrale, ma può avvenire anche in sede di prima udienza alla presenza delle parti o comunque durante il primo incontro fra gli arbitri, nel qual caso se ne dà atto a verbale.

Per effetto dell'accettazione, nasce tra gli arbitri, da un lato, e le parti, dall'altro, un contratto, definito dalla dottrina "contratto di arbitrato".

La sua disciplina va ricostruita sulla base di diverse fonti: in primo luogo, deve farsi riferimento alle norme contenute negli artt. 806 ss. c.p.c.; in secondo luogo, si possono richiamare le norme sul contratto di mandato e sul contratto di prestazione di opera intellettuale, essendo entrambe funzioni connaturate all'incarico arbitrale.

È un contratto a pluralità di parti, raggruppabili in due centri di interesse, perché non si instaura tra la singola parte che ha effettuato la nomina e l'arbitro da lei designato, ma tra tutte le parti, da un lato e tutti gli arbitri, dall'altro.

Pertanto, il contratto sarà perfezionato solo quando perverrà l'ultima accettazione: fino a quel momento, sarà possibile la revoca della proposta o dell'accettazione ai sensi dell'art. 1328 c.c.

Ne consegue che, una volta concluso il contratto, affinché un arbitro possa essere revocato dall'incarico, occorre il consenso di tutte le parti.

Il contratto d'arbitrato genera reciproci diritti e doveri.

Sui doveri dell'arbitro si dirà subito appresso.

I diritti dell'arbitro consistono, invece, principalmente nel compenso per l'opera svolta, sul quale si rimanda al cap. XVII, par. 2.

15. Doveri e responsabilità degli arbitri.

Il legislatore stabilisce i doveri dell'arbitro in via indiretta, attraverso l'elenco delle ipotesi in cui questi è responsabile civilmente nei confronti delle parti.

L'art. 813-*ter* c.p.c. prevede infatti che l'arbitro incorra in responsabilità quando:

1) rinuncia all'incarico senza giustificato motivo;

Il motivo giustificato può consistere in una malattia, in cambiamenti radicali nella vita e nella professione dell'arbitro, in accordi delle parti, non condivisi dall'arbitro, con riguardo ad aspetti importanti del procedimento arbitrale – ad esempio una lunga sospensione –, nell'impossibilità di svolgere il procedimento nella sede pattuita per gravi eventi, o anche nel comportamento particolarmente scorretto delle parti o dei loro difensori. L'art. 816-*sexies* c.p.c. prevede un caso tipico, nel quale l'arbitro può rinunciare all'incarico, quando cioè le parti non abbiano posto in atto le misure necessarie per il ripristino del contraddittorio, al venir meno di una di loro; anche la mancata prosecuzione dell'arbitrato (art. 816-*septies* c.p.c.), nel caso in cui le parti non abbiano versato gli anticipi richiesti dagli arbitri, può inquadrarsi nella fattispecie *de qua*.

2) ritarda od omette atti dovuti con dolo o colpa grave; in tal caso può essere dichiarato decaduto, *ex* art. 816-*bis* c.p.c., previa diffida ad adempiere e si può procedere alla sua sostituzione (par. 15);

3) omette o ritarda con dolo o colpa grave di pronunciare il lodo nel termine (cap. XI, par. 9);

4) compie errori nel giudizio di fatto o di diritto, per dolo o colpa grave, nei ristretti limiti posti dalla legge sulla responsabilità civile dei magistrati, cioè la l. n. 117 del 1988 modificata dalla l. n. 18 del 2015.

Prima del 2015, la suddetta legge, ribadendo l'assenza di responsabilità nell'attività di valutazione dei fatti e di applicazione delle norme, individuava due soli casi in cui era possibile l'azione di responsabilità per errori nella decisione: la grave violazione di legge determinata da negligenza inescusabile e l'errore c.d. revocatorio (art. 395, n. 4, c.p.c.), causato anch'esso da negligenza inescusabile. Per quanto riguarda i giudici statuali, dette limitazioni erano state fortemente messe in dubbio da parte della Corte di giustizia Ue (24 novembre 2011), secondo cui l'Italia, "escludendo qualsiasi responsabilità dello Stato italiano per i danni arrecati ai singoli a seguito di una violazione del diritto dell'Unione imputabile a un organo giurisdizionale nazionale di ultimo grado – qualora tale violazione risulti da interpretazione di norme di diritto o da valutazione di fatti e prove effettuate dall'organo giurisdizionale medesimo – e limitando tale responsabilità ai soli casi di dolo o colpa grave, ai sensi della legge sul risarcimento dei danni cagionati nell'esercizio delle funzioni giudiziarie e sulla responsabilità civile dei magistrati (art. 2, commi 1 e 2, l. n. 117 del 1988) è venuta meno agli obblighi ad essa incombenti in forza del principio generale di responsabilità degli stati membri per violazione del diritto dell'Unione da parte di uno dei propri organi giurisdizionali di ultimo grado". La legge viene quindi modificata con l. n. 18 del 2015.

L'art. 813 continua a fare riferimento all'art. 2, commi 2° e 3° della legge nel tenore previgente alla l. n. 18 del 2015, mentre, nella nuova versione della suddetta legge, viene aggiunto un comma 3°-*bis* finalizzato ad illustrare il comma 3°, per cui occorre operare un adattamento fra le due disposizioni.

Le soluzioni sono astrattamente due: o si ritiene che il comma 3°-*bis* non sia richiamabile, con la conseguenza che si amplierebbe notevolmente il raggio della loro responsabilità, dato che il suddetto comma interviene per circoscriverlo; oppure si ritiene che il rinvio sia mobile e che l'art. 813 faccia richiamo della legge nel suo testo in vigore. La seconda interpretazione sembra più conforme alla *ratio legis,* diretta a parificare *in toto* la responsabilità degli arbitri a quella dei giudici.

Dal coordinamento delle regole citate, gli arbitri non rispondono per errori nell'attività di interpretazione di norme di diritto né in quella di valutazione del fatto e delle prove, salvo i seguenti casi:

4*a*) se vi sia stato il dolo dell'arbitro;

4*b*) se vi sia stato "travisamento del fatto o delle prove" (che integra di per sé colpa grave);

4*c*) se vi sia stata "l'affermazione di un fatto la cui esistenza è incontrastabilmente esclusa dagli atti del procedimento o la negazione di un fatto la cui esistenza risulta incontrastabilmente dagli atti del procedimento" (c.d. errore revocatorio *ex* art. 395, n. 4 c.p.c.), nel qual caso si ha parimenti colpa grave;

Si pone il problema della differenza fra la fattispecie *sub b*) e quella *sub c*): secondo una dottrina potrebbe fondarsi sul requisito dell'incontrastabilità, necessariamente presente nel secondo e non nel primo, che può basarsi anche su una mera valutazione erronea. Potrà comunque farsi riferimento, in via interpretativa, alla giurisprudenza della Corte di giustizia Ue.

4*d*) se vi sia stata "violazione manifesta della legge nonché del diritto dell'Unione europea" (valendo anch'essa, ancora una volta, come colpa grave). Il comma 3°-*bis* della l. n. 117 del 1988 precisa però che, al fine di valutare la suddetta violazione, si deve tenere conto "del grado di chiarezza e precisione delle norme violate nonché dell'inescusabilità e della gravità dell'inosservanza": torna dunque il rilievo della "negligenza inescusabile", seppur come dato di cui tenere conto insieme ad altri.

Inoltre, per quanto riguarda la violazione manifesta del diritto dell'Unione europea si deve anche valutare la "mancata osservanza dell'obbligo di rinvio pregiudiziale", nonché il contrasto dell'atto o del provvedimento con l'interpretazione espressa dalla Corte di giustizia dell'Unione europea.

L'inciso assume particolare pregnanza per l'arbitro, che, come si dirà oltre, non è abilitato a sollevare l'incidente pregiudiziale, sicché deve ritenersi che egli non possa mai essere ritenuto responsabile di una interpretazione sbagliata della norma europea, per il solo fatto di non essersi previamente rivolto alla Corte di giustizia.

La violazione dei doveri di cui ai nn. 1-4, dunque, dà luogo a responsabilità risarcitoria.

Vi sono però dei limiti, sia sotto il profilo dell'*an*, sia sotto il profilo del *quantum*.

a) L'azione può essere promossa solo dopo la conclusione del procedimento arbitrale.

b) Occorre che il lodo – nei casi in cui sia stato pronunciato – sia stato annullato, con sentenza passata in giudicato, per quello specifico motivo.

Quanto agli errori di diritto è esperibile l'impugnazione per vizio di legittimità (limitato all'ordine pubblico, salvo eccezioni di cui al cap. XVI, par. 8); se l'arbitro abbia violato una regola in tema di validità ed efficacia del patto compromissorio, i danni saranno subordinati all'esperimento dell'impugnazione per invalidità del patto arbitrale (art. 829, comma 1°, n. 1, c.p.c.). Per contro, ove l'arbitro sia incorso in un travisamento del fatto, non vi è motivo che permetta di impugnare il lodo sotto questo profilo; sarei comunque favorevole, in questo caso, ad una interpretazione più larga possibile, anche a costo di forzare il tenore dell'art. 829, per cui si potrebbe fare riferimento, pur con difficoltà, alla violazione dell'ordine pubblico. Per quanto riguarda la pronuncia fuori termine, il problema nasce quando gli arbitri abbiano regolarmente pronunciato l'estinzione del processo (art. 821 c.p.c.), nel qual caso non può operare la condizione posta dalla legge: l'azione dovrà dunque intendersi esperibile da subito.

Gli arbitri che non abbiano partecipato al giudizio di impugnazione possono sempre contestare la sussistenza del motivo che ha dato luogo all'annullamento del lodo e che costituisce il fondamento della loro responsabilità.

Essi non possono contestare il fatto che il lodo sia stato annullato (così realizzandosi il requisito pregiudiziale della norma in esame), ma non vi sarà alcuna efficacia di cosa giudicata nei loro confronti sull'accertamento della sussistenza della causa di responsabilità (anche perché oggetto dell'impugnazione non è la causa di responsabilità, bensì il fatto-censura).

c) Se il risarcimento deriva da colpa grave, esso deve essere calmierato e calcolato fino al triplo del compenso dell'arbitro.

La disposizione fa riferimento alle tariffe professionali, se non vi sia stato accordo fra le parti e gli arbitri sul compenso; dette tariffe sono state abrogate, ma sono subentrati parametri di riferimento, che potranno essere utilizzati allo stesso scopo (cap. XVII, par. 2).

d) La responsabilità non è mai oggettiva e va imputata unicamente all'arbitro che ha compiuto la violazione.

e) Infine, se venga riconosciuta la responsabilità, l'arbitro non ha diritto né al compenso né al rimborso delle spese, mentre, nel caso in cui il lodo venga annullato solo parzialmente, gli onorari sono soggetti a riduzione.

Cosa succede se gli arbitri chiedono la liquidazione giudiziale del compenso, quando pende l'impugnazione del lodo per un motivo che implica la loro responsabilità? Poiché l'azione di responsabilità è condizionata dall'annullamento del lodo, non credo che sia possibile bloccare il procedimento di liquidazione per attendere la conclusione del giudizio di invalidità.

16. La sostituzione dell'arbitro.

L'arbitro può venire a mancare durante il procedimento, nel qual caso dovrà provvedersi alla sua sostituzione.

I motivi possono essere i più disparati:

a) per morte, o per sopravvenuta incapacità o inidoneità a rivestire l'incarico;

Negli arbitrati amministrati è spesso aggiunta l'ipotesi di impossibilità, *de iure* o *de facto*, di condurre a termine il proprio incarico: circostanza da determinarsi discrezionalmente ad opera dell'ente amministratore. Ad esempio, se nel corso dello svolgimento del processo l'arbitro dimostra di non essere in grado di gestirlo per impreparazione ed incapacità professionale, l'ente potrà valutarne la sostituzione.

b) per accordo delle parti (o comunque per revoca congiunta);
c) per rinuncia all'incarico per giustificato motivo (par. 15);
d) per ricusazione (par. 12);
e) per comportamento ostruzionistico, quando l'arbitro "omette o ritarda di compiere un atto relativo alle sue funzioni" nei termini fissati, ove previsti; nei regolamenti arbitrali si aggiunge spesso il rifiuto di comportarsi conformemente ai medesimi.

Nei casi *a*)-*d*), si procede alla sua sostituzione secondo le modalità di nomina in origine pattuite: solo quando non sia possibile, provvede il Presidente del tribunale ai sensi dell'art. 810 c.p.c.

Particolare è invece il caso di decadenza di cui alla lett. *e*).

Ai sensi dell'art. 813-*bis* c.p.c., infatti, la sostituzione dell'arbitro riottoso viene prima di tutto affidata all'accordo delle parti, o all'eventuale terzo incaricato a questa specifica funzione (ad esempio, negli arbitrati amministrati, l'ente gestore).

In mancanza, ciascuna parte può inviare una diffida, dando un termine per il compimento dell'atto, trascorso il quale l'arbitro viene dichiarato decaduto, con istanza al Presidente del tribunale, che provvede direttamente alla nuova nomina.

Il giudice deve sentire sia le parti sia gli arbitri e decide con ordinanza non impugnabile, a differenza di quanto visto all'art. 810 c.p.c. (par. 4).

La sostituzione dell'arbitro non implica necessariamente la ripetizione delle attività svolte in presenza dell'arbitro originario, a meno che non vi siano particolari ragioni (come, ad esempio, comportamenti dell'arbitro sostituito che abbiano determinato irregolarità o abbiano influito sul decorso del procedimento).

Capitolo IX
L'INIZIO DEL PROCEDIMENTO ARBITRALE: LA DOMANDA D'ARBITRATO

1. La domanda d'arbitrato ed i suoi requisiti.

Gli artt. 806 ss. c.p.c. non stabiliscono espressamente il momento di inizio del procedimento arbitrale.

Occorre guardare ad altre norme del codice di procedura civile (art. 669-*octies*) e del codice civile (artt. 2943, 2945, 2652, 2653, 2690, 2691) per trovare la disciplina della c.d. domanda di arbitrato, cioè dell'atto "notificato con il quale la parte, in presenza di compromesso o di clausola compromissoria, dichiara all'altra parte la propria intenzione di promuovere il procedimento arbitrale, propone la domanda e procede, per quanto le spetta, alla nomina degli arbitri".

Poiché la domanda d'arbitrato viene equiparata alla domanda giudiziale solo con riguardo agli specifici effetti regolati dalle norme citate (trascrizione, prescrizione ecc., come si vedrà nei parr. 3 e 4), è sorto l'interrogativo se essa sia in grado di determinare una generalizzata pendenza della lite arbitrale.

La questione è complicata dal fatto che, mentre nel processo statuale il giudice è precostituito, per cui l'atto di citazione è sufficiente ad avviare la lite, nell'arbitrato l'istanza della parte avviene di regola quando gli arbitri non sono stati ancora nominati, per cui il procedimento può dirsi definitivamente radicato soltanto con il perfezionamento del contratto di arbitrato attraverso l'accettazione degli arbitri (cap. VIII, par. 13).

Facendo uso del concetto di "ufficio" arbitrale, una dottrina ha sostenuto che l'organo arbitrale possa dirsi costituito già con l'avvio del processo tramite la domanda, restando unicamente da individuare le persone fisiche di detto organo: in questo modo, la pendenza della lite arbitrale coinciderebbe a tutti gli effetti con la notifica della domanda di arbitrato. Tuttavia, questa impostazione nasce da un'idea di forte giurisdizionalizzazione dell'arbitrato, che non ritengo convincente per le ragioni esposte al cap. I, par. 1 ss.

Dai frammenti normativi a disposizione, sono propensa a ritenere che la notifica della domanda d'arbitrato determini la pendenza della lite a tutti gli effetti, anche quelli non specificati dalle norme in esame (par. 2), a prescindere dalla mancata individuazione delle persone fisiche costituenti l'organo arbitrale.

Vi fanno eccezione solo quelli che la legge riconduce espressamente all'accettazione dell'arbitro, come il decorso del termine per la pronuncia e il *dies a quo* della preclusione per l'eccezione di invalidità della convenzione arbitrale.

L'accettazione segna altresì il confine oltre il quale le parti non possono più determinare liberamente le regole procedimentali, dovendo acquisire il consenso dell'arbitro.

Per tutto il resto si avrà riguardo al giorno della notificazione (anche telematica) della domanda d'arbitrato.

La domanda d'arbitrato deve contenere tre requisiti di forma-contenuto, individuati dagli artt. 2943 c.c. e 669-*octies* c.p.c.: non sono previsti a pena di nullità, ma sono indispensabili per la produzione degli effetti che si diranno al par. 2.

a) *La proposizione della domanda*. Proporre la domanda significa individuare l'azione, attraverso l'indicazione dei suoi elementi oggettivi (*causa petendi* e *petitum*) e soggettivi (soggetto attivo e soggetto passivo dell'azione).

Ad esempio, se Tizio ritiene di dover avere da Caio 100.000 euro a titolo di prezzo della compravendita fra le parti, egli dovrà indicare i soggetti (Tizio e Caio), il *petitum* mediato, cioè il bene della vita (100.000 euro), il *petitum* immediato, cioè il provvedimento richiesto all'arbitro (la condanna), la *causa petendi*, cioè i fatti costitutivi del diritto (la stipula del contratto di compravendita).

Per determinare correttamente la domanda, occorre avere riguardo anche all'ambito oggettivo della convenzione d'arbitrato.

Se la domanda è esorbitante, infatti, gli arbitri non hanno la legittimazione a pronunciarsi, sempre che l'avversario abbia sollevato l'eccezione di estraneità della domanda nel corso del procedimento (art. 817 c.p.c., cap. XIV, par. 1).

In arbitrato si parla talvolta di quesiti: secondo l'opinione che ritengo preferibile, si tratta di un diverso modo di esprimere il bisogno di tutela, che non comporta alcuna variazione per quanto concerne il suo contenuto.

Il quesito si differenzia dalla domanda perché l'accertamento viene chiesto in chiave interrogativa e non affermativa.

Esempio di quesito: "dicano gli arbitri se Tizio sia tenuto a pagare oppure no..."; esempio di domanda: "vogliano gli arbitri dichiarare tenuto Tizo a pagare...".

Infine, anche in arbitrato è possibile il cumulo di domande, cioè la proposizione di più domande nello stesso giudizio arbitrale, nel caso in cui rientrino tutte nella stessa convenzione arbitrale; qualora, invece, le domande si riferiscano a due convenzioni arbitrali separate, il cumulo nello stesso giudizio sarà possibile solo se le convenzioni siano tra loro coordinate e consentano l'instaurazione di un unico processo arbitrale per tutte (cap. XIV, par. 1).

b) *L'intenzione di promuovere il procedimento arbitrale*. Si tratta di un requisito meramente formale, desumibile anche dal contesto dell'atto.

c) *La nomina dell'arbitro, ove spetti*. Tale requisito troverà applicazione solo quando sia stata prevista la nomina binaria, o comunque nelle ipotesi in cui la nomina spetti alle parti; qualora l'incarico sia attribuito ad un terzo, si dovrà semplicemente dare atto di avere avviato, o di avviare contestualmente all'atto, le operazioni di designazione (ad esempio tramite l'istanza di nomina al terzo).

Ciò accade, in particolare, quando si dà avvio all'arbitrato nelle liti endosocietarie, poiché occorrerà contestualmente depositare una richiesta di designazione dell'arbitro all'ente individuato nella clausola compromissoria statutaria; nulla impedisce che la stessa domanda sia depositata presso l'ente designatore, ma la notifica all'avversario resta indispensabile, a mio avviso, per la produzione degli effetti di cui al par. 2.

La domanda d'arbitrato può essere proposta direttamente dalla parte, oppure dal difensore munito di procura (cap. XI, par. 4) e, una volta redatta e sottoscritta, va notificata.

2. Gli effetti processuali e sostanziali della domanda d'arbitrato.

La domanda d'arbitrato produce sia effetti che operano sul piano del processo arbitrale, sia effetti che incidono sul diritto sostanziale controverso.

a) *Effetti processuali*. Essi possono riassumersi nella "pendenza della lite arbitrale".

Così, dal giorno della notifica scatta l'operatività dell'art. 111 c.p.c., in caso di successione del diritto litigioso (cap. XIII, par. 7).

Se Tizio rivendica un bene nei riguardi di Caio e quest'ultimo lo vende a Sempronio, il lodo che dichiara vincitore Tizio sarà opponibile all'acquirente? Poiché l'art. 111 c.p.c stabilisce che "se nel corso del processo si trasferisce il diritto controverso per atto tra vivi a titolo particolare, il processo prosegue tra le parti originarie", la risposta a questo interrogativo è racchiusa nell'individuazione del momento in cui pende il processo arbitrale. Ora, se l'acquisto è avvenuto dopo il giorno di notifica della domanda d'arbitrato, il processo continuerà fra Tizio e Caio e il lodo avrà effetto anche nei confronti di Sempronio (salvi gli effetti della trascrizione o del possesso di buona fede). Se invece l'acquisto sia avvenuto prima della pendenza della lite, Tizio avrà male instaurato il processo nei riguardi di Caio, che non era più proprietario, perciò non più legittimato a contraddire, al momento dell'instaurazione del procedimento.

La pendenza della lite è importante anche per l'operatività dell'art. 819-*ter*, ult. comma, c.p.c. e per la tutela cautelare conservativa: se un sequestro venga concesso prima dell'inizio dell'arbitrato, occorre notificare la domanda d'arbitrato entro il termine previsto dal giudice o dalla legge, pena l'inefficacia della cautela (cap. XI, par. 12).

b) *Effetti sostanziali*. La domanda d'arbitrato produce altresì effetti che operano direttamente sul diritto, in analogia con quelli prodotti dall'atto di citazione.

In particolare:

b1) interrompe e sospende la prescrizione. La prescrizione si interrompe con la notifica della domanda d'arbitrato, anche se l'arbitro sia privo di *potestas iudicandi* per nullità della convenzione arbitrale (art. 2943 c.c.) e si sospende per tutta la durata del processo arbitrale, fino al momento in cui il lodo non sia più impugnabile o passi in giudicato la sentenza resa sull'impugnazione (art. 2945 c.c.).

Da questo momento, poi, in virtù della parificazione fra lodo e sentenza, vale la prescrizione decennale, anche nel caso in cui il diritto fosse in origine assistito da prescrizione diversa.

Cosa succede se il processo finisce senza la pronuncia di un lodo? Nei casi in cui il processo arbitrale possa dirsi estinto, si farà riferimento alla regola valevole per l'estinzione del processo statuale, vale a dire, dal momento dell'interruzione, ricomincerà a decorrere un nuovo periodo di prescrizione, senza che operi la sospensione. Negli altri casi in cui il processo arbitrale non sia portato a termine (ad esempio per rinuncia dell'incarico da parte degli arbitri) si potrà adottare una regola analoga, per comunanza di *ratio*. Dovrebbe valere la stessa soluzione anche nell'ipotesi, assolutamente residuale ma non impossibile, in cui dopo la notifica della domanda, l'*iter* di costituzione del giudice arbitrale attraverso la nomina e l'accettazione non sia portato a termine per inerzia delle parti.

b2) Interrompe le decadenze.

Ad esempio, la notifica della domanda d'arbitrato interrompe il termine per proporre l'impugnazione delle deliberazioni assembleari di una società.

b3) Produce l'effetto prenotativo, ai fini della trascrizione dei diritti su beni immobili, o mobili registrati. Infatti, effettuata la trascrizione della domanda d'arbitrato, l'opponibilità ai terzi dell'effetto ottenuto con il lodo retroagisce a quel momento.

In particolare, per quel che riguarda i diritti immobiliari, l'effetto opera nei casi elencati dall'art. 2652, nn. 1-9, c.c., nonché nei casi di cui all'art. 2653, nn. 1-5, c.c. con le conseguenze descritte per ciascuna ipotesi;

Ad esempio, Tizio cita Caio davanti agli arbitri per rivendicare la proprietà di un immobile. Durante il processo arbitrale, Caio vende l'immobile a Sempronio. Il processo arbitrale accerta che l'immobile è di proprietà di Tizio. Quest'ultimo può far valere le sue ragioni nei confronti di Sempronio, opponendogli il lodo emesso nei riguardi di Caio? Sì, ma solo nel caso in cui abbia trascritto la domanda di arbitrato prima della trascrizione del contratto di compravendita tra Caio e Sempronio.

mentre, per quel che concerne i diritti su beni mobili registrati, si deve fare riferimento agli artt. 2690 e 2691 c.c.

Non ha nulla a che fare con l'effetto prenotativo tipico della trascrizione l'iscrizione della domanda di arbitrato nel registro delle imprese, nell'arbitrato su liti endosocietarie, perché ha una mera finalità di pubblicità-notizia; lo stesso vale per il deposito del lodo presso la Camera arbitrale dei lavori pubblici.

b4) Produce gli effetti della messa in mora (art. 1219 c.c.), con le debite conseguenze sulla debenza degli interessi moratori e sul rischio per il perimento del bene.

Ai sensi del d.l. n. 132 del 2014, conv. in l. n. 162 del 2014, se le parti non hanno determinato la misura degli interessi legali, la pendenza della lite arbitrale fa scattare il saggio previsto dalla legislazione speciale relativa ai ritardi di pagamento nelle transazioni commerciali (d.lgs. n. 231 del 2002, mod. dal d.lgs. n. 192 del 2012 e d.l. n. 1 del 2012, conv. in l. n. 27 del 2012).

3. Altre modalità di inizio del procedimento arbitrale.

La domanda d'arbitrato è l'unico strumento valido per iniziare il processo arbitrale, oppure sono possibili altre modalità?

Poiché la legge non è esplicita sul punto, non si può escludere l'avvio del procedimento con una comunicazione via pec o via raccomandata dell'intenzione di avviare l'arbitrato, a maggior ragione quando le parti l'abbiano espressamente previsto nel patto arbitrale.

Tuttavia, occorrerà che dette modalità siano rispettose del contraddittorio.

Ad esempio si è ritenuto in giurisprudenza (Cass., 14 settembre 2012, n. 15445) che non sia atto valido per l'instaurazione del processo arbitrale l'invio di una lettera direttamente all'arbitro, già nominato nel patto compromissorio, che l'abbia poi trasmessa all'avversario invitandolo a contraddire.

Va peraltro ribadito che altre modalità di instaurazione della lite, quando portino forme che non possano dirsi equipollenti alla domanda d'arbitrato, non sono in grado di determinare gli stessi suoi effetti.

Esemplificando, una volta sorta la lite, la parte potrebbe iniziare l'arbitrato anche con una semplice lettera raccomandata con avviso di ricevimento, o via pec, con la quale si limita a nominare l'arbitro, ove gli spetti, senza alcun riferimento al diritto fatto valere; tuttavia, questa modalità di avvio, non contenendo la determinazione della domanda, non sarà suscettibile di interrompere la decadenza o la prescrizione del diritto.

Nella prassi dell'arbitrato amministrato si presenta un caso critico: sovente i regolamenti prevedono che, per instaurare il procedimento, sia sufficiente il deposito della domanda presso l'ente amministratore, che provvede successivamente a darne comunicazione all'avversario. In proposito, volendo valorizzare la volontà delle parti tramite il rinvio al regolamento, la pendenza del procedimento a determinati fini (per esempio ai sensi dell'art. 819-*ter*, ult. comma, c.p.c.) potrebbe dirsi avverata con il deposito dell'istanza, specie quando il medesimo regolamento lo preveda espressamente.

Più delicato è il caso in cui occorra interrompere il termine per l'inizio del giudizio di merito in caso di cautelare conservativo, perché la disciplina è chiara nel richiedere la notifica *ex parte* della domanda di arbitrato: è stato rilevato che anche in questo caso dovrebbe essere sufficiente il deposito, in quanto l'atto, da quel momento, esce dalla sfera di controllo della parte, ma l'assunto non è pacifico. Nel dubbio, sarà opportuno notificare.

Gli effetti sostanziali, invece, decorreranno dal momento in cui l'atto perviene a conoscenza del convenuto, attraverso la comunicazione dell'ente, a meno che non si debba trascrivere la domanda nei registri immobiliari, nel qual caso occorrerà formale notificazione, ai sensi dell'art. 2658 c.c.

Il regolamento della Camera arbitrale di Milano (art. 9), consapevole del problema, prevede che la parte possa contestualmente notificare all'avversario una domanda di arbitrato.

Capitolo X
I RAPPORTI TRA ARBITRATO E GIUDIZIO STATUALE

1. Il principio della *Kompetenz-Kompetenz* e le "vie parallele".

Il rapporto fra arbitrato e giudizio statuale non si pone soltanto in termini di confronto fra natura e funzione, ma viene in rilievo, più praticamente, quando sia instaurata di fronte al giudice una lite devoluta ad arbitrato, o quando l'arbitro si trovi a dover giudicare di una controversia soggetta ad una convenzione arbitrale, di cui venga contestata la validità o addirittura l'esistenza.

Ai sensi del combinato disposto degli artt. 817 e 819-*ter* c.p.c. emerge la piena affermazione del principio della *Kompetenz-Kompetenz*, in base al quale sia l'arbitro, sia il giudice hanno il diritto di valutare la propria *potestas iudicandi*.

Ciascuno dei due, in altri termini, è libero di verificare la sussistenza o meno del potere di giudicare sulla controversia, senza alcun condizionamento rispetto alla soluzione adottata dall'altro.

In particolare l'arbitro, ai sensi dell'art. 817 c.p.c., ha diritto a valutare sia la sussistenza di una convenzione arbitrale pienamente operativa, sia la propria regolare costituzione (in termini di regolarità della nomina), al fine di accertare il proprio potere di giudicare nel merito: e ciò anche quando queste siano contestate "in qualsiasi sede, per qualsiasi ragione sopravvenuta nel corso del procedimento".

Ci si può domandare a cosa si riferisca il legislatore nell'effettuare questa precisazione: ad esempio, potrebbe immaginarsi un vizio sopravvenuto della convenzione arbitrale, o il mutuo dissenso delle parti in ordine alla scelta arbitrale; o un divieto di arbitrato introdotto da una legge applicabile anche ai giudizi in corso; oppure ancora il mancato rilievo dell'*exceptio compromissi* davanti al giudice investito della stessa lite, che, a termini dell'art. 819-*ter* c.p.c. comporta l'estinzione della convenzione arbitrale limitatamente a quella controversia.

Il principio della *Kompetenz-Kompetenz* viene completato con la previsione delle c.d. vie parallele: a termini dell'art. 819-*ter* c.p.c., infatti, la pendenza di una lite davanti al giudice non esclude la competenza dell'arbitro sulla stessa controversia.

Può infatti accadere che due cause identiche o in relazione di continenza (cioè quando i soggetti e *causa petendi* sono identici, mentre il *petitum* è più ampio) pendano contemporaneamente davanti all'arbitro e al giudice statuale.

Litispendenza: A notifica domanda d'arbitrato nei confronti di B, ad esempio, chiedendo la divisione di un appartamento in comproprietà; successivamente B, ritenendo nulla la convenzione arbitrale, inizia una causa di divisione dello stesso bene, davanti al giudice ordinario.

Continenza: davanti all'arbitro è proposta la domanda di pagamento di una rata del prezzo di una compravendita; davanti al giudice viene proposta la domanda di pagamento dell'intero prezzo.

Ebbene, in questi casi, a differenza di quanto accade per la litispendenza interna alla giurisdizione statuale e per la litispendenza internazionale, entrambi i procedimenti continuano paralleli, essendo irrilevante quale delle due liti sia iniziata per prima.

Non tutti i sistemi nazionali hanno percorso la stessa direzione: alcuni, esprimendo un maggior *favor* per l'arbitrato, hanno previsto che l'instaurazione del procedimento arbitrale comporti automaticamente la necessità per il giudice ordinario di declinare la propria competenza.

Per l'art. 1448 del *c.p.c.* francese, ad esempio, il giudice ordinario "se déclare incompétente sauf si le tribunal arbitral n'est pas encore saisi et si la convention d'arbitrage est manifestement nulle ou manifestement inapplicable". Si suole parlare di "litispendenza zoppa", in quanto l'instaurazione del procedimento arbitrale blocca l'azione giudiziale e non viceversa.

Le due più importanti convenzioni internazionali non hanno preso una posizione netta a favore dell'una o dell'altra soluzione.

La convenzione di New York, infatti, si limita a prevedere che il giudice deve rinviare all'arbitrato, a meno che ritenga che la convenzione arbitrale sia "null and void, inoperative or incapable of being performed" (art. II). Secondo la Convenzione di Ginevra, il giudice può trattenere la lite solo per "good and substantial reasons", fra le quali si ritiene inclusa l'invalidità della convenzione arbitrale (art. 6).

Per approfondire il tema, nodale per l'efficienza dell'arbitrato, occorre affrontarlo da due diversi punti di vista: dalla prospettiva dell'arbitro e da quella del giudice.

2. L'eccezione di invalidità o inesistenza della convenzione arbitrale davanti all'arbitro.

L'arbitro può pronunciarsi sul diritto controverso solo se la convenzione arbitrale sia valida ed efficace.

Il controllo, tuttavia, può essere esperito solo su iniziativa della parte: infatti, ai sensi dell'art. 817 c.p.c., è onere del convenuto eccepire, nella prima difesa successiva all'accettazione degli arbitri, l'inesistenza, l'invalidità o l'inefficacia della convenzione arbitrale.

Per prima difesa, dunque, non si intende necessariamente la comparsa di risposta del convenuto (che peraltro non è obbligatoria in arbitrato), se venga, come talvolta accade, trasmessa all'attore prima dell'accettazione degli arbitri.

In difetto, gli arbitri possono pronunciare nel merito e il lodo non potrà essere impugnato sulla base del motivo non sollevato. In mancanza di tempestiva reazione dell'avversario, insomma, il lodo emesso sulla base di una convenzione arbitrale invalida è in grado di statuire validamente sul diritto.

Si discute se la mancata eccezione dia luogo alla formazione di un vero e proprio patto compromissorio, o soltanto a preclusione "processuale" di impugnabilità del lodo (cap. VII, par. 11).

Vi fa eccezione un'ipotesi particolarmente grave, cioè quando la convenzione sia invalida per incompromettibilità del diritto.

Ad esempio, Tizio conviene Caio davanti all'arbitro per sentir dichiarare la sua paternità e Caio nulla eccepisce durante l'arbitrato, in ordine alla non compromettibilità della lite; una volta pronunciato il lodo sullo *status*, Caio potrà invalidarlo in ogni tempo, perché ha pronunciato su materia sottratta alla cognizione arbitrale (cap. XVI, par. 13).

Va inoltre ricordato che, secondo la Corte di giustizia Ue, anche la vessatorietà della clausola compromissoria nei confronti del consumatore può essere motivo di impugnazione rilevabile d'ufficio (cap. VI, par. 7).

La possibilità per gli arbitri di decidere nel merito non impedisce alla parte di rivolgersi contestualmente al giudice, per ottenere tutela, poiché questi, per il già visto principio delle vie parallele, non è vincolato alle statuizioni dell'arbitro circa la validità della convenzione arbitrale.

Si presenta, dunque, un grave rischio di conflitto, positivo o negativo, fra decisioni, di cui dirò meglio al par. 6.

Se invece l'eccezione sia ritualmente sollevata, gli arbitri dovranno decidere sulla questione di inesistenza, nullità o inefficacia della convenzione.

A seconda del caso – ferma la possibilità per gli arbitri di anticipare il giudizio in modo non vincolante con l'ordinanza –, la decisione potrà avvenire:

a) con un lodo non definitivo (cap. XV, par. 11), quando ritengano che la convenzione sia valida e rimettano in trattazione per il merito;

b) con un lodo definitivo che pronunci sia sulla convenzione, ritenendola ovviamente valida, sia sul merito;

c) con un lodo definitivo che pronunci l'inoperatività della convenzione arbitrale e la conseguente carenza di *potestas iudicandi*.

I predetti lodi saranno impugnabili davanti alla Corte d'appello, ai sensi dell'art. 827 ss. c.p.c. (con le modalità di cui si dirà ai capp. XV, par. 11 e XVI);

Non è chiaro se la sentenza della Corte d'appello, con la quale i giudici statuiscano sulla competenza degli arbitri per la via dell'impugnazione per nullità, sia a sua volta impugnabile con regolamento di competenza o con ricorso ordinario in cassazione. Sarei per la seconda soluzione, rientrando la pronuncia nell'alveo ordinario della prosecuzione del giudizio a seguito di annullamento del lodo.

La mancata impugnazione del lodo di merito renderà irrilevante il vizio della convenzione arbitrale, salvo il caso dell'incompromettibilità del diritto (cap. XVI, par. 13).

Ove invece gli arbitri dismettano la lite davanti a loro, per inoperatività della convenzione arbitrale, la legge, inopinatamente, non prevede la *traslatio iudicii* al giudice statuale, cioè la possibilità di conservare davanti a quest'ultimo gli effetti dell'originaria domanda d'arbitrato.

Ad esempio, se Tizio impugna tempestivamente una delibera assembleare di una società per falsità del bilancio e gli arbitri si pronunciano per l'incompromettibilità del diritto, egli, non intendendo impugnare il lodo, dovrà iniziare un processo davanti al giudice, rischiando di essere già decaduto, per tardività dell'impugnativa, in quanto, per l'interruzione del termine, si avrà riguardo alla notifica dell'atto di citazione e non a quella, precedente, della domanda di arbitrato.

La lacuna si pone in contrasto con la fungibilità fra arbitrato e giudizio statuale ed è pertanto auspicabile un futuro mutamento di rotta, come già è accaduto con la declaratoria di incostituzionalità dell'art. 819-*ter* c.p.c., per quanto riguarda il percorso inverso (par. 3).

Se il lodo italiano ricade nell'ambito della convenzione di Ginevra, si applica una norma apposita (art. 5), che conferma il rilievo *ex parte* entro la prima difesa di merito, salva l'eventualità – da riconoscersi anche al di fuori della convenzione – di rimessione in termini.

3. L'eccezione di convenzione arbitrale davanti al giudice: arbitrato italiano.

L'art. 819-*ter* c.p.c. regola l'ipotesi in cui sia sollevata un'eccezione di compromesso davanti al giudice statuale.

Si è già detto che anche il giudice è libero di valutare la validità e l'efficacia del patto compromissorio, per verificare la propria legittimazione a decidere nel merito.

Anche in questo caso, il rilievo può avvenire soltanto *ex parte*. L'art. 819-*ter* c.p.c., infatti, stabilisce che spetta al convenuto eccepire l'esistenza di una convenzione arbitrale nella prima difesa, cioè, di regola, la comparsa di risposta.

Se ad eccepire il patto compromissorio sia l'attore rispetto ad una domanda riconvenzionale del convenuto, il momento ultimo dovrà intendersi la prima udienza di trattazione o comunque la seconda memoria *ex* art. 183, comma 6°, n. 2 c.p.c.

Conviene ora distinguere *a*) il caso in cui la parte non abbia sollevato l'eccezione – o l'abbia sollevata tardivamente – *b*) da quello in cui l'abbia proposta tempestivamente ed in quest'ultima ipotesi se l'avversario aderisca *c*) oppure no.

a) In mancanza di tempestivo rilievo, il giudice deve senz'altro pronunciarsi sul merito: secondo l'art. 819-*ter* c.p.c., infatti, "la mancata proposizione dell'eccezione esclude la competenza arbitrale limitatamente alla controversia decisa in quel giudizio".

Il che significa che il difetto di eccezione non comporta solamente il definitivo radicamento della lite davanti al giudice, ma estingue la convenzione arbitrale limitatamente alla controversia *de qua*.

Portando l'assunto a coerenti conseguenze, deve ritenersi che, se le parti instaurino successivamente o abbiano instaurato in precedenza un procedimento arbitrale sulla stessa lite, gli arbitri debbano constatare il venir meno della convenzione arbitrale, negando la propria *potestas iudicandi*.

Come è stato rilevato da una parte della dottrina, questa interpretazione contrasta con l'art. 817 c.p.c., che stabilisce che in nessun caso (neppure per qualsiasi ragione sopravvenuta) viene meno il potere per l'arbitro di valutare la propria "competenza". Tuttavia, è da ritenere che l'art. 819-*ter* si atteggi come *lex specialis*, prevalente, anche se si tratta di una soluzione poco compatibile con la regola del mutuo dissenso. Peraltro, l'effetto estintivo dovrebbe ritenersi subordinato alla sentenza con cui il giudice abbia deciso il merito della lite, in quanto, se dovesse operare fin dal momento del mancato rilievo dell'eccezione, vi sarebbe il rischio che il giudice, nel ritenere, al contrario, l'eccezione tempestiva, declini a sua volta la *potestas iudicandi*. In pratica, il vincolo sarà efficace solo quando il giudice abbia deciso sul diritto controverso, accertando la tardività dell'eccezione.

b) In caso di rilievo tempestivo, l'altra parte può innanzitutto aderire all'eccezione. Si farà applicazione analogica dell'art. 38 c.p.c., non menzionato dall'art. 819-*ter* fra le norme di cui viene esclusa l'applicabilità in arbitrato: perciò la parte interessata dovrà riassumere il processo arbitrale entro tre mesi dalla pronuncia di cancellazione della causa dal ruolo, conservando gli effetti processuali e sostanziali della domanda giudiziale (v. *infra*).

Potrebbe il giudice rilevare d'ufficio l'eventuale nullità del compromesso, in assenza di contestazione dell'altra parte? L'art. 819-*ter* c.p.c. non regolamenta l'ipotesi, perciò la questione è aperta, specie se si tenga conto della regola generale di rilevabilità officiosa delle nullità e degli orientamenti più recenti della giurisprudenza in favore del rilievo delle nullità d'ufficio; l'art. 1 d.l. n. 132 del 2014, poi, prevede un siffatto controllo in caso di istanza congiunta (par. 8). Sarei pertanto per la soluzione positiva.

c) Nel caso in cui l'altra parte non aderisca, il giudice si pronuncia con sentenza.

Non sembra che l'utilizzo della forma di sentenza sia venuto meno dopo le modifiche della l. n. 69 del 2009, che hanno disposto la pronuncia sulla competenza in forma di ordinanza, perché l'art. 819-*ter* è chiaro in tal senso.

La decisione potrà essere non definitiva, quando affermi la propria competenza e rimetta in trattazione per il merito, o definitiva, quando declini la propria competenza, chiudendo il processo davanti a sé, oppure affermi la propria competenza e decida anche nel merito.

Essa è impugnabile con regolamento di competenza, che potrà essere necessario o facoltativo a seconda che, rispettivamente, il giudice decida solo sulla questione di validità della convenzione arbitrale, o anche nel merito della lite.

Occorre ora verificare quali siano le conseguenze derivanti dalla proposizione o meno del regolamento di competenza.

c1) Anche se il ricorso venga proposto, nulla impedisce alle parti di rivolgersi contemporaneamente agli arbitri, in applicazione del principio delle vie parallele.

Non opera infatti l'art. 48 c.p.c., nella parte in cui prevede che il regolamento di competenza sospenda automaticamente i giudizi coinvolti nella declaratoria della Cassazione.

La previsione sembra dunque escludere che, nel caso in cui sia proposto (o sia ancora proponibile) un regolamento di competenza avverso la sentenza con la quale il giudice statuale disponga la riassunzione davanti agli arbitri entro un certo termine, quest'ultimo sia sospeso, in attesa dell'esito del regolamento (v. comunque par. 4); per altro verso, più inspiegabilmente (tanto che se ne è proposta la disapplicazione, argomentando sul fatto che l'esclusione riguarderebbe solo i rapporti fra giudice ed arbitro), non permette la sospensione del processo davanti al giudice statuale, che si sia pronunciato con sentenza non definitiva sulla validità della convenzione arbitrale, rimettendo per il merito al prosieguo.

Gli arbitri eventualmente aditi non saranno vincolati dalla decisione del giudice, dunque potranno a loro volta declinare la *potestas iudicandi*, se ritengano la convenzione arbitrale nulla (salvo quanto si dirà nel par. 4 sulla sospensione facoltativa).

Ne consegue che, come per la già vista ipotesi di eccezione di invalidità del compromesso davanti agli arbitri, vi è il rischio di una doppia declinatoria.

Parimenti, se oggetto di regolamento sia una sentenza con la quale il giudice abbia affermato la propria competenza, nulla esclude che una parte si rivolga comunque agli arbitri e vi sarà questa volta il rischio di un doppio giudicato, magari contrastante, nel merito della lite.

In entrambi i casi, come si vede, la soluzione non è soddisfacente (par. 4).

La Cassazione, dopo aver stabilito a chi spetti decidere nel merito, darà i conseguenti provvedimenti necessari per la prosecuzione del processo ai sensi dell'art. 49 c.p.c.

Con riguardo alla competenza, la sentenza della Corte è vincolante per tutti i giudici coinvolti e sopravvive all'estinzione del giudizio di merito: ci si deve domandare se le stesse regole valgano anche nei confronti degli arbitri.

La risposta è a mio avviso positiva.

È vero che l'art. 817 c.p.c., nell'assicurare il diritto di questi ultimi di valutare la propria competenza anche se contestata "in qualsiasi sede per qualsiasi ragione sopravvenuta nel corso del procedimento" sembrerebbe rispondere negativamente; tuttavia, l'art. 819-*ter* c.p.c. implicitamente ammette la vigenza delle regole sopra menzionate in arbitrato, poiché non le include nell'elenco delle norme non applicabili.

Si riduce, così, il rischio di un conflitto fra pronunce.

Infine, come si dirà a breve, se la Corte di cassazione stabilisce la competenza degli arbitri, è possibile conservare gli effetti della domanda originaria proposta davanti al giudice poi riconosciuto incompetente.

c2) Nell'ipotesi in cui il regolamento di competenza non venga proposto, la pronuncia del giudice statuale con la quale dichiari la propria incompetenza vincola gli arbitri?

Poiché l'art. 44 c.p.c. non si applica, per espressa previsione dell'art. 819-*ter*, gli arbitri successivamente aditi nei termini fissati dal giudice non saranno vincolati a detta statuizione e potranno liberamente decidere sulla propria legittimazione a giudicare.

Anche in questo caso, dunque, non viene scongiurato il rischio di un conflitto negativo fra decisioni.

Ad esempio, Tizio cita Caio davanti al giudice per sentir accertare il proprio diritto al prezzo di una compravendita. Caio eccepisce che vi è una convenzione arbitrale e il giudice declina la propria competenza in favore degli arbitri. Successivamente Tizio riassume davanti agli arbitri nei termini fissati e sorge questione di invalidità della medesima convenzione, per rilievo di Caio. Gli arbitri possono decidere di declinare a loro volta la *potestas iudicandi*, con la conseguenza che Tizio non avrà ricevuto tutela né dal giudice, né dagli arbitri.

Una parte della dottrina ha ritenuto di poter valorizzare, in contrario, l'art. 830, comma 3°, c.p.c., ai sensi del quale, nei casi in cui la Corte d'appello non sia investita del giudizio rescissorio una volta annullato il lodo, torna ad operare la convenzione arbitrale originaria, a meno che i giudici non abbiano invalidato il lodo per inoperatività del patto compromissorio; il che significherebbe, in sostanza, che la questione pregiudiziale sull'invalidità del patto compromissorio (che non è oggetto diretto dell'impugnazione del lodo) spiega effetto al di fuori del processo, vincolando gli eventuali futuri arbitri: da qui, si potrebbe dedurre che anche la sentenza con la quale il giudice di merito si dichiari competente o incompetente per *exceptio compromissi* spieghi analogo effetto extraprocessuale. Vi osta, però, il diverso oggetto del giudizio di merito, che in questo caso attiene al diritto litigioso e non all'invalidità del lodo, per ripercussione derivante dall'invalidità del patto arbitrale; sicché, a mio parere, torna ad operare l'art. 817, nella parte in cui garantisce il sindacato degli arbitri sulla propria competenza, a prescindere da qualunque ragione, anche sopravvenuta nel corso del processo. Né ritengo che la pronuncia della Corte costituzionale, di cui subito appresso, contenga spunti per superare il divieto di applicazione dell'art. 44 c.p.c.

Si è poi posto un altro problema, questa volta risolto felicemente.

L'art. 819-*ter*, infatti, escludeva l'applicazione dell'art. 50 c.p.c., che permette di salvare gli effetti della domanda originaria, per effetto del trasferimento della causa dal giudice incompetente *a quo* al giudice competente *ad quem* (la c.d. *translatio iudicii*).

La Corte costituzionale (19 luglio 2013, n. 223) ha dichiarato l'incostituzionalità della previsione, ritenendo che all'arbitrato debbano essere applicate regole corrispondenti a quelle dall'art. 50 c.p.c., attesa la fungibilità fra rimedio privato e pubblico; sicché "l'errore compiuto dall'attore nell'individuare come competente il giudice piuttosto che l'arbitro non deve pregiudicare la sua possibilità di ottenere, dall'organo effettivamente competente, una decisione sul merito della lite".

Così, se la parte riassuma la lite davanti agli arbitri nei termini fissati dal giudice, o in mancanza nei tre mesi dalla comunicazione della sentenza, gli effetti della domanda (interruzione della prescrizione, delle decadenze, messa in mora, ecc.), retroagiscono al momento della proposizione dell'atto di citazione.

Ad esempio, Tizio impugna una delibera assembleare di una società e notifica l'atto di citazione davanti al giudice ordinario nei tempi previsti, interrompendo così la decadenza fissata dalla legge. Caio, convenuto, eccepisce l'esistenza di una convenzione arbitrale contenuta nello statuto della società ed il giudice declina la propria competenza, rinviando ad arbitrato. Tizio propone domanda d'arbitrato e Caio eccepisce che l'impugnativa è ormai tardiva essendo già abbondantemente trascorsi i novanta giorni. Poiché nel passaggio dal giudice all'arbitro opera la *translatio iudicii*, l'interruzione della decadenza prodotta dall'originario atto di citazione continua a valere.

Purtroppo, però, rimanendo intatto il divieto di applicazione dell'art. 44 c.p.c., la proposizione della domanda di arbitrato entro i termini fissati dal giudice salverà gli effetti dell'atto di citazione originario, ma nulla impedirà agli arbitri di declinare a loro volta la propria *potestas iudicandi*.

Va infine ricordato che, se il lodo italiano ricade nell'ambito applicativo della convenzione di Ginevra, l'art. 5 detta una serie di utili criteri uniformi, per l'individuazione delle leggi in base alle quali il giudice deve valutare la validità della convenzione arbitrale, a seconda delle diverse questioni. Ad esempio, con riguardo alla forma, il giudice dovrà avere riguardo alla legge scelta dalle parti, oppure, in via sussidiaria, alle legge della sede dell'arbitrato e, da ultimo, in mancanza della sede, alle norme di conflitto della *lex fori*. Mentre sull'arbitrabilità, si ha riguardo alla *lex fori*.

4. *Segue*: Conflitti positivi o negativi fra pronunce.

Si è visto nei precedenti paragrafi che la contemporanea pendenza della stessa lite davanti all'arbitro e davanti al giudice può determinare il rischio di conflitti di pronunce.

Il problema può essere prevenuto facendo uso di sistemi di raccordo fra i processi pendenti.

In proposito, non è possibile disporre la sospensione necessaria *ex* art. 295 c.p.c., bensì quella facoltativa *ex* art. 337 c.p.c. (cap. XIV, par. 11), quando davanti a loro sia invocata l'"autorità", rispettivamente della sentenza o del lodo, facendo leva, per quest'ultimo, sulla sua equiparazione alla sentenza *quoad effectum*.

Ad esempio, se il giudice abbia emesso una sentenza di merito, sul presupposto della propria competenza per invalidità della convenzione arbitrale, l'arbitro, investito nel frattempo della lite, potrebbe sospendere il processo in attesa della definizione del processo davanti al giudice. Più dubbio è se possa farlo quando la sentenza del giudice non abbia statuito sul merito ma solo sulla competenza (ad esempio, il giudice si è ritenuto incompetente e la sentenza è stata impugnata con regolamento di competenza; successivamente una delle parti inizia un procedimento arbitrale), in quanto occorre ammettere che per "autorità" della sentenza debba intendersi anche quella di giudicato formale. È altresì dubbio se la Corte d'appello, davanti alla quale sia impugnato il lodo, possa sospendere in attesa della definizione della lite davanti al giudice ordinario: in assenza di previsione espressa dovrebbero valere le regole davanti al giudice, incluso l'art. 295 c.p.c.

Nella denegata ipotesi di contrasto, occorre distinguere fra conflitto positivo e conflitto negativo.

a) *Conflitto positivo.*

Ad esempio, l'arbitro ritiene che la convenzione sia valida e decide nel merito; nel frattempo una parte si rivolge il giudice, che ritiene la convenzione nulla, decidendo a sua volta nel merito. Le pronunce potranno essere contrastanti, oppure consonanti, ma si determinerà comunque un conflitto positivo.

Quando il giudice e l'arbitro siano entrambi pervenuti ad una pronuncia sul merito, ritenendo ciascuno sussistente la propria *potestas iudicandi*, la soluzione dipende da quale pronuncia sia stata adottata per prima.

a1) Se venga pronunciata prima la sentenza, il lodo sarà impugnabile *ex* art. 829, n.8, solo se la decisione giudiziale sia già passata in giudicato e sia stata depositata nel corso del processo arbitrale.

In difetto, il lodo passerà in giudicato e pertanto, deve ritenersi, prevarrà.

a2) Se invece, come è più frequente, il lodo venga emesso prima della sentenza, quest'ultima potrà essere impugnata per contrasto con la decisione arbitrale, a condizione che si ritenga applicabile l'art. 395 c.p.c. Benché quest'ultima norma si riferisca esclusivamente alle "sentenze", propendo per una interpretazione estensiva, facendo leva sull'equiparazione fra lodo e sentenza ai sensi dell'art. 824-*bis*.

Ne consegue che la sentenza che non sia impugnata con la revocazione prevarrà sul lodo.

b) *Conflitto negativo.*

Ad esempio, l'arbitro ritiene che la convenzione non sia valida e declina la propria *potestas iudicandi*; nel frattempo una parte si rivolge al giudice, il quale, affermando la sussistenza di una convenzione arbitrale valida, si dichiara incompetente.

Quando sia il giudice sia l'arbitro abbiano negato la propria competenza a giudicare sul merito della lite, l'attore si trova in un grave *impasse*.

Il sistema delineato dal legislatore non offre una soluzione globale del problema, limitandosi ad introdurre alcuni correttivi, come le preclusioni sul rilievo dell'eccezione di compromesso o di invalidità della convenzione arbitrale.

Nell'arbitrato estero, come si vedrà, il problema è risolto dall'art. 4 l. n. 250 del 1994, a termini del quale, in caso di declinatoria dell'arbitro, risorge la competenza del giudice italiano, ma, nel silenzio della legge, la norma non è applicabile all'arbitrato interno.

Ai sensi dell'art. 808-*quinquies* c.p.c. la conclusione del processo arbitrale senza pronuncia sul merito non toglie effetto alla convenzione d'arbitrato, per cui a maggior ragione va negata una definitiva acquisizione della lite alla giurisdizione statuale.

Per ovviare ai seri inconvenienti che il conflitto negativo provoca, molti studiosi hanno tentato soluzioni correttive, ma il dettato normativo non offre appigli sicuri.

Si è, ad esempio, ritenuto che la decisione pronunciata dal giudice di merito debba comunque avere effetto nei confronti dell'arbitro adito successivamente, non solo quando abbia pronunciato in via principale sulla validità della convenzione arbitrale, ma anche quando l'abbia fatto incidentalmente, ai fini della propria competenza; parimenti dovrebbe poter valere per il lodo non impugnato, emesso per primo e ciò per l'efficacia c.d. panprocessuale delle sentenze sulla competenza, anche se non pronunciate dalla Corte di cassazione. L'interpretazione è sicuramente in grado di evitare il conflitto negativo, ma trova ostacoli testuali negli artt. 817 e 819-*ter* citt. Si è poi sostenuto che la validità della convenzione di arbitrato sia questione di merito pregiudiziale alla questione di rito sulla competenza e che pertanto sia assoggettata all'art. 34 c.p.c., dovendosi considerare come un accertamento incidentale *ex lege*. Tuttavia, a mio avviso, è di ostacolo la mancata previsione normativa, nonché il fatto che gli arbitri non sembrano essere competenti per la lite sulla validità del patto compromissorio, perché quest'ultima non rientra nell'ambito oggettivo della convenzione arbitrale (limitato alle liti del rapporto a cui la convenzione si riferisce);

il principio della *Kompetenz-Kompetenz*, enunciato dall'art. 817 c.p.c., si limita infatti ad affidare agli arbitri la decisione sulla loro *potestas iudicandi*, ma non si spinge fino ad allargare l'ambito oggettivo del patto compromissorio.

Stando così le cose, al fine di individuare soluzioni utili al problema, si può tentare di spostare l'ottica verso la valorizzazione delle circostanze del caso concreto.

Ad esempio, potrebbe rilevare, ai fini della buona fede nell'interpretazione e nell'esecuzione della convenzione arbitrale, il comportamento della parte che, a fini ostruzionistici, sostenga opposte tesi nelle due sedi, per paralizzare la tutela dell'altra parte.

Esempio: Caio, convenuto da Tizio davanti al giudice per la condanna al pagamento del prezzo di una compravendita, eccepisce l'esistenza di una convenzione arbitrale. Il giudice accoglie l'eccezione con sentenza, passata in giudicato. Successivamente Tizio instaura la lite davanti agli arbitri e Caio, in quella sede, sostiene che la convenzione arbitrale (da lui invocata davanti al giudice) è nulla. Non v'è dubbio che il comportamento di Caio sia contrario a buona fede: benché la violazione non comporti decadenze da poteri processuali e, perciò, non possa essere impedito a Caio di sollevare l'eccezione davanti agli arbitri, nondimeno gli arbitri potranno valutare il comportamento di Caio ai fini della valutazione sulla operatività della convenzione arbitrale contestata. L'assunto, peraltro, vale solo quando sia lo stesso soggetto ad adottare il comportamento contraddittorio (e non quando, ad esempio, sia il contitolare del debito ad eccepire l'invalidità della convenzione).

Infine, il rischio di conflitti può essere attenuato in forza di quanto si dirà nel par. 5.

5. La possibilità di proporre un'autonoma domanda di validità o efficacia della convenzione arbitrale.

Dal dettato dell'art. 819-*ter* c.p.c., letto a contrario, emerge che è possibile rivolgersi al giudice statuale (non all'arbitro) per sapere, una volta per tutte, se vi sia una convenzione arbitrale pienamente operativa.

Infatti la norma, nello stabilire che detta azione non può essere proposta a procedimento arbitrale pendente, induce a ritenere ch'essa sia proponibile in tutti gli altri casi.

Qual è il vantaggio di una simile domanda?

Poiché la convenzione arbitrale è un contratto, l'azione tende all'accertamento sulla sua esistenza, validità ed efficacia e la relativa pronuncia sarà spendibile in tutti i futuri giudizi che dovessero riguardare controversie ricadenti nella convenzione, a prescindere dal fatto che siano iniziati davanti a giudici o ad arbitri.

La sentenza che accerta la validità di una convenzione arbitrale è davvero una sentenza di merito, cioè su un diritto soggettivo sostanziale? Si è detto che la questione circa la convenzione arbitrale viene di regola esaminata ai soli fini della legittimazione a giudicare, per cui la relativa decisione verte su un oggetto processuale, cioè la competenza dell'arbitro o del giudice. In questo caso, però, la legge permette che la suddetta questione diventi domanda, cioè integri gli estremi di un bene della vita autonomamente proponibile: tuttavia, si tratta di un'ipotesi peculiare perché, pur nascendo da un contratto, quale è la convenzione arbitrale, il bene è finalizzato ad un mezzo strumentale, alternativo e concorrente di tutela dei diritti: e ciò in quanto, come si è detto, la convenzione arbitrale dà origine ad una serie di situazioni soggettive di natura processuale (diritto al processo arbitrale o diritto all'azione arbitrale: cap. VII, par. 1). È dunque una previsione del tutto eccezionale, nascente dalle peculiarità dell'arbitrato che, pur essendo processo, nasce da un contratto. In altri termini, il giudicato riguarda il diritto di azione (arbitrale e giudiziale) e non il diritto sostanziale litigioso.

Data dunque per assunta la proponibilità di una suddetta azione, essa permetterà di superare ogni rischio di conflitto negativo o positivo fra pronunce, sempre che, però, il processo arbitrale sul diritto controverso non sia già stato instaurato.

Esempio: la società Mevia conviene davanti ad arbitri la società Caia, per sentir accertare la sussistenza di un credito a suo favore. Successivamente, la società Caia inizia un processo davanti al giudice, chiedendo che sia accertata l'inesistenza di una convenzione arbitrale fra le parti. Il giudice deve pronunciarsi in rito, senza neppure valutare la sussistenza del patto compromissorio, prendendo semplicemente atto della pendenza di un processo arbitrale.

Certo, il rimedio sconta i tempi lunghi della giustizia ed ha un pregio pratico meno incisivo di quanto ci si aspetti, benché sia possibile fare ricorso a riti più snelli, come quello sommario.

La *ZPO* tedesca prevede un'analoga soluzione, consentendo prima dell'inizio dell'arbitrato alle parti di adire l'*Oberlandesgericht* (art. 1032), per ottenere una volta per tutte l'accertamento sulla validità della convenzione arbitrale, con un procedimento semplificato ed accelerato (di cui all'art. 1063).

Tuttavia, esso è suscettibile di applicazione allargata, perché l'accertamento sull'operatività della convenzione arbitrale non si presta unicamente ad essere oggetto di una domanda principale, in un processo a ciò esclusivamente dedicato, bensì può essere chiesto anche come accertamento incidentale, nella lite giudiziale avente ad oggetto il diritto sostanziale controverso.

Anche in quest'ultimo caso, se la domanda è stata effettuata a processo arbitrale non ancora pendente, l'accertamento passato in giudicato ad opera del giudice statuale spiegherà effetto nei riguardi dell'arbitro.

Esempio: Tizio cita Caio davanti al giudice per ottenere l'adempimento di un contratto di compravendita contenente una clausola compromissoria. Caio eccepisce quest'ultima e Tizio, in via riconvenzionale, ne chiede l'accertamento negativo. Successivamente Caio inizia un procedimento arbitrale sul medesimo contratto di compravendita. Nel frattempo il giudice accerta con sentenza passata in giudicato che la clausola arbitrale è invalida, giudicando altresì nel merito. In questo caso gli arbitri vi saranno vincolati e dovranno pronunciare la carenza di *potestas iudicandi*. Se, poi, il giudice accerti l'esistenza della convenzione arbitrale e dichiari perciò "assorbite" le domande di merito, la sentenza sarà parimenti vincolante per gli arbitri, che dovranno necessariamente trattenere avanti a loro la lite sul merito.

Quanto all'impugnabilità di una siffatta sentenza, escluderei il regolamento di competenza, sia facoltativo, sia necessario: trattandosi di pronuncia di "merito" (nel senso già visto) sul patto compromissorio, potrà essere appellata.

Resta inteso che, nelle more del processo sull'accertamento della validità della convenzione arbitrale, non sarà impedito alle parti di iniziare un processo arbitrale, secondo la regola dell'indipendenza reciproca. Nell'eventualità in cui il giudice pronunci una sentenza di primo grado, essa sarà spendibile davanti agli arbitri, ai fini della sospensione facoltativa del processo *ex* art. 337 c.p.c. (*supra*, par. 4 e cap. XIV).

6. L'eccezione di convenzione arbitrale davanti al giudice: arbitrato estero.

Veniamo ora al caso in cui davanti al giudice italiano sia eccepita una convenzione per arbitrato con sede all'estero.

Fonte supernazionale e prevalente è la convenzione di New York, che all'art. II, comma 3°, impone al giudice italiano di "refer the parties to arbitration" su richiesta, a meno che la convenzione arbitrale sia "null and void, inoperative, or incapable of being performed".

In ambito europeo va tenuto altresì in debito conto il regolamento n. 1215 del 2012, che per la prima volta si occupa di arbitrato, pur riaffermandone l'estraneità.

Infine, occorre fare riferimento alla l. n. 218 del 1995 che, nell'art. 4, comma 2° e 11°, equipara l'arbitrato estero alla deroga della giurisdizione italiana a favore di un giudice straniero.

Dal combinato disposto di queste norme deriva la seguente disciplina.

a) L'eccezione di arbitrato estero è rilevabile solo *ex parte*, ai sensi dell'art. 11 l. n. 218 del 1995, in coerenza con l'art. II della convenzione di New York (eccetto i discussi casi indicati nel citato art. 11 in fine).

b) Una volta formulata l'eccezione, l'equiparazione (operata dalla l. n. 218 del 1995) alla questione di giurisdizione permette di adire la Corte di cassazione con regolamento preventivo di giurisdizione, prima ancora di ottenere la pronuncia del giudice adito, per conoscere una volta per tutte se la giurisdizione spetti al giudice o all'arbitro.

La pronuncia della Cassazione sarà però vincolante nei confronti del – solo – giudice italiano: rimane dunque il rischio del conflitto negativo di pronunce, se anche l'arbitro straniero si ritenga privo di *potestas iudicandi*.

Non ritengo convincente (per quanto detto al par. 4, *mutatis mutandis*) sostenere che la sentenza abbia statuito sul merito della validità della convenzione arbitrale e sia pertanto pronuncia di merito circolante all'estero, nei limiti ed alle condizioni in cui ciò è possibile.

c) L'assunto è confermato dal nuovo regolamento n. 1215 del 2012, che, pur ribadendo l'estraneità dell'arbitrato alla sua disciplina, per un verso richiama espressamente la convenzione di New York, per altro verso, nel considerando 12, prende espressa posizione sul tema.

Dal dettato non chiarissimo del considerando, emergono due importanti corollari.

c1) La pronuncia sulla validità della convenzione arbitrale, effettuata *incidenter tantum* ai soli fini della giurisdizione, o in via principale su domanda della parte, non può essere riconosciuta all'estero ai sensi del regolamento e, dunque, non è vincolante.

Esempio: viene accertata la validità di una convenzione arbitrale, per arbitrato con sede a Parigi, con sentenza del giudice italiano. Una delle parti inizia l'arbitrato. Gli arbitri ritengono che la convenzione arbitrale sia nulla: possono farlo poiché la sentenza del giudice italiano non è vincolante nei loro riguardi.

Nel caso di conflitto negativo, quando sia il giudice italiano, sia gli arbitri stranieri abbiano declinato la *potestas iudicandi*, vi è però una via di uscita: ai sensi dell'art. 4, comma 3°, l. n. 218 del 1995, infatti, la giurisdizione del giudice italiano torna a valere a seguito della declinatoria degli arbitri.

Tuttavia, trattandosi di rapporti fra giudice italiano ed arbitrato estero, non opera la *translatio iudicii* di cui all'art. 50 c.p.c., per cui non possono essere fatti salvi gli effetti della domanda originaria.

c2) Se, per contro, l'acclarata invalidità della convenzione arbitrale abbia posto base ad una pronuncia sul merito inclusa nel regolamento *ratione materiae*, quest'ultima è vincolante nel territorio europeo. È necessario, peraltro, che la pronuncia sull'invalidità del patto sia emessa da un giudice fornito di competenza in base al regolamento o in base al diritto nazionale.

Esempio: viene adito il giudice italiano, individuato correttamente sulle base delle regole di giurisdizione, per la condanna al pagamento di un prezzo a favore di Caio, nei riguardi di Mevio. Quest'ultimo eccepisce la sussistenza di una convenzione arbitrale per arbitrato estero e il giudice, ritenendo quest'ultima inoperante, condanna Mevio al pagamento della somma richiesta. La sentenza circola liberamente in tutto il territorio europeo e vincolerà, come (e nei limiti di un) qualunque giudicato di merito, anche gli arbitri (salvo quanto si dirà subito appresso, nell'eventualità che sia stato comunque emesso un lodo).

In pratica, il regolamento riempie, in ambito europeo, lo spazio lasciato dalla convenzione di New York, che non prende posizione sugli effetti della pronuncia che dichiara la nullità del patto arbitrale.

Dunque, la pregiudiziale circa l'invalidità della convenzione arbitrale non dovrebbe più poter essere messa in discussione, ad esempio, in una *naked action* sulla stessa questione (cioè una domanda autonoma sulla sussistenza di una valida ed operante convenzione arbitrale) in un altro Stato.

Riprendendo l'esempio fatto sopra, viene adito il giudice italiano, individuato correttamente sulle base delle regole di giurisdizione, per la condanna al pagamento di un prezzo a favore di Caio, nei riguardi di Mevio. Quest'ultimo eccepisce la sussistenza di una convenzione arbitrale per arbitrato estero e il giudice, ritenendo quest'ultima inoperante, condanna Mevio al pagamento della somma richiesta. Successivamente, al giudice inglese viene richiesto da Mevio l'accertamento della validità della convenzione arbitrale: il giudice inglese è vincolato dall'accertamento compiuto dal giudice italiano.

Il regolamento, però, aggiunge che il riconoscimento della sentenza di merito in un altro Stato non può a sua volta "pregiudicare la competenza delle autorità giurisdizionali degli Stati membri a decidere sul riconoscimento e sull'esecuzione dei lodi arbitrali", data la prevalenza della convenzione di New York sul regolamento.

Il giudice dell'*exequatur* non sarà dunque vincolato all'accertamento dell'invalidità della convenzione arbitrale contenuto (o comunque presupposto) nella sentenza giudiziale di merito e, in tal modo, l'eccezione si attenua notevolmente.

Rimane dunque il rischio di accertamenti contrastanti, circolanti nei diversi paesi europei.

Se, richiesto il riconoscimento in uno Stato membro di una sentenza di merito emessa dal giudice straniero sul presupposto della invalidità del patto arbitrale, sia già stato riconosciuto, sempre nello stesso Stato, un lodo pronunciato sulla stessa lite e contrastante, occorrerà probabilmente fare applicazione dell'art. 45, par. 1, lett. *c*), e rifiutare l'*exequatur* facendo leva sul criterio della "incompatibilità".

7. Le *anti-suit injunctions* a tutela dell'arbitrato internazionale.

Le *anti-suit injunctions* a sostegno dell'arbitrato internazionale vengono tradizionalmente incluse nell'ambito delle misure provvisorie (*interim measures*), atte a preservare il processo arbitrale: in particolare sono dirette a garantire l'effettività della scelta arbitrale, impedendo la proposizione di azioni ostruzionistiche, fra le stesse parti e sullo stesso oggetto davanti ai giudici statuali.

Esse possono essere pronunciate direttamente dall'arbitro.

Si vedano per esempio, gli arbitrati *Icsid SGS vs. Pakistan* (Arb 01/13), *procedural order* n. 2 e *Tokios Tokelés vs. Ukraine* (Arb 02/18), *procedural order* n. 1, il cui dispositivo recita: "(a) Pending the resolution of the dispute now before the Tribunal, both parties shall refrain from, suspend and discontinue, any domestic proceedings, judicial or other, concerning Tokios Tokelés or its investment in Ukraine, namely Taki Spravy – including those noted in the request for provisional measures and in the Claimant's letter of June 24, 2003 – which might prejudice the rendering or implementation of an eventual decision or award of this Tribunal or aggravate the existing dispute".

o da un giudice nazionale, al fine di bloccare azioni davanti a giudici di un altro Stato.

Esempio: un contratto di noleggio, fra una società inglese (noleggiante) ed una società italiana (noleggiatrice) di una nave contiene una clausola d'arbitrato con sede a Londra. Nasce una lite fra le parti e la società noleggiatrice si rivolge al giudice italiano; la noleggiante eccepisce l'esistenza della clausola arbitrale e si rivolge al contempo al giudice inglese, affinché vieti all'avversaria di proseguire nel procedimento davanti al giudice italiano.

La Corte di giustizia dell'Unione europea (10 febbraio 2009, n. 185/07), nel caso *Allianz vs. West Tankers* ha dichiarato che le *anti-suit injunctions*, pronunciate da un giudice a tutela di una convenzione arbitrale per fermare il processo instaurato in un altro Stato, sono incompatibili con la normativa europea, perché si sottrae al giudice "il potere di statuire sulla propria competenza in forza del regolamento n. 44/2001".

Nel caso *Gazprom*, (13 maggio 2015, C-536/13) la Corte di giustizia esamina l'ipotesi, diversa, di un ordine emesso direttamente dagli arbitri nei confronti della parte, affinché rinunci alla domanda proposta davanti al giudice di un altro Paese, in quanto coperta dalla convenzione arbitrale: i giudici europei ritengono correttamente che la questione esuli dal regolamento n. 44 del 2001, (non riguardante la circolazione dei lodi arbitrali), essendo esclusivamente disciplinata dalla convenzione di New York.

La situazione non è mutata a seguito degli emendamenti al regolamento effettuati nel 2013, perché viene ribadita e rafforzata la valenza del principio della *Kompetenz-Kompetenz*, tramite il rinvio alla convenzione di New York, che è divenuta, dunque, fonte europea.

Una parte della dottrina ha peraltro rilevato che il *favor* nei riguardi dell'arbitrato che la suddetta convenzione esprime potrebbe legittimare provvedimenti di tal fatta, non però all'interno dell'Unione europea, atteso lo *stop* della Corte di giustizia.

La soluzione è in linea con la normativa italiana.

8. Il compromesso in pendenza della lite giudiziale.

Può darsi che le parti stipulino un compromesso dopo aver già instaurato il processo davanti al giudice statuale.

Ho già detto che, con la stipula della convenzione arbitrale, sorge un fascio di situazioni giuridiche strumentali (diritto di azione arbitrale, cap. VII, par. 1), che si pone in termini di concorso con il diritto di azione giudiziale, bloccandone l'esercizio, mentre non è vero il contrario: il concorso è, cioè, unidirezionale.

Tale facoltà è confermata dall'art. 819-*ter* c.p.c. a sensi del quale "la competenza degli arbitri non è esclusa dalla pendenza della stessa causa davanti al giudice", nonché dall'art. 1 d.l. n. 132 del 2014, convertito in l. n. 162 del 2014.

Il d.l. citato è stato visto come rimedio a funzione pubblicistica di snellimento del contenzioso giudiziale. A me pare che la disciplina (pur essendo riferita, ad una prima lettura, alle liti in corso al momento dell'entrata in vigore della legge) possa essere interpretata diversamente, come nucleo normativo dal quale l'interprete deve partire per delineare l'istituto del compromesso a lite pendente.

La contemporanea pendenza della lite comporta peraltro alcune peculiarità.

Possono infatti darsi le seguenti quattro alternative.

a) Le parti stipulano un compromesso a lite pendente, ma soltanto una di esse lo eccepisce nel processo.

L'ipotesi è interamente regolata dall'art. 819-*ter* c.p.c.

Occorre però fare i conti con i termini decadenziali di cui alla norma cit. Poiché la *ratio* è quella di imporre all'altra parte una immediata reazione, dovrà intendersi che l'eccezione debba essere sollevata nella prima difesa utile post-compromesso; e dovrà ritenersi che sia parimenti possibile produrre il relativo documento, anche oltre le preclusioni istruttorie.

Nell'eventualità in cui l'altra parte aderisca all'eccezione dell'avversario, si applica l'art. 38, comma 2°, c.p.c., sicché il giudice dovrà cancellare la causa dal ruolo con ordinanza e le parti dovranno riassumere nei tempi previsti il giudizio davanti agli arbitri.

Per contro, di fronte alla contestazione della parte, al giudice non resterà che pronunciarsi con sentenza sull'operatività della convenzione arbitrale.

b) Le parti stipulano un compromesso a parte e sono al contempo d'accordo nel darvi rilievo davanti al giudice.

È l'ipotesi regolata dall'art. 1 d.l. n. 132 del 2014 conv. in l. n. 162 del 2014: le parti o i loro avvocati debbono proporre un'istanza congiunta ed hanno tempo per farlo fino alla rimessione in decisione.

Una questione è se gli avvocati debbano essere muniti di apposita procura per la rinuncia agli atti: nel caso dell'art. 38 c.p.c. (la cui applicazione non è espressamente esclusa dall'art. 819-*ter*), non sembra essere richiesta; se invece si vuole applicare per analogia l'istituto della cessazione della materia del contendere si ritengono necessari poteri speciali (per es. Cass., 8 gennaio 2014, n. 149).

Il giudice, con ordinanza, provvede a trasmettere il fascicolo al Presidente dell'ordine degli avvocati del circondario in cui ha sede il tribunale, effettuando un controllo preliminare dell'operatività del compromesso.

Riterrei che, se il giudice valuti *prima facie* la ricorrenza dei presupposti, possa limitarsi ad una ordinanza di trasmissione del fascicolo al presidente del consiglio dell'ordine, restando impregiudicata ogni questione di validità del compromesso, che potrà essere esaminata dagli arbitri ai sensi dell'art. 817 c.p.c. Se, invece, valuti, sempre *prima facie*, la probabile invalidità del patto compromissorio, potrà decidere di proseguire il processo con ordinanza, salvo risolvere la questione con sentenza (definitiva o non definitiva), ai sensi dell'art. 819-*ter* c.p.c.

Anche se l'art. 1 nulla dice in proposito, il processo viene cancellato dal ruolo, in analogia con il cit. art. 38; tuttavia, la riassunzione è automatica, nel senso che la trasmissione del fascicolo al Presidente dell'ordine è sufficiente per avviare l'arbitrato.

Solo se le parti intendono ampliare la materia del contendere (entro i limiti del compromesso, ovviamente), la domanda d'arbitrato resta indispensabile ad estendere gli effetti per la nuova allegazione, ma di ciò si dirà a breve.

A questo punto, nell'incertezza della norma, vedrei le seguenti opzioni: o le parti si sono accordate nel compromesso o in atto successivo (per esempio l'istanza) per la nomina degli arbitri e allora occorre unicamente che questi ultimi vengano avvertiti; oppure le parti non si sono accordate sulle modalità di nomina, nel qual caso il Presidente dell'ordine degli avvocati, in deroga all'art. 810 c.p.c., provvede alla designazione suppletiva.

L'art. 1 cit. prevede regole stringenti: in assenza di previsione delle parti, il Presidente designa un collegio, a meno che la lite non superi 100.000 euro e le parti siano entrambe d'accordo per un arbitro unico; gli arbitri debbono essere tratti da una lista formata da avvocati appartenenti all'ordine circondariale del foro adito, che abbiano dato la loro disponibilità e che non abbiano subito negli ultimi cinque anni condanne definitive comportanti la sospensione dall'albo. Inoltre, è prevista l'incompatibilità della funzione di arbitro con quella di consigliere dell'ordine (comma 2°-*bis*), anche uscente per tutto il periodo successivo di consiliatura.

All'evidente fine di alleggerire il costi dell'arbitrato è prevista una riduzione dei parametri per la liquidazione del compenso degli arbitri, in assenza di diverso accordo – oltre a sgravi fiscali su cui cap. XVII, par. 6 –; inoltre, non opera il principio di solidarietà, in disapplicazione dell'art. 814, comma 1°, c.p.c., per cui ciascuna parte sarà tenuta al pagamento limitatamente alla porzione che le spetta secondo la decisione degli arbitri.

Si applica comunque l'art. 816-*septies* c.p.c., che impone alla parte interessata di versare, oltre alla propria quota degli anticipi, anche quella non pagata dall'avversario, pena l'estinzione del procedimento.

c) L'istanza può fungere da vero e proprio compromesso, purché sia sottoscritta dalle parti personalmente e non dai loro avvocati.

Naturalmente, dovrà contenere a pena di nullità la determinazione dell'oggetto della lite, che potrà avvenire per *relationem* (*perfectam*, sicché sarà bene specificarlo espressamente nell'atto) attraverso il rinvio all'atto di citazione ed alla comparsa di risposta, se quest'ultima contenga domande riconvenzionali, o ad eventuali ulteriori domande formulate durante la trattazione (v. *infra* per le preclusioni).

Se una delle parti è la pubblica amministrazione, è prevista dall'art. 1 una speciale modalità di consenso, quando le controversie riguardino la responsabilità extracontrattuale o il pagamento di somme di valore non superiore a 50.000 euro. È sufficiente che l'istanza sia presentata dalla sola parte privata, mentre il consenso della pubblica amministrazione sarà ottenuto anche tramite silenzio-assenso, se questa non esprima dissenso entro trenta giorni dalla richiesta.

Il giudice dovrà quindi procedere con le modalità viste *sub b*).

In tutti i casi visti, *sub a*), *b*) e *c*), il passaggio al processo arbitrale avverrà con piena salvezza degli effetti della domanda originaria.

Ad esempio, se è stata impugnata, nei termini previsti dalla legge, una delibera assembleare di una società per azioni davanti al giudice e le parti decidono per l'arbitrato a lite pendente, la causa potrà essere trasferita agli arbitri, tenendo ferma l'interruzione originaria della decadenza, anche se l'inizio del procedimento arbitrale avverrebbe a termine di impugnazione già scaduto. Anche nel caso *sub a*), non coperto dall'art. 1 d.l. n. 132 del 2014, conv. in l. n. 162 del 2014, la soluzione deve ritenersi la medesima, in virtù della sentenza della Corte costituzionale, già vista *supra*, la cui *ratio* è pienamente applicabile anche al compromesso *post litem*.

Alla *translatio iudicii* è strettamente collegato il problema della determinazione della materia del contendere davanti agli arbitri.

Infatti, la precisazione dell'art. 1 cit., secondo cui restano ferme "le preclusioni e le decadenze intervenute" (similmente agli artt. 11 e 59 c.p.a., l. n. 69 del 2009, nel passaggio fra giurisdizioni), va intesa, a mio parere, in senso funzionale alla salvaguardia degli effetti sostanziali e processuali prodotti dalla domanda giudiziale.

In altri termini, solo per le domande formulate nel giudizio statuale e proposte validamente entro i termini prescrizionali può operare l'effetto processuale e sostanziale dell'atto di citazione, ma ciò non significa che sia precluso alle parti inserire nel compromesso altra materia del contendere, né che agli arbitri sia vietato valutare eventuali nuove domande proposte nel corso del processo, se le ritengano ammissibili e rientranti nel compromesso.

In questi ultimi casi, più semplicemente, non potrà operare la retroattività degli effetti, dato che la domanda non era stata formulata nel processo statuale.

Per quanto attiene, poi, alle decadenze extra-processuali, l'inciso va inteso nel senso che, se la domanda sia stata proposta davanti al giudice dopo la scadenza del termine entro il quale doveva essere formulata, la decadenza non potrà essere evitata optando per l'arbitrato.

Ad esempio, se la parte ha impugnato davanti al giudice una delibera assembleare di una società oltre il termine di decadenza previsto dalla legge, la stipula del compromesso e la trasmigrazione all'arbitro non sana l'inammissibilità della domanda.

d) Da ultimo, è possibile per le parti stipulare il compromesso, anche in grado d'appello.

L'estinzione dell'appello comporta di regola il passaggio in giudicato della sentenza di primo grado (art. 338 c.p.c.), ma la scelta arbitrale dovrebbe operare in modo analogo alla cessazione della materia del contendere, implicando la volontà di ablazione degli effetti della pronuncia: vale a dire, una volta acclarata la validità del compromesso, il giudice d'appello dovrebbe dichiarare chiuso il giudizio davanti a sé, stabilendo ad un tempo la cessazione degli effetti della sentenza di primo grado.

Il divieto dello *ius novorum* di cui all'art. 345 c.p.c., è superabile se si acceda, come credo, alla teoria secondo la quale sono sempre ammissibili fatti sopravvenuti (oppure si ritenga che siano ammissibili i fatti sopravvenuti che incidono sulla validità del processo di secondo grado).

Questa dovrebbe essere la regola per tutti i casi di stipula del compromesso in appello, se non fosse che l'art. 1 d.l. n. 132 del 2014, conv. in l. n. 162 del 2014, si discosta in modo a dir poco singolare, quando le parti formulino istanza congiunta e la lite sia in corso al momento dell'entrata in vigore della legge speciale.

La particolarità sta nel fatto che, se il lodo non venga pronunciato entro centoventi giorni dall'accettazione degli arbitri (prorogabili di ulteriori trenta), il processo deve essere riassunto davanti al giudice entro i sessanta giorni successivi a pena di decadenza; in mancanza, si estingue e la sentenza di primo grado passa in giudicato, a meno che non sia stata modificata da eventuali sentenze non definitive emesse precedentemente dal giudice d'appello (art. 338 c.p.c.).

Cosa succede se gli arbitri abbiano pronunciato il lodo oltre i centoventi giorni ma entro la scadenza del termine per la riassunzione? L'imperfetta dizione della norma induce a dubbi. La soluzione che preferisco, perché più semplificatoria, è la seguente: se le parti, alla scadenza del termine di centoventi giorni, attendono gli ulteriori sessanta, nella speranza che gli arbitri emettano il lodo e questi ultimi, ciononostante, siano silenti, esse dovranno affrettarsi a riassumere all'ultimo momento, per evitare il passaggio in giudicato della sentenza. Se invece gli arbitri emettano il lodo entro il termine dei sessanta giorni dalla scadenza dei centoventi giorni, le parti non potranno più riassumere la causa al giudice d'appello, salva l'eventuale reviviscenza in caso di annullamento del lodo per motivo diverso dal termine. L'eventuale lodo emesso dopo la riassunzione è tardivo, perciò annullabile, previa comunicazione notificata alle altre parti e agli arbitri entro la deliberazione del lodo *ex* art. 821 c.p.c. Se, infine, scaduti i centottanta giorni, le parti non abbiano riassunto la causa e al contempo gli arbitri abbiano pronunciato il lodo tardivo, la possibilità di ripresa dell'appello va esclusa.

Se invece il processo venga riassunto nel termine, gli arbitri non hanno più modo di pronunciare il lodo e l'appello prosegue dal momento in cui si era fermato.

Nell'eventualità, poi, che il lodo sia successivamente annullato, dal passaggio in giudicato della sentenza di annullamento scatta il medesimo termine per la riassunzione (si dà peraltro per scontato che l'annullamento si sia fermato alla fase rescindente).

Il processo d'appello, dunque, entra in uno stato di quiescenza, dal quale può essere risvegliato o nel caso in cui il lodo non sia stato pronunciato nel termine, o in quello in cui il lodo, regolarmente pronunciato, venga annullato a seguito di impugnazione.

Di fronte a queste complicazioni, è lecito domandarsi quale possa essere la convenienza di un compromesso in grado d'appello: dato per presupposto che la sentenza non soddisfi entrambe le parti - altrimenti risulta difficile raggiungere il consenso sull'arbitrato -, si può immaginare che le parti valutino di difficile esperimento la via dell'appello, specie dopo l'introduzione del filtro, oppure abbiano interesse a rinnovare l'istruttoria, difficilmente ottenibile davanti al giudice d'appello, o ancora ad introdurre *ius novorum* vietato in secondo grado.

Capitolo XI
LO SVOLGIMENTO DEL PROCEDIMENTO ARBITRALE

1. La determinazione delle regole applicabili al procedimento arbitrale.

Per determinare le regole del procedimento occorre fare riferimento ad una pluralità di fonti.

L'approccio è diverso a seconda che l'arbitrato sia domestico o internazionale, per cui conviene distinguere.

a) *Arbitrato domestico*. La norma di riferimento è l'art. 816-*bis* c.p.c.: dal coordinamento con l'art. 829 c.p.c., si ricava un sistema che si dipana in tre stadi successivi.

a1) *Norme inderogabili*. Quando la legge detta norme procedimentali, alcune di esse debbono essere obbligatoriamente rispettate sia dalle parti sia dagli arbitri.

Per individuarle, si può fare riferimento alle censure tassative dalle quali consegue la nullità del lodo *ex* art. 829 c.p.c. (cap. XVI, par. 3 ss.).

In altri termini, quando il mancato rispetto di determinate regole fissate dalla legge comporta automaticamente l'invalidità della pronuncia arbitrale, ciò significa che esse non possono essere derogate né dalle parti né dagli arbitri.

Ad esempio, l'art. 816-*bis* c.p.c. nella parte in cui dispone che gli arbitri debbono rispettare il contraddittorio è norma inderogabile, non modificabile né dalle parti né tanto meno dagli arbitri.

È dubbio se siano configurabili norme procedimentali inderogabili la cui violazione non sia contemplata nei motivi di nullità del lodo: in astratto potrebbero immaginarsi, ma in concreto non sarebbero soggette ad alcuna sanzione. Preferisco perciò far coincidere, convenzionalmente, l'ambito delle norme inderogabili con quello dei motivi di nullità del lodo.

a2) *Norme derogabili*. Per altro verso, la legge può prevedere norme procedimentali, pur non ricollegando alla loro violazione l'invalidità del lodo; oppure, più frequentemente, può dettare una regola del procedimento in via suppletiva, cioè solo quando le parti non abbiano stabilito diversamente, disponendo ad un tempo la nullità del lodo in caso di violazione dell'una o dell'altra previsione.

Ad esempio, la legge stabilisce la pronuncia del lodo entro un determinato termine, se le parti non abbiano previsto diversamente: in entrambe le ipotesi, il mancato rispetto del termine da parte degli arbitri potrà comportare la nullità del lodo.

In entrambi i casi, le parti possono dettare regole difformi da quelle previste, con le modalità che si vedranno *sub a3*).

Gli arbitri dovranno adeguarsi alle disposizioni delle parti, ma l'eventuale violazione da parte dei primi sarà sanzionata solo se la legge preveda la nullità del lodo per mancato rispetto delle previsione pattizia.

Ad esempio, se le parti abbiano stabilito che gli arbitri debbono pronunciarsi entro duecento giorni dall'accettazione dell'incarico e gli arbitri violino la previsione pattizia, il lodo sarà nullo *ex* art. 829, comma 1°, n. 6 c.p.c.

Ancora, se le parti abbiano previsto, in deroga all'art. 823 c.p.c., che gli arbitri debbano deliberare il lodo in conferenza personale, la violazione della previsione sarà sanzionata solo se le parti abbiano prescritto questa modalità a pena di nullità del lodo (art. 829, comma 1°, n. 7 c.p.c.).

Ci si può chiedere se, ove le parti nulla dispongano, gli arbitri possano discostarsi dalla disciplina processuale degli artt. 806 ss. non sanzionata da nullità del lodo (nel caso in cui, ovviamente, non siano stati a ciò autorizzati dalla legge o dalle parti medesime): sarei per la negativa, perché, diversamente, eserciterebbero illegittimamente poteri riservati a queste ultime. Resta il fatto che l'eventuale violazione non comporterà, di fatto, alcuna sanzione, perché il lodo resterà valido.

Ad esempio, se gli arbitri abbiano violato la regola dettata dall'art. 816-*ter*, secondo cui l'istruttoria deve essere collegiale, a meno che non vi sia stata espressa delega ad uno degli arbitri, il lodo è nullo? Riterrei di no: se, ad esempio, la prova sia stata assunta da uno degli arbitri senza delega scritta, ma senza l'opposizione degli altri, qualificherei la violazione nell'ambito di un difetto di forma, che non dà luogo ad invalidità del lodo, se le parti non abbiano previsto il contrario.

a3) *Spazi non regolamentati dalle legge*. Nell'ampio spazio in cui la legge si astiene dal regolare le attività processuali, invece, provvedono le parti o, in mancanza, gli arbitri.

Le parti possono dettare le norme del procedimento sia nella convenzione arbitrale, sia con atto scritto separato prima dell'accettazione degli arbitri (art. 816-*bis* c.p.c.); dopo l'accettazione, invece, occorre anche il consenso degli arbitri.

La norma, per la verità, individua come momento finale "l'inizio dell'arbitrato", che come si è visto coincide, di regola, con la notificazione della domanda d'arbitrato; in questo caso, però, ritengo che si debba avere riguardo all'accettazione degli arbitri, in quanto la *ratio* della disposizione sta nel non imporre a questi ultimi regole di cui essi non hanno potuto tenere conto, all'atto del conferimento dell'incarico.

Tipico esempio di determinazione negoziale della disciplina processuale è il rinvio ai regolamenti, veri e propri mini-codici del processo arbitrale.

Le parti possono altresì rinviare ad una o più norme del processo di cognizione davanti al giudice.

Non sembra, invece, che incisi quali "gli arbitri svolgeranno il procedimento secondo le norme del codice di procedura civile" *et similia*, che si trovano talvolta nella prassi, integrino un rinvio espresso alle regole del processo di cognizione, non avendo sufficiente specificità e non potendosi dunque parlare di una vera e propria *relatio*.

Ancora una volta, peraltro, la violazione da parte degli arbitri delle regole fissate dalle parti comporta l'invalidità del lodo solo quando rientri fra i motivi di nullità del lodo.

Ad esempio, se le parti abbiano previsto un'udienza di discussione finale, la mancata osservanza da parte degli arbitri comporterà la nullità del lodo, solo se le medesime parti l'abbiano espressamente sanzionata in questi termini, ai sensi dell'art. 829, comma 1°, n. 7 c.p.c., oppure se si sia verificata la lesione del diritto al contraddittorio.

Infine, se la legge o le parti nulla abbiano stabilito in merito al procedimento, provvedono gli arbitri (art. 816-*bis* c.p.c): il grande vantaggio dell'arbitrato sta nella sua flessibilità, perché gli arbitri possono modellare il procedimento sulla base del caso concreto, senza dover necessariamente ricorrere agli schemi predeterminati del processo ordinario di cognizione (par. 9).

Si potrebbe parlare, in proposito, di "flessibilità ragionevole": nello stabilire le regole del processo, gli arbitri non hanno libero arbitrio, ma debbono prendere in considerazione le caratteristiche della disputa e le esigenze delle parti, tenendo sempre davanti, come faro illuminante, il rispetto del contraddittorio.

b) *Arbitrato internazionale*. L'esigenza di discostarsi dagli ordinamenti di riferimento per regolare il procedimento si fa più forte in ambito internazionale.

Si è già parlato (cap. IV, par. 3) della crescente tendenza ad ammettere arbitrati "flottanti", dotati di un sistema di regole processuali autosufficienti, desumibili dalle convenzioni arbitrali, dalla prassi dei regolamenti, dalle analisi della dottrina e della giurisprudenza nel commercio internazionale.

Particolarmente rilevanti sono in proposito le *Rules of evidence in international commercial arbitration* (2010) elaborate dall'*Iba* (*International Bar Association*): una vera e propria raccolta di regole uniformi, pensate per la fase istruttoria e risultanti da una meditata compenetrazione fra i sistemi di *common law* e *civil law*. Per alcuni si tratta di una vera e propria *lex mercatoria* arbitrale.

La dottrina, sulla scorta della tradizione di *common law*, definisce come "inherent or implied powers", quei poteri che spettano agli arbitri per garantire "equality, fairness and reasonable cooperation", anche in mancanza di espressa previsione delle parti o della legge applicabile.

Sebbene l'aspirazione di autonomia dell'arbitrato internazionale vada favorita, è da ritenere che le parti e gli arbitri non possano derogare alle norme di applicazione necessaria o di ordine pubblico dell'ordinamento di riferimento (cioè della sede, secondo il criterio più invalso), o di quello in cui sarà chiesto il riconoscimento del lodo. Il procedimento arbitrale, infatti, potrebbe prima o poi passare al vaglio di un giudice statuale.

Così, se l'arbitrato internazionale ha sede in Francia e gli arbitri applicano la *lex mercatoria* arbitrale, il lodo sarà controllato dal giudice italiano in sede di riconoscimento e sarà reso esecutivo solo se le regole procedimentali non abbiano violato uno dei precetti fissati dalla convenzione di New York o dall'art. 839 c.p.c. Ancora, se l'arbitrato ha sede in Italia, il giudice italiano in sede di impugnazione potrà valutare se l'adozione di determinate regole processuali da parte dagli arbitri integri uno dei vizi di cui all'art. 829 c.p.c.

Ad ogni modo, vi sono posizioni meno rigorose, specie in dottrina, secondo cui è possibile per gli arbitri valutare caso per caso quali siano le norme di applicazione necessaria di cui tenere conto, a seconda dell'intensità del collegamento fra la lite e l'ordinamento di riferimento, delle conseguenze della violazione sulla sorte del lodo e così via: in pratica, essi dovranno preoccuparsi essenzialmente di rendere una decisione utile per le parti.

Il metodo che oggi sembra incontrare maggiormente il favore della prassi è quello collaborativo: gli arbitri debbono, per quanto possibile, cercare un accordo con le parti sulla determinazione delle regole del procedimento.

Se l'arbitrato è soggetto alla convenzione di Ginevra del 1961, è previsto (all'art. 4) l'intervento suppletivo dell'autorità statuale per la fissazione delle regole riguardanti "l'organizzazione del procedimento arbitrale", in mancanza di accordo fra le parti o fra gli arbitri. In particolare, l'attore (o il convenuto o gli arbitri medesimi, se il primo non si attivi) può rivolgersi "al Presidente della Camera di commercio competente del paese nel quale si trova il luogo concordato tra le parti, sia al Presidente della Camera di commercio competente del paese nel quale il convenuto ha la residenza abituale oppure la sede al momento della presentazione della richiesta d'arbitrato"; quest'ultimo potrà anche fare riferimento ad un regolamento di una istituzione arbitrale permanente.

2. Il principio del contraddittorio.

Non c'è processo senza contraddittorio.

Si tratta di un principio di ordine pubblico internazionale: la convenzione di New York impedisce il riconoscimento del lodo arbitrale pronunciato all'estero, se sia frutto di un procedimento nel quale non è stato rispettato il contraddittorio.

L'art. 816-*bis* c.p.c. impone il rispetto del contraddittorio nella sua duplice veste: in senso verticale ("ragionevoli possibilità" di essere ascoltati dagli arbitri) e in senso orizzontale ("equivalenti possibilità" delle parti).

Sotto il primo profilo, una decisione corretta può essere pronunciata solo dopo che gli arbitri abbiano sentito le parti, dando loro un tempo ragionevole per esporre le loro difese.

Sotto il secondo profilo, se gli arbitri danno voce ad una parte, devono necessariamente sentire anche l'altra.

Si tratta di regole inderogabili, alle quali né le parti né gli arbitri possono rinunciare; peraltro (come si vedrà al cap. XVI, par. 3), ai sensi dell'art. 829 c.p.c., tale garanzia è, di fatto, rinunciabile *ex post* dalla parte che non deduca la violazione nella prima difesa, non potendo, in difetto, impugnare il lodo per questo motivo.

Il principio del contraddittorio deve trovare applicazione in tutte le fasi del procedimento ed in particolare:

a) nella fase in cui le parti determinano la materia del contendere attraverso le loro allegazioni, cioè eccezioni, domande e contestazioni: gli arbitri devono assicurare pari poteri alle parti e, se assegnano a una parte i termini per il deposito di memorie, devono riconoscere analoga facoltà anche all'altra;

b) con riguardo all'ammissione e all'assunzione delle prove: entrambe le attività debbono essere svolte con la partecipazione di tutte le parti.

Ad esempio, se venga disposta la consulenza tecnica, anche il perito nominato dagli arbitri ha l'obbligo di rispettare il contraddittorio, informando le parti dell'inizio delle operazioni peritali e tenendo in considerazione le osservazioni dei consulenti tecnici di parte. Se il consulente tecnico viola queste regole e la parte lo eccepisce, gli arbitri sono tenuti a non prendere in considerazione le risultanze della perizia e, se lo fanno, il lodo sarà impugnabile per nullità.

Il contraddittorio va rispettato per tutto il corso del processo.

Se, nella fase finale del procedimento, gli arbitri non danno modo alle parti di commentare, oralmente o per iscritto, le risultanze istruttorie, viene violato il principio del contraddittorio verticale.

Infine, vale anche in arbitrato il dettato dell'art. 101, comma 2°, c.p.c., finalizzato ad impedire le c.d. decisioni della terza via: se gli arbitri ritengono di sollevare una questione rilevabile d'ufficio (per esempio la nullità di un contratto), debbono dare modo alle parti di contraddire sul punto, con qualunque mezzo idoneo allo scopo.

3. La sede dell'arbitrato.

La determinazione della sede dell'arbitrato è indispensabile, oltre a quanto già visto per l'arbitrato internazionale (cap. IV, par. 1), al fine di individuare il foro competente per l'assistenza giudiziale nei casi di *impasse* nel procedimento, per l'impugnazione e per l'*exequatur* del lodo.

Esempio: se la sede dell'arbitrato è stabilita in Milano, il giudice dell'impugnazione del lodo sarà la Corte d'appello di Milano, mentre, se sarà necessario rivolgersi al giudice per la ricusazione di un arbitro, provvederà il Presidente del Tribunale di Milano.

In base all'art. 816 c.p.c. la sede è determinata dalle parti nella convenzione d'arbitrato.

In mancanza, sono gli arbitri a stabilirla, al più tardi nel lodo. Essi possono agire in autonomia, ma è opportuno che tengano in considerazione il parere espresso dalle parti ed il luogo con il quale l'arbitrato ha il collegamento più stretto.

Se neppure gli arbitri provvedano alla sua determinazione, si ha riguardo al luogo dove è stata stipulata la convenzione arbitrale.

Come criterio ulteriormente residuale, nell'ipotesi in cui la convenzione non sia stata stipulata in territorio italiano, la sede è a Roma.

Può accadere che sia necessario rivolgersi al giudice prima ancora che il tribunale arbitrale sia stato costituito, ad esempio per ottenere la nomina sussidiaria di un arbitro *ex* art. 810 c.p.c.; in questo caso, se le parti non abbiano previsto la sede nella convenzione arbitrale o successivamente, vale il luogo in cui è stata stipulata la convenzione arbitrale; oppure, in caso di stipula all'estero, si ricorre al Presidente del Tribunale di Roma (cap. VIII, par. 4).

Va ricordato che la determinazione della sede è soltanto formale e non vincola gli arbitri a svolgere le attività processuali in quel luogo: essi potranno tenere udienza in luoghi diversi, in relazione alle esigenze proprie, delle parti e di eventuali terzi coinvolti, per esempio consulenti tecnici e testimoni.

4. Parti e difensori.

a) *Le parti.* La parti del procedimento arbitrale (cioè le parti in senso processuale), da non confondere con le parti della convenzione compromissoria (cap. VII, par. 5), si identificano in colui che propone la domanda d'arbitrato e in colui che ne è destinatario.

Con riguardo alle parti, valgono le stesse regole sulla capacità e sulla legittimazione processuale vigenti nel processo davanti al giudice (artt. 75 ss. c.p.c.).

Occorre chiedersi cosa succeda se una parte non si presenta all'udienza, oppure non deposita alcuna difesa rimanendo inattiva.

Nel silenzio della legge ed in ragione del mancato richiamo alle formalità della costituzione davanti al giudice, non è possibile parlare di contumacia della parte.

Per quanto riguarda il soggetto che propone la domanda di arbitrato, non sembra dunque possibile applicare né l'art. 171 c.p.c., che prevede l'estinzione del processo in caso di mancata costituzione di entrambe le parti, né l'art. 181 c.p.c., che stabilisce la medesima conseguenza in caso di mancata comparizione all'udienza di entrambe le parti o dell'attore, nell'ipotesi in cui il convenuto non chieda di proseguire; e neppure l'art. 290 c.p.c. che, in caso di mancata costituzione dell'attore, stabilisce che la causa venga cancellata dal ruolo se il convenuto non vuole andare avanti.

L'estinzione del procedimento arbitrale, infatti, è prevista dalla legge in casi tipici, fra i quali non rientrano le ipotesi sopra menzionate.

Pertanto, il soggetto che notifica la domanda d'arbitrato è per ciò solo parte attiva e l'eventuale successiva inerzia influirà sull'effettività della propria difesa.

Analogo ragionamento vale il soggetto destinatario della domanda d'arbitrato: nell'ipotesi in cui questi non depositi o notifichi alcuna comparsa, né compaia all'udienza fissata dagli arbitri, più che di contumacia appare più opportuno parlare di inattività della parte.

Anche in questo caso, l'arbitrato non si blocca e il convenuto sarà comunque vincolato al lodo arbitrale.

Non è neppure previsto, diversamente da quanto accade per il processo ordinario all'art. 292 c.p.c., l'onere per l'avversario di notificare personalmente alla parte assente alcuni specifici atti (per esempio confessione, giuramento, prove documentali prodotte dall'attore).

Ciò non toglie che gli arbitri possano egualmente disporre dette notificazioni, totalmente o parzialmente: non si deve dimenticare, infatti, che il contraddittorio va assicurato anche in arbitrato, perciò, ove si ritenga che certe regole ne siano piena ed indiscutibile espressione, conviene osservarle anche in difetto di esplicita previsione.

Per quanto riguarda un'eventuale nuova domanda, la notifica sembra necessaria, quanto meno ai fini della produzione degli effetti sostanziali.

Naturalmente, la parte inattiva potrà presentarsi in ogni momento: il problema delle eventuali preclusioni e conseguenti rimessioni in termini va però affrontato in prospettiva completamente diversa da quella del processo statuale.

Infatti, in arbitrato non si applica il rigido sistema di preclusioni che vige nel processo civile: ne consegue che l'assente potrà svolgere le proprie difese nei limiti di quanto consentito dal necessario rispetto del contraddittorio e del termine per la pronuncia (rinvio a quanto dirò al par. 7).

Peraltro, non è da escludere che, ove l'assenza non sia giustificata, gli arbitri possano tenerne conto in termini di abuso della condotta processuale, ai fini delle spese del giudizio o *ex* artt. 88 e 96 c.p.c. (cap. XVII, par. 5).

La Cassazione francese (5 novembre 2014, n. 13-11745), in un caso in cui la parte era rimasta assente dopo aver lamentato l'inesistenza del patto arbitrale, oltre ad attribuire a quest'ultima l'onere di provare di non essere stata debitamente informata delle attività svolte nel processo, ha ritenuto che sia contrario a buona fede eccepire detta mancanza di informazione per la prima volta in sede di *exequatur* del lodo (straniero).

Nei casi in cui è prevista dalla legge una decadenza a carico del convenuto che non eccepisca un vizio nella prima difesa successiva alla violazione, può dirsi che l'assenza valga a determinarla? In particolare, la decadenza stabilita a carico del convenuto che, nel non eccepire l'inesistenza o l'inoperatività della convenzione arbitrale nella prima difesa, sana il difetto di *potestas iudicandi* dell'arbitro, opera a danno del convenuto assente, perché, ad esempio, intenzionato a non sopportare i costi di una difesa attiva? L'assunto è dubbio. Propenderei però per interpretare la prima difesa utile come quella in cui il convenuto esprime per la prima volta il suo intendimento, finanche in sede di impugnazione del lodo; altrimenti, nel caso dell'inesistenza della convenzione arbitrale, il convenuto si vedrebbe vincolato ad un arbitrato a cui non ha mai dato il consenso: in altri termini, la volontà di radicare la competenza degli arbitri nonostante un vizio della convenzione arbitrale deve emergere chiaramente dalla condotta del convenuto, che si sia difeso attivamente senza però rilevare il vizio.

Se poi la parte sia rimasta inattiva involontariamente, ad esempio per causa di un vizio nella notificazione della domanda di arbitrato, occorre che gli arbitri controllino la regolarità del contraddittorio il prima possibile e dispongano, se del caso, la rinnovazione della notificazione. In mancanza, il procedimento sarebbe irrimediabilmente minato da un difetto di contraddittorio.

Può poi accadere che il convenuto, difesosi nella fase iniziale, resti silente nel prosieguo: a maggior ragione l'arbitrato continuerà senza alcuna conseguenza, se non con l'effetto di indebolire la difesa della parte assente.

b) *I difensori*. La presenza di un difensore non è obbligatoria in arbitrato, potendo la parte stare in giudizio personalmente.

Nell'arbitrato di lavoro dell'art. 412-*quater* c.p.c., è stabilito che il convenuto deve farsi assistere da un difensore, ma pari regola deve ritenersi vigente anche per l'attore, pena una irragionevole disparità di trattamento.

Peraltro, nella prassi, la parte sceglie sovente di farsi rappresentare da un avvocato, tenuto conto del tecnicismo che caratterizza la gestione della lite in arbitrato.

La legge professionale forense (l. n. 247 del 2012) stabilisce, all'art. 2, comma 5°, che l'ufficio di difensore in arbitrato spetta all'avvocato, unico legittimato a svolgere la rappresentanza e la difesa tecnica in giudizio.

Nel caso in cui venga nominato, la parte dovrà rilasciare apposita procura, che, secondo la tesi preferibile, non deve necessariamente rivestire le forme della procura alle liti nel processo statuale *ex* art. 83 c.p.c., a meno che le parti non abbiano espressamente richiamato la suddetta norma, mentre, a mio avviso, non può valere a tale scopo un generico rinvio alle norme del codice di procedura civile.

Pertanto - benché nella prassi capiti sovente che la procura assuma le stesse caratteristiche di quella regolata dall'art. 83 c.p.c. -, non occorre la forma dell'atto pubblico o della scrittura privata autenticata; né il difensore deve (vi è anzi da dubitare che ne abbia il potere) autenticare la firma della parte nella procura in calce o a margine di un atto arbitrale. Sarà peraltro opportuno che la procura abbia la forma scritta e, comunque, ove il difensore agisca senza produrla, è in facoltà dell'altra parte chiedere la ratifica ad opera del mandante.

Il difensore può compiere tutti gli atti processuali necessari alla sua funzione ed è il soggetto deputato a ricevere gli atti avversari, anche dopo la cessazione del procedimento arbitrale, essendo potenziale destinatario della comunicazione del lodo e della notifica della relativa impugnazione.

L'art. 816-*bis* c.p.c. gli conferisce altresì il potere di rinunciare agli atti e di concedere la proroga del termine per la pronuncia del lodo.

Più in generale, la norma stabilisce una presunzione di legittimità degli atti compiuti al posto della parte, prevedendo che, in mancanza di espressa limitazione, al difensore sono consentiti tutti gli "atti processuali".

Gli vengono riconosciuti, insomma, poteri più ampi rispetto alla difesa nel processo statuale.

Ad esempio, si discute se il difensore possa nominare l'arbitro per conto della parte, o possa comunque depositare a propria firma l'istanza di nomina presidenziale: nel dubbio dovrebbe valere la regola generale di cui sopra, per cui la risposta dovrebbe essere positiva.

Il difensore, oltre al rispetto del codice deontologico forense, è tenuto ad adottare un comportamento eticamente corretto, evitando comportamenti ostruzionistici (come eccessive e abnormi deduzioni difensive o produzioni documentali) che comportino un inutile dispendio di costi e tempi ed astenendosi da ogni contatto con gli arbitri, se non in presenza dell'altra parte (cap. VIII, par. 13).

5. L'organizzazione del procedimento e l'avvio della trattazione.

Non vi è, al di fuori delle poche regole fissate dalla legge, un modello di procedimento imposto dalla legge: si è detto che la flessibilità processuale è probabilmente il più consistente vantaggio dell'arbitrato.

D'altro canto, l'arbitrato non è, a differenza del processo davanti al giudice, terreno fertile di nullità processuali: il lodo sarà impugnabile solo se la nullità sia stata espressamente prevista come tale dalle parti e non sia stata sanata, per difetto di rilievo immediato.

Dunque, la strutturazione del procedimento dipenderà dalle scelte delle parti o, in mancanza, degli arbitri: questi ultimi potranno tenere conto di alcuni criteri, quali il grado di complessità della lite, l'esigenza di contenimento dei costi e dei tempi (che potrà a sua volta dipendere dal valore della lite o dalla materia trattata, o ancora dal numero e dalla qualità delle parti), l'opportunità di un'approfondita ricerca delle prove e così via.

Esistono guide a cui gli arbitri possono fare riferimento, quali ad esempio le *Uncitral notes on organizing arbitral proceedings*: molto utile è la lista dei temi e delle questioni da prendere in considerazione, quando si deve gestire il procedimento arbitrale, accanto a suggerimenti ed accorgimenti anche di carattere pratico.

Si è già visto che dalla prassi dell'arbitrato emerge una crescente tendenza a realizzare il c.d. *meet and consult method*, a trovare, cioè, regole procedimentali condivise fra le parti e gli arbitri.

Alcuni regolamenti arbitrali prevedono specifiche udienze dedicate al *case management* e al calendario del processo.

Gli artt. 22-24 dell'appendice IV al regolamento *Icc* (*International Chamber of Commerce*), stabiliscono un'udienza obbligatoria (eventualmente a distanza) nella quale gli arbitri, dopo aver sentito le parti (anche personalmente), fissano le regole procedimentali che assicurino la massima efficienza (sono previste persino sanzioni per il mancato controllo dei costi e dei tempi da parte degli arbitri).

Possono essere adottati sistemi di schematizzazione delle domande, delle contestazioni, delle istanze istruttorie, al fine di chiarire i punti in discussione e rendere più agevoli le decisioni processuali e di merito degli arbitri.

Merita una segnalazione, in proposito, il regolamento *Icc* che, all'art. 23, prevede che gli arbitri redigano, quanto prima possibile, l'*acte de mission*, o *terms of reference* (parr. 6 e 7), nel quale stabiliscono alcune importanti regole procedimentali come i luoghi di comunicazione degli atti, la sede dell'arbitrato ed il criterio di giudizio (se ne dirà nel par. 11). Esempi significativi di organizzazione processuale sono la c.d. *Redfern Schedule* (cap. XII, par. 4), o le indicazioni di cui alle *Uncitral notes on organizing arbitral proceedings* (v. *supra*).

Specie nell'arbitrato internazionale, sia per favorire una migliore comprensione della lite, sia per ragioni più pratiche di difficoltà a riunire fisicamente gli arbitri, le parti ed i difensori, si sceglie talvolta di concentrare tutte le attività procedimentali, compresa l'istruttoria e la discussione finale, in un'unica udienza, che può durare anche diversi giorni.

Talvolta, prima dell'udienza istruttoria, si tiene un incontro allo scopo di concordare con le parti le regole processuali di svolgimento dell'udienza successiva (tempi, ordine di assunzione delle prove, ammissibilità di mezzi elettronici di registrazione, ecc.).

Possono poi essere utilizzate, in tutto o in parte, modalità informatiche di gestione della lite: comunicazioni elettroniche di atti e documenti, tenuta di fascicoli informatici accessibili da tutte le parti e dagli arbitri, incontri in teleconferenza e così via.

Significativo, ad esempio, è l'*Electronic case facility* (Ecaf), ideato dall'istituzione arbitrale della WIPO (*World intellectual property organization*), cioè la gestione elettronica del procedimento attraverso un'interfaccia dalla quale le parti accedono al fascicolo informatico, si scambiano comunicazioni informali, ottengono tutte le informazioni necessarie, ecc.

In taluni casi, i regolamenti degli enti amministratori prevedono arbitrati che si svolgono interamente con l'uso di Internet (si suole parlare di *odr*, *online dispute resolutions*).

Ad esempio, la *Cietac* (*China International Economic and Trade Arbitration Commission*) ha previsto specifiche *online arbitration rules*, per controversie derivanti dal commercio elettronico, o in ogni caso in cui le parti le abbiano richiamate.

L'Unione europea riconosce sempre più l'utilità dell'uso della rete, in certi settori, come testimonia il regolamento n. 524 del 2013, relativo alla risoluzione *online* delle controversie dei consumatori, attraverso l'istituzione di una piattaforma *web* gratuita.

Tornando all'organizzazione del processo, in una lite di media o alta complessità, si possono individuare alcuni incombenti connaturati ad un processo finalizzato all'accertamento dei diritti nel contraddittorio delle parti.

Occorrerà in primo luogo verificare la regolarità degli atti (comunicazioni, notifiche, ecc.) e valutare eventuali questioni processuali, pregiudiziali alla trattazione del merito (per esempio la validità della convenzione arbitrale).

Occorrerà poi determinare esattamente la materia del contendere, per capire quale sia l'oggetto della lite e correlativamente l'oggetto della decisione arbitrale.

In molti casi, sarà necessario procedere all'ammissione ed assunzione dei mezzi di prova.

Non potrà mancare la fase dedicata alla deliberazione e alla stesura del lodo o dei lodi (in caso di decisioni non definitive).

Peraltro, non c'è alcun obbligo di seguire la divisione in fasi e la scansione temporale predisposta per il processo davanti al giudice.

Alcuni regolamenti arbitrali prevedono arbitrati semplificati o rapidi, quando, ad esempio, la controversia non necessiti istruttoria, in quanto risolubile su base documentale, o sia una lite di puro diritto, o ancora sia al di sotto di un certo valore.

In questi casi, si prevedono procedimenti scritti, oppure conferenze esclusivamente via telefono o telematica, o ancora limitazioni al numero di udienze e tempistica concentrata. Il vantaggio sta nella riduzione dei tempi e dei costi.

In Italia, ad esempio, la Camera arbitrale del Piemonte prevede apposite regole per un arbitrato rapido. Negli Stati Uniti, la *American Arbitration Association* (*Aaa*) prevede speciali arbitrati rapidi, in determinate materie, come il settore del lavoro o degli appalti. In particolare con riferimento a quest'ultimo campo, si prevede un arbitrato documentale (*for the Resolution of Disputes through Document Submission*), nel quale le parti rinunciano all'oralità; oppure un arbitrato *fast track*, per liti al di sotto di un certo valore, alla presenza di un solo arbitro, in tempi rapidissimi (sono previste una prima *conference call* per via telefonica, allo scopo di organizzare il prosieguo e, a seguire, un'udienza della durata di non oltre un giorno, per terminare poi con la decisione). La Camera arbitrale di Stoccolma ha stilato una serie di regole apposite per un *fast track arbitration*, con arbitro unico, limitazione a due memorie e preclusioni successive circa l'aggiunta di nuove difese; l'udienza è facoltativa.

Le forme semplificate possono essere determinate su accordo delle parti e degli arbitri a processo già pendente, oppure possono vincolare le parti *ex ante*, tramite il richiamo ad un regolamento arbitrale che le preveda. In questa seconda ipotesi, tuttavia, la previsione di forme che non consentano il pieno dispiegarsi delle difese suscita più di una perplessità.

Sarà dunque opportuno che lo stesso regolamento individi le tipologie di liti nelle quali l'uso dei soli documenti è sufficiente per una completa istruttoria, magari su controllo caso per caso dell'ente (v. ad esempio l'esperienza dell'arbitrato Consob); oppure stabilisca una certa elasticità nel poter ammettere, ove sia necessario, anche prove costituende.

Conviene a questo punto soffermarsi più nel dettaglio sulla prima fase di trattazione del procedimento, rinviando ai capitoli successivi per la fase istruttoria (cap. XII) e per quella decisoria (cap. XV).

Accade spesso che gli arbitri, appena nominati, decidano di fissare un'udienza alla presenza delle parti (tramite difensore o anche personalmente), oppure di riunirsi una prima volta senza la partecipazione di queste ultime, allo scopo di valutare l'accettazione dell'incarico – nell'eventualità che non l'abbiano ancora fatto – e definire il prosieguo, per mezzo di una ordinanza che verrà debitamente comunicata e che, verosimilmente, conterrà la convocazione delle parti ad una successiva udienza.

Nessuna norma si occupa di disciplinare dettagliatamente la prima udienza del procedimento arbitrale; non esiste neppure una regola che ne prescriva l'obbligatorietà in arbitrato.

Tuttavia, nell'art. 35 d.lgs. n. 5 del 2003, si trova un esplicito riferimento alla "prima udienza di trattazione", come termine preclusivo per l'eventuale intervento di terzi nel contenzioso endosocietario. In quest'ultimo caso, sarà a maggior ragione utile prevederla e definirla esplicitamente come tale nell'ordinanza di relativa fissazione.

Può essere utile esemplificare alcuni incombenti, da svolgere in questa fase iniziale.

a) Un opportuno controllo sulle modalità di instaurazione del procedimento porterà gli arbitri a disporre eventuali regolarizzazioni quanto alla rappresentanza legale o volontaria delle parti, alla procura al difensore, alla notificazione della domanda d'arbitrato e così via.

Appositi provvedimenti potranno poi essere adottati nel caso in cui sia necessario coinvolgere terzi, per chiamata o richiesta di intervento spontaneo, o in ipotesi di riunione fra procedimenti arbitrali (cap. XIII, par. 2 ss.).

b) La comparizione personale delle parti, affinché siano sentite dagli arbitri, può essere disposta già nella prima udienza o in altra successiva, fino alla fine del procedimento.

Sarà opportuno che gli arbitri precisino che le risposte date in sede diversa dall'interrogatorio formale non saranno utilizzabili come prova piena, per rendere più efficace l'audizione delle parti (*amplius* cap. XII, par. 7).

La comparizione personale delle parti potrà altresì essere un utile spunto per tentare una conciliazione (cap. II, par. 3).

c) Talvolta, il tenore oscuro della convenzione arbitrale esige un chiarimento circa le caratteristiche dell'arbitrato scelto dalle parti: rituale o irrituale; amministrato o *ad hoc*; domestico o internazionale. Inoltre, possono darsi incertezze circa la volontà espressa nel patto compromissorio sul metro di giudizio che gli arbitri dovranno adottare per la loro decisione (diritto od equità: par. 11).

Se le parti (che dovranno essere presenti personalmente all'udienza) raggiungono un accordo, sarà opportuno darne atto a verbale, in modo da fugare qualsiasi ulteriore dubbio.

d) La fase iniziale è anche il momento adatto per determinare la sede dell'arbitrato (par. 3), nel caso in cui le parti non vi abbiano provveduto prima.

e) Con l'accordo delle parti o dei difensori (che possono prestarlo in luogo delle parti), sarà altresì possibile determinare un termine per la pronuncia diverso dai duecentoquaranta giorni disposti dalla legge (par. 9).

Inoltre, se gli arbitri accettano l'incarico in sede di prima udienza, il computo del termine partirà da quella data.

f) È opportuno, il prima possibile, predisporre una programmazione delle future attività processuali. Si possono stabilire, in particolare, le modalità di esplicazione delle difese e predeterminare, per quanto possibile, le successive udienze, alla presenza e con l'auspicabile accordo di tutti.

Gli arbitri possono, a tal fine, consentire alle parti di dedurre (domande, eccezioni, contestazioni, richieste istruttorie) e produrre con memorie scritte da depositare fuori udienza, oppure stabilire che le allegazioni e le richieste istruttorie vengano portate direttamente all'udienza.

È altresì opportuno fissare fin da subito le modalità di trasmissione, alle parti ed agli arbitri, degli atti e dei provvedimenti nel corso del processo: tutte le forme di comunicazione sono possibili, purché siano idonee ad attestare la ricezione, in modo da evitare successive contestazioni (per esempio la posta elettronica certificata).

g) Gli arbitri possono infine disporre il pagamento di un anticipo sulle spese e sui compensi, fissandolo direttamente all'udienza, oppure con un'ordinanza separata (cap. XVII, par. 2).

6. La forma degli atti e dei provvedimenti.

Quanto alla forma, è necessario distinguere fra atti delle parti, provvedimenti dell'arbitro e atti del processo arbitrale.

a) *Atti delle parti*. Non vi sono particolari prescrizioni normative, fatta eccezione per la domanda d'arbitrato, espressamente disciplinata dalla legge.

Per il resto, può farsi liberamente ricorso a forme orali, scritte, telematiche, o miste (udienze, conferenze elettroniche, scambio di atti scritti o telematici); varrà comunque il principio generale della conformità dell'atto allo scopo.

A stabilire le forme sono innanzitutto le parti, spesso tramite richiamo ad un regolamento, o, in mancanza, gli arbitri.

b) *Provvedimenti dell'arbitro*. La legge individua due tipi di provvedimenti arbitrali: l'ordinanza e il lodo.

Il lodo è il provvedimento tipicamente decisorio (cap. XV, par. 6) e può riguardare il rito

Ad esempio un lodo nel quale viene dichiarato il difetto di legittimazione ad agire dell'attore.

oppure il merito.

Ad esempio un lodo con il quale viene rigettata la domanda di condanna al pagamento del prezzo di una compravendita per prescrizione.

Può essere definitivo, nel caso in cui esaurisca l'intera materia del contendere, oppure parziale e non definitivo, quando si limiti a statuire, rispettivamente, su alcune delle domande e delle questioni proposte.

È un provvedimento irrevocabile e immodificabile; può essere impugnato o corretto nelle forme previste dalla legge.

L'ordinanza è destinata a regolare gli aspetti procedimentali ordinatori ed organizzativi, ad esempio la fissazione di udienze o l'ammissione delle prove, ma può talvolta contenere valutazioni su questioni di rito o di merito; in tutti i casi è modificabile e revocabile in ogni tempo.

Per ogni approfondimento sull'utilizzo dei diversi provvedimenti da adottare, rinvio al cap. XIV, parr. 6-10, con specifico riferimento alle questioni pregiudiziali, nonché al cap. XV, par. 11, sul lodo non definitivo e parziale e infine al par. 12 dello stesso capitolo per una breve sintesi sulla forma dei provvedimenti a seconda dell'oggetto della decisione.

c) Atti del processo arbitrale. L'atto più significativo è sicuramente il verbale, cioè il resoconto di tutto quanto accade davanti agli arbitri: pur non essendo imposto dalla legge, è indispensabile per dare conto delle attività ed attestare così il regolare svolgimento del processo.

I verbali non sono assistiti da pubblica fede, perché gli arbitri non sono pubblici ufficiali (art. 813, comma 2°, c.p.c.) e sono redatti, di regola, dai medesimi arbitri o dal segretario eventualmente nominato.

7. I termini e le preclusioni.

Anche in arbitrato si pone il problema di organizzare la trattazione attraverso un'ordinata scansione dei tempi di allegazione delle difese: domande, eccezioni, richieste di prove.

Infatti, gli arbitri sono vincolati al principio della corrispondenza fra il chiesto e il pronunciato, come emerge dall'art. 829, n. 4, c.p.c., per cui diviene indispensabile determinare con certezza la materia del contendere.

Ci si deve chiedere se le preclusioni rilevabili *ex officio* che vigono nel processo statuale siano applicabili anche in arbitrato.

Sicuramente, nel silenzio della legge, il sistema dell'art. 183 c.p.c., con il suo apparato di memorie post-udienza, non è direttamente applicabile.

Ciononostante, è da ritenere che le parti possano stabilire, d'accordo fra loro, termini per lo svolgimento di determinate attività ed il lodo sarà invalidabile in caso di loro violazione, a condizione però che siano stati posti a pena di nullità (art. 829, comma 1°, n. 7, c.p.c.).

Particolare interesse riveste, a questo proposito, l'*acte de mission* o *terms of reference*, disciplinato dall'art. 23 del regolamento *Icc*, che rappresenta una sorta di "preclusione privata" a carico delle parti, accettata da queste ultime con il richiamo al regolamento.

Gli arbitri, non appena possibile, redigono un atto nel quale (oltre a stabilire regole procedimentali) effettuano "un'esposizione sommaria delle domande rispettive delle parti e delle conclusioni di ciascuna parte, con l'indicazione dell'ammontare delle domande quantificate e, per quanto possibile, una stima del valore monetario delle altre domande", nonché, se lo ritengano opportuno, l'indicazione "delle questioni controverse da risolvere". L'atto viene firmato dalle parti, oltre che dagli arbitri; se una delle parti rifiuti di firmare, esso viene sottoposto all'approvazione dell'ente amministratore. In entrambi i casi, le parti non possono più proporre nuove domande, a meno che non vengano autorizzate dagli arbitri, che terranno conto "della natura di tali nuove domande, dello stadio del procedimento e delle altre circostanze rilevanti".

Rimane da capire se gli arbitri possano fissare di loro iniziativa termini perentori.

Non credo che la risposta affermativa possa fondarsi su un'implicita volontà delle parti di assoggettarsi a termini perentori fissati dagli arbitri, per effetto dell'art. 816-*bis* c.p.c., che permette a questi ultimi di regolare il procedimento come meglio credono, in assenza di previsioni negoziali: una volontà in tal senso dovrebbe a mio avviso emergere chiaramente.

Parimenti, benché se ne discuta, non ritengo che gli arbitri abbiano il potere di fissare termini decadenziali della stessa natura di quelli previsti dalla legge nel processo statuale.

Le preclusioni vigenti davanti al giudice, insanabili e rilevabili d'ufficio, sono soggette al principio di tassatività: lo si ricava dall'art. 152 c.p.c., che permette al giudice di fissare termini perentori solo quando vi sia una norma in tal senso.

In assenza di indicazioni chiare, occorre prima di tutto tenere conto delle ipotesi in cui la legge stabilisce specifiche preclusioni:

a) l'eccezione di nullità, inesistenza o inefficacia della convenzione arbitrale deve essere rilevata dal convenuto nella prima difesa dopo l'accettazione degli arbitri (art. 817 c.p.c.), pena l'inimpugnabilità del lodo per questo motivo;

b) l'estraneità di una o più domande dall'ambito oggettivo della convenzione arbitrale deve essere sollevata dall'avversario durante il corso del procedimento arbitrale, pena, ancora una volta, l'inimpugnabilità del lodo per lo stesso motivo (art. 817 cit.);

c) più in generale, qualunque irregolarità del processo arbitrale deve essere rilevata nella prima difesa successiva alla violazione, affinché possa essere motivo di impugnazione del lodo, nei limiti dell'art. 829 c.p.c.

Al di fuori dei casi menzionati, non si può tuttavia concludere che le parti siano libere di dedurre difese, domande, eccezioni e prove in ogni momento del processo arbitrale.

Innanzitutto, l'organizzazione del procedimento deve tenere conto del termine per la pronuncia del lodo, che va rispettato a pena di responsabilità per gli arbitri.

In secondo luogo, la determinazione della materia del contendere deve essere contemperata con il necessario rispetto del contraddittorio.

Le predette esigenze permettono all'arbitro di inibire alle parti l'allargamento del *thema decidendum* e del *thema probandum*, se ciò richieda un allungamento dei tempi incompatibile con il termine, o se metta comunque gli arbitri nelle condizioni di non poter rispettare il contraddittorio.

Gli arbitri, pertanto, potranno disattendere le richieste delle parti, se determinino uno squilibrio nelle difese, non consentendo all'avversario di replicare pienamente, o se non permettano di decidere nel termine fissato dalle parti o dalla legge – ad esempio, una domanda o una eccezione nuova potrebbe costringere gli arbitri a riaprire una istruttoria già chiusa.

Insomma, vale anche in questo caso il criterio che ho definito di "flessibilità ragionevole": nel valutare se dare ingresso a nuove allegazioni in un momento successivo alla prima fase, occorrerà tenere conto delle circostanze del caso concreto (necessità di istruttoria, tempo rimanente per la pronuncia, rispetto del contraddittorio e così via).

Un caso particolare è quello dell'assenza del convenuto (par. 4): se egli si presenta tardivamente, allegando difese che esigono un'istruttoria o chiedendo egli stesso mezzi di prova, gli arbitri, a mio parere, dovranno effettuare una doppia valutazione: se la nuova materia del contendere metta in grado l'attore di esercitare il suo pieno diritto al contraddittorio e se vi sia ancora il tempo richiesto per un completo svolgimento dei temi di discussione; a quest'ultimo proposito, se il termine è già stato prorogato per una precedente istruttoria, esso non potrà essere ulteriormente ampliato (salvo il consenso dell'attore); in caso contrario, si potrà contare su un automatico allungamento nel – solo – caso di prove costituende. Comunque, il contegno del convenuto, che abbia ingiustificatamente aggravato la posizione dell'attore, potrà rilevare, ad esempio, ai fini delle spese (par. 3).

8. La collegialità nella trattazione; il segretario.

Se gli arbitri sono più di uno occorre che la collegialità sia rispettata in tutto il corso del procedimento, salvo alcune eccezioni.

Si prevede, innanzitutto, all'art. 816-*bis*, comma 2°, c.p.c. che, con l'autorizzazione delle parti o degli altri arbitri, al presidente del collegio può essere delegato il potere di pronunciare le ordinanze atte a regolare lo svolgimento del processo: si tratta di una facoltà utile a scopo acceleratorio e semplificatorio.

Inoltre, durante l'istruttoria, è possibile delegare ad uno solo degli arbitri l'assunzione di una prova (art. 816-*ter*, comma 1°, c.p.c.).

A mio avviso, poiché è buona regola che chi è chiamato alla decisione assista personalmente all'assunzione delle prove, di questo potere deve farsi uso con prudenza, in caso di necessità.

Al principio di collegialità non può mai derogarsi nella fase della decisione, che deve essere, come si vedrà, frutto della partecipazione di tutti gli arbitri (cap. XV, par. 3).

Gli arbitri possono altresì decidere di nominare un segretario, che li coadiuvi nell'organizzazione del procedimento.

Egli potrà ricevere gli atti delle parti, provvedere alle opportune comunicazioni o notificazioni, redigere i verbali, costituire, insomma, il *trait d'union* fra parti ed arbitri, anche per evitare contatti reciproci unilaterali.

La presenza del segretario non toglie nulla, ovviamente, alla necessaria collegialità delle attività processuali.

La nomina è a discrezione degli arbitri, ma deve ritenersi che le parti possano, prima dell'accettazione degli arbitri, vietare una siffatta facoltà (ad esempio per risparmiare sui costi).

Negli arbitrati amministrati, l'attività di segreteria è di regola svolta dall'ente.

Particolare è il caso dell'arbitrato nei contratti pubblici; l'art. 242 del d.lgs. n. 163 del 2006 prevede infatti la tenuta, da parte della Camera arbitrale dei contratti pubblici, di un "elenco dei segretari dei collegi arbitrali" a cui sono ammessi "i funzionari dell'Autorità, nonché i funzionari delle magistrature contabili e amministrative, nonché delle pubbliche amministrazioni operanti nei settori dei lavori, servizi, forniture" che debbono essere laureati e con "anzianità di servizio in ruolo non inferiore a cinque anni".

9. Il termine per la pronuncia.

Gli arbitri debbono pronunciare il lodo in un termine, come stabilito dall'art. 820 c.p.c.

a) *La determinazione del termine*. Spetta in primo luogo alle parti determinare il termine per la pronuncia, nella convenzione arbitrale o comunque prima che gli arbitri accettino l'incarico; successivamente, anche se la norma non lo precisa, le parti potranno fissare il termine solo con il consenso degli arbitri.

Le parti hanno piena libertà nello stabilire la durata del procedimento: è chiaro, però, che, se il termine è troppo breve per consentire lo svolgimento accurato delle attività processuali, seppur con forme semplificate, gli arbitri potranno valutare se accettare o meno l'incarico.

Se le parti non hanno stabilito alcun termine, gli arbitri debbono, ai sensi dell'art. 820 cit., pronunciare il lodo entro duecentoquaranta giorni dall'accettazione dell'incarico.

b) *Proroga*. L'art. 820 c.p.c. stabilisce alcuni casi di proroga del termine.

b1) Il termine è sempre prorogato, a prescindere dall'originaria volontà delle parti, quando vi sia il consenso scritto delle parti medesime, indirizzato agli arbitri (anche in eventuale modifica ad una precedente previsione).

b2) Inoltre, la proroga può essere concessa dal Presidente del tribunale della sede dell'arbitrato, su richiesta motivata degli arbitri o di una delle parti e – deve ritenersi – nel contraddittorio di tutti, prima dello spirare del termine. Si tratta di una facoltà che non può essere oggetto di deroga.

b3) I restanti casi di proroga *ex lege* sono invece derogabili dalle parti, sia tramite regolamento arbitrale, sia con apposita previsione prima dell'accettazione degli arbitri (altrimenti, come già detto, occorrerà il consenso di questi ultimi).

In particolare, il termine è automaticamente ampliato (non sembra cioè che sia necessario alcun provvedimento degli arbitri in tal senso) ad ulteriori centottanta giorni,

- nel caso in cui debbano essere assunti mezzi di prova;

Il riferimento all'assunzione dei mezzi di prova esclude, per un verso, le prove precostituite, per altro verso, mezzi latamente istruttori come l'interrogatorio libero delle parti (non finalizzato a trarre elementi probatori, cioè, ma solo eventuali argomenti di prova).

- se sia stata disposta una consulenza tecnica d'ufficio;
- se sia stato pronunciato un lodo parziale o non definitivo;

- se sia modificata la composizione del tribunale arbitrale, ad esempio perché un arbitro è stato ricusato o è venuto meno per un altro motivo.

In quest'ultimo caso si discute se la proroga operi dal momento della sostituzione dell'arbitro o, come ritengo preferibile per coerenza del sistema, dalla scadenza del termine originario o già prorogato per altri motivi.

I centottanta giorni valgono una sola volta all'interno di ogni categoria, ma sono cumulabili se si verificano più eventi appartenenti a diverse categorie.

Ad esempio, se vengono sentiti dei testi e viene altresì disposta una consulenza tecnica, gli arbitri potranno prorogare il termine di totali trecentosessanta giorni; viceversa, se viene ammessa una pluralità di mezzi di prova, ad esempio l'ispezione, la prova per testi e l'interrogatorio formale della parte, la proroga sarà sempre di centottanta giorni.

Rimarrà però sempre la possibilità di rivolgersi al Presidente del tribunale per un'ulteriore proroga.

Infine, nell'arbitrato endosocietario, è prevista una proroga automatica di centottanta giorni nell'ipotesi di intervento o chiamata di terzi, secondo l'esegesi dell'art. 35 d.lgs. n. 5 del 2003 (non perfettamente coordinato con l'art. 820 cit.) che ritengo preferibile.

c) Sospensione. È opportunamente prevista la sospensione del termine, quando il procedimento arbitrale sia stato a sua volta sospeso.

Sono i casi previsti nell'art. 819-*bis* c.p.c. (cap. XIV, par. 3 ss.), a cui si aggiungono le seguenti ipotesi: quando una parte venga meno e gli arbitri decidano di sospendere il procedimento (art. 816-*sexies* c.p.c.), oppure un arbitro sia stato ricusato (art. 815 c.p.c.), o ancora – deve ritenersi per analogia con l'art. 815 cit. – quando sia stata richiesta la sua sostituzione per inadempimento (art. 813-*bis* c.p.c.) e, infine, quando sia stato richiesto al giudice statuale l'ordine di comparizione di un testimone (art. 816-*ter* c.p.c.).

Il termine residuo sarà automaticamente prorogato di novanta giorni, se inferiore, per dare modo agli arbitri di concludere il procedimento in tempi ragionevoli.

Non opera, invece, la sospensione feriale dei termini, vigente nel processo statuale.

d) Dies a quo *e* dies ad quem. Il *dies a quo*, in caso di collegio arbitrale, decorre dal giorno in cui l'ultimo degli arbitri abbia accettato la nomina.

Le parti possono stabilire un momento diverso, purché agevolmente determinabile.

Per esempio si potrà fare riferimento alla prima o, come talvolta accade nella prassi, all'ultima udienza del procedimento, prima della discussione.

Alcuni regolamenti stabiliscono che il termine decorra dalla data della prima udienza (ad esempio il regolamento Camera arbitrale di Bologna, art. 19), o dalla costituzione del tribunale arbitrale (ad esempio l'art. 31 del regolamento della Camera arbitrale di Venezia).

Per quanto riguarda, invece, il *dies ad quem*, si ha riguardo alla data dell'ultima sottoscrizione del lodo: solo in questo momento, infatti, deve ritenersi che la decisione sia venuta ad esistenza (salvo quanto si dirà al punto *e*)).

Alcuni regolamenti arbitrali (ad esempio l'art. 32 del regolamento della Camera arbitrale di Milano) prevedono che il lodo debba essere depositato presso l'ente arbitrale entro il termine fissato.

e) *Pronuncia fuori termine*. Il lodo pronunciato dopo la scadenza del termine è invalidabile.

Tuttavia, l'art. 821 c.p.c. prevede una speciale sanatoria, in favore degli arbitri.

In pratica, la parte, al fine di potersi precostituire il futuro diritto ad annullare l'eventuale lodo reso fuori termine, ha l'obbligo, prima che la pronuncia venga ad esistenza con la sua sottoscrizione, di notificare alle altre parti o agli arbitri un atto nel quale comunica che intende far valere il decorso del termine e la conseguente decadenza di questi ultimi dal loro ufficio.

A questo punto, possono darsi due eventualità.

Gli arbitri, nei giorni precedenti a quello di notificazione della diffida, possono avere già deliberato il lodo, documentando la circostanza con un atto contenente il dispositivo (cioè i provvedimenti adottati a seguito delle domande delle parti, c.d. *petitum* immediato), scritto e firmato almeno dalla maggioranza.

In questo caso, la nullità derivante dalla scadenza del termine prima della pronuncia del lodo non potrà più essere motivo di invalidità della pronuncia.

La norma è particolarmente opportuna quando uno degli arbitri metta in atto un comportamento ostruzionistico nella fase di deliberazione del lodo (cap. XVI, par. 3).

L'altra eventualità è che gli arbitri non abbiano ancora deliberato il lodo nel momento in cui ricevono la diffida: non resterà loro che prendere atto della scadenza del termine e conseguentemente pronunciare l'estinzione del procedimento arbitrale.

Non è detto quale forma debba assumere il provvedimento arbitrale. L'ordinanza, essendo inimpugnabile, non permette alla parte di tutelarsi pienamente, quando gli arbitri abbiano erroneamente pronunciato l'estinzione; sicché è preferibile la forma del lodo, impugnabile ai sensi dell'art. 829, comma 1°, n. 10.

Invece, nei casi in cui il lodo sull'estinzione sia corretto, l'impugnabilità parrebbe da escludere, se non fosse che si tratta pur sempre di pronuncia resa fuori termine ai sensi del n. 6 dell'art. 829: rimarrei comunque per la soluzione negativa, dato che lo stesso n. 6 fa salvo l'art. 821 e mostra così di voler salvare dalla scure dell'invalidità la pronuncia di estinzione. La soluzione opposta permetterebbe però alla Corte d'appello di decidere il giudizio rescissorio, mentre, se si accede all'idea che il lodo non sia impugnabile, vale la regola generale dell'art. 808-*quinquies* c.p.c., con conseguente obbligo di un nuovo arbitrato.

Ove, ciononostante, gli arbitri pronuncino il lodo di merito o di rito (per altro motivo, diverso dallo spirare del termine), quest'ultimo sarà annullabile.

Cosa succede se gli arbitri pronunciano il lodo nonostante la scadenza del termine, statuendo favorevolmente alla parte che abbia preventivamente notificato l'intenzione di far valere la tardività, al fine di evitare l'impugnazione? Si è ritenuto che l'altra parte possa comunque annullare il lodo, facendo valere il motivo residuale della pronuncia nel merito anziché nel rito, con la possibilità, poi, di chiedere i danni agli arbitri. A mio avviso si potrebbe ritenere, più agevolmente, che l'art. 821 c.p.c. permetta a tutte le parti di far valere la tardività, una volta che una di loro abbia segnalato questa intenzione.

Potrebbe addirittura accadere che gli arbitri rimangano patologicamente inerti, senza neppure pronunciare l'estinzione: in questo caso è dubbio se le parti possano iniziare un nuovo giudizio arbitrale, perché occorre pregiudizialmente capire se il processo arbitrale sia ancora pendente, finché non pervenga la pronuncia estintiva, oppure se quest'ultima sia meramente dichiarativa di un'estinzione che si è già verificata allo scadere del termine (o al momento della notifica della diffida, a seconda della tesi che si ritenga preferibile): in questo secondo senso è l'art. 307 c.p.c., valevole nel processo statuale. Se si accede, invece, alla prima tesi, ferma la responsabilità degli arbitri *ex* art. 813-*ter*, comma 1° n. 2, occorrerebbe ammettere la possibilità di sostituzione dell'intero collegio, *ex* art. 813-*bis*, affinché i nuovi arbitri provvedano ai sensi del già citato art. 821 c.p.c.

Inoltre, essi risponderanno per i danni provocati dal loro comportamento doloso o colposo, ai sensi e nei limiti dell'art. 813-*ter* c.p.c., cioè previo annullamento del lodo (cap. VIII, par. 15).

10. La lingua nell'arbitrato internazionale.

La lingua è un fattore decisivo nell'arbitrato internazionale: da essa dipende l'effettività del diritto di difesa delle parti, che debbono farsi capire dagli arbitri e capirsi reciprocamente.

Si è notato come la scelta della lingua finisca persino per influenzare la scelta delle regole di svolgimento del processo arbitrale, mettendo in collegamento il frequente uso dell'inglese con il tendenziale aumento di utilizzo delle regole procedimentali derivanti, totalmente o parzialmente, da sistemi di *common law*.

La questione della lingua si pone non solo con riferimento alle parti, bensì, più in generale, con riguardo a tutti i partecipanti del processo arbitrale: arbitri, consulenti tecnici, testimoni, difensori, finanche gli enti amministratori dell'arbitrato.

Ai sensi dell'art. 816-*bis* c.p.c., la lingua del processo arbitrale viene in primo luogo decisa dalle parti, prima dell'accettazione degli arbitri, o anche dopo, purché con il consenso di questi ultimi.

In difetto, è stabilita dagli arbitri "nel modo che ritengono più opportuno". Occorrerà, dunque, scegliere la soluzione che assicuri il più ampio svolgersi del contraddittorio; così, gli arbitri potranno basarsi sulla lingua della convenzione arbitrale o del contratto che ha dato luogo alla lite.

La grande maggioranza dei regolamenti internazionali stabilisce regole dettagliate sulla determinazione della lingua.

L'art. 20 del regolamento *Icc* prevede che gli arbitri debbano tenere conto di ogni circostanza rilevante, compresa la lingua del contratto (criterio a cui invece non fa più riferimento l'art. 5 del regolamento della Camera arbitrale di Milano). L'art. 17 del regolamento *Lcia* dà rilevanza, nella prima fase del procedimento, alla lingua della convenzione arbitrale, mentre dopo l'accettazione degli arbitri saranno questi ultimi a decidere.

È anche possibile, benché più costoso e complicato, prevedere che l'arbitrato si svolga in più lingue, al fine di consentire la massima comprensione delle attività processuali; oppure, potrà essere previsto che soltanto alcuni atti o provvedimenti siano resi in una lingua diversa da quella scelta per il procedimento.

In tutti i casi, le attività del processo saranno svolte nella/e lingua/e stabilita/e, verosimilmente attraverso l'ausilio di un interprete-traduttore, che abbia le qualifiche necessarie per garantire la qualità della traduzione.

Di regola, i documenti prodotti dalle parti, se redatti in lingua diversa da quella dell'arbitrato, debbono essere corredati di apposita traduzione, a meno che non sia permessa l'acquisizione nella lingua originale, se conosciuta dagli arbitri e dalle parti.

L'art. 28 della legge spagnola sull'arbitrato stabilisce che, in mancanza di determinazione della lingua, quest'ultima sarà quella ufficiale della sede dell'arbitrato; viene però garantito, per quanto possibile, il diritto della parte che non conosca la lingua ad utilizzare la propria. Inoltre i testi possono utilizzare la loro lingua ed è possibile altresì per gli arbitri autorizzare il deposito dei documenti nella lingua originale. Se vi è bisogno di un traduttore, può trattarsi di "cualquier persona conocedora de la lengua empleada, previo juramento o promesa de aquella": requisito assai largo, come si vede.

Infine, se la parte voglia chiedere il riconoscimento del lodo in un paese straniero, dovrà munirsi di una traduzione certificata da un traduttore ufficiale, ai sensi dell'art. IV, n. 2 della convenzione di New York.

11. La scelta della disciplina applicabile al merito della lite; diritto ed equità.

a) La determinazione della lex causae. Va qui ribadita la necessità di tenere nettamente distinta la *lex arbitri*, cioè la legge che regola il processo arbitrale, dalla *lex causae*, cioè le regole di cui gli arbitri debbono tenere conto per giudicare il merito della lite.

Soprattutto nell'arbitrato internazionale, l'individuazione della disciplina applicabile al merito della controversia è questione assai delicata.

Una prima prospettiva ritiene imprescindibile il riferimento ad una legge nazionale, da determinarsi sulla base delle norme di conflitto della *lex arbitri* (o, secondo alcuni, delle norme di conflitto della legge, o delle leggi, più appropriate alla vicenda controversa), oppure in via diretta.

Non è escluso il riferimento a diverse leggi nazionali, a seconda dei singoli profili della vertenza controversa: si tratta del c.d. *depeçage.*

Una seconda prospettiva ammette invece la possibilità di un completo sganciamento dalle leggi nazionali, facendo ricorso all'applicazione della *lex mercatoria*, cioè di un sistema di regole tratte da convenzioni internazionali, pratiche contrattuali, usi (cfr. ad esempio gli *Incoterms*, o i principi *Unidroit*), principi generali di diritto o interpretazioni generalmente condivise di norme, spontaneamente accettate dai fruitori del commercio internazionale.

Si suole così distinguere, in questa prospettiva, il riferimento ad una legge nazionale da quello a regole che non necessariamente si riferiscono ad un determinato ordinamento. Un esempio è rappresentato dall'art. 1511 del *c.p.c.* francese, che prevede che "Le tribunal arbitral tranche le litige conformément aux règles de droit que les parties ont choisies ou, à défaut, conformément à celles qu'il estime appropriées", oltre a dover tenere conto, "dans tous les cas, des usages du commerce" (su cui v. subito appresso). Sempre in questa prospettiva, si ritiene possibile fare rinvio ad un sistema di regole derivante da principi comuni a più ordinamenti nazionali (di regola quelli a cui appartengono le parti): si parla di proposito di *tronc commun* (esemplare è il caso *Eurotunnel*, House of Lords, 21 gennaio 1993).

Probabilmente è ragionevole contemperare i due punti di vista, attraverso un approccio più cauto, che tenga conto, da un lato, della necessaria flessibilità dello strumento internazionale, d'altro lato della necessità di confrontarsi con l'ordine pubblico degli ordinamenti statuali, nel caso in cui il lodo divenisse ivi sindacabile.

La convenzione di Ginevra del 1961, all'art. 7, va in questa direzione, stabilendo che, in caso di disaccordo fra le parti sulla legge riguardante il merito, gli arbitri debbono applicare "la legge stabilita dalle regole di conflitto che gli arbitri giudicheranno appropriate al caso", tenendo però conto, al contempo, delle pattuizioni contrattuali e degli "usi del commercio".

Ad ogni modo, un ulteriore contemperamento deriva dal fatto che il criterio di determinazione della *lex causae* più invalso nelle fonti internazionali è la volontà delle parti, espressa o desumibile da indizi attendibili.

In pratica, solo quando le parti non abbiano stabilito la disciplina applicabile, attraverso l'individuazione di una o più leggi o il rinvio alla *lex mercatoria*, nasce il problema.

Inoltre, se le parti abbiano rinviato ad un regolamento arbitrale e quest'ultimo contenga regole apposite, queste si intenderanno applicabili per loro diretta volontà.

Ad esempio, l'art. 21 del regolamento *Icc* dispone che solo in assenza di accordo fra le parti, "il tribunale arbitrale applica le regole di diritto che ritiene appropriate", tenendo comunque conto "delle eventuali disposizioni contrattuali convenute dalle parti e degli eventuali usi del commercio pertinenti".

Il codice di procedura civile italiano non prende espressa posizione sulla determinazione della *lex causae*, dopo le modifiche del 2006 (prima vi era una norma apposita).

Alcuni ordinamenti prevedono regole *ad hoc*: ad esempio, l'art. 187 l.d.i.p. svizzera, stabilisce che gli arbitri decidono la lite "secondo il diritto scelto dalle parti o, in subordine, secondo il diritto con cui la fattispecie è più strettamente connessa"; la legge modello *Uncitral* all'art. 28 prevede che, in mancanza di volontà delle parti, gli arbitri applicheranno la norma di conflitto, ma dovranno prendere in esame anche "the usages of the trade applicable to the transaction".

Pertanto, negli arbitrati con sede in Italia, occorrerà prima di tutto fare riferimento alle fonti sovranazionali, come i regolamenti europei n. 593/2008 (c.d. Roma I, sulle obbligazioni contrattuali) e n. 864/2007 (c.d. Roma II, sulle obbligazioni extracontrattuali); in mancanza si applicheranno le regole di diritto internazionale privato della l. n. 218 del 1995.

Secondo alcuni, traendo spunto dalla disciplina abrogata nel 2006, si potrebbe continuare a fare riferimento alle norme di conflitto delle leggi che gli arbitri ritengano più appropriate, ad esempio perché presentano un collegamento stretto con la controversia. Va detto, comunque, che, anche preferendo il richiamo alla l. n. 218 del 1995, rimane un certo ambito di discrezionalità nella scelta della legge da parte degli arbitri: la l. citata, infatti, fa diretto richiamo (art. 57) al regolamento Roma I, il quale a sua volta rinvia, in taluni casi, al criterio del "collegamento più stretto".

Va aggiunto che la forte limitazione al sindacato di diritto da parte del giudice italiano, in sede di impugnazione del lodo, attenua notevolmente l'eventuale sconfinamento degli arbitri nella determinazione delle regole applicabili al merito.

Tuttavia, è sempre auspicabile, benché per alcuni non obbligatorio, che gli arbitri tengano in debito conto l'ordine pubblico, oltre che della *lex causae*, anche del paese di riconoscimento o di impugnazione del lodo, per scongiurare il rischio di un rifiuto di *exequatur* o di annullamento della decisione.

Alcuni interpreti vanno oltre, ritenendo che gli arbitri debbano sempre disapplicare la *lex causae*, anche se scelta dalle parti, quando sia contraria all'ordine pubblico internazionale o alle leggi di applicazione necessaria della *lex arbitri*.

b) *Equità e diritto*. Altra questione riguarda l'eventualità che le parti deferiscano agli arbitri il giudizio secondo equità: questa soluzione può essere scelta, ai sensi dell'art. 822 c.p.c., "con qualunque espressione".

È stato ritenuto che sia espressione di equità il riferimento all'*ex aequo et bono*, o all'"amichevole composizione" (benché in sede internazionale si tenda a distinguere l'equità dall'*amiable composition*).

Si tratta della c.d. equità sostitutiva, da contrapporre alla c.d. equità integrativa, che opera quando è la stessa legge a farvi riferimento.

Il suo significato ed il suo contenuto sono assai discussi.

Si afferma tradizionalmente, sulla scorta della tradizione aristotelica, che l'equità è "la giustizia del caso concreto"; una parte della dottrina sottolinea che gli arbitri debbano comunque dare conto della soluzione secondo diritto e specificare per quale motivo si reputa di non poterla condividere.

È in ogni caso pacifico che gli arbitri abbiano l'onere di motivare la loro decisione: infatti, il lodo carente di motivazione è annullabile, ai sensi del n. 5 dell'art. 829 c.p.c., a prescindere dal fatto che sia reso secondo equità o secondo diritto.

Il lodo equitativo, inoltre, è sempre censurabile per violazione dell'ordine pubblico, secondo il tenore *tranchant* del comma 3° dell'art. 829 c.p.c. ("È ammessa in ogni caso l'impugnazione delle decisioni per contrarietà all'ordine pubblico").

Non v'è contraddizione, infatti, fra scelta dell'equità e rispetto dell'ordine pubblico, perché l'art. 822 c.p.c. va interpretato nel senso che il metro del diritto può essere derogato non oltre il limite dei principi fondamentali dell'ordinamento; lo dimostra la disciplina dell'arbitrato di lavoro, su cui il cap. XVIII, par. 6.

In alcuni casi, poi, nonostante la scelta dell'equità, gli arbitri debbono comunque decidere secondo diritto, con lodo impugnabile per violazione di norme di legge, anche non necessariamente di ordine pubblico.

Ciò vale, in particolare, quando l'arbitrato riguardi liti endosocietarie e gli arbitri abbiano conosciuto incidentalmente di questioni non compromettibili o abbiano pronunciato sulla validità di delibere assembleari (art. 36, d.lgs. n. 5 del 2003).

In questi casi, l'equità scelta dalle parti si converte automaticamente in metro di diritto ed il lodo sarà impugnabile per violazione di legge, anche non di ordine pubblico, su tutto il suo contenuto: l'art. 36 non è chiarissimo, facendo riferimento agli articoli del codice di procedura civile precedenti alla modifica del 2006, ma mi pare l'intepretazione più aderente alla *voluntas legis*, che è quella di garantire il pieno sindacato di diritto.

Anche il lodo reso in materia di appalti pubblici è sempre impugnabile per violazione di legge (cap. VI, par. 12).

Più in generale, l'equità è vietata nelle liti con la pubblica amministrazione, che rientrino nella giurisdizione esclusiva del giudice amministrativo, ai sensi dell'art. 12 del codice del processo amministrativo (cap. VI, par. 11).

Più problematico è il caso in cui gli arbitri di equità, a prescindere dalla materia trattata, abbiano esaminato questioni non compromettibili ai fini della decisione (art. 819 c.p.c., cap. XIV). L'art. 829 c.p.c., infatti, prevede che il lodo sia sempre impugnabile per violazione di legge, ma si riferisce, a mio avviso, soltanto alla pronuncia resa con il metro del diritto; sarei dunque per escludere che un lodo equitativo sia sindacabile allo stesso modo.

Ritengo, infatti, che l'inciso del comma 4° dell'art. 829 c.p.c., "è *sempre* ammessa" vada interpretato in contrapposizione rispetto al precedente inciso "è ammessa *se espressamente disposta* dalle parti o dalla legge..." (corsivi miei), e che nessuno dei due riguardi il lodo di equità, sottratto per sua natura a questo meccanismo.

Per il lodo di lavoro rinvio al cap. XVIII, par. 5; per l'errore nel metro di giudizio, quando cioè gli arbitri abbiano deciso secondo equità, pur avendo ricevuto mandato di decidere secondo diritto, o viceversa, rinvio al cap. XVI, par. 7.

12. La tutela cautelare in arbitrato.

Va subito detto che la scelta dell'arbitrato è compatibile con la tutela cautelare: si tratta di un principio universalmente accettato e confermato dalla convenzione di Ginevra del 1961, all'art. VI-4.

Ne consegue che la richiesta al giudice di un provvedimento non di natura cautelare (per esempio il pagamento provvisorio di somme di denaro, ritenuto dalla Corte di giustizia Ue, nel caso *Van Uden* sotto menzionato, non cautelare) potrebbe essere qualificato come atto di violazione e, dunque, di rinuncia della convenzione arbitrale.

Tuttavia, l'art. 818 c.p.c. inibisce agli arbitri il potere di concedere sequestri o altri provvedimenti cautelari, salva diversa disposizione di legge.

Si suole tradizionalmente ricondurre il suddetto divieto alla carenza, in capo agli arbitri, di poteri coercitivi.

L'assunto, però, non convince, perché è pacifico che l'arbitro possa pronunciare provvedimenti di condanna, ai quali il giudice deve far seguire l'esecutività, senza alcun controllo nel merito: perché dunque non sarebbe possibile fare altrettanto per qualunque provvedimento implicante la modifica della realtà materiale, com'è la tutela cautelare?

Se si vuole dare una *ratio* all'art. 818 c.p.c., bisogna focalizzare il divieto non sull'esecutività, bensì sul contenuto dell'ordine.

Probabilmente, il legislatore non vuole che gli arbitri pronuncino provvedimenti che trovano nella necessità di intervenire sulla realtà concreta la loro funzione primaria ed ontologica.

Emerge cioè un'ostilità verso forme private di tutela incentrate non sulla realtà giuridica, bensì sul suo risultato pratico, cioè l'adeguamento della realtà materiale.

L'assunto è a mio parere dimostrato dall'eccezionale potere, concesso agli arbitri, di sospendere l'efficacia delle delibere assembleari delle società nel corso del processo di annullamento (art. 35, d.lgs. n. 5 del 2003), per via della caratteristica natura *self-executive* dell'inibitoria – un'esecutività che opera, cioè, esclusivamente sul piano giuridico: v. comunque *infra*.

Il divieto non è derogabile per volontà delle parti, che non possono dunque attribuire agli arbitri, anche tramite rinvio ad un regolamento arbitrale, il potere di pronunciare le misure cautelari.

Non è da escludere che le parti conferiscano espressamente all'arbitro la possibilità di emettere provvedimenti di tutela interinale, nel qual caso essi non saranno coercibili, salvo l'eventuale risarcimento del danno per l'inadempimento al patto negoziale.

Va peraltro precisato che dal menzionato divieto non discende necessariamente l'impossibilità per gli arbitri di ordinare alle parti un dato comportamento: più semplicemente, detti ordini non saranno assistiti dalla forza esecutiva, ma resteranno allo stato di raccomandazione ed invito, il cui inadempimento potrebbe essere valutabile, a seconda delle circostanze concrete, come argomento di prova o ai fini delle spese.

Una maggiore apertura è stata prospettata con riferimento alle misure di protezione delle prove, dato che l'istruzione preventiva, pur avendo caratteristiche analoghe, non segue l'intera disciplina dei provvedimenti cautelari. Va però tenuto conto delle affermazioni della Corte costituzionale circa la natura cautelare di questo provvedimento (28 gennaio 2010, n. 26).

Vi è un caso in cui la legge concede eccezionalmente il potere di disporre una cautela: si tratta dell'art. 35, d.lg. n. 5 del 2003, che abilita gli arbitri a sospendere gli effetti delle deliberazioni assembleari di una società impugnate davanti a loro.

Si è avanzata l'idea che la norma sia analogicamente applicabile a tutti le decisioni di enti giuridici quali associazioni (ad es. le federazioni sportive), fondazioni ecc., o addirittura a tutti i casi di inibitoria *self-executive*, quali i provvedimenti cautelari sulla concorrenza sleale. Tuttavia, osta a queste interpretazioni il regime di regola-eccezione, emergente dall'art. 818 cit. e dal quale sembra doversi desumere la tassatività dei casi previsti dall'art. 35 cit.

L'ordinanza non è reclamabile, ma sicuramente modificabile o revocabile.

Per effetto dell'art. 4 d.lgs. n. 37 del 2004, è opportunamente prevista l'iscrizione del dispositivo del provvedimento di sospensione nel registro delle imprese, a cura degli amministratori, per la pubblicità necessaria ad evitare il consolidamento degli effetti della delibera in capo ai terzi.

Gli arbitri potranno pronunciare detta misura soltanto dopo la loro accettazione, mentre, se sorge necessità prima di questo momento, occorre rivolgersi al giudice statuale. In particolare, poiché la cautela tipica può essere concessa soltanto dopo l'impugnazione della delibera, sarà possibile richiederla direttamente al giudice, se l'arbitrato sia già pendente con la notifica della domanda d'arbitrato.

Se invece il procedimento arbitrale non sia ancora pendente, va comunque riconosciuta – benché la soluzione sia discussa – la possibilità di richiedere, sempre al giudice, un provvedimento d'urgenza *ex* art. 700 c.p.c.

Il divieto di pronunciare misure cautelari non è comune nel panorama internazionale, anzi, la tendenza d'oltre confine è nettamente inversa, benché occorra doverosamente premettere che la nozione di cautela non è necessariamente uniforme nei diversi ordinamenti, per cui la comparazione va effettuata con prudenza.

La legge modello dell'*Uncitral,* all'art. 17, elenca una serie di misure che possono farsi rientrare nell'accezione: "An interim measure is any temporary measure, whether in the form of an award or in another form, by which, at any time prior to the issuance of the award by which the dispute is finally decided, the arbitral tribunal orders a party to: *(a)* Maintain or restore the *status quo* pending determination of the dispute; *(b)* Take action that would prevent, or refrain from taking action that is likely to cause, current or imminent harm or prejudice to the arbitral process itself; *(c)* Provide a means of preserving assets out of which a subsequent award may be satisfied; or *(d)* Preserve evidence that may be relevant and material to the resolution of the dispute". Come si vede, accanto a modelli riconducibili a provvedimenti cautelari italiani tipici (accertamento tecnico preventivo, sequestri, ecc.) si trovano misure destinate a garantire "the arbitral process itself": provvedimenti che impediscano alla parte di esacerbare il conflitto, nuocendo alla serenità necessaria per il corretto svolgimento del procedimento (ad esempio campagne mediatiche in ambito sportivo o familiare).

In molti casi, infatti, è prevista la possibilità per gli arbitri di emettere provvedimenti d'urgenza immediatamente vincolanti, salvo il ricorso al giudice statuale per l'attribuzione dell'*exequatur* o per la pronuncia di un cautelare sostitutivo.

Detta facoltà è, in alcuni ordinamenti, condizionata alla volontà espressa delle parti; più spesso è conferita agli arbitri in modo automatico;

Ad esempio, la *ZPO* tedesca, all'art. 1041, permette agli arbitri di pronunciare misure cautelari, da rendere esecutive tramite ricorso al giudice. L'art. 183 l.d.i.p. svizzera attribuisce agli arbitri poteri cautelari, con richiesta di assistenza al giudice quando la parte non si adegui: sembra però che i giudici non si limitino a dare l'*exequatur* al provvedimento arbitrale, bensì pronuncino una vera e propria cautela autonoma.

talvolta è limitata a determinati tipi di misure.

Ad esempio, nel sistema francese, l'art. 1468 *c.p.c.* consente agli arbitri di emettere misure cautelari, ma riserva alla giurisdizione statuale le *saisies conservatoires* e le *sûretés judiciaires* (misure conservative a tutela del credito). La legge olandese sull'arbitrato, non ancora entrata in vigore al tempo in cui si scrive, all'art. 1505, prevede che possano essere emesse tutte le misure provvisorie, escluse quelle conservative.

Di regola, le leggi nazionali assicurano la doppia via, lasciando la parte libera di scegliere se rivolgersi all'arbitro o al giudice.

L'art. 17 dell'*Uncitral model law* contiene un modello assai articolato: *a*) innanzitutto, gli arbitri possono emettere misure cautelari (intese come misure conservative o ripristinatorie dello *status quo*; inibitorie; anticipatorie; in materia istruttoria) ove ne sussistano le condizioni di ammissibilità di cui alla citata norma, con la previsione di una speciale procedura per la richiesta *inaudita altera parte*, la possibilità di "modify, suspend or terminate" la misura concessa e di ordinare una cauzione al richiedente; *b*) il provvedimento cautelare (escluso quello *inaudita altera parte*) potrà essere reso esecutivo dal giudice, a meno che non sussistano i motivi indicati dalla norma, su opposizione di chi subisce la misura; *c*) è comunque garantito il potere concorrente del giudice.

In alcuni regolamenti arbitrali, l'intervento del giudice è ritenuto sussidiario, ma è dubbio se detta previsione sia in grado di derogare alla *lex arbitri* che disponga diversamente.

Ad esempio, il regolamento *Icc*, all'art. 23, dispone che l'accesso al giudice avvenga "prima della trasmissione del fascicolo al tribunale arbitrale" e, successivamente, solo "in circostanze appropriate".

Una questione assai delicata riguarda l'accesso alla tutela cautelare prima che sia instaurato il procedimento arbitrale, o nelle more della designazione degli arbitri.

Se l'arbitrato è regolato da una legge che attribuisce agli arbitri poteri cautelari, alcuni regolamenti arbitrali permettono alle parti di chiedere la designazione di un tribunale arbitrale "dell'urgenza" (*pre-arbitral referee*), o di rivolgersi ad un organo permanente, incaricato della procedura cautelare.

Significativo è l'art. 29 del regolamento *Icc*, che regolamenta l'"arbitre d'urgence", permettendo alle parti di chiedere una misura cautelare, prima della costituzione del tribunale arbitrale, ad un arbitro nominato secondo le modalità inserite nell'appendice; la decisione dell'arbitro, con ordinanza, è vincolante per le parti ma non per il tribunale arbitrale definitivo, che potrà modificarla o revocarla o annullarla e statuirà anche sulle spese. Il regolamento Cepani (Centro belga di arbitrato e mediazione), all'art. 26, istituisce un procedimento analogo: si prevede che "The decision shall be in the form of a reasoned order or, if the arbitrator deciding on provisional measures deems it appropriate, in the form of an Award".

In Italia ciò non sarebbe possibile: la parte deve comunque rivolgersi, sia *ante* sia *post causam*, al giudice.

Si potrebbe però ammettere un regolamento che disciplini l'istituzione di un "arbitro dell'urgenza", chiamato a pronunciarsi sull'inibitoria delle delibere assembleari.

Coerentemente, è da ritenere che un provvedimento cautelare pronunciato da arbitri stranieri non sia eseguibile nel territorio italiano, dato per presupposto che il divieto appartenga all'ordine pubblico. Tuttavia, non vale il contrario e, pertanto, non si può escludere che una cautela pronunciata da arbitri con sede in Italia possa essere eseguita all'estero.

Si discute se la convenzione di New York si applichi al riconoscimento delle misure cautelari estere, ricomprendendole all'interno della categoria dei lodi non definitivi. La legge modello *Uncitral*, art. 17 H e L, invece, regola espressamente questa possibilità, predisponendo un apposito sistema di riconoscimento, strutturato in maniera analoga a quello della convenzione, con motivi di rifiuto *ex parte* e d'ufficio.

13. *Segue*: Il raccordo fra processo arbitrale e tutela cautelare giudiziale.

Ai sensi dell'art. 669-*quinquies* c.p.c., incaricato di emettere la misura cautelare è il giudice che sarebbe stato competente per il merito.

La norma si applica anche all'accertamento tecnico preventivo, come correttamente stabilito dalla Corte costituzionale del 28 gennaio 2010, n. 26 (mentre per la testimonianza a futura memoria la questione non è espressamente risolta).

Quando l'arbitrato abbia sede all'estero, si dovrà avere riguardo al luogo di esecuzione, in applicazione dell'art. 669-*ter* c.p.c.

Nel caso *Van Uden*, la Corte di giustizia Ue (17 novembre 1998) ha ritenuto che, quando ci sia una convenzione arbitrale e la domanda di provvedimenti provvisori verta su una questione che rientra nell'ambito d'applicazione *ratione materiae* della convenzione di Bruxelles del 1968, quest'ultima si applica con riferimento al suo art. 24, che "può giustificare la competenza del giudice del procedimento sommario anche se un giudizio di merito [...] dovesse svolgersi dinanzi ad arbitri", a condizione "dell'esistenza di un effettivo nesso di collegamento fra l'oggetto del provvedimento richiesto e la competenza territoriale dello Stato contraente del giudice adito".

Occorre distinguere a seconda che la misura cautelare abbia natura anticipatoria o conservativa, ovvero che sia richiesta *ante causam* o nel corso del procedimento arbitrale.

Infatti, se la parte ottiene un provvedimento cautelare di natura anticipatoria prima dell'inizio dell'arbitrato, non ha l'obbligo di iniziare il procedimento arbitrale, spettando se mai al soccombente prendere l'iniziativa per porre nel nulla la misura d'urgenza.

Se il provvedimento è conservativo, invece, grava sulla parte vittoriosa l'onere di conservarne gli effetti, notificando la domanda d'arbitrato entro il termine prescritto del giudice (non oltre sessanta giorni).

Una volta instaurato l'arbitrato, il giudice conserva il potere di decidere sul reclamo, di dichiarare l'inefficacia, la revoca o la modifica della misura, nonché di curare la sua attuazione.

Per la verità, il riferimento dell'art. 669-*duodecies* c.p.c. al "giudizio di merito" per ogni questione diversa dal controllo del giudice della cautela, in ordine all'attuazione delle misure relative alle obbligazioni di consegna, rilascio, fare o non fare, sembrerebbe aprire il varco a poteri arbitrali, che vanno ciononostante, a mio avviso, esclusi in virtù del secco dettato dell'art. 818 c.p.c.

Qualora il procedimento arbitrale termini senza la pronuncia del lodo, oppure si concluda con un lodo di mero rito, il provvedimento cautelare anticipatorio continua a produrre i suoi effetti, mentre quello conservativo diviene inefficace.

Se invece sia pronunciato un lodo di merito, quest'ultimo, ancorché impugnabile, sostituisce il provvedimento cautelare quando dichiari inesistente il diritto cautelato (art. 669-*novies*, ult. c., c.p.c.).

Nel caso opposto, in cui gli arbitri abbiano accertato la sussistenza del diritto, l'art. 669-*novies* c.p.c. richiede che il vittorioso nella fase cautelare domandi l'*exequatur* del lodo nei termini eventualmente previsti a pena di decadenza dalla legge. Tuttavia, poiché non è più stabilito alcun termine, quest'ultima disposizione rimane sostanzialmente inapplicabile.

Va aggiunto che, sempre in ipotesi di lodo accertativo del diritto cautelato, il provvedimento urgente rimane efficace finché la pronuncia degli arbitri non sia esecutiva, perché, in caso contrario, si determinerebbe un vuoto di tutela, nelle more del procedimento di *exequatur*.

Con riguardo al sequestro, invece, occorre rispettare l'art. 156-*bis* disp. att. c.p.c., secondo cui la parte vittoriosa è tenuta a fare domanda di esecutorietà del lodo entro sessanta giorni dalla sua comunicazione, pena l'immediata inefficacia della cautela.

14. La tutela "sommaria" e "speciale" in arbitrato (l'ingiunzione di pagamento).

È utile chiedersi quale sia il rapporto fra arbitrato e forme procedimentali caratterizzate da specialità rispetto al processo ordinario di cognizione.

La risposta sta nella funzione che ciascun procedimento speciale svolge nel sistema della giustizia statuale.

Sotto le generiche accezioni di "specialità" e "sommarietà", infatti, sono accomunati riti profondamente eterogenei.

Ve ne sono alcuni con funzione e struttura cognitoria, finalizzata cioè all'accertamento dei diritti ed altri con funzione non cognitoria, tesi al mero ottenimento di un titolo esecutivo o comunque all'attuazione materiale dei diritti; sommarietà, poi, può significare un accertamento dei fatti superficiale o parziale (cognizione sommaria), oppure, più semplicemente, una particolare informalità del procedimento, che nulla toglie alla cognizione approfondita (cognizione piena a forme sommarie).

Provvedimenti quali il decreto ingiuntivo o la convalida di sfratto consentono di procurarsi un accertamento esecutivo in tempi brevi, tramite il diverso atteggiarsi del contraddittorio. Il procedimento sommario *ex* art. 702-*bis* c.p.c. tende ad un pieno accertamento, attraverso forme processuali semplificate. L'ordinanza interinale di condanna per somme non contestate (art. 186-*bis* c.p.c.) procura un titolo esecutivo senza accertamento, che può sopravvivere all'estinzione del processo, ma soccombe alla pronuncia della sentenza. Possono altresì darsi forme sommarie di cognizione, che sfociano in un accertamento potenzialmente idoneo al giudicato, nel qual caso si pongono gravi problemi di costituzionalità (v. per esempio l'utilizzo di forme camerali per l'accertamento dei diritti). Possono darsi infine forme di accertamento sommario non idoneo al giudicato.

Le questioni che si pongono in arbitrato sono principalmente due.

a) In presenza di una convenzione arbitrale è lecito rivolgersi al giudice statuale per ottenere una tutela "speciale"?

Se il procedimento implica l'esercizio dell'azione giudiziale, la sua esperibilità va esclusa.

Prendendo ad esempio il procedimento per ingiunzione, poiché esso costituisce esercizio dell'azione di condanna tramite modalità speciali, deve ritenersi precluso a chi abbia sottoscritto una convenzione arbitrale.

L'eventuale ricorso al giudice non può essere impedito, ma questi, una volta acclarata l'esistenza di una convenzione arbitrale operante, dovrà dichiarare il proprio difetto di *potestas iudicandi*, al pari di qualunque altro giudice investito della medesima lite.

Una complicazione nasce dal fatto che il giudice emette il decreto senza sentire il convenuto, il quale, essendo onerato del rilievo dell'eccezione di compromesso per espressa disposizione dell'art. 819-*ter* c.p.c., non potrà farlo se non in sede di opposizione. Tenendo conto delle affermazioni della Corte costituzionale (3 novembre 2005 n. 410), sulla rilevabilità d'ufficio dell'eccezione di competenza territoriale derogabile, non è peregrino ritenere che il giudice possa rilevare d'ufficio l'esistenza del patto arbitrale nella fase *inaudita altera parte*, per evitare, da un lato, che sia svolta un'attività giudiziale inutile, dall'altro, che il convenuto sia costretto ad opporsi al solo fine di sentir dichiarare la carenza di *potestas iudicandi*. Se poi il giudice non la rilevi e il convenuto non si opponga, o si opponga senza eccepire la sussistenza della convenzione arbitrale, dovrà intendersi che quest'ultimo abbia rinunciato all'*exceptio compromissi*; lo stesso accade nel rito ordinario, quando il convenuto non formuli l'eccezione nella prima difesa.

Parimenti, benché una certa giurisprudenza sia di avviso contrario, dovrà ritenersi escluso il ricorso alla convalida di sfratto per un rapporto di locazione soggetto a convenzione arbitrale.

Potrebbero le parti far salva la possibilità di ricorrere alla tutela monitoria, o a quella locatizia, dicendolo espressamente nella convenzione arbitrale? A mio modo di vedere, poiché l'oggetto di queste tutele è il diritto compromesso in arbitri, si verificherebbe un'insanabile conflitto, perché le parti finirebbero per non vincolarsi a nessuna delle due vie, arbitrale e statuale. Diverso sarebbe se le parti avessero inteso escludere i diritti tutelati dai procedimenti speciali dall'ambito oggettivo della convenzione arbitrale, benché questa soluzione non sia consigliabile per evidenti problemi di coordinamento fra processi.

Per quanto riguarda il procedimento sommario *ex* art. 702-*bis* c.p.c. ed i riti in camera di consiglio destinati all'accertamento dei diritti, la soluzione è analoga, data la loro piena fungibilità rispetto alla tutela arbitrale.

Se invece il provvedimento non abbia effetti accertativi idonei al giudicato, occorre escludere il ricorso al giudice quando la scissione fra merito e provvedimento interinale snaturi la funzione di quest'ultimo.

Ad esempio, la *ratio* dell'art. 186-*quater* c.p.c., che governa l'ordinanza post-istruttoria, sarebbe irrealizzabile, in quanto il suddetto provvedimento non potrebbe mai trasformarsi in sentenza, dato che l'azione giudiziale è bloccata dalla convenzione arbitrale. Analogo ragionamento vale per l'ordinanza-ingiunzione dell'art. 186-*ter* c.p.c.

Soluzione opposta vale con riguardo alla consulenza tecnica conciliativa *ex* art. 696-*bis* c.p.c. di natura non cautelare, che potrà essere richiesta al giudice nonostante il patto d'arbitrato.

b) Ci si deve ora domandare se gli arbitri possano emettere provvedimenti speciali o sommari, una volta constatata l'inammissibilità del ricorso al giudice.

La questione, a mio avviso, è mal posta, perché va impostata, a monte, sulla concezione che si ha dell'arbitrato.

Se si parte dall'idea, da me condivisa, che vede l'arbitrato collocarsi in una sfera diversa da quella della giustizia statuale, non si può ragionare in termini di mera trasposizione degli strumenti giurisdizionali, ma si deve piuttosto valutare quali siano le forme procedimentali più efficienti per la tutela arbitrale dei diritti, adottando una prospettiva scevra da qualunque condizionamento.

Occorre nuovamente distinguere fra procedimenti con funzione accertativa e procedimenti senza accertamento.

Là ove il legislatore appresta tutele sommarie (intese nel senso di procedure informali) per l'accertamento dei diritti davanti al giudice, l'arbitrato rovescia la prospettiva: l'informalità, la flessibilità della cognizione istruttoria, nonché l'adattamento del contraddittorio a forme meno rigide benché sufficientemente garantistiche, sono già sue tipiche caratteristiche.

Non vi è dunque, in arbitrato, la rigida contrapposizione fra processo ordinario da un lato e processi speciali o sommari dall'altro: vi è un solo contenitore, adattabile e flessibile ad ogni esigenza. Una volta sorta la lite, sono a disposizione mille e più combinazioni procedimentali per ottenere la migliore qualità dell'accertamento. Gli arbitri debbono rimanere nel recinto degli art. 806 ss.; le parti possono andare oltre, dovendo però rispettare quanto di inderogabile vi sia nelle suddette norme.

Per esempio, non ritengo che ci si debba chiedere se gli arbitri possano emettere un decreto ingiuntivo, bensì se sia possibile emettere un provvedimento condannatorio *inaudita altera parte*, prevedendo il contraddittorio differito ad istanza della parte soccombente. È vero che l'art. 816-*bis* richiede che gli arbitri concedano equivalenti ed adeguate possibilità di difesa, ma non è vietato per ciò solo organizzare la difesa in un modo diverso da quello usuale. Tuttavia, il provvedimento dovrebbe assumere le forme previste dall'art. 816-*bis* cit., cioè l'ordinanza (che non potrebbe essere eseguibile, dunque sarebbe priva di ogni tutela) mentre il lodo, essendo emesso senza contraddittorio, sarebbe invalido (non mi parrebbe cioè sufficiente la presa d'atto della mancata opposizione dell'ingiunto contro il lodo).

Altra è la questione se le parti possano imporre agli arbitri una cognizione sommaria, parziale o superficiale, quando ad esempio rinviino ad un regolamento che preveda una fase istruttoria limitata alle sole prove documentali. Ho già espresso dubbi circa l'ammissibilità di una rinuncia *ex ante* ad una difesa piena ed esaustiva.

Per quanto riguarda, invece, i provvedimenti senza accertamento o a funzione meramente esecutiva, alla loro ammissibilità osta, prima di tutto, l'art. 818 c.p.c., ove lo si interpreti nel senso già visto al par. 12.

Vi sono poi ulteriori difficoltà, quanto alla forma del provvedimento perché, per un verso, l'ordinanza non è eseguibile e, dunque, non servirebbe all'uopo; per altro verso, il lodo non definitivo, oltre che essere equiparato ad una sentenza, è destinato alla soluzione di questioni preliminari o pregiudiziali di rito o di merito suscettibili di definire il giudizio, secondo l'interpretazione che ritengo preferibile (cap. XV, par. 10).

Da ultimo, occorre verificare se in arbitrato si possa fare ricorso alla tutela possessoria.

Una volta riconosciuto che il possesso è una situazione di fatto giuridicamente protetta, la sua compromettibilità non può essere negata.

Tuttavia, va esclusa sia la possibilità di esperire in arbitrato il procedimento speciale di cui all'art. 703 ss. c.p.c., sia quella di instaurare il medesimo procedimento davanti al giudice, perché, costituendo quest'ultimo esercizio della domanda di merito possessorio insieme alla tutela cautelare, si finirebbe per sottrarre la lite alla *potestas iudicandi* dell'arbitro. Se mai, può ipotizzarsi la possibilità di ricorrere al giudice per ottenere un provvedimento d'urgenza.

Capitolo XII
L'ISTRUZIONE PROBATORIA

1. Le regole applicabili nell'arbitrato domestico.

Le fonti già delineate per la determinazione delle regole del processo arbitrale valgono anche per l'istruzione probatoria, con le precisazioni che seguono.

A differenza del processo civile, caratterizzato da un'ampia e dettagliata disciplina delle prove, la fase istruttoria è regolata da una sola disposizione, l'art. 816-*ter* c.p.c.: norma che in parte conferma, in parte deroga ad alcune regole vigenti davanti al giudice.

Ci si deve dunque chiedere fino a che punto le parti possano derogare allo scarno regime dell'art. 816-*ter* c.p.c. e se, soprattutto, nelle vaste lacune della disposizione, gli arbitri debbano o no fare ricorso alle regole dettate per il processo di cognizione statuale.

Per rispondere, si potrebbe richiamare quanto già detto a proposito del più generale tema delle norme applicabili al procedimento arbitrale (cap. XI, par. 1), se non fosse che la questione, con riguardo al regime probatorio, è complicata dal fatto che si discute se dette norme, o quali di esse, si riferiscano al processo oppure al merito della controversia.

Infatti, la disciplina sulle prove è, come noto, ripartita fra codice civile, quanto ai profili dell'onere probatorio e ai criteri di ammissibilità e di valutazione della prova e codice di procedura civile, quanto alle modalità di assunzione nel processo (cioè al *modus procedendi*). Secondo una certa impostazione, la citata ripartizione influirebbe sulla natura di queste regole: le prime apparterrebbero alla *lex causae*, cioè al merito, mentre le seconde alla *lex arbitri*, cioè al processo arbitrale.

Si applicherebbero perciò due regimi differenti.

Per le norme di merito, la loro violazione rileverebbe solo per quelle appartenenti all'ordine pubblico sostanziale *ex* art. 829, comma 3°, c.p.c. (a meno che le parti non abbiano espresso la volontà di invalidare il lodo per ogni violazione di legge, anche non di ordine pubblico).

È chiaro che, ove le norme citate appartengano all'ordine pubblico, non è possibile nessuna deroga né ad opera delle parti né da parte degli arbitri, pena la nullità del lodo. Ove non vi appartengano, l'eventuale violazione da parte degli arbitri non comporterebbe, invece, alcuna sanzione. Non ritengo, poi, che si possa parlare di equità probatoria, cioè che si possa applicare anche al regime probatorio di natura sostanziale il metro dell'equità.

Con riferimento, invece, alle norme di natura processuale, verrebbe in rilievo il sistema stabilito dall'art. 816-*bis* c.p.c. (cap. XI, par. 1): ampio spazio per la determinazione ad opera delle parti o, in difetto, degli arbitri, purché siano rispettati i canoni inderogabili la cui violazione fonda l'invalidità del lodo, ai sensi dei nn. 1-12 dell'art. 829 c.p.c., comma 1°, c.p.c., o del comma 3° della stessa norma, nella parte in cui censura il mancato rispetto dell'ordine pubblico processuale (cap. XVI, parr. 6 e 8).

Il problema della determinazione delle regole probatorie sembrerebbe così risolta, se non fosse per il fatto che non è facile determinare gli esatti confini fra l'una e l'altra sfera, tanto che vi è più di un dubbio circa la stessa fondatezza della ripartizione. Coglie probabilmente nel segno chi osserva che quello probatorio è un sistema unitario, su cui non può influire una diversa allocazione normativa.

Ritengo dunque preferibile un approccio unitario e più elastico, che valuti caso per caso, tenendo presente due costanti.

Per un verso, non è rinvenibile in alcuna fonte normativa l'automatico trasferimento della disciplina probatoria davanti all'autorità giudiziaria in arbitrato, per cui, al di fuori dell'art. 816-*ter*, vi è un grande spazio vuoto.

Per altro verso, per individuare le disposizioni a cui le parti e gli arbitri debbono rigorosamente attenersi, si deve fare riferimento ai motivi di annullabilità del lodo *ex* art. 829 cit., perché l'obbligo di applicare una norma probatoria è realmente efficace soltanto quando la sua violazione determini la nullità della decisione arbitrale; in caso contrario, detta violazione resterebbe senza sanzione.

Dunque, a prescindere dalla prospettiva sostanziale o processuale, si tratta pur sempre di individuare un "nocciolo duro" di norme che siano espressione di principi cardine dell'ordinamento giuridico o comunque siano regole inderogabili fondamentali, alle quali le parti e gli arbitri debbono rigorosamente attenersi.

Al di fuori di queste, le parti potranno liberamente derogare ai regimi probatori previsti dalla legge, secondo quanto si dirà al par. 3, dettando norme apposite con la convenzione arbitrale o con atto successivo anteriore all'accettazione dell'incarico da parte degli arbitri.

Dal canto loro, gli arbitri potranno discostarsi dal sistema vigente davanti al giudice, in assenza di previsioni delle parti, solo se la disposizione derogata non sia espressione di canoni fondamentali garantiti dalla legge a pena di nullità della pronuncia arbitrale: altrimenti, essi dovranno rigorosamente attenervisi.

Vi è chi sottolinea, peraltro, che le parti avrebbero maggiori poteri di deroga alle norme codicistiche, rispetto agli arbitri, facendo leva sul differente tenore, in proposito, dell'art. 816-*bis*: mentre le parti, infatti, potrebbero dettare le norme che gli arbitri debbono osservare nel procedimento, gli arbitri potrebbero solo "regolare lo svolgimento del processo" nel margine lasciato libero dalle parti e della legge.

2. Le regole applicabili all'arbitrato internazionale.

Nell'arbitrato internazionale i profili testé riportati si ripropongono e si fanno più complessi.

Ancora una volta ci si domanda quale sia il criterio per individuare il sistema di regole applicabile alla fase istruttoria dell'arbitrato, se cioè si debba avere riguardo alla *lex causae* oppure alla *lex arbitri*.

Su questo aspetto, purtroppo, non vi sono regole uniformi e certe, variando a seconda dell'ordinamento dalla cui prospettiva ci si pone.

Ad esempio, se si ritenga che, per determinare la disciplina applicabile all'istruttoria di un arbitrato avente sede in Italia, con legge di merito tedesca, si debba fare riferimento alla *lex arbitri*, si dovrà avere riguardo alle regole probatorie del codice civile italiano, quanto all'ammissibilità dei mezzi istruttori: dunque la testimonianza non sarà ammessa sul contratto che debba avere la forma scritta *ad substantiam* (forma da verificarsi, però, alla luce della legge tedesca).

A complicare la situazione, sta la già vista natura eterogenea delle norme probatorie, sicché si pone l'ulteriore dubbio se esse debbano essere tratte in parte dalla *lex fori* ed in parte dalla *lex causae*, con tutte le incertezze che ne conseguono sulla qualificazione di ogni singola disposizione.

Ad esempio, come si dirà al par. 3, il principio di non contestazione di cui all'art. 115 c.p.c. pone in atto, secondo molti, un'inversione dell'onere della prova: tuttavia si pone il dubbio se detta inversione rientri nelle regole sostanziali sul riparto probatorio, oppure nelle regole processuali atte a dare rilievo al comportamento delle parti nella difesa: nel primo caso, ove la *lex causae* fosse diversa da quella italiana, l'applicazione dell'art. 115 c.p.c. non sarebbe scontata. Potrebbe però ritenersi che la correlazione non contestazione-assenza di onere probatorio rappresenti, per così dire, una massima di esperienza, applicabile dagli arbitri internazionali a prescindere dal sistema normativo di riferimento, alla luce di quanto si dirà subito appresso con riguardo alla c.d. *lex mercatoria* processuale.

Quando l'arbitrato presenta profili di transnazionalità, la scelta di talune o di talaltre regole istruttorie può condurre a risultati sensibilmente diversi, specie quando si tratta di scegliere fra sistemi differenti (come *civil law* e *common law*).

Ad esempio, se le parti hanno deciso di utilizzare il sistema probatorio inglese, troveranno applicazione le *rules of evidence*, che prevedono forme di testimonianza scritta, un più limitato uso della consulenza tecnica e l'ampia diffusione dei c.d. testimoni esperti, nonché specifiche peculiari modalità di esibizione dei documenti.

Per questi motivi, la prassi internazionale va sempre più verso un progressivo distacco dalle regole nazionali, cercando di rendersi autosufficiente rispetto alla *lex causae*

In tema di onere della prova, le *Uncitral rules* art. 27 dettano un proprio criterio, a prescindere da quello che dovesse applicarsi sulla base della *lex causae*: "Each party shall have the burden of proving the facts relied on to support its claim or defence."

e alla *lex fori*, attraverso l'adozione di regole standardizzate (una sorta di *lex mercatoria arbitralis*) e soprattutto tramite rinvio a regolamenti arbitrali improntati alla più ampia libertà delle parti e degli arbitri nella determinazione delle modalità di ammissione, assunzione e valutazione delle prove.

Ad esempio, l'art. 27 sopra citato prosegue affermando che "Witnesses, including expert witnesses, who are presented by the parties to testify to the arbitral tribunal on any issue of fact or expertise may be any individual, notwithstanding that the individual is a party to the arbitration or in any way related to a party. Unless otherwise directed by the arbitral tribunal, statements by witnesses, including expert witnesses, may be presented in writing and signed by them. At any time during the arbitral proceedings the arbitral tribunal may require the parties to produce documents, exhibits or other evidence within such a period of time as the arbitral tribunal shall determine. The arbitral tribunal shall determine the admissibility, relevance, materiality and weight of the evidence offered".

Esistono anche vere e proprie codificazioni della prassi, definite di *soft law*.

Si possono ricordare, come sforzo maggiormente significativo di raccogliere una "prassi" istruttoria arbitrale, a metà strada fra *common law* e *civil law*, le *Rules on Taking of Evidence in International Arbitration* elaborate dall'*Iba* (*International Bar Association*).

Come autorevolmente notato, si scorge dalle fonti convenzionali lo sforzo di coordinare il valore della flessibilità con quello della correttezza, fermo il costante rispetto del principio del contraddittorio. Si aggiunge la crescente tendenza a favorire il metodo collaborativo, cioè ad incentivare la scelta di regole istruttorie condivise fra le parti e gli arbitri, con appositi incontri a ciò finalizzati.

Occorre però capire fino a che punto le parti o gli arbitri siano liberi di derogare all'ordinamento di nazionalità dell'arbitrato o alla legge applicabile al merito della lite, con riguardo alle prove.

Ad esempio, se l'arbitrato internazionale abbia sede in Italia, sia cioè italiano, ci si deve domandare se il richiamo alle *rules of evidence* di un sistema di *common law* sia compatibile con l'applicazione della disciplina inderogabile (processuale o sostanziale a seconda della già vista classificazione) italiana, pena l'annullamento del lodo.

Ragionando dalla prospettiva italiana, non è facile trovare uno spazio normativo agli "usi arbitrali" al di fuori del legittimo ambito di discrezionalità che le parti e gli arbitri hanno nel regolare il loro procedimento e che si esaminerà nei paragrafi a venire.

In altri termini, è ragionevole ritenere che, ove una regola istruttoria si ponga in contrasto con una disposizione di ordine pubblico sostanziale o processuale, essa non potrà essere adottata; l'ostacolo si presenterà, al più tardi, in sede di impugnazione o di riconoscimento della pronuncia arbitrale.

La Camera arbitrale di Milano, nel proprio regolamento (art. 25), stabilisce per esempio che "Il tribunale arbitrale valuta liberamente tutte le prove, salvo quelle che hanno efficacia di prova legale secondo norme inderogabili applicabili al procedimento o al merito della controversia", prendendo dunque atto dei limiti sopraindicati.

3. Principi generali sulle prove: onere della prova, ammissibilità ed efficacia.

a) *L'onere della prova e la contestazione.* La doppia regola emergente dall'art. 2697 c.c., vale a dire il riparto della prova fra attore e convenuto (fatti costitutivi al primo, fatti impeditivi estintivi o modificativi al secondo) ed il principio in base al quale l'attore che non prova soccombe, è da considerarsi principio fondamentale di generalizzata applicazione (si veda il regolamento Ue n. 593/08 sulle obbligazioni contrattuali, c.d. Roma I) e deve perciò valere anche in arbitrato.

Coerenza vorrebbe che si ritenessero altresì applicabili i regimi di inversione dell'onere della prova e di *relevatio ab onere probandi*, comprese le presunzioni legali, nonché il limite alla deroga pattizia dell'onere probatorio, di cui all'art. 2698, ult. inciso, c.c.

Vi è altresì correlato il principio di acquisizione, in base al quale la parte può avvalersi della prova dedotta dall'altra.

Una specifica questione si è posta per l'art. 115 c.p.c., nella parte in cui esime dalla prova il fatto non specificatamente contestato.

La disposizione va applicata perché, oltre che essere espressione di una ragionevole massima di esperienza, si sostanzia in una *relevatio ab onere probandi*, secondo l'interpretazione che ritengo preferibile.

Peraltro, ad analoga soluzione si perverrebbe anche se la si volesse inquadrare nell'esercizio del potere delle parti sulla libera determinazione dell'oggetto del processo, con natura, dunque, negoziale.

Nella prassi internazionale (ad esempio l'art. 21 del regolamento *Icsid*) sono frequenti i tentativi di pervenire ad un elenco di fatti non contestati condiviso fra le parti, anche su iniziativa degli arbitri ed è altresì auspicabile che questi ultimi, nel rilevare la non contestazione, interpellino le parti sul punto: sono applicazioni concrete del principio di collaborazione, consigliabili perché utili ad evitare fraintendimenti e contestazioni tardive.

Escluderei che la contestazione debba avvenire a pena di decadenza nella prima difesa successiva all'allegazione (cap. XI, par. 7), ma occorre pur sempre consentire all'altra parte di difendersi conseguentemente, deducendo eventuali mezzi di prova, per cui, nel caso in cui ciò non sia possibile, sono dell'avviso che gli arbitri possano ritenere il fatto come ammesso, nonostante la contestazione tardiva. Riterrei, infine, che l'assenza della parte non possa equivalere a non contestazione (v. art. 30 delle *Uncitral rules* e cap. XI, par. 4).

b) *Scienza privata e fatti notori.* Il divieto dell'impiego della scienza privata del giudice vale anche in arbitrato?

Il brocardo *quod non est in actis non est de hoc mundo* è connaturato al corretto esplicarsi del diritto al contraddittorio e al rispetto della terzietà del giudice.

Peraltro, con riguardo all'arbitrato, occorre mettere in rilievo ciò che vi è di peculiare rispetto al giudizio statuale.

L'arbitro, infatti, a differenza del giudice, viene designato per una lite già sorta all'atto della sua scelta e la nomina può essere effettuata proprio tenendo conto delle sue competenze nel settore a cui si riferisce la disputa.

Pertanto i fatti notori e le massime di esperienza trovano un più ampio spazio di manovra in arbitrato.

La "comune" esperienza, che deve contraddistinguere i poteri del giudice, può dunque essere intesa come "specifica" esperienza dell'arbitro: di fatto notorio potrà parlarsi anche quando si tratti di un fatto noto solo ad un determinato gruppo, anche ristretto, di addetti ai lavori.

Viceversa l'utilizzo della propria scienza privata non sarà ammesso ove ricorra uno dei motivi di ricusazione previsti dall'art. 815 c.p.c. (per esempio aver già prestato consulenza sulla lite), nel qual caso l'arbitro non potrà accettare.

Inoltre, l'arbitro dovrà sempre sottoporre le proprie specifiche conoscenze al contraddittorio delle parti: l'assunto è confermato dall'art. 101, comma 2°, c.p.c., senz'altro applicabile anche in arbitrato.

c) Tipicità/atipicità delle prove; prove indirette. Il formalismo invocato con riguardo alla tassatività dei mezzi di prova utilizzabili nel processo civile è da tempo entrato in crisi, sia per effetto del diritto vivente, sia ad opera del legislatore, che ha vieppiù allargato la lista delle prove tipiche, in considerazione del progresso scientifico e sociale.

Sembra ormai prevalere l'idea che non vi debba essere una presa di posizione *a priori* sulla legittimità di mezzi di prova non rientranti nel catalogo previsto dalla legge. Ogni valutazione va spostata dall'ammissibilità all'efficacia probatoria, favorendo per quanto possibile il loro ingresso nel processo.

Per quanto riguarda, poi, il peso probatorio, occorrerà avere riguardo, caso per caso, alle modalità di formazione ed al risultato ottenuto.

A maggior ragione, vale in arbitrato l'astratta libertà nella scelta dei mezzi probatori più adatti.

Il punto è, se mai, verificare quando le prove non rientranti negli schemi predeterminati dal legislatore possano dirsi realmente idonee a costituire parte del materiale utilizzabile per la valutazione dei fatti.

In tal senso è utile distinguere fra prove previste dalla legge, a cui si è pervenuti con modalità diverse da quelle prescritte, e prove non previste dalla legge.

Il nodo problematico non sta tanto nella seconda circostanza, dato il già visto allargamento del catalogo predisposto dal legislatore, quanto nella prima.

Così, in un arbitrato italiano, non potranno essere utilizzate prove che non rispettino i requisiti di ammissibilità previsti dal codice civile e valevoli anche in arbitrato (come si dirà *infra*).

Parimenti, non potranno avere ingresso prove che sono state acquisite in violazione di diritti fondamentali costituzionalmente garantiti: ad esempio registrazioni nascoste di conversazioni fra terzi e corrispondenza fraudolentemente sottratta.

Ancora, si pongono problemi per le fonti di prova acquisite nel processo senza il rispetto del diritto al contraddittorio. Una questione delicata riguarda, ad esempio, le testimonianze stragiudiziali rese senza la partecipazione delle parti: se ne parlerà più approfonditamente al par. 6.

Infine, è da considerarsi operante nell'arbitrato il sistema delle prove indirette, attraverso l'uso delle presunzioni semplici, cioè le inferenze probatorie che permettono di risalire da un fatto noto ad un fatto ignoto.

È dubbio se debbano valere i rigorosi limiti della gravità, precisione e concordanza: se, da un lato, è massima di esperienza quella secondo cui un solo indizio non fa una prova, d'altro lato non possono escludersi casi in cui l'inferenza sia attendibile anche in presenza di un solo elemento indiziario.

d) *Principio dispositivo o inquisitorio delle prove*. Mentre l'art. 115 c.p.c. impone al giudice statuale, come regola generale, il principio dispositivo attenuato, si discute circa la possibilità per gli arbitri di ammettere le prove d'ufficio.

Ancora una volta, va sottolineata l'inopportunità di trasferire automaticamente all'arbitrato tutte le regole del processo civile, in assenza di un'espressa disposizione in tal senso.

Si tratta dunque di capire se il principio dispositivo delle prove appartenga all'ordine pubblico processuale, come tale non derogabile dalle parti o dagli arbitri: in proposito vi è più di un dubbio, se si tiene conto del fatto che il canone subisce deroghe anche davanti al giudice, come accade, per esempio, nel rito del lavoro.

Farei dunque prevalere la libertà di regolare l'acquisizione delle prove nel modo più opportuno, anche *ex officio* (lo stesso art. 816-*ter* c.p.c. prevede la possibilità per gli arbitri di chiedere informative alla pubblica amministrazione).

Resta inteso che gli arbitri dovranno rispettare rigorosamente il diritto al contraddittorio, dando modo alle parti di interloquire e di dedurre prove contrarie sui mezzi di prova disposti officiosamente.

Il regolamento dell'Associazione italiana per l'arbitrato prevede, all'art. 26, ad esempio che "Il tribunale arbitrale può procedere all'assunzione di mezzi di prova d'ufficio o su richiesta di parte, assicurando il rispetto del principio del contraddittorio".

Inoltre, resta valido l'onere di allegazione, sicché gli arbitri non potranno mai dedurre un fatto d'ufficio, anche se emerga da un documento prodotto in causa.

e) Criteri di rilevanza ed ammissibilità dei mezzi di prova. Anche per l'arbitro valgono i limiti di ammissibilità e rilevanza dei singoli mezzi di prova dettati per il processo ordinario di cognizione?

La necessità che la prova sia rilevante risponde a criteri di economia processuale che valgono anche in arbitrato, a maggior ragione dato il tempo limitato a disposizione degli arbitri.

Più delicata è, invece, la questione dei limiti di ammissibilità.

Per molti interpreti, essi sono insuperabili. Tuttavia, come si è detto nel par. 1, solo le regole di ammissibilità che determinino, se violate, l'invalidità del lodo ai sensi dell'art. 829, commi 1° e 3°, importano effettiva e pratica inderogabilità.

In un caso, il dubbio è sciolto dalla legge: poiché il giudice, pur rigorosamente vincolato dai criteri in questione, può discostarsene nel processo del lavoro, la stessa possibilità va accordata agli arbitri che siano chiamati a decidere sulla stessa materia.

Negli altri casi il dubbio rimane, benché l'abbattimento del muro dell'inammissibilità nel rito del lavoro induca a ritenere che non si tratti di regola di stretto ordine pubblico.

Il problema è particolarmente sentito nella prassi internazionale, perché il frequente utilizzo di regole risultanti dall'intreccio fra sistemi probatori di diverse culture giuridiche dà luogo ad ulteriori incertezze sull'ammissibilità di determinate prove.

Nelle prassi internazionali, ad esempio, si tende ad ammettere la testimonianza della parte, considerandola come un testimone (esempio significativo sono le *Iba Rules on the Taking of Evidence*, art. 4, comma 2°), mentre nell'ordinamento italiano è possibile soltanto la prova diretta alla confessione (sul punto però v. *sub f*)), perché a me sembra che il problema non sia di inammissibilità, bensì di valutazione dell'efficacia probatoria della dichiarazione resa dalla parte in sede di interrogatorio libero o formale). Al contrario, si è più prudenti ad ammettere la testimonianza *de relato*, che ordinamenti di *civil law* quali quello italiano considerano con atteggiamento più liberale rispetto ai sistemi di *common law*.

Di fronte a queste difficoltà, si deve fare una scelta di campo.

Chi propende per una posizione rigorosa tiene fermi i divieti e le corrispondenti attenuazioni (per esempio gli artt. 2721 ss. in tema di prova testimoniale) previsti dalla legge.

Una diversa impostazione, imperniata sulla libertà delle parti e (poi) degli arbitri di fissare le regole del processo, porta all'opposta soluzione, spostando il controllo in sede di valutazione della prova, in linea con la prassi dell'arbitrato internazionale.

Propendo con prudenza per la seconda alternativa,

Ad esempio, riterrei che l'inammissibilità della prova testimoniale del terzo interessato *ex* art. 246 c.p.c. possa essere superata in arbitrato, sicuramente per espressa previsione delle parti, ma anche per autonoma valutazione degli arbitri, purché questi ne diano rigorosa spiegazione nel lodo arbitrale, pena l'invalidità di quest'ultimo per mancanza di motivazione.

a patto che si riconosca – sulla scorta della prassi internazionale – che la libertà, da un lato, deve essere improntata al metodo collaborativo, finalizzato all'accordo fra le parti e gli arbitri nella determinazione delle regole probatorie, d'altro lato, incontra i limiti derivanti dal rigoroso rispetto del principio di correttezza (par. 2).

In particolare, gli arbitri debbono sottoporre le richieste probatorie a rigoroso controllo, tenendo conto di vincoli come il segreto professionale e la riservatezza, nonché di criteri quali l'eguaglianza delle parti, la ragionevolezza, l'economia processuale.

È il caso della *Iba Rules on the Taking of Evidence*, il cui art. 9, comma 2°, elenca i casi in cui gli arbitri possono escludere l'assunzione di testimonianze, o di ispezioni, o la produzione di documenti, quando, ad esempio, vi sia "(b) legal impediment or privilege under the legal or ethical rules determined by the Arbitral Tribunal to be applicable; (c) unreasonable burden to produce the requested evidence; (d) loss or destruction of the Document that has been shown with reasonable likelihood to have occurred; (e) grounds of commercial or technical confidentiality that the Arbitral Tribunal determines to be compelling; (f) grounds of special political or institutional sensitivity (including evidence that has been classified as secret by a government or a public international institution) that the Arbitral Tribunal determines to be compelling; or (g) considerations of procedural economy, proportionality, fairness or equality of the Parties that the Arbitral Tribunal determines to be compelling".

Rimangono piuttosto fermi i limiti che trovano la loro *ratio* in norme sostanziali inderogabili, quali, ad esempio, la forma necessariamente scritta di determinati contratti: la prova orale, più che inammissibile, sarebbe inutile, in quanto insufficiente a dimostrare l'esistenza di un contratto valido.

Ci si può chiedere se le parti possano vietare agli arbitri l'assunzione di determinati mezzi di prova. Sarei molto dubbiosa, almeno quando ciò impedisca ad una di loro di provare il suo buon diritto; nella prassi, il problema si pone quando le parti scelgono un regolamento che prevede arbitrati rapidi o semplificati, che permettono una istruttoria limitata (cap. XI, par. 5).

Per l'analisi dei casi specifici rinvio ai parr. 5, 6 e 7.

f) Efficacia probatoria, prove legali. Il principio del libero e prudente apprezzamento delle prove ha una valenza connaturata all'attività di giudizio ed è sicuramente valevole anche in arbitrato. Un parametro analogo è, del resto, adottato in molti ordinamenti stranieri.

Nella valutazione, gli arbitri ricorreranno verosimilmente alle già viste massime di esperienza, che dovranno utilizzare con ragionevolezza, dato che, talvolta, esse possono portare a generalizzazioni o deduzioni non veritiere.

Il rispetto del principio si riversa sull'onere di motivazione, sancito dall'art. 829, comma 1°, n. 5 c.p.c.

Occorre invece chiedersi se le parti e gli arbitri siano tenuti ad osservare le deviazioni dalla regola, cioè i regimi delle prove legali e degli argomenti di prova.

La maggior parte degli interpreti è favorevole, osservando che la maggiore flessibilità concessa agli arbitri nell'individuare gli schemi procedurali reputati migliori non importa l'automatica conseguenza di non tener conto degli effetti normativi degli atti compiuti.

Si obietta che la violazione dell'efficacia legale di determinate prove non rientra fra i motivi tassativi di nullità del lodo, ma è chiaro che occorre prima verificare se dette regole appartengano all'ordine pubblico processuale o sostanziale, nel qual caso il lodo sarebbe comunque invalido.

A me sembra, pur con tutti i dubbi del caso, che l'impostazione più liberale risponda meglio alla flessibilità che contraddistingue l'arbitrato rispetto al processo statuale, tenendo presente che la questione assume rilevanza specialmente per la prova confessoria.

Infatti, come dirò ai parr. 5 e 7, ritengo che l'efficacia probatoria dell'estrinseco nelle scritture provenienti dall'avversario rimanga ferma, mentre il giuramento non sia applicabile all'arbitrato.

In particolare, sarei propensa ad ammettere che le parti, espressamente o tramite il rinvio ad un regolamento arbitrale, possano degradare la prova legale a prova liberamente valutabile;

Ad esempio, potrebbero stabilire che la confessione resa da una parte sia sempre liberamente valutabile.

oppure affidare direttamente agli arbitri la determinazione dei criteri da utilizzare nella valutazione delle prove.

Ad esempio, se le parti rinviano all'art. 27 delle *Uncitral rules* (che recita "The arbitral tribunal shall determine the admissibility, relevance, materiality and weight of the evidence offered"), esse affidano agli arbitri ogni decisione circa la valutazione delle prove, implicitamente derogando al vincolo legale imposto dalla legge.

Più complesso è chiedersi se gli arbitri possano discostarsi dall'efficacia vincolante di una dichiarazione confessoria che non li convinca, ritenendola liberamente valutabile anche in assenza di apposite previsioni delle parti.

Infatti, la violazione della regola di giudizio non rientra nei nn. 1-12 dell'art. 829 c.p.c. e, ad un tempo, la derogabilità ad opera delle parti sembra escludere l'appartenenza all'ordine pubblico processuale. Benché la massima di esperienza che sta alla base della regola possa aver determinato un affidamento della parte che abbia ottenuto, ad esempio, una confessione stragiudiziale, farei prevalere, pur con tutti i dubbi del caso, la discrezionalità degli arbitri, che dovranno però giustificare rigorosamente l'assunto, pena l'invalidità del lodo per mancanza di motivazione.

Nell'arbitrato internazionale, gli arbitri potranno tenere conto, in sede di valutazione, di altre peculiari circostanze, come l'affidamento che una parte può riporre nella particolare efficacia che una prova riveste nell'ordinamento applicabile al merito (*lex causae*).

Infine, in assenza di contrarie previsioni delle parti, credo che gli arbitri possano fare applicazione della regola generale prevista dall'art. 116, comma 2°, c.p.c., cioè desumere argomenti di prova dal comportamento processuale delle parti, almeno quando il loro contegno sia direttamente collegato alla fase di ricostruzione dei fatti (ad esempio, in materia di esibizione o ispezione (par. 8)).

g) Poteri coercitivi nell'assunzione della prova. Gli arbitri sono privi di poteri coercitivi, sicché, ove l'assunzione della prova richieda la collaborazione della parte o di un terzo e costoro non si rendano disponibili, occorre l'intervento dell'autorità giudiziaria.

La disciplina italiana permette di rivolgersi al giudice solo nel caso in cui il teste non si presenti a rendere la propria deposizione (par. 6).

Per tutto il resto, in mancanza di collaborazione spontanea (ad esempio nell'acquisizione di un documento), gli arbitri dovranno prenderne atto, potendo unicamente trarre le legittime conseguenze che l'omissione comporta, in termini di argomento di prova o ai fini delle spese.

In altri paesi, è previsto un generalizzato ausilio giudiziario: ai sensi dell'art. 180 l.d.i.p. svizzera, infatti, "Se per l'esecuzione della procedura probatoria è necessaria l'assistenza delle autorità giudiziarie dello Stato, il tribunale arbitrale o, con il suo consenso, una parte può chiedere la collaborazione del giudice del luogo di sede del tribunale arbitrale".

Infine, nel caso in cui il problema si ponga in un arbitrato con sede all'estero, il ricorso al giudice italiano non sarà possibile sulla base della convenzione dell'Aja del 1970, che non si applica all'ipotesi in esame.

4. Le modalità di assunzione delle prove e la delega degli atti istruttori.

L'art. 816-*ter* c.p.c. dispone che il collegio arbitrale possa delegare ad uno dei suoi membri l'istruttoria o singoli atti di istruzione, introducendo così una eccezione al principio di collegialità.

Se la delega riguardi un singolo atto, il collegio dovrà specificarlo.

Poiché la delega può essere esclusivamente attribuita a membri del collegio, va escluso il ricorso a prove delegate e a rogatorie internazionali affidate a terzi.

Fra l'altro, queste ultime presuppongono un'ordinanza da parte dell'organo delegante, che non potrebbe essere pronunciata dagli arbitri, sia perché costituisce espressione di potere di imperio a loro non concesso, sia perché la legge la riserva esclusivamente all'autorità giudiziaria (artt. 203 e 204 c.p.c.).

Per quanto concerne l'assunzione dei mezzi istruttori, vale quanto già detto in precedenza.

L'arbitro e la parte sono vincolati al rispetto delle forme previste dalla legge davanti al giudice statuale, nella misura in cui l'adozione di forme diverse comporti violazione dei principi di ordine pubblico processuale.

Per esempio, gli arbitri, a tutela del contraddittorio, debbono rispettare le previsioni contenute negli artt. 206 e 207 c.p.c., che prevedono la partecipazione personale delle parti e la verbalizzazione al momento dell'assunzione della prova.

Per il resto, vale l'art. 816-*bis* c.p.c., per cui le parti potranno dettare forme di assunzione diverse da quelle previste, ma dovranno ad un tempo corredarle della sanzione di nullità, se vogliano che l'eventuale violazione da parte degli arbitri porti all'invalidazione del lodo (art. 829, comma 1°, n. 7 c.p.c.).

Dal canto loro, gli arbitri potranno di fatto discostarsi dalle forme di assunzione previste dalla legge, nella misura in cui la violazione non determini la nullità del lodo *ex* art. 829 c.p.c.

Ad esempio, potranno dare ingresso alla prova testimoniale anche se il teste non sia stato citato almeno sette giorni prima, ai sensi dell'art. 103 disp. att. c.p.c.

Nell'arbitrato internazionale, le prassi sono per lo più improntate alla ricerca di regole che assicurino quanto più possibile uno svolgimento rapido ed efficiente e garantiscano ad un tempo il diritto di difesa, a prescindere dalla loro riferibilità ad ordinamenti nazionali.

Si elaborano così interessanti sistemi di gestione pratica delle istanze probatorie. Ad esempio, significativa, in materia di acquisizioni documentali, è la prassi (che viene denominata, per consuetudine, la *Redfern schedule*, dal nome del suo ideatore) di redigere una tabella di quattro colonne nelle quali inserire, in ordine, l'identificazione del documento o dei documenti omogenei, una breve descrizione della ragione della richiesta di esibizione, nonché delle eventuali eccezioni avversarie in merito a quest'ultima: l'ultima colonna è lasciata alla decisione adottata dagli arbitri.

5. La prova documentale.

Nel sistema italiano vi è una netta distinzione fra il documento scritto proveniente dalla parte contro la quale è prodotto, che ha efficacia di prova legale limitatamente al suo contenuto estrinseco – cioè ai fatti svoltisi ed alle dichiarazioni rese davanti al pubblico ufficiale, o alla paternità della scrittura privata – ed ogni altro documento scritto, come quello proveniente dai terzi o non scritto, come le riproduzioni meccaniche.

In arbitrato sono tutti documenti ammissibili, mentre per la loro valutazione vale quanto già esposto al par. 2, salvo quanto dirò subito appresso.

a) *Riproduzioni meccaniche*. La valenza probatoria delle riproduzioni meccaniche è fissata dall'art. 2712 c.c. forse un po' troppo rigidamente, permettendo all'avversario di espungere la prova dietro semplice contestazione.

Se la *ratio* è quella di mettere sull'attenti circa la facile alterabilità del documento, è più utile valutare la sua idoneità probatoria secondo le circostanze concrete, affidandosi al prudente apprezzamento degli arbitri: una fotografia digitale ha caratteristiche strutturali diverse rispetto ad una riproduzione audio o video o ad una fotografia analogica.

Pur con tutti i dubbi del caso sarei dunque propensa a permettere agli arbitri di discostarsi dal tenore dell'art. 2712 c.c. e di valutare il documento con ragionevolezza, tenendo conto delle obiezioni delle parti e dando adeguata motivazione della scelta.

b) *Documenti informatici*. Particolare importanza assumono i documenti informatici, disciplinati nel codice dell'amministrazione digitale (d.lgs. 82 del 2005, poi modificato con il d.lgs. 159 del 2006) e nell'art. 2712 cit.

Dalle suddette norme emerge una netta tendenza ad affidare al giudice la valutazione circa l'idoneità probatoria del documento, finanche di quello sottoscritto digitalmente, che deve essere esaminato secondo le sue caratteristiche di "qualità, sicurezza, integrità ed immodificabilità", per cui tornerà a valere, di fatto, il generale principio del ragionevole apprezzamento.

c) Scrittura privata o atto pubblico. L'efficacia probatoria privilegiata dell'atto formato dal pubblico ufficiale deriva dal particolare *status* giuridico di quest'ultimo e mi pare che, per questa ragione, debba valere anche in arbitrato.

Per la stessa ragione riterrei che gli arbitri non possano negare la paternità di una scrittura privata proveniente dall'avversario, quando sia stata autenticata da pubblico ufficiale; pari regime mi pare debba valere quando la firma sia stata espressamente riconosciuta dall'avversario, o sia stata legalmente verificata (art. 2702 c.c.), o anche quando non sia stata espressamente disconosciuta.

La ragione di quest'ultimo assunto sta in quanto si è detto circa la rilevanza della non contestazione. Piuttosto, ci si può chiedere se valga in arbitrato la preclusione di cui all'art. 215 c.c., vale a dire l'onere di disconoscimento nella prima difesa successiva alla produzione. Sarei per la derogabilità ad opera delle parti; peraltro, anche ove le parti nulla abbiano disposto, non è rinvenibile alcun motivo di annullamento del lodo, se gli arbitri abbiano ammesso una contestazione tardiva sulla paternità della firma (a meno che, ovviamente, non sia stato leso il contraddittorio).

Piuttosto, ci si deve chiedere se gli arbitri possano conoscere di un giudizio di verificazione, per effetto del disconoscimento della sottoscrizione.

Benché ad essi non sia concesso dare pubblica fede agli atti, non vedo ostacoli all'esperibilità in arbitrato del procedimento incidentale di verificazione, che è primariamente diretto a permettere l'uso del documento come prova nel processo.

Un indizio in tal senso può ravvisarsi nell'art. 2652 c.c., che parifica la domanda d'arbitrato alla domanda giudiziale diretta ad ottenere l'accertamento della sottoscrizione delle scritture private su diritti immobiliari.

Non va comunque esclusa la possibilità per gli arbitri di conoscere della paternità della sottoscrizione in via meramente incidentale, senza efficacia di giudicato, ai sensi dell'art. 819 c.p.c. (cap. XIV, par. 9).

In mancanza di accordo delle parti o di un provvedimento del Presidente del tribunale non è, però, possibile prorogare il termine per la pronuncia: vale peraltro la proroga per l'assunzione di mezzi istruttori di cui all'art. 820 c.p.c.

Discorso diverso vale per la querela di falso.

Se si parte dal presupposto che l'oggetto del giudizio di querela è un vero e proprio diritto, indisponibile e pregiudiziale alla decisione nel merito, gli arbitri non possono decidere in ragione dell'incompromettibilità della lite.

Inoltre, dando per presupposto che la legge non permetta accertamenti differenti sulla falsità di un documento ed imponga quindi una decisione con efficacia di giudicato (cap. XIV, par. 9), gli arbitri non potranno neppure conoscere dell'autenticità del documento in via incidentale, cioè solo ai fini della vertenza sul merito.

Le parti dovranno quindi rivolgersi al giudice.

Si potrebbe opinare diversamente, ove si attribuisca alla querela di falso natura di mero giudizio sul fatto-falsità, negando ad un tempo che integri "questione pregiudiziale", nel senso proprio di un fatto-diritto sostanziale, pregiudiziale al rapporto di merito (cap. XIV, par. 9). Accentuando così la sua valenza probatoria all'interno del giudizio, si potrebbe giungere a ritenere che gli arbitri possano conoscere incidentalmente dell'autenticità del documento ed addirittura che possano decidere essi stessi sulla querela di falso: l'assunto, tuttavia, si presta ad obiezioni, più che altro, sull'ammissibilità generale di un giudizio sul fatto.

6. La prova testimoniale.

La prova testimoniale in arbitrato è espressamente ammessa dall'art. 816-*ter* c.p.c.

Sulle regole di ammissibilità si è già detto nella parte dedicata ai principi generali sulle prove (par. 2).

Quanto alle modalità di assunzione, il rispetto del diritto di difesa esige che tutte le parti siano informate dei fatti sui quali verterà la testimonianza, salvo eventuali chiarimenti la cui esigenza nasca nel corso della deposizione; inoltre, deve essere loro garantita la possibilità di partecipare all'assunzione della prova.

Altrettanto indispensabile è la verbalizzazione, che può essere effettuata con ogni modalità idonea, come le videoregistrazioni o le trascrizioni effettuate da personale apposito, particolarmente utili per apprezzare direttamente la deposizione del teste nella sua versione integrale.

Il teste non è tenuto a giurare davanti all'arbitro o, meglio, l'eventuale falsità delle sue dichiarazioni non è penalmente sanzionata, giacché l'art. 372 c.p. riconnette la pena alla deposizione resa davanti all'autorità giudiziaria.

Gli arbitri potranno però richiedere al testimone l'impegno a dire la verità ed avvertirlo dell'eventuale responsabilità extracontrattuale che potrebbe derivare da dichiarazioni non veritiere.

Non ritengo essenziale, durante la deposizione del teste, l'intermediazione dell'arbitro (come invece previsto per il processo statuale dall'art. 253 c.p.c.): questi potrà autorizzare il difensore della parte ad interrogare direttamente il terzo, oppure potrà disporre la tecnica della *cross-examination*, pur sempre con modalità rispettose del diritto al contraddittorio.

La prassi arbitrale internazionale vede un uso frequente della *cross examination*, anche se non rigorosamente conformata alle regole processuali angloamericane.

Può anche essere disposto il confronto fra testimoni, in caso di discordanze sugli stessi fatti.

Problematiche sono, invece, alcune prassi internazionali di previo contatto fra il testimone e la parte. La *Iba Rules on the Taking of Evidence*, all'art. 4, prevedono che "It shall not be improper for a Party, its officers, employees, legal advisors or other representatives to interview its witnesses or potential witnesses and to discuss their prospective testimony with them".

L'assenza di poteri coercitivi in capo agli arbitri ha fortemente inciso sulla funzionalità di questo importante mezzo istruttorio.

L'art. 816-*ter* c.p.c. interviene con alcuni correttivi.

a) In primo luogo, la norma consente agli arbitri, oltre che di assumere la testimonianza in udienza, di recarsi presso l'abitazione o il domicilio del teste, qualora questi vi consenta.

b) In secondo luogo, è permesso assumere la prova mediante una risposta scritta a quesiti predeterminati.

Questa particolare modalità di assunzione della prova è stata introdotta anche nel processo statuale (art. 257-*bis* c.p.c.): tuttavia è ammissibile soltanto su accordo delle parti o, in difetto, con riguardo alla conferma di documenti di spesa; inoltre occorre che la risposta del teste osservi rigorosi requisiti formali (art. 103-*bis* disp. att. c.p.c.). In arbitrato, invece, vi è piena libertà quanto alla forma ed al contenuto.

La previsione, oltre che agevolare la collaborazione del teste, è in linea con altri ordinamenti e con la prassi dell'arbitrato internazionale, che tende ad ammettere *affidavits*, *depositions*, o più spesso *witness statements*; tali modalità, peraltro, sono sempre soggette a particolari cautele, come l'eventuale conferma orale.

I *witness statements*, ad esempio, possono consistere in dichiarazioni scritte e dettagliate del terzo (accompagnate dai suoi dati anagrafici, dai temi su cui verte la testimonianza, ecc.), con successiva udienza nella quale il teste viene chiamato a confermare le proprie dichiarazioni o a testimoniare, assoggettandosi alla *cross-examination*, su richiesta della parte o dell'arbitro: ve ne è larga descrizione nelle *Iba Rules on the Taking of Evidence*, art. 4, in relazione all'art. 8.

La laconicità dell'art. 816-*ter* c.p.c. dev'essere supplita da analoghe accortezze, affinché la prova possa dirsi idonea ad essere valutata.

L'impossibilità per le parti di assistere ed interloquire, l'assenza di un contatto diretto fra l'arbitro ed il teste, il rischio di incertezza sulla paternità delle dichiarazioni dovranno indirizzare l'arbitro a dettare specifiche formalità di assunzione, che assicurino il più possibile l'attendibilità della deposizione. Sarà dunque consigliabile rendere particolarmente rigoroso l'onere di individuazione degli specifici fatti sui quali il teste è chiamato a rispondere per iscritto (eventualmente intervenendo sul tenore dei capitoli elaborati dalla parte) e prevedere che la risposta contenga alcuni requisiti, quali la firma in ogni pagina, possibilmente autentica, o l'indicazione di eventuali rapporti con le parti, od infine situazioni di segreto professionale o obbligo di riservatezza (c.d. *privilege*). Quando possibile e quando le circostanze lo richiedano (per esempio contestazioni delle parti, deposizioni discordanti), occorrerà sentire comunque il teste.

Si tratterà poi di valutarne il peso probatorio, caso per caso.

Ad ogni modo, il tenore dell'art. 816-*ter* non esclude modalità di assunzione della testimonianza che, di fronte a particolari esigenze delle parti e del teste, permettano un più ampio dispiegarsi del diritto di difesa, rispetto alla deposizione scritta. Penso a conferenze telematiche, da svolgersi con particolari cautele, per evitare che il testimone venga influenzato dalla presenza di terzi (si potrebbe stabilire, ad esempio, la presenza di un pubblico ufficiale nel luogo dove si trova il teste).

c) In terzo luogo, nel caso in cui il teste rifiuti di comparire, poiché il difetto di *ius imperii* non permette agli arbitri la pronuncia di un ordine di accompagnamento coattivo ai sensi dell'art. 255 c.p.c., essi, se lo ritengano opportuno secondo le circostanze, possono richiedere al Presidente del tribunale della sede dell'arbitrato che "ne ordini la comparizione davanti a loro" (art. 816-*ter*, comma 3°, c.p.c.).

La norma nulla dispone in caso di inottemperanza del provvedimento giudiziale: è però ragionevole ritenere che ne possano derivare la sanzione della multa e l'accompagnamento coatto, con l'ausilio della pubblica autorità.

7. Il giuramento e la confessione della parte.

a) *Giuramento*. Difficoltà sorgono sull'ammissibilità del giuramento in arbitrato.

Tutto dipende, infatti, da come si voglia interpretare la previsione contenuta nell'art. 371 c.p., che rende colpevole di reato colui che giura il falso nel corso di "un giudizio civile".

Il successivo riferimento alla "sentenza" e alla "domanda giudiziale", nonché lo stretto criterio di tassatività, inducono ad escluderne l'applicazione in arbitrato, perché viene meno lo stesso significato della prova, che basa la sua ragione d'essere sulla potenziale operatività della sanzione: senza di essa la dichiarazione della parte a sé favorevole, anche se oggetto di giuramento, non avrebbe caratteristiche diverse dalle risposte rese in sede di interrogatorio libero ai sensi dell'art. 117 c.p.c.

La questione, comunque, assume scarso rilievo nella prassi, dato l'infrequente ricorso a questo peculiare strumento probatorio.

L'art. 241 del codice dei contratti pubblici (d.lgs. n. 163 del 2006) vieta espressamente l'esperibilità del giuramento negli arbitrati che ricadono sotto la sua regolamentazione.

b) *Confessione*. La confessione è senz'altro ammissibile: lo è quella stragiudiziale, da provare nel processo arbitrale e lo è anche quella giudiziale, da ottenere tramite le forme dell'interrogatorio formale.

Per quanto riguarda le modalità di assunzione, l'obbligo di formulare chiaramente i fatti sui quali la parte è chiamata a rendere la dichiarazione risponde ad esigenze di contraddittorio che vanno rispettate anche in arbitrato.

Le risposte rese dalla parte potranno assumere efficacia vincolante sulla verità dei fatti sfavorevoli, con le precisazioni svolte nel par. 3. Esse saranno sempre liberamenti valutabili quando la parte aggiunga, come spesso accade, fatti a sé favorevoli.

In ambito internazionale, l'introduzione di regole probatorie tipiche dei sistemi di *common law* può comportare l'ammissibilità di una "testimonianza" della parte; la fattispecie va a mio avviso (v. par. 3) inquadrata in una confessione liberamente valutabile, piuttosto che in una testimonianza, che, secondo l'ordinamento italiano, è istituto ontologicamente connesso all'estraneità formale del soggetto dal processo (ponendosi se mai la questione, diversa, del terzo incapace, su cui v. par. 3).

Quanto alle conseguenze derivanti dalla mancata comparizione della parte, la soluzione individuata dall'art. 232 c.p.c., che permette al (ma non obbliga il) giudice di dare per ammessi i fatti, è ragionevole, perché garantisce l'esigenza di effettività della prova; è, dunque, da ritenere che anche agli arbitri spetti analoga facoltà, di cui debbono a mio avviso fare uso con prudenza, tenendo presente tutte le circostanze del caso.

8. Esibizione, richiesta di informazioni alla pubblica amministrazione, ispezione.

Il potere di ordinare l'esibizione di cose o di documenti nei confronti della controparte o di terzi va riconosciuto anche in arbitrato.

Parimenti, gli arbitri possono disporre l'ispezione di cose, luoghi o addirittura persone, nonché la riproduzione di oggetti, documenti e luoghi, o fatti attraverso l'esperimento giudiziale.

Queste attività possono essere svolte anche dal consulente tecnico (par. 9).

L'esibizione riveste particolare importanza per la piena esplicazione del diritto alla prova, come testimonia la particolare attenzione che altri ordinamenti vi dedicano: si pensi alla *discovery* tipica dei sistemi di *common law*.

L'arbitrato, avendo il vantaggio di una maggiore flessibilità procedurale, permette di allentare alcuni limiti di operatività di questo strumento probatorio davanti al giudice statuale, come il rigore del divieto di esibizione esplorativa.

Si afferma (traendo ragione dall'art. 94 disp. att., c.p.c.), infatti, che la parte abbia diritto a richiedere soltanto documenti singoli e ben identificati che provi essere in possesso dell'avversario. Talvolta, però la parte non è in grado di effettuare una così specifica richiesta e, d'altro canto, è giusto impedire che la richiesta sia unicamente finalizzata a trovare documenti favorevoli, senza alcuna consapevolezza della loro esistenza. Le *Iba Rules on the Taking of Evidence in International Arbitration* trovano in proposito un giusto compromesso, limitando l'ammissibilità della richiesta ad una "narrow and specific requested category of documents that are reasonabily believed to exist" (art. 3 (a)): è dunque sufficiente indicare una "categoria" ben specificata di documenti, la cui esistenza è oggetto di ragionevole convinzione.

L'art. 816-*ter* prevede altresì che gli arbitri possano richiedere alla pubblica amministrazione informazioni o documenti utili per l'accertamento dei fatti.

Oltre ad un generale potere di richiesta di informazioni, trova dunque esplicita legittimazione normativa una specie particolare di esibizione rivolta ai pubblici uffici.

Il vero problema sta nell'effettività di questi strumenti probatori, quando la parte o il terzo non collabori.

Ferma la mancanza di poteri coercitivi in capo agli arbitri, la questione si pone, per la verità, anche davanti al giudice.

Per quanto riguarda le informative alla pubblica amministrazione, infatti, è pacifico che quest'ultima sia libera di rispondere o meno, potendo giustificare la propria decisione sul prevalente interesse pubblico: l'assunto vale, a maggior ragione, per l'arbitro.

Per l'ispezione e l'esibizione, occorre distinguere fra ordine rivolto alla parte e ordine rivolto al terzo.

Con riferimento all'ispezione, in particolare, nel caso in cui sia la parte ad impedirne la fattibilità, gli arbitri potranno fare ricorso all'art. 116, comma 2°, c.p.c. (richiamato dall'art. 118 c.p.c.) e pertanto desumere argomenti di prova dal suo comportamento.

L'art. 1467 *c.p.c.* francese prevede invece che l'arbitro possa ordinare ad una parte l'esibizione di un documento sotto pena di *astreinte* (cioè di una misura di coazione indiretta). La sanzione è assai più efficace di quella italiana; d'altro canto, sull'ammissibilità dell'art. 614-*bis* c.p.c. in arbitrato v. cap. XV, par. 7.

Non è invece compatibile con l'arbitrato la condanna ad una pena pecuniaria del terzo che si rifiuti di permettere l'ispezione.

Anche per l'esibizione, l'ordine diretto alla parte avrà successo solo se questa produca spontaneamente il documento. Diversamente, non resterà che la via degli argomenti di prova, ma, nel frattempo, l'avversario non sarà stato in grado di provare il suo diritto e, in mancanza di altre prove, subirà il rigetto della domanda. A parziale rimedio, può farsi ricorso al sequestro giudiziario sulla prova, che dovrà essere richiesto al giudice, ove ve ne siano i presupposti.

Con riguardo all'esibizione nei confronti del terzo, sono inconciliabili con l'arbitrato sia l'istituto della citazione, sia quello della sua opposizione (art. 211 c.p.c.): ciò non toglie, però, che gli arbitri possano invitarlo a esibire un documento, rimanendo, peraltro, tendenzialmente non sanzionata la sua eventuale inottemperanza.

9. La consulenza tecnica.

L'art. 816-*ter*, comma 5°, c.p.c. specifica che gli arbitri possono farsi assistere da uno o più consulenti tecnici, non importa se persone fisiche o giuridiche (ad esempio una società di revisione per un'analisi contabile).

Peraltro, l'ammissibilità di questo strumento in arbitrato non è mai stata messa in discussione.

L'arbitro può nominare il consulente tecnico anche d'ufficio, ma non può costringerlo né ad accettare l'incarico né a giurare, anche se sia iscritto nell'apposito albo presso i tribunali.

Infatti, in arbitrato non può trovare applicazione l'art. 366 c.p., che prevede la punibilità nel caso di rifiuto di uffici legalmente dovuti, perché la norma si applica unicamente al caso in cui la nomina provenga dall'autorità giudiziaria.

Benché l'art. 61 ss. c.p.c. non sia esplicitamente richiamato, ritengo che al consulente tecnico d'ufficio in arbitrato vada riconosciuta la qualità di ausiliario dell'arbitro: lo si desume dal tenore dell'art.

816-*ter*, che lo definisce esplicitamente come un "assistente" dell'arbitro, di cui deve, dunque, condividere l'imparzialità.

Sicché varranno per lui i doveri di indipendenza stabiliti dall'art. 815 c.p.c., ma sarei per escludere il rimedio della ricusazione, in assenza di espressa previsione. Nel caso, il consulente dovrà astenersi dall'accettare l'incarico, oppure l'arbitro potrà sostituirlo; in difetto il lodo deve ritenersi impugnabile per violazione dell'ordine pubblico processuale (art. 829, comma 3°, c.p.c., v. cap. VIII, par. 12), se si sia fondato sulle risultanze della perizia.

L'art. 26, comma 2°, del regolamento della Camera arbitrale di Milano estende il procedimento di ricusazione dell'arbitro anche al consulente. Utile è prevedere anche per il consulente l'obbligo di *disclosure* (cap. VIII, par. 11).

Quanto allo svolgimento della consulenza tecnica, il punto nodale è il contraddittorio, che deve essere rispettato durante tutto il corso delle operazioni peritali e non può essere derogato.

Ancora una volta non si può effettuare una automatica trasposizione degli artt. 191 ss. c.p.c., bensì occorre esaminare, caso per caso, quali siano gli adempimenti essenziali alla difesa.

Così, le parti devono essere notiziate dell'inizio dell'indagine peritale e deve essere data loro la possibilità di farsi assistere dai consulenti tecnici di parte, le cui osservazioni dovranno essere tenute in debito conto dal consulente d'ufficio nella sua perizia.

Non credo invece che il perito sia obbligato ad effettuare l'invio preliminare della bozza del suo elaborato alle parti, secondo la previsione dell'art. 195, comma 3°, c.p.c.; è comunque consigliabile dare a queste ultime la possibilità di interloquire, una volta redatta la perizia ed è opportuno, oltre che utile, permettere al consulente di rivedere il proprio elaborato alla luce delle osservazioni delle parti.

Cosa accade se gli arbitri, in virtù di loro specifiche cognizioni tecniche, omettano il ricorso alla consulenza, pur richiesta dalle parti?

Per esempio, in una lite avente ad oggetto vizi di costruzione di un immobile, è possibile nominare come arbitri dei professionisti, come ingegneri, geometri o architetti, che possono direttamente constatare e valutare i difetti contestati.

Data per presupposta la necessità di dare alle parti la possibilità di interloquire, eventualmente attraverso l'ausilio di esperti, sulle questioni tecniche che debbono essere tempestivamente sollevate dagli arbitri, non sembra che la mancata ammissione della consulenza integri di per sé gli estremi della violazione del diritto di difesa, trattandosi di un atto discrezionale del giudice.

Diverso è se il divieto di consulenza tecnica sia espressamente contenuto nella convenzione arbitrale o in un atto consensuale precedente all'accettazione degli arbitri: in tal caso questi ultimi dovranno adeguarvisi, a meno che la consulenza tecnica non abbia valore probatorio, essendo l'unica in grado di provare un dato fatto (ad esempio una consulenza medica per provare il grado di invalidità), nel qual caso può dubitarsi che le parti possano preventivamente limitare in modo così pregnante il proprio diritto di difesa, di indubbio ordine pubblico processuale. In ogni caso, gli arbitri potranno decidere di non accettare l'incarico.

Gli arbitri sprovvisti di nozioni giuridiche potrebbero disporre una consulenza tecnica sull'individuazione o l'interpretazione delle norme applicabili alla lite?

Se ne è dubitato, risolvendosi in un'inammissibile delega delle funzioni decisorie. Tuttavia, non credo che questa possibilità vada esclusa in radice.

Sicuramente, potrà essere ammessa nei limiti in cui è possibile anche per il giudice che sia chiamato ad applicare una legge straniera, in base alla l. n. 218 del 1995 (legge di diritto internazionale privato). Negli altri casi, potrebbe essere utile rivolgersi ad un esperto per ottenere chiarimenti in settori in cui il panorama normativo è particolarmente intricato o strettamente connesso a tecnicismi di cui gli arbitri non hanno contezza; naturalmente, a questi ultimi sarà sempre riservato il giudizio di applicazione della legge ai fatti controversi.

La questione della consulenza tecnica giuridica si incrocia con la vigenza del principio *iura novit curia*: vigenza discussa, nell'arbitrato internazionale, date le diverse visioni che gli ordinamenti nazionali hanno su questo tema. Detto principio tende ad affermarsi oggi più che ieri, nella prassi, con riguardo quanto meno alle norme di applicazione necessaria o di ordine pubblico.

Infine, va dato conto di una prassi dell'arbitrato internazionale che ammette il *party-appointed expert*: un esperto chiamato dalla parte a rendere testimonianza tecnica (*expert witness*) o incaricato, sempre dalla parte, di redigere una perizia (*expert report*).

In proposito le *Iba Rules on the Taking of Evidence* trovano una soluzione di compromesso prevedendo, all'art. 5, l'ammissibilità di *party-appointed experts* ("A Party may rely on a Party-Appointed Expert as a means of evidence on specific issues. Within the time ordered by the Arbitral Tribunal, (i) each Party shall identify any Party-Appointed Expert on whose testimony it intends to rely and the subject-matter of such testimony; and (ii) the Party-Appointed Expert shall submit an Expert Report."); mentre all'art. 6 consentono agli arbitri di designare un *tribunal-appointed expert* ("The Arbitral Tribunal, after consulting with the Parties, may appoint one or more independent Tribunal-Appointed Experts to report to it on specific issues designated by the Arbitral Tribunal. The Arbitral Tribunal shall establish the terms of reference for any Tribunal-Appointed Expert Report after consulting with the Parties. A copy of the final terms of reference shall be sent by the Arbitral Tribunal to the Parties").

L'esperto non è in tutto e per tutto riconducibile al testimone, come dimostra il protocollo del 2007 del *Chartered Institute of Arbitrators*, che prescrive una serie di requisiti atti ad incentivare la sua terzietà.

Talvolta, l'audizione degli esperti avviene contemporaneamente, per ottenere un più efficace confronto finalizzato a mettere in grado gli arbitri di valutare le eventuali difformità di vedute.

Le *Iba Rules on the Taking of Evidence* contemplano finanche la possibilità che gli arbitri invitino gli esperti a trovare un accordo sulle divergenze in ordine a determinati aspetti tecnici della lite (art. 5).

Si tratta, nella prospettiva italiana, di una prova atipica per la quale vale quanto si è già detto nel par. 2.

Una modalità peculiare di contemperamento fra testimonianza tecnica e consulenza tecnica d'ufficio è il c.d. *expert teaming* (delineato in un lavoro di Sachs e dunque denominato, nella prassi, *Sachs Protocol*): gli arbitri invitano le parti a fornire una breve lista di candidati, scambiandola per reciproche osservazioni; dopo di che scelgono due esperti dalle rispettive liste, che vengono nominati come consulenti d'ufficio e lavorano in squadra.

Capitolo XIII
LA PLURALITÀ DI PARTI E LA SUCCESSIONE

1. Il litisconsorzio in arbitrato.

L'origine negoziale dell'arbitrato influenza la sua struttura, perché lo rende particolarmente adatto ad un procedimento con due sole parti; se la lite coinvolge una pluralità di soggetti, si pongono notevoli complicazioni.

Conviene partire da un breve inquadramento della distinzione fra litisconsorzio necessario o facoltativo.

a) Dare una definizione di litisconsorzio necessario è difficile, perché dipende dalla concezione che si ha della relazione fra i diritti soggettivi e l'oggetto del processo.

Ad ogni modo, si può approssimativamente affermare che vi è litisconsorzio necessario, quando la pronuncia del giudice sia giuridicamente attuabile e utile solo in presenza di tutti i litisconsorti.

Pur con tutte le imprecisioni che la sintesi forzatamente induce, è mia opinione che la redentiana correlazione fra litisconsorzio necessario e diritto soggettivo unitario con pluralità di parti mantenga una sua solidità, nonostante le critiche ricevute. Sono altresì convinta che detta correlazione sia compatibile con quelle interpretazioni che fanno leva sul criterio dell'utilità della pronuncia, per individuare i casi di litisconsorzio necessario, nonostante il diverso avviso di molti studiosi. In altri termini, il criterio dell'utilità della pronuncia rappresenta una chiave di lettura del litisconsorzio necessario, perché permette una più facile individuazione della situazione unica plurisoggettiva; pertanto, ove la pronuncia sia attuabile ed utile solo in presenza del terzo, ci si trova davanti ad un diritto unico con pluralità di parti; in caso contrario, oggetto di quel processo (e dell'arbitrato) non sarà il diritto plurisoggettivo, bensì un diritto bilaterale ad esso collegato. In questo modo, il litisconsorzio necessario può dirsi sussistente solo quando oggetto del processo sia un diritto unico a pluralità di parti.

Ad esempio, per ottenere la costituzione di una servitù nei riguardi di più titolari del fondo servente, occorre che tutti siano presenti nel processo; se si vuole ottenere il più limitato – o comunque diverso – effetto di cui all'art. 1059 c.c., è sufficiente che partecipi anche uno solo dei contitolari passivi; nel qual caso oggetto del processo non è la costituzione di servitù ma altro e diverso diritto, bilaterale ed obbligatorio fra il proprietario del fondo dominante e il comproprietario del fondo servente e ciò perché il diritto reale è frazionabile se riguardato nella corretta prospettiva della sua tutela giudiziale.

L'arbitrato sarà dunque possibile se tutti i litisconsorti necessari siano vincolati alla stessa convenzione arbitrale, perché solo in questo caso l'attore potrà chiamarli nel processo arbitrale ed assoggettarli così all'efficacia del lodo.

Rimangono da parte i casi di c.d. litisconsorzio necessario processuale, nei quali in lite vi è il diritto di titolarità del terzo, mentre la parte agisce come sostituto processuale: ad esempio, il successore della *res litigiosa*, su cui par. 7.

b) Il litisconsorzio facoltativo si ha quando sussiste una connessione tra diritti diversi, facenti capo a soggetti diversi.

La connessione può essere di diversi tipi:

b1) per pregiudizialità;

Per esempio, i diritti nascenti dal contratto di sublocazione sono dipendenti da quelli del contratto principale di locazione. Se Tizio stipula un contratto di locazione con Gamma e quest'ultima conclude, a sua volta, un contratto di sublocazione con Beta, la cessazione del contratto di locazione influisce sul rapporto di sublocazione, costringendo Beta a rilasciare l'immobile (art. 1596 c.c.).

b2) per identità dei fatti costitutivi del diritto (*causa petendi*);

Ad esempio, Tizio, conducente di una autovettura, causa un incidente stradale che provoca lesioni al proprio trasportato Caio ed al conducente dell'autovettura antistante Sempronio. Si tratta qui di diversi diritti al risarcimento dei danni, nascenti dal medesimo fatto costitutivo.

b3) per identità dell'oggetto della domanda (*petitum* mediato);

Ad esempio, Tizia, proprietaria di un appartamento, lo vende a Caio e Sempronio che si obbligano a pagare il prezzo entro un determinato termine. Accade tuttavia che nessuno dei due obbligati provveda a pagare. In forza del principio della solidarietà, Tizia potrà rivalersi indifferentemente nei confronti dell'uno o dell'altro: si tratta di due rapporti giuridici distinti e scindibili, aventi ad oggetto lo stesso bene della vita.

b4) c.d. impropria, quando liti fra loro diverse possono essere decise attraverso la soluzione di identiche questioni.

Ad esempio, per risolvere la lite relativa a due distinti contratti individuali di lavoro, occorre risolvere un'identica questione di interpretazione del contratto collettivo di categoria.

Nel caso del litisconsorzio facoltativo, solo chi ha stipulato la stessa convenzione compromissoria può essere validamente chiamato a partecipare al processo arbitrale. Altrimenti, l'arbitrato si svolgerà senza il litisconsorte.

Se Caio e Sempronio hanno comprato l'immobile obbligandosi al pagamento solidale del prezzo e hanno inserito una clausola compromissoria nel contratto, entrambi potranno essere convenuti dal venditore nel relativo procedimento.

2. Cumulo soggettivo originario: l'instaurazione di un unico arbitrato con più parti.

A prescindere dal tipo di litisconsorzio, il cumulo soggettivo in via originaria, cioè la partecipazione di più soggetti ad un unico processo arbitrale è realizzabile solo quando la convenzione vincoli tutti costoro.

Con riguardo in particolar modo al litisconsorzio facoltativo, si prenda il caso del collegamento fra contratti stipulati fra parti diverse (cap. VII, par. 8).

Un arbitrato unitario sull'intera operazione economica potrà essere iniziato solo se tutte le parti abbiano stipulato un'unica convenzione c.d. ad ombrello firmata da tutte le parti, nella quale si faccia menzione di ciascun contratto collegato.

L'art. 1442, comma 2°, *c.p.c.* francese prevede proprio questa possibilità, nel disporre che "La clause compromissoire est la convention par laquelle les parties à un ou plusieurs contrats s'engagent à soumettre à l'arbitrage les litiges qui pourraient naître relativement à ce ou à ces contrats".

In questo modo si avrà il vantaggio di una decisione armonica, che tenga conto degli equilibri risultanti dall'operazione economica nel suo complesso e non soltanto dei singoli regolamenti contrattuali.

Un momento delicato sarà quello della nomina degli arbitri, su cui rinvio a quanto già detto al cap. VIII, par. 3.

Se, invece, ciascun contratto collegato contenga una clausola arbitrale di tenore incompatibile con le altre (ad esempio una prevede la nomina di un arbitro, l'altra la nomina di tre arbitri), certamente non sarà possibile iniziare un processo unitario, a meno che non ci si accordi per modificarle.

Peraltro, anche se le convenzioni arbitrali dovessero essere di tenore identico, o comunque compatibile, non per ciò solo l'attore può costringere la pluralità di convenuti a partecipare al medesimo processo arbitrale sui diritti connessi, se questi non lo vogliano. Lo si desume dall'art. 816-*quater* c.p.c., che permette di convenire in unico processo più parti a condizione che siano vincolate dalla "stessa" convenzione arbitrale.

Molto opportuno, in questi casi, è il rinvio a regolamenti arbitrali che contengano una disciplina *ad hoc*.

Il regolamento *Icc* contiene una disciplina dettagliata di questa ipotesi, prevedendo, all'art. 9, che "Le domande derivanti da, o relative a, contratti diversi possono essere formulate in un unico arbitrato [...], anche se formulate in base a una o più convenzioni arbitrali che richiamino il Regolamento. [...]". Occorre però che la Corte constati "*prima facie* la possibilità dell'esistenza di una convenzione arbitrale che richiama il Regolamento". In particolare l'avvio di un processo unitario sarà possibile se sussiste "una convenzione arbitrale che richiama il Regolamento e che le vincola tutte"; mentre se più sono le convenzioni arbitrali, è necessario che *a*) le convenzioni siano compatibili; *b*) che emerga che "tutte le parti all'arbitrato potrebbero aver convenuto che tali domande possono essere decise in un singolo arbitrato". Occorre cioè un indice di volontà ulteriore, che non derivi unicamente dalla compatibilità delle clausole.

3. Cumulo soggettivo successivo: l'intervento di terzi in un processo arbitrale già pendente.

Il cumulo soggettivo – cioè un unico procedimento arbitrale con più parti – può realizzarsi anche dopo l'inizio del processo, con l'intervento del terzo o la riunione di più processi arbitrali pendenti.

Per quanto riguarda l'intervento, la norma di riferimento è l'art. 816-*quinquies* c.p.c.

Per esaminarla, conviene tornare alla distinzione fra i due tipi di litisconsorzio, tenendo altresì separato il caso in cui la convenzione arbitrale vincoli il terzo da quello opposto ed incrociando poi i dati ottenuti.

a) *Terzi litisconsorti necessari non vincolati dalla convenzione arbitrale*. Il terzo può intervenire volontariamente a processo arbitrale già iniziato e, a tal fine, secondo l'art. 816-*quinquies* c.p.c., non è necessario alcun consenso, né delle parti originarie, né degli arbitri.

La regola è coerente con quanto già detto a proposito dell'adesione del terzo alla convenzione arbitrale (cap. VII, par. 6): inibire al litisconsorte di intervenire nel processo arbitrale significa impedire l'eseguibilità della convenzione.

Si noti, peraltro, che altro è aderire alla convenzione arbitrale, altro è intervenire nel processo arbitrale già iniziato: nel primo caso, il litisconsorte si vincola all'arbitrato per l'intero fascio di potenziali o attuali liti comprese nella convenzione; nel secondo caso, il litisconsorte si vincola con effetto limitato alla lite portata davanti agli arbitri.

Gli arbitri non possono opporsi perché, pur in presenza di una modifica soggettiva del contratto di arbitrato, hanno accettato l'incarico sulla base di una lite che rimane la medesima: permettere un successivo rifiuto significherebbe venir meno all'impegno senza giusta causa.

Naturalmente, se l'intervento del terzo comporta il venir meno della sua necessaria indipendenza, l'arbitro dovrà dimettersi.

Viceversa, il terzo litisconsorte necessario che non abbia accettato la convenzione arbitrale non può essere obbligato a partecipare, su chiamata, senza il suo consenso.

Non opera, dunque, neppure in via analogica, l'istituto dell'integrazione del contraddittorio *ex* art. 102 c.p.c.: nulla toglie, peraltro, che gli arbitri invitino informalmente il terzo a partecipare, direttamente (nel qual caso si pongono però problemi di riservatezza, su cui cap. XVII, par. 7) o, preferibilmente, chiedano alle parti di chiamarlo, ma il suo rifiuto non avrà alcuna conseguenza e agli arbitri non resterà che pronunciare un lodo di rito, o al limite rinunciare all'incarico per giusta causa.

Il litisconsorte che decide di partecipare accetta l'arbitrato nello stadio in cui è, tenendo presente, comunque, che non vigono le preclusioni del processo statuale (cap. XI, par. 7).

Inoltre, deve ritenersi – benché l'assunto non sia pacifico – che questi non possa invocare il diritto di influire sulla nomina degli arbitri già designati con il sistema binario, lamentando la violazione del principio di equidistanza. L'assunto vale a maggior ragione se la nomina era stata affidata ad un terzo.

Con riguardo alla nomina binaria, infatti, si è posto un problema di coordinamento con l'art. 816-*quater* c.p.c., a termini del quale l'arbitrato è procedibile solo se la pluralità delle parti si accordi sulla designazione degli arbitri, o esplicitamente, o tramite raggruppamento in due poli di interesse (cap. VIII, par. 3). Quella norma si riferisce però al caso in cui tutti i soggetti siano tutti vincolati dalla stessa convenzione arbitrale e ci si trovi nella fase iniziale di costituzione del collegio, nella quale l'attore individua i convenuti con la sua domanda, mentre nell'ipotesi esaminata il litisconsorte non ha prestato alcun consenso arbitrale ed interviene in un momento successivo.

In altri termini, la decisione di intervenire ha già tenuto in debito conto tutte le caratteristiche del procedimento, compresa la nomina degli arbitri, che viene tacitamente ratificata.

Né le parti, di fronte all'intervento del terzo, possono richiedere una nuova designazione del collegio arbitrale, assumendo che quella originaria era stata fatta senza tenere conto della sua partecipazione.

La tesi è contestata. Si potrebbe in effetti obiettare che anche le parti originarie dovrebbero poter sollevare la violazione del principio di equidistanza degli arbitri di cui è espressione l'art. 816-*quater* c.p.c. Tuttavia, a me pare che il sacrificio della parte sia meno rilevante, rispetto a quello del terzo, perché il tribunale arbitrale è stato costituito con il suo pieno apporto (non avendo dovuto neppure venire a patti con il litisconsorte, in origine non presente). La funzione dell'art. 816-*quater* c.p.c., insomma, mi sembra quella di assicurare a ciascuna parte originaria il suo contributo alla nomina, ciò che in questo caso è stato pienamente garantito. Inoltre, vale quanto già detto a proposito del principio di buona fede nell'esecuzione della convenzione arbitrale.

b) Terzi litisconsorti facoltativi non vincolati dalla convenzione arbitrale. In forza dell'art. 816-*quinquies*, l'intervento del terzo o la sua chiamata in giudizio presuppongono il consenso di tutti: terzo, parti ed arbitri che abbiano già accettato.

Per una parte della dottrina l'intervento del terzo comporterebbe la stipula di un compromesso *sui generis* con le parti, limitato alla lite in corso. Tuttavia, la norma si limita a richiedere l'accordo sull'intervento per cui il tenore letterale farebbe propendere per una più limitata "preclusione processuale": vale cioè quanto osservato nel par. 2 del cap. VIII a proposito della preclusione circa l'inesistenza della clausola arbitrale *ex* art. 817 c.p.c.

La necessità dell'accordo di tutti porta alla medesima soluzione vista *sub a*) sia per quanto riguarda i poteri del terzo interveniente, sia con riferimento alla stabilità dell'organo giudicante designato dalle parti originarie.

Un'ipotesi particolarmente delicata è la chiamata in garanzia. In un processo arbitrale fra danneggiante e danneggiato, sarebbe possibile la chiamata in garanzia dell'assicurazione, che sia vincolata all'arbitrato con il danneggiante tramite una diversa convenzione arbitrale contenuta nel contratto di assicurazione? L'ostacolo è la mancanza di un vincolo reciproco fra terza parte ed assicuratore. Perciò, in assenza del consenso del danneggiato, la chiamata non sembra possibile, a meno che l'assicurazione non agisca in surrogazione (nel qual caso sarebbe successore nella convenzione arbitrale fra danneggiante e danneggiato).

Tuttavia, se il terzo fa valere un semplice interesse (di regola ricollegabile ad un rapporto di pregiudizialità-dipendenza fra il diritto del terzo e quello oggetto del processo) ed intende intervenire in via adesiva-dipendente, limitandosi a sostenere le ragioni di una delle parti, può farlo anche senza il consenso di queste ultime e degli arbitri.

Ad esempio, nel caso della sublocazione, Beta potrà intervenire nel processo fra Tizio e Gamma, avendo interesse a sostenere la posizione di quest'ultima relativamente alla prosecuzione del contratto di locazione, di cui Tizio chiede lo scioglimento. In questo caso, non avrà necessità del consenso né di Tizio, né di Gamma.

L'intervento del terzo adesivo-dipendente, prescindendo dal consenso delle parti originarie, finisce per imporre loro un litigante con il quale non avevano stipulato alcun patto compromissorio: tuttavia, non può parlarsi di arbitrato obbligatorio, perché il terzo interveniente non amplia la materia del contendere. Deve ritenersi, cioè, che le parti originarie abbiano preventivamente messo in conto il coinvolgimento di altri soggetti, nel decidere quali diritti includere nella convenzione arbitrale.

Si potrebbe giustificare l'intervento del terzo sulla base degli effetti riflessi che il lodo avrà nei suoi riguardi. Detti effetti sono senz'altro da riconoscere, come si dirà oltre. Tuttavia l'intervento è aperto sia ai terzi dipendenti che subiscono effetti riflessi, sia ai terzi dipendenti che non risentono del giudicato, per cui la ragione non mi sembra convincente.

Per converso, il terzo titolare di un diritto dipendente non può essere costretto a partecipare all'arbitrato, se non lo vuole (v. comunque cap. XV, par. 6).

c) Terzi litisconsorti necessari vincolati dalla convenzione arbitrale. Il terzo potrà sicuramente intervenire volontariamente in arbitrato, perché ricorre la stessa *ratio* vista *sub a*): l'art. 816-*quinquies* lo conferma, non richiedendo né il consenso delle parti né l'accordo degli arbitri.

È da ritenere, parimenti, che non vi sia diritto ad eventuali modificazioni dell'organo giudicante per effetto dell'entrata del terzo.

Il caso, indubbiamente, suscita qualche dubbio in più, dato che le parti ben avrebbero potuto chiamare il terzo in origine, consentendogli così di intervenire nella nomina. Si è altresì avanzata l'idea che l'art. 816-*quinquies* non si applichi al terzo-parte della convenzione arbitrale, sicché dovrebbe valere la regola dell'equidistanza di cui all'art. 816-*quater* e si dovrebbe dunque ammettere il terzo alla modifica del collegio arbitrale. Tuttavia, a ben vedere, al terzo viene garantita la piena libertà di scegliersi il proprio giudice, rifiutando di intervenire e costringendo così le parti ad iniziare un nuovo arbitrato con la sua partecipazione. Per quanto riguarda il diritto delle parti di rimettere in discussione l'organo arbitrale, rinvio a quanto già detto *sub a*).

Si discute se il terzo litisconsorte necessario possa essere chiamato a partecipare all'arbitrato, anche senza il suo consenso.

L'art. 816-*quinquies*, comma 1°, parrebbe dire di no, non distinguendo il caso in esame da quello della chiamata del litisconsorte non vincolato al patto compromissorio.

Tuttavia, il terzo ha già prestato il suo accordo nella convenzione arbitrale insieme alle parti originarie: pertanto, ritengo che egli possa essere legittimamente convenuto nel processo.

Se il terzo si rifiutasse di partecipare violerebbe il canone della buona fede nell'esecuzione del contratto, perché il suo rifiuto determinerebbe l'impossibilità di svolgere l'arbitrato.

Occorre invece che gli arbitri vi acconsentano: non a caso l'art. 816-*quinquies* distingue fra "accordo" delle parti e "consenso" degli arbitri, necessario perché si modificano i termini del contratto d'arbitrato stipulato fra parti ed arbitri.

Dalla chiamata della parte va distinto il caso in cui siano gli arbitri a sollecitare le parti a citare il litisconsorte necessario: ferma l'inapplicabilità diretta dell'art. 102 c.p.c., non sarei per escludere detta facoltà; se le parti non ottemperino, in assenza di esplicita sanzione, sarà possibile la rinuncia all'incarico per giusta causa, o non resterà che emettere una pronuncia di rito, data l'inutilità della decisione nel merito.

Il problema, se mai, è quello dei suoi poteri al momento dell'intervento.

Se valessero le stesse regole già viste, cioè la necessaria accettazione del procedimento arbitrale nello stato in cui si trova, si correrebbe il rischio di favorire azioni strumentali della parte che ometta di chiamare il terzo come convenuto originario, al solo fine di escluderlo dalla fase iniziale di formazione del collegio arbitrale e di determinazione della materia del contendere.

Quindi delle due l'una: o si ritiene che il terzo possa essere chiamato soltanto prima della nomina degli arbitri, come stabiliscono alcuni regolamenti arbitrali;

L'art. 7 del regolamento *Icc* prevede che "Dopo la conferma o la nomina di un arbitro, non è più possibile la chiamata in arbitrato di altre parti, salvo diverso accordo di tutte le parti, compresa quella chiamata in arbitrato".

oppure si deve consentire a questi di rimettere in discussione la fase di formazione del giudicante, se la convenzione arbitrale ha previsto la modalità di nomina binaria.

Pertanto, sia nel caso in cui la nomina sia stata effettuata da un terzo, sia nel caso in cui il litisconsorte acconsenta alla nomina già effettuata – oppure tutti si accordino per la modificazione del collegio già costituito –, l'arbitrato può proseguire. Altrimenti, sarà improcedibile (secondo la terminologia dell'art. 816-*quater* c.p.c.) ed occorrerà iniziare tutto da capo.

Si è sostenuto che il terzo non possa interloquire quando intervenga nella stessa posizione della parte, come accade per esempio nell'azione surrogatoria: avrei dubbi, in quanto l'accorpamento in centri di interessi non può avvenire forzosamente *ex ante* bensì solo *ex post*.

d) *Terzi litisconsorti facoltativi vincolati dalla convenzione arbitrale*. L'intervento volontario del terzo vincolato al patto compromissorio (che deve accettare l'arbitrato così come si trova) deve essere ammesso senza che sia richiesto un espresso accordo delle parti, già prestato all'epoca della convenzione arbitrale; occorrerà però il consenso degli arbitri.

Anche la chiamata in causa del terzo deve ritenersi ammissibile, dato il preesistente vincolo all'arbitrato: questi avrà però diritto di intervenire sulla nomina degli arbitri nei limiti già visti *sub c*).

Altrimenti, dovranno essere instaurati singoli procedimenti arbitrali paralleli.

L'art. 816-*quinquies* nulla dice in ordine alla possibilità per gli arbitri di chiamare in causa terzi, a cui la causa sia comune, analogamente a quanto previsto dall'art. 107 c.p.c. per il giudice statuale.

A ben guardare, nulla toglie che gli arbitri invitino le parti a convenire in giudizio un terzo, purché tengano conto di tutte le circostanze del caso concreto e limitino il loro invito ai casi in cui l'esigenza di coinvolgere il terzo nasca da un probabile effetto del lodo nei suoi riguardi (valgono cioè le stesse limitazioni poste dagli interpreti alla chiamata *iussu iudicis* nel processo statuale, data la necessità di contemperarla con il principio della libera disponibilità dell'oggetto del processo: v. par. 4).

Il problema è, se mai, la sanzione in caso di inadempimento dell'invito.

Escluderei l'estinzione del procedimento, in quanto non contemplata dalle legge; piuttosto, la mancata ottemperanza può essere invocata come giusta causa di rinuncia del mandato da parte degli arbitri.

Fra i terzi litisconsorti facoltativi vincolati al patto compromissorio va compreso anche il successore nel diritto controverso: tuttavia, data la riconducibilità dell'ipotesi nel più ampio tema della successione, ne parlerò al par. 7.

4. *Segue*: L'intervento del terzo nell'arbitrato societario.

Con riguardo alla clausola compromissoria contenuta negli statuti societari, l'art. 35 d.lgs. n. 5 del 2003 contiene una disciplina che devia in modo significativo dalle regole generali.

La ragione della deroga sta nel fatto che le liti societarie coinvolgono spesso terzi, titolari dello stesso diritto o di diritti connessi a quello litigioso: soci, organi sociali, terzi creditori e così via. Si tratta quindi di trovare una soluzione che permetta un proficuo svolgimento dell'arbitrato, ma ad un tempo non vada a discapito degli interessi di tutti.

Conviene suddividere fra intervento volontario e chiamata in causa.

a) *Intervento volontario*. L'intervento volontario del terzo titolare di un diritto connesso a quello oggetto dell'arbitrato è sempre ammesso, a prescindere dal consenso delle altre parti e degli arbitri, che accettano l'incarico già consapevoli del rischio di allargamento dell'ambito soggettivo del processo, salva l'astensione per eventuali incompatibilità sopravvenute.

La regola vale sia per il litisconsorte facoltativo (attraverso il richiamo dell'art. 35 d.lgs. n. 5 del 2003 all'art. 105 c.p.c.), sia per il litisconsorte necessario (a cui si applica, comunque, l'art. 816-*quinquies* c.p.c.).

Dunque, non v'è ragione di distinguere fra terzi vincolati o meno dalla convenzione arbitrale e neppure fra tipi di intervento, essendo ammesso – benché una parte della dottrina non sia d'accordo – anche un allargamento oggettivo dell'arbitrato, con proposizione di nuove domande da parte del terzo interveniente in via principale o adesiva autonoma.

Ad esempio, la società chiama in arbitrato l'amministratore per promuovere nei suoi riguardi un'azione di responsabilità. L'assicurazione (terzo rispetto alla convenzione arbitrale) dell'amministratore può intervenire, per far valere l'insussistenza del suo obbligo a garantire l'amministratore medesimo, o più semplicemente per sostenere le ragioni di quest'ultimo nei confronti della società.

Ancora, un socio impugna una deliberazione assembleare della società; un altro socio (vincolato al patto compromissorio) interviene per proporre a sua volta l'impugnazione della stessa delibera per motivi diversi.

b) *Chiamata* ex parte. Le parti possono chiamare in causa i soci titolari di un diritto connesso (garanzia o comunanza) con l'oggetto della lite.

La regola trova la sua *ratio* nel vincolo che la clausola compromissoria statutaria spiega nei riguardi dei soci, come previsto dall'art. 34 d.lgs. n. 5 del 2003.

È lecito chiedersi se la stessa regola valga anche per la società e per gli organi sociali, anch'essi vincolati al patto compromissorio: benché il tenore della norma, se inteso in senso letterale, lo escluda, ritengo di si, per coerenza con la regola generale vista nel par. precedente, *sub d*).

c) *Chiamata per ordine dell'arbitro*. L'art. 35 d.lgs. n. 5 del 2003 fa espresso riferimento all'art. 107 c.p.c., mostrando di voler importare la chiamata per ordine del giudice in arbitrato, limitatamente ai soci (e, come si è detto, per analogia agli altri soggetti vincolati al patto compromissorio).

L'intervento dell'arbitro è meno invasivo di quanto si possa pensare, una volta che sia correttamente coordinato con il principio dispositivo. Esso dovrà, infatti, essere limitato alle ipotesi di connessione che presentino una più pregnante esigenza di coordinamento: l'alternatività, la pregiudizialità, la dipendenza, la contitolarità dei diritti.

Ad esempio, gli arbitri potranno decidere di ordinare la chiamata in causa di soci investiti degli effetti del futuro lodo sulla validità della delibera assembleare impugnata da uno di loro.

La perplessità risiede piuttosto nella sanzione in caso di inottemperanza dell'ordine dell'arbitro: poiché la cancellazione della causa dal ruolo con conseguente estinzione è istituto non applicabile all'arbitrato, non resta che ipotizzare la sussistenza di una giusta causa di rinuncia all'incarico.

Il rinvio all'art. 107 c.p.c. e non al precedente art. 102 c.p.c. esclude invece la possibilità per gli arbitri di ordinare l'integrazione del contraddittorio nei riguardi del litisconsorte pretermesso, benché la fattispecie possa forse essere sussunta in un'accezione ampia di comunanza di cause. Ad ogni modo, il lodo pronunciato senza il litisconsorte sarà inutile (par. 3, *sub c*)).

In tutti i casi sopra visti, i terzi non potranno rimettere in discussione gli arbitri già nominati, dato che la designazione, nelle liti endosocietarie, spetta sempre ad un terzo estraneo alla società.

Inoltre, l'entrata del terzo deve avvenire al massimo entro la prima udienza di trattazione, per cui questi avrà pienezza di difesa.

In caso di intervento, gli arbitri potranno disporre, anche d'ufficio, una proroga del termine per la pronuncia, ai sensi dell'art. 820, comma 2°, c.p.c. che si cumula a quelle eventualmente già disposte per l'assunzione dei mezzi di prova o per la pronuncia di un lodo non definitivo.

5. Cumulo soggettivo successivo: la riunione fra arbitrati pendenti.

Il cumulo successivo può realizzarsi, nel litisconsorzio facoltativo, anche attraverso la riunione di più procedimenti arbitrali già pendenti fra diversi soggetti.

Occorre però il consenso delle parti e degli arbitri, che dovranno essere gli stessi in tutti i processi arbitrali da riunire (a meno che le parti, la cui volontà è sovrana, non si accordino per una diversa soluzione).

La riunione sarà dunque concretamente realizzabile quando la convenzione arbitrale sia unica, o, quanto meno, vi siano più convenzioni arbitrali fra loro compatibili, specie con riguardo alla modalità di costituzione del giudice arbitrale.

Ad esempio, in relazione ad una unico complesso immobiliare, vengono stipulati più contratti di appalto con contraenti diversi, tutti contenenti convenzioni arbitrali che prevedono identiche modalità di nomina. Sorta la lite, vengono instaurati tanti procedimenti arbitrali quante sono le convenzioni, ma le parti nominano identici collegi arbitrali. Sia le parti sia gli arbitri acconsentono affinché tutti i procedimenti arbitrali iniziati separatamente confluiscano in un unico vaso arbitrale, davanti al collegio arbitrale già nominato. L'eventuale disparità quanto allo stato della trattazione potrà essere risolto tramite un allungamento del termine per la pronuncia, data la mancanza, in arbitrato, delle preclusioni vigenti nel processo statuale.

Molti regolamenti arbitrali contengono specifiche previsioni sulla possibilità di riunione, permettendo a certe condizioni la trattazione di un arbitrato unitario, su disposizione degli arbitri o dell'ente amministratore, a seconda dei casi.

Il rinvio ad uno di questi regolamenti, pertanto, permetterà una più larga applicazione delle possibilità di riunione.

Ad esempio, il regolamento *Icc*, all'art. 10 prevede che la Corte può riunire in un unico arbitrato due o più arbitrati pendenti fra parti diverse "se: *a*) le parti hanno acconsentito alla riunione; o *b*) tutte le domande formulate negli arbitrati si basano sulla medesima convenzione arbitrale; [...] nel decidere sulla riunione, la Corte può tener conto di ogni circostanza che consideri rilevante, compreso il fatto che uno o più arbitri siano stati confermati o nominati in più di un arbitrato e, in caso affermativo, se gli stessi o altri arbitri siano stati confermati o nominati. In caso di riunione, gli arbitrati sono riuniti nell'arbitrato iniziato per primo, salvo diverso accordo delle parti".

Le *Swiss Rules,* cioè le regole uniformi di alcune camere arbitrali svizzere, vanno oltre prevedendo (art. 4) che anche in cause fra diverse parti la Corte arbitrale può decidere, dopo aver sentito le parti e gli arbitri, di riunire i processi, tenendo presente tutte le circostanze, il tipo di connessione e lo stato delle cause. In caso di riunione la Corte può addirittura revocare gli arbitri già nominati e, al contempo, le parti perdono il diritto di nominare il proprio arbitro.

Vi sono casi, detti di litisconsorzio unitario, nei quali lo svolgimento di un unico processo è particolarmente importante, tanto da essere imposto dalla legge.

In arbitrato, non vi è alcuna disposizione specifica in tal senso e non sembra, pertanto, che la regola del consenso possa essere derogata. Il rinvio ad un regolamento arbitrale potrebbe essere prezioso, per ovviare all'*impasse*; in ogni caso, ove possibile, sarà opportuna la nomina dello stesso collegio arbitrale per tutte le impugnazioni.

Ad esempio, l'art. 2378 c.c. dispone che in caso di pluralità di impugnazioni della medesima delibera assembleare, i relativi processi dovranno essere obbligatoriamente riuniti, per evitare che la delibera venga valutata in modo contrastante nelle diverse decisioni. L'art. 2378 c.c. fa espresso riferimento alla sentenza ed al giudizio statuale, per cui non sembra direttamente applicabile all'arbitrato. Sarà quanto meno opportuno che l'autorità di nomina indicata dall'art. 34 d.lgs. n. 5 del 2003 nomini lo stesso arbitro per tutte le controversie separatamente instaurate. Più dubbia è l'applicabilità della disposizione dell'art. 2378 c.c., a termini della quale la "trattazione della causa di merito ha inizio trascorso il termine stabilito nel comma 6° dell'art. 2377 c.c.".

6. Il "venir meno" della parte e la successione universale nel processo arbitrale.

Eventi che colpiscono le parti in causa, oppure passaggi di mano del bene oggetto della lite, possono determinare l'entrata di altre parti nel processo arbitrale.

L'art. 816-*sexies* c.p.c. regola le ipotesi in cui la parte (incluso, deve ritenersi, il rappresentante legale) del processo arbitrale venga meno per morte o per altra causa, senza imporre particolari formalità agli arbitri.

È stato giustamente notato che detta flessibilità permette agli arbitri di valutare caso per caso quando il contraddittorio debba essere ripristinato: ad esempio, in caso di fallimento, potranno decidere di andare avanti quando valutino che il fallito abbia interesse a proseguire nell'arbitrato (v. par. 8); oppure, in caso di morte della parte, potranno proseguire quando il difensore costituito manifesti la volontà di non sospendere il procedimento.

Il "venir meno" della parte, analogamente a quanto disposto dall'art. 110 c.p.c. (che può essere utilmente richiamato a questi fini) può verificarsi anche quando vi sia un sopravvenuto difetto di legittimazione processuale o di rappresentanza, o ancora in caso di successione universale di persone fisiche o giuridiche.

Non importano successione universale la fusione o l'incorporazione delle società, che attuano "l'unificazione mediante l'integrazione reciproca delle società partecipanti alla fusione, risolvendosi in una vicenda meramente evolutivo-modificativa dello stesso soggetto giuridico, che conserva la propria identità, pur in un nuovo assetto organizzativo" (Cass., 17 settembre 2010, n. 19698). Ancora, per quanto attiene alla scissione (anche parziale) e alla trasformazione, si è ritenuto che si verifichi una successione a titolo particolare *ex* art. 111 c.p.c. (Cass., 30 dicembre 2011 n. 30246; Cass., 9 febbraio 2011 n. 3180).

L'art. 816-*sexies* cit. stabilisce che, in questi casi, gli arbitri hanno l'obbligo di adottare i provvedimenti opportuni per garantire il contradditorio, ai fini della prosecuzione dell'arbitrato e possono a tal fine sospendere il procedimento.

In caso di morte della parte, occorrerà dunque che gli eredi, succeduti nella convenzione arbitrale (ed a condizione che lo siano) partecipino all'arbitrato: se questi si presentino spontaneamente, l'arbitrato può proseguire senza soluzione di continuità.

In caso contrario, gli arbitri inviteranno le parti, in particolare la parte che ha interesse alla prosecuzione, a chiamare i nuovi contraddittori nel processo; dati i tempi, potrà essere necessario sospendere il procedimento e, con esso, il termine per la pronuncia.

Qualora le parti non ottemperino all'invito, gli arbitri potranno rinunciare all'incarico, pronunciando ad un tempo l'estinzione del procedimento *ex* art. 819-*bis* c.p.c.

La norma non contempla il caso in cui l'evento colpisca la parte prima della costituzione dell'organo arbitrale: se la prosecuzione è possibile, perché la parte colpita ha già provveduto ai propri incombenti, gli arbitri, una volta costituiti, applicheranno l'art. 816-*sexies*: altrimenti l'avversario dovrà darsi cura di coinvolgere i nuovi legittimati nella nomina, o questi ultimi dovranno direttamente provvedere in tal senso.

La norma non parla del difensore e non regola perciò il caso in cui questi, ove presente, venga meno per morte o per cancellazione dall'albo degli avvocati: se si siano verificate queste circostanze, tuttavia, sarà comunque opportuno che gli arbitri diano modo alla parte di ripristinare la situazione *quo ante* attraverso la nomina di un nuovo difensore.

7. La successione a titolo particolare in pendenza della lite arbitrale.

Si ha successione a titolo particolare quando la *res litigiosa* sia trasferita con atto tra vivi, oppure, nel caso di successione *mortis causa*, quando sia oggetto di un legato.

In entrambi i casi, ai sensi dell'art. 816-*quinquies* c.p.c., opera l'art. 111 c.p.c.: dando per ammessa la rilevanza dell'atto di cessione nel processo, quest'ultimo prosegue tra le parti originarie, oppure fra la parte originaria e l'erede dell'altra, proprio in forza dell'applicabilità della norma citata al processo arbitrale.

Il terzo acquirente o il legatario, essendo titolari del diritto, potranno liberamente intervenire senza alcuna necessità di consenso degli altri, mentre l'estromissione del dante causa sarà possibile solo con l'accordo di tutti.

In ogni caso, il lodo avrà effetti anche nei confronti del successore.

Ad esempio, Caio conviene in arbitrato Tizio per sentir accertare la proprietà di un appartamento intestato a quest'ultimo; durante il processo arbitrale Tizio vende a Sempronio l'appartamento. Il processo prosegue fra Caio e Tizio; Sempronio può, se vuole, intervenire ed il lodo avrà efficacia, in ogni caso, anche nei confronti di quest'ultimo. Ritengo che Sempronio subentri non solo nella titolarità del diritto di proprietà ma anche nella titolarità delle correlative tutele giudiziarie, sia dal lato attivo, sia da quello passivo; pertanto, poiché Tizio, nel vincolarsi al patto compromissorio con Caio, ha sostituito la tutela giudiziale con quella arbitrale (divenendo pertanto la prima inoperativa, a favore della seconda), è in quest'ultima che Sempronio succede, sia dal lato attivo sia dal lato passivo.

Altro esempio: la società Alfa conviene in arbitrato la società Beta, per ottenere la condanna al pagamento del canone mensile, in adempimento di un contratto di noleggio di autovetture, contenente una convenzione arbitrale. La società Caia, durante il processo, cede alla società Delta il contratto di noleggio. La società Delta, nell'acquistare il contratto, succede nella clausola compromissoria ivi contenuta: potrà dunque intervenire, o essere chiamata in causa, oppure non partecipare in alcun modo ed in ogni caso il lodo pronunciato dagli arbitri avrà effetto anche nei suoi riguardi.

Occorre peraltro una opportuna precisazione.

Come si è già detto (cap. VII, par. 7), regola generale vuole che chi succeda del diritto succeda anche nella relativa convenzione arbitrale: ecco perché il successore a titolo particolare può sempre intervenire o essere chiamato nel processo.

Tuttavia, egli non potrà rimettere in discussione l'organo arbitrale già costituito, poiché la soluzione contraria andrebbe a danno della parte che subisce la successione e che l'art. 111 c.p.c. vuole tutelare. Va pertanto esclusa l'applicabilità dell'art. 816-*quater* c.p.c. (par. 3).

D'altro canto, il lodo ha effetto nei confronti del successore, anche non intervenuto, non perché questi sia vincolato al patto compromissorio, bensì perché oggetto dell'accertamento è il diritto di cui è titolare.

Si è detto che regola vuole che il cessionario della *res litigiosa* subentri nel patto arbitrale. Tuttavia, a parere di una certa corrente, la successione nel credito non importa successione nel vincolo arbitrale. Stando a questa impostazione, il processo proseguirebbe in ogni caso fra il cedente ed il ceduto, mentre, solo per effetto del richiamo all'art. 111 c.p.c., il cessionario dovrebbe poter intervenire anche in mancanza del consenso delle parti, in deroga alla regola generale dell'art. 816-*quinquies* c.p.c. (consenso che dovrà viceversa sussistere per l'eventuale estromissione del cedente). Ancor più problematica è la chiamata in causa, perché il richiamo all'art. 111 cit. comporterebbe l'obbligo per il terzo di assoggettarsi ad un arbitrato che non ha scelto: il che conferma che la corrispondenza fra successione nel diritto e successione nel patto arbitrale risponde meglio all'esigenza di tutela delle parti e del terzo.

La disciplina deve poi essere coordinata con le regole sulla trascrizione, come esplicitamente disposto dall'art. 2653 c.c. (cap. IX, par. 2): se il terzo trascrive l'acquisto prima della trascrizione della domanda di arbitrato, il lodo non gli sarà opponibile, benché questi abbia acquistato il bene dopo l'inizio della lite.

Ad esempio, Tizio notifica la domanda di arbitrato per la rivendica di un immobile nei confronti di Caio il 10 aprile. Caio vende l'immobile a Sempronio l'11 aprile e quest'ultimo trascrive l'atto di acquisto il 12 aprile, mentre Tizio trascrive la domanda di arbitrato, già notificata, solo il 13 aprile. In forza dell'ordine temporale delle trascrizioni, il lodo non sarà opponibile a Sempronio.

Nel caso di beni mobili, invece, vale l'art. 1153 c.c.: il terzo acquista validamente se possiede il bene in buona fede, al momento dell'instaurazione della lite, in applicazione della regola "il possesso vale titolo".

8. Il fallimento ad arbitrato pendente.

Si è già detto (cap. VII, par. 10) che il curatore fallimentare è vincolato alla convenzione arbitrale quando succede nel contratto non ancora eseguito, mentre, in tutti gli altri casi, rimane estraneo all'arbitrato, salva l'ipotesi delle c.d. azioni neutre (risoluzione, annullamento, ecc.).

Bisogna ora verificare quali siano le ricadute processuali nel caso in cui il fallimento sia dichiarato a processo arbitrale già pendente.

Pur partendo dall'assunto – a mio avviso corretto – che il curatore è titolare di una posizione autonoma rispetto a quella del fallito, occorre tenere conto dell'art. 43 l. fall., secondo cui, all'atto del fallimento, il processo davanti al giudice si interrompe e il curatore sta in giudizio al posto del fallito limitatamente ai "rapporti di diritto patrimoniale [...] compresi nel fallimento".

Poiché l'istituto dell'interruzione inerisce ad eventi incidenti sulla legittimazione processuale della parte, è ragionevole – benché non pacifico – affermare che il fallimento comporti il venir meno di questo fondamentale presupposto.

Va detto che l'assunto, pur trovando sostegno nella l. fall., non è facilmente adattabile all'idea che il fallito conservi la legittimazione con riguardo ai propri beni, al fine di ottenere una decisione non opponibile al curatore, ma pur sempre valida in caso di ritorno *in bonis*. La giurisprudenza tenta di risolvere l'aporia dando, in modo francamente discutibile, agli organi fallimentari il potere di valutare se il fallito abbia interesse a proseguire (v. per es. Cass., 20 marzo 2012, n. 4448), o attribuendo al fallito una "legittimazione suppletiva" (v. per es. Cass., 11 ottobre 2012, n. 17367), o ancora parlando di "legittimazione relativa", cioè rilevabile solo dalla massa (Cass., 4 marzo 2011, n. 5226).

È, dunque, coerente ritenere che anche nell'arbitrato il fallito perda la legittimazione (e non la capacità) processuale, limitatamente ai rapporti patrimoniali oggetto della procedura concorsuale; egli, pur conservando l'idoneità astratta a stare in giudizio, viene privato dei relativi poteri.

Tutto sta nel capire se si applichi direttamente l'art. 43, comma 3°, l. fall., con conseguente interruzione obbligatoria, oppure, come ritengo preferibile, l'art. 816-*sexies* c.p.c. che, con il generico riferimento al "venir meno" della parte, è in grado di ricomprendere anche il caso *de quo*.

L'applicazione dell'art. 816-*sexies* cit. ha il notevole vantaggio di una maggiore flessibilità sui provvedimenti da adottare.

Infatti, gli arbitri potranno valutare, in primo luogo, se l'arbitrato abbia ad oggetto rapporti per i quali il curatore sta obbligatoriamente in giudizio *ex* art. 43 l. fall.

In caso negativo, l'arbitrato potrà tranquillamente proseguire.

In caso positivo, gli arbitri dovranno predisporre le misure idonee al ripristino del contraddittorio, invitando le parti a chiamare, o chiamando essi stessi il curatore, che potrebbe anche costituirsi spontaneamente.

Se del caso potranno sospendere il procedimento, ottenendo così anche la sospensione del termine per la pronuncia (art. 820 c.p.c.).

Quanto alla posizione del curatore, tutto dipenderà dall'operatività o meno del vincolo arbitrale nei suoi riguardi.

Nei casi in cui egli sia subentrato nel contratto di cui si discute, o quando la lite abbia ad oggetto azioni di impugnativa del contratto *ex* art. 73 l. fall., egli sarà comunque soggetto agli effetti del lodo, anche quando decida di non partecipare.

Negli altri casi, nulla toglie che il curatore sia notiziato del processo arbitrale pendente, ma non lo si potrà forzare a parteciparvi, a meno che non intervenga ai sensi e nei limiti dell'art. 816-*quinquies* c.p.c.

Pertanto, quando l'oggetto della lite rientra nei rapporti patrimoniali compresi nel fallimento ed al curatore non è opponibile la convenzione arbitrale, l'arbitrato non può più essere proseguito: in questo modo va interpretato, a mio avviso, l'art. 83-*bis* l. fall., che riguarda un tipico caso di inopponibilità della clausola arbitrale, cioè lo scioglimento del contratto non ancora eseguito (cap. VII, par. 10).

La norma, infatti, stabilisce che "Se il contratto in cui è contenuta una clausola compromissoria è sciolto a norma delle disposizioni della presente sezione, il procedimento arbitrale pendente non può essere proseguito". Dubbio è se l'improseguibilità possa essere rilevata d'ufficio o solo *ex parte* (nel processo statuale, la giurisprudenza ritiene che l'eccezione possa essere sollevata solo dal curatore, v. *supra*): non può però, a mio avviso, farsi leva sull'art. 817 c.p.c., perché, come ho detto, l'inopponibilità al curatore non importa estinzione sopravvenuta del patto arbitrale.

Infine, se nel giudizio arbitrale si contrappongano domande di dare-avere, soltanto quella sul debito della massa è attratta alla procedura fallimentare, mentre l'altra può proseguire nei casi sopra visti: benché si sia sostenuto che l'intera controversia debba spostarsi in sede fallimentare, ritengo che l'art. 819-*ter* legittimi la soluzione opposta, per cui i due procedimenti andranno avanti paralleli (di arbitrato per l'attivo della massa e di ammissione dei crediti per il passivo).

Ove il credito sia posto in via di compensazione varrà comunque la disciplina dell'art. 56 l. fall.

Capitolo XIV
PLURALITÀ DI DOMANDE E QUESTIONI PREGIUDIZIALI

1. Il cumulo originario di domande fra le stesse parti nel medesimo processo arbitrale.

Accade spesso che la parte intenda proporre, nei riguardi dell'avversario, una pluralità di domande, corrispondenti ad una pluralità di diritti.

Il cumulo originario, cioè la proposizione di tutte le domande nello stesso atto iniziale è possibile nei seguenti casi.

a) Quando la medesima convenzione arbitrale sia in grado di coprire tutti i diritti controversi, l'attore può liberamente inserire le proprie richieste nell'unica domanda di arbitrato, a prescindere dal fatto che siano connesse o meno.

Se invece l'attore propone una nuova domanda, compresa nel patto arbitrale, dopo l'inizio del procedimento, si è già detto che, non vigendo in arbitrato le preclusioni tipiche del processo civile, è necessario, anche in mancanza di eccezione di parte, che gli arbitri assicurino il contraddittorio e si preoccupino di valutarne la compatibilità con il termine per la pronuncia del lodo.

b) Quando alcune soltanto delle domande riguardino diritti compresi nella convenzione arbitrale, il convenuto deve sollevare l'eccezione nel corso del processo arbitrale, ai sensi dell'art. art. 817, comma 3°. In caso negativo gli arbitri possono decidere sulla domanda esuberante.

Ad esempio, Tizio e Caio hanno stipulato un contratto di locazione contenente una clausola compromissoria: sorta la lite sulla restituzione dell'immobile, Tizio inizia un arbitrato nel quale chiede a Caio anche la restituzione di una somma prestatagli per l'acquisto di alcuni strumenti di lavoro; poiché la seconda domanda fuoriesce dal patto arbitrale, Caio deve eccepire la circostanza nel processo; in difetto, gli arbitri potranno pronunciarsi anche sulla domanda relativa alla somma da restituire.

La disposizione non prevede che l'eccezione debba essere sollevata entro un preciso momento, bastando il rilievo nel corso del procedimento.

Né può argomentarsi in contrario sulla base dell'art. 829, comma 2°, c.p.c., che stabilisce che le nullità relative allo svolgimento del procedimento debbono essere sollevate nella prima difesa successiva alla violazione, perché è norma generale sulla quale prevale la *lex specialis*.

c) Infine può darsi che la pluralità di domande sorga da una pluralità di rapporti giuridici, tutti od alcuni soltanto assistiti da convenzione arbitrale.

Il tipico caso è quello del collegamento contrattuale volontario, quando cioè più contratti, diretti a realizzare un'unica complessa operazione economica, contengano ciascuno una convenzione arbitrale: per la soluzione si rinvia al cap. VII, par. 3.

2. La riunione di procedimenti arbitrali iniziati separatamente fra le stesse parti.

Una volta iniziati più procedimenti arbitrali fra le stesse parti, potrebbe essere assai vantaggioso riunirli, specie quando la connessione renda raccomandabile una soluzione armonica (si pensi al caso della pregiudizialità, sui cui *infra*).

L'instaurazione di una pluralità di arbitrati separati può dipendere dal fatto che ciascun rapporto litigioso è assistito da una diversa convenzione arbitrale; tuttavia, non è da escludere che anche a fronte di una convenzione arbitrale unitaria, la parte instauri più procedimenti arbitrali, magari in successione fra loro.

Ad esempio, nello statuto di una società c'è una clausola arbitrale. Il socio Tizio impugna una deliberazione assembleare di aumento del capitale iniziando il relativo procedimento arbitrale; successivamente, a seguito di ulteriore delibera di aumento del capitale, impugna anche quest'ultima con altra e diversa domanda d'arbitrato.

Se vi è accordo delle parti e degli arbitri, la riunione sarà senz'altro possibile; questo presupporrà, di regola, che gli arbitri siano i medesimi in tutti i procedimenti.

In mancanza di accordo, questi non possono ordinare d'ufficio la riunione in un unico procedimento, come viceversa può disporre il giudice: la volontà delle parti è sovrana.

Si tratta di un limite notevole, che può essere superato attraverso il richiamo di regolamenti arbitrali che prevedano questa possibilità.

Va menzionato l'art. 22 delle regole (nella versione 2014) *Lcia*; in particolare è previsto che il tribunale arbitrale, con l'approvazione dell'ente, possa riunire più arbitrati, purché tutti assoggettati al regolamento, sia quando essi siano iniziati a seguito della medesima convenzione arbitrale, sia quando derivino da una pluralità di convenzioni arbitrali compatibili, fra le stesse parti; ciò è possibile, peraltro, se il tribunale arbitrale relativo all'arbitrato da riunire non sia ancora stato nominato, oppure, in caso di nomina, se siano stati designati gli stessi arbitri. A fianco dei menzionati poteri arbitrali, la stessa *Lcia* si riserva il potere di riunire più arbitrati iniziati dalla stessa convenzione arbitrale e fra le stesse parti. In questo caso occorre che nessuno degli arbitri sia ancora stato nominato.

Il regolamento *Icc* (art. 10) contiene una diversa disciplina: "Su istanza di parte la Corte può riunire in un unico arbitrato due o più arbitrati pendenti ai sensi del Regolamento se: *a*) le parti hanno acconsentito alla riunione; o *b*) tutte le domande formulate negli arbitrati si basano sulla medesima convenzione arbitrale; o *c*) nel caso in cui le domande formulate negli arbitrati si basino su più di una convenzione arbitrale, gli arbitrati siano tra le stesse parti, le controversie dedotte in arbitrato riguardino lo stesso rapporto giuridico e la Corte consideri le convenzioni arbitrali compatibili". L'ente, nel decidere, tiene conto di "ogni circostanza che consideri rilevante, compreso il fatto che uno o più arbitri siano stati confermati o nominati in più di un arbitrato e, in caso affermativo, se gli stessi o altri arbitri siano stati confermati o nominati". Non è dunque imposto il requisito della completa identità dei collegi arbitrali. Si prevede opportunamente che "in caso di riunione, gli arbitrati sono riuniti nell'arbitrato iniziato per primo, salvo diverso accordo delle parti".

Alcuni ordinamenti stranieri, a differenza di quello italiano, disciplinano questa eventualità.

La legge olandese sull'arbitrato, non ancora entrata in vigore al tempo in cui si scrive, all'art. 1046, stabilisce che la riunione può essere disposta o da una autorità terza designata dalle parti *ad hoc*, oppure, in mancanza, dal giudice statuale, che può decidere di trattare insieme due procedimenti pendenti con sede in Olanda. È interessante notare come, in caso di riunione, le parti debbano accordarsi per la nomina del/degli arbitri e per le regole di procedura da seguire; in difetto, penserà direttamente il giudice a determinare il tutto, mentre gli arbitri nominati nei singoli procedimenti termineranno il loro mandato.

Esterna ai casi che sto esaminando è l'ipotesi, patologica, in cui più arbitrati siano instaurati sullo stesso oggetto, si verifichi cioè una "litispendenza arbitrale". Poiché l'art. 39 c.p.c. non sembra richiamabile, la riunione potrà essere disposta solo in caso di identità dell'organo arbitrale, mentre, in caso contrario, uno dei due organi potrebbe rinunciare all'incarico; altrimenti, a meno che non sia possibile sospendere (par. 11), non resterà che risolvere la questione in base alle regole sul contrasto materiale fra decisioni (cap. XVI, par. 7).

3. La pregiudizialità costituzionale.

Prima della riforma del 2006, la dottrina e la giurisprudenza avevano lungamente discusso sulla possibilità per gli arbitri di sollevare la questione di costituzionalità di una norma.

La Corte costituzionale, con sentenza del 28 novembre 2001, n. 376, aveva risposto positivamente, affermando che gli arbitri, pur essendo giudici privati, svolgono un'attività di giudizio e perciò, dal punto di vista funzionale, soddisfano i requisiti per il rinvio pregiudiziale.

La novella del 2006 ha confermato questa soluzione all'art. 819-*bis* c.p.c., che riconosce agli arbitri la possibilità di rinviare alla Corte costituzionale, quando la questione di legittimità sia ritenuta rilevante e non manifestamente inammissibile o infondata.

In tal caso gli arbitri dovranno sospendere, con ordinanza motivata, il processo davanti a loro per tutta la durata del giudizio davanti alla Corte costituzionale.

Il processo sarà ripreso soltanto se la parte interessata depositi istanza di prosecuzione entro il termine fissato dagli arbitri, o entro un anno dalla cessazione della causa di sospensione.

Occorrerà avere riguardo alla data di trasmissione all'arbitro della sentenza della Corte costituzionale *ex* art. 29, l. n. 87 del 1953.

In caso contrario, il processo si estingue.

L'ordinanza di sospensione non è impugnabile, ma revocabile ai sensi dell'art. 816-*bis* c.p.c.

4. La pregiudiziale europea.

Gli arbitri possono rivolgersi alla Corte di giustizia dell'Unione europea per ottenere l'interpretazione di una norma del trattato e degli atti derivati?

La Corte, con un orientamento assai criticabile (specie a seguito della modifica della l. n. 117 del 1988: cap. VIII, par. 15), ha escluso questa possibilità, motivando il proprio diniego sulla base di una prospettiva non funzionale ma strutturale.

Si afferma, cioè, che gli arbitri non sono inquadrabili come autorità giudiziarie, in quanto difettano dei requisiti propri di queste ultime, fra i quali l'obbligatorietà e il legame con lo Stato membro.

Nel caso *Denuit* (27 gennaio 2005, C-125/04), la Corte di giustizia afferma espressamente che "per valutare se l'organo remittente possegga le caratteristiche di un giudice di uno Stato membro ai sensi dell'art. 234 CE, la Corte tiene conto di un insieme di elementi quale l'origine legale dell'organo, il suo carattere permanente, l'obbligatorietà della sua giurisdizione, la natura contraddittoria del procedimento, il fatto che l'organo applichi norme giuridiche e che sia indipendente" e che "un tribunale arbitrale convenzionale non costituisce una giurisdizione di uno Stato membro ai sensi dell'art. 234 CE perché per le parti contraenti non vi è alcun obbligo, né di diritto né di fatto, di affidare la soluzione delle proprie liti a un arbitrato e perché le autorità pubbliche dello Stato membro interessato non sono implicate nella scelta della via dell'arbitrato né sono chiamate a intervenire d'ufficio nello svolgimento del procedimento dinanzi all'arbitro". In precedenza, analoga soluzione era stata data dalla Corte di giustizia Ue 23 marzo 1982, nel caso *Nordsee* (C-102/81).

Pertanto, se l'arbitro ritenga che la norma italiana contrasti con quella europea ha l'obbligo di disapplicarla, ma non può rivolgersi alla Corte di giustizia per ottenerne la corretta interpretazione.

Sarà però possibile effettuare il rinvio pregiudiziale da parte della Corte d'appello, in sede di impugnazione del lodo.

5. La pregiudizialità penale.

Può darsi che nel giudizio arbitrale vengano in rilievo fatti di rilevanza penale: in questo caso, non vi è nessun obbligo per gli arbitri di sospendere il processo, potendo essi conoscerne ai fini della tutela del diritto soggettivo leso.

Ad esempio, nel caso in cui sia chiesto agli arbitri il risarcimento dei danni derivanti da un incidente stradale, oggetto di processo penale per il reato di lesione colposa, gli arbitri possono valutare autonomamente i suddetti fatti ai fini della responsabilità civile del danneggiante, finanche giungendo a conclusioni difformi da quelle del giudice penale: il che è possibile, dato che reato ed illecito civile sugli stessi fatti rispondono a requisiti oggettivi e soggettivi differenti.

La soluzione è in linea con quella adottata per il giudice civile: questi, infatti, non è costretto a sospendere il giudizio, in attesa della definizione del processo penale.

L'art. 819-*bis* c.p.c, nel richiamare l'art. 75 c.p.p., prevede due eccezioni, nelle quali gli arbitri sono tenuti a sospendere il procedimento davanti a loro, in attesa della definizione del processo penale:

a) quando sia proposta un'azione civile per la restituzione e il risarcimento dei danni da reato in sede penale e successivamente sia iniziato un arbitrato sullo stesso diritto.

Ad esempio, davanti al giudice penale è radicato un processo per lesioni colpose derivante da incidente stradale; le parti offese decidono di proporre in sede penale l'azione civile per il risarcimento dei danni, ma, successivamente, promuovono un arbitrato con il medesimo oggetto. In tal caso gli arbitri dovranno sospendere sino a quando non vi sia la conclusione di quello penale.

b) Quando sia già stata pronunciata sentenza penale di primo grado, all'atto dell'instaurazione dell'arbitrato sul diritto alle restituzioni e al risarcimento dei danni da reato. In tal caso è necessario attendere il passaggio in giudicato della sentenza emessa in sede penale.

Vale la stessa disciplina già vista per la pregiudizialità costituzionale, quanto alla forma del provvedimento di sospensione e alla riassunzione del giudizio.

6. Le questioni pregiudiziali di rito.

L'arbitro può trovarsi a dover affrontare, nel corso del suo giudizio, questioni che riguardano la regolarità e la validità del processo arbitrale e che vanno risolte affinché quest'ultimo sia in grado di portare ad una decisione nel merito.

Ad esempio, si può trattare della – frequente – questione di legittimazione degli arbitri a giudicare, derivante dalla sussistenza di una convenzione arbitrale valida ed efficace: si è già visto (cap. I), infatti, che la *potestas iudicandi* è questione di rito e non di merito, pur fondandosi sulla pregiudiziale valutazione circa l'esistenza di un contratto quale è la convenzione arbitrale.

Altro esempio può consistere nella necessità di accertare la legittimazione processuale di una parte, oppure la sussistenza di una o più condizioni dell'azione (legittimazione o interesse ad agire).

Si suole ritenere che le questioni di rito siano rilevabili anche d'ufficio, a meno che la legge non disponga il contrario (come, ad esempio, accade per l'eccezione di invalidità della convenzione arbitrale, *ex* art. 817 c.p.c.).

Tuttavia, ai sensi dell'art. 829 c.p.c., se la parte non rileva una nullità del procedimento arbitrale, che potrebbe fondare l'invalidità del lodo, entro la prima difesa successiva al ricorrere del vizio, non può più impugnare il lodo per questo motivo: sicché, ove l'arbitro non rilevi il vizio e la parte non l'eccepisca, il lodo non sarà impugnabile. Più dubbio è se la norma citata escluda *in toto* il potere dell'arbitro di rilevare d'ufficio la nullità processuale: non mi sembra che una netta deroga emerga chiaramente; pertanto, almeno nei casi in cui sia riconosciuto il potere dell'arbitro di eccepire d'ufficio il vizio, il rilievo solleva la parte dall'onere dell'eccezione.

Si è già detto che l'ordinanza è lo strumento per risolvere tutte le questioni che si presentano nel corso del giudizio: essa è revocabile e modificabile, non vincolante né impugnabile.

Quando, però, la soluzione della questione pregiudiziale di rito sia suscettibile di definire la lite, cioè di terminare il processo davanti all'arbitro (c.d. pregiudiziale impediente), questi ha due alternative.

a) Può rimettere subito in decisione la questione pregiudiziale di rito, prima di proseguire nella trattazione, utilizzando la forma del lodo, con due possibili esiti.

Se decida per la fondatezza della questione, il lodo, definitivo, chiuderà in rito l'intera vertenza davanti a lui.

Ad esempio, la questione circa la legittimazione ad agire di una parte in arbitrato è in grado potenzialmente di definire la lite perché, se Tizio fosse riconosciuto come non legittimato ad agire, in quanto non titolare del diritto affermato, gli arbitri dovrebbero pronunciare un lodo di *absolutio ab instantia*, prendendo atto dell'impossibilità di una decisione del merito per difetto di una condizione indispensabile per l'esercizio dell'azione arbitrale. Ove riconoscano la mancanza della legittimazione ad agire, dunque, il lodo sarà definitivo e chiuderà l'intera materia del contendere davanti a loro.

Se, invece, ritenga la questione non fondata, emetterà un lodo non definitivo (su "questioni", come si dirà oltre), rimettendo con ordinanza per il prosieguo del procedimento davanti a lui.

Ad esempio, l'arbitro ritiene che Tizio sia legittimato ad agire; il lodo sarà non definitivo e tuttavia, a differenza dell'ordinanza, non revocabile o modificabile e potrà essere accoppiato ad una ordinanza con la quale l'arbitro dispone i provvedimenti più opportuni per la prosecuzione del giudizio arbitrale (ad esempio fissa un'ulteriore udienza o ammette mezzi istruttori).

In entrambi i casi, l'arbitro non potrà più tornare sulla questione.

b) Può invece decidere di rinviare la soluzione della questione pregiudiziale impediente all'esito del processo arbitrale, continuando nella trattazione della causa.

La decisione della questione pregiudiziale avverrà insieme al merito: il lodo definitivo sarà di rito o di merito, a seconda della sua fondatezza o meno.

Ad esempio, alla prima udienza Caio eccepisce che Tizio non ha la legittimazione ad agire; l'arbitro decide di ignorare, per ora, la questione (ritenendola con ogni probabilità infondata) e di rimandare la sua decisione alla fine del procedimento, con il lodo finale. In quella sede, se riterrà che il difetto vi sia, pronuncerà un lodo definitivo di *absolutio ab instantia*, cioè un lodo con il quale dichiara di essere impossibilitato a decidere nel merito per difetto di una condizione dell'azione; se invece riterrà che il difetto non vi sia, deciderà la lite nel merito, sempre con lodo definitivo.

Su quale base l'arbitro effettua la scelta se rimettere subito in decisione la questione pregiudiziale impediente, oppure rinviarla all'esito del processo arbitrale?

Compierà una valutazione *prima facie*, non vincolante ed informale, circa la probabile fondatezza o infondatezza della questione.

Solo se ritenga che sussistano buone probabilità di accoglimento, l'arbitro rimetterà subito in decisione, per evitare il rischio di svolgere un'ulteriore attività processuale inutile; se invece ritenga la questione probabilmente infondata, la decisione più ragionevole sarà quella di rinviare all'esito del processo, per decidere tutto in una volta sola.

L'arbitro potrà anticipare le predette riflessioni con lo strumento, già visto, dell'ordinanza.

Per esempio, in prima udienza la parte eccepisce l'invalidità della convenzione arbitrale. È opportuno che l'arbitro valuti subito l'eccezione, per decidere se continuare con il procedimento o decidere immediatamente sulla questione pregiudiziale. Propenderà per la prima decisione se ritenga la questione verosimilmente infondata: potrà dichiarare la sua intenzione di proseguire con il procedimento arbitrale, con ordinanza pronunciata *in limine litis*, rinviando al lodo definitivo ogni più approfondita valutazione. L'ordinanza non è vincolante, né per le parti né per l'arbitro, che potrà sempre cambiare idea, ritenendo, in sede di lodo definitivo, *re melius perpensa*, che la convenzione arbitrale sia viceversa invalida (nel qual caso, peraltro, l'istruttoria svolta sarà stata inutile).

Per una breve guida sui tipi di provvedimenti da adottare ogniqualvolta gli arbitri debbano pronunciarsi su domande o su questioni v. cap. XV, par. 11.

7. Le questioni preliminari e pregiudiziali di merito.

Le questioni di merito riguardano il diritto soggettivo sostanziale dedotto in lite e l'arbitro deve necessariamente pronunciarsi su di esse per giungere alla decisione di merito: si tratta di fatti costitutivi, impeditivi, estintivi e modificativi, che incidono sull'esistenza o il modo d'essere del diritto controverso.

Esse vanno tenute ben distinte dalle domande, che determinano l'oggetto del processo attraverso l'individuazione dei diritti soggettivi controversi.

Ad esempio, se Tizio chiede il prezzo di una compravendita e Caio eccepisce che il diritto si è prescritto, oggetto del processo arbitrale è il diritto al prezzo; la prescrizione, potenziale fatto estintivo del diritto, è questione preliminare di merito.

Di regola, per ogni domanda vengono in rilievo più questioni.

Quanto sin qui detto presuppone che, a differenza della domanda, non sia possibile avviare un processo sull'accertamento di una mera questione (benché l'assunto sia discusso, in arbitrato, a differenza del processo ordinario). Ad esempio, non è possibile chiedere all'arbitro di accertare la prescrizione di un diritto al pagamento di un prezzo, quale fatto estintivo di quest'ultimo, perché il processo non avrebbe ad oggetto alcun diritto soggettivo; è possibile invece domandare l'accertamento – anche negativo – del diritto al prezzo, nell'ambito del quale dedurre la questione di prescrizione.

La categoria delle questioni di merito è composita, ove venga vista dalla prospettiva processuale.

Il processo, infatti, attraverso i criteri di individuazione delle azioni e delle eccezioni, è in grado di scomporre i diritti, mettendo in luce le reciproche interrelazioni, nonché la loro struttura interna.

Utile è a questo proposito l'inquadramento del diritto soggettivo come "fattispecie-effetto": la fattispecie è l'insieme degli elementi, giuridicamente qualificati, che dà luogo all'effetto giuridico.

Questi elementi possono consistere in meri fatti, oppure in veri e propri effetti giuridici che compongono la fattispecie di un altro diritto (c.d. fatti-diritti).

Ad esempio, secondo l'interpretazione che ritengo preferibile (v. subito appresso), il diritto al prezzo si scompone in sub-elementi, fra i quali è presente, come fatto costitutivo, il fatto-diritto relativo al corrispettivo obbligo di consegna. Così, il diritto al prezzo sussiste solo se sussiste l'obbligo sinallagmatico della consegna.

È possibile quindi distinguere le questioni di merito in due categorie:

a) le questioni che non possono essere oggetto di una causa autonoma (da molti definite come questioni preliminari di merito) o meri fatti;

b) le questioni che possono essere oggetto di una causa autonoma (da molti definite come questioni pregiudiziali di merito) o fatti-diritti.

Corre l'obbligo di premettere che non adotto la distinzione, accolta da una parte della dottrina e della giurisprudenza, fra pregiudizialità in senso logico e pregiudizialità in senso tecnico. In particolare, nella prima categoria rientrerebbero ipotesi peculiari di pregiudizialità, cioè la relazione fra un dato effetto giuridico e il rapporto giuridico complesso a cui detto effetto appartiene; mentre alla pregiudizialità in senso tecnico, apparterrebbero tutti i casi in cui un distinto effetto giuridico sia contenuto nella fattispecie di un altro diritto. Ad esempio, il contratto di compravendita darebbe luogo ad un complesso rapporto giuridico: sicché, dedotto il diritto all'adempimento, oggetto della lite sarebbe l'intero rapporto contrattuale e la sua validità non si atteggerebbe dunque a fatto-diritto distinto bensì costituirebbe oggetto diretto del giudizio, con la conseguenza che su di essa cadrebbe il giudicato. Senza poter qui spiegare le ragioni (che richiederebbero ben altra trattazione), preferisco affrontare il complesso problema attraverso un'analisi strutturale della fattispecie: pertanto, l'oggetto del processo è soltanto il diritto all'adempimento e non l'intero rapporto giuridico, mentre ogni altro fatto-diritto che vi incida (ad esempio l'annullamento) è in relazione di pregiudizialità (tecnica, per chi accolga la predetta distinzione), alla quale si applica l'art. 34 c.p.c. nel processo civile e l'art. 819 c.p.c. nell'arbitrato, allo stesso modo di tutti gli altri fatti-diritti pregiudiziali; ancora, dedotta l'obbligazione al prezzo, l'obbligazione alla consegna non è parte del rapporto giuridico complesso oggetto della lite, bensì è, ancora una volta, un fatto-diritto autonomo che si pone in relazione di reciproca dipendenza tecnica (cioè reciproca continenza di fattispecie). Per un'impostazione radicalmente diversa sono, ora, le sezioni unite della Cassazione 12 dicembre 2014, n. 26242 e n. 26243, sul rilievo della nullità contrattuale e sui limiti oggettivi del relativo giudicato (favorevoli ad un più ampio ambito oggettivo del giudicato, anche a fini di economia processuale, argomento che, peraltro, non può trovare pari applicazione nell'arbitrato).

Converrà trattarle separatamente nei due paragrafi che seguono, rinviando al cap. XV, par. 11, per una sintesi sui provvedimenti che gli arbitri debbono adottare.

8. *Segue*: Le questioni di merito che non possono essere oggetto di causa autonoma.

L'arbitro deve pronunciarsi sulle questioni preliminari di merito, in base all'art. 112 c.p.c., applicabile anche in arbitrato.

Il giudicato, peraltro, avrà come oggetto unicamente il diritto fatto valere; la questione preliminare di merito sarà conosciuta, in via strumentale, solo ai fini di accertare positivamente o negativamente il suddetto diritto.

Ad esempio, l'arbitro decide che il prezzo non è dovuto perché si è prescritto: l'accertamento incontrovertibile cade sul diritto al prezzo e non sulla questione della prescrizione, che è meramente strumentale alla decisione sul diritto.

Il meccanismo di rimessione in decisione della questione preliminare di merito è analogo a quello già visto con riguardo alla questione pregiudiziale di rito.

Quando l'arbitro constata che la questione è in grado di definire autonomamente il giudizio, può decidere di rimetterla immediatamente in decisione, senza attendere la conclusione del processo arbitrale; oppure può rimandare la decisione all'esito del processo.

Ad esempio, nel caso indicato sopra, la questione di prescrizione è astrattamente in grado di definire la vertenza comportando, se fondata, il rigetto della domanda al pagamento del prezzo. A seguito di valutazione informale *prima facie*, l'arbitro ritiene la questione probabilmente fondata e decide quindi di rimettere subito in decisione, senza attendere la fine dell'istruttoria.

Se decide di rimettere subito in decisione, l'esito dipenderà dalla fondatezza o meno della questione. Il lodo che, nel decidere la questione preliminare, definisce l'intera vertenza accertando – positivamente o negativamente – il diritto sarà definitivo; in caso contrario, il lodo sarà non definitivo (come si dirà oltre, su "questioni").

Ad esempio, nel caso indicato sopra, l'arbitro decide di rimettere subito in decisione la questione sulla prescrizione eccepita da Caio e con il lodo accerta che la prescrizione non è maturata: questo provvedimento non contiene l'accertamento circa il credito, che deve essere ancora oggetto di ulteriori indagini (inadempimento, ecc.). Eccezionalmente, si tratta di un lodo, non definitivo, che non contiene l'accertamento di un bene della vita, bensì la decisione su una mera questione preliminare di merito. Se invece l'arbitro decide che la prescrizione è maturata, accerta che il credito non sussiste ed il lodo sarà definitivo.

9. *Segue*: Le questioni di merito che possono essere oggetto di causa autonoma.

Le questioni pregiudiziali che possono essere oggetto di causa autonoma sono in grado di accordare, se considerate autonomamente, un "bene della vita".

Sono le questioni che una dottrina ha opportunamente qualificato come fatti-diritti: fatti rilevanti per la controversia su un dato diritto, che a loro volta costituiscono un altro diritto soggettivo, oggetto di un possibile giudizio separato.

Ad esempio, Tizio chiede gli interessi del prezzo di una compravendita; Sempronio deduce che gli interessi non sono dovuti, perché non è dovuto neppure il capitale (che è, a mio parere, domanda diversa), sollevando così un fatto-diritto impeditivo; la questione riguardante il capitale potrebbe fondare una causa separata, perché accorda un autonomo bene della vita: Tizio, cioè, potrebbe chiedere il capitale in un altro e diverso giudizio.

Anche per i fatti-diritti l'arbitro deve necessariamente pronunciarsi sulla questione pregiudiziale.

Va precisato che, nell'impostazione che ho deciso di adottare, non vi è alcuna differenza a seconda che il fatto-diritto sia di titolarità attiva o passiva delle stesse parti, oppure di parti differenti: in caso di differenza soggettiva, tuttavia, la questione è più complessa, perché viene in gioco il diritto di difesa del terzo coinvolto. Ad esempio, la banca Tizia stipula con Caio un contratto di fideiussione per garantire il debito del figlio di quest'ultimo, Sempronio. Sorge controversia circa la debenza della garanzia e l'arbitro deve decidere pregiudizialmente sulla sussistenza del debito fra Tizia e Sempronio, senza il quale non sussisterebbe neppure l'obbligo fideiussorio di Caio.

Tuttavia, vi è una complicazione in più.

Occorre chiedersi se sulla questione pregiudiziale l'arbitro decida con efficacia di giudicato (si dice anche in via di "accertamento incidentale"), cioè con vincolo in giudizi futuri aventi ad oggetto il fatto-diritto o diritti da esso dipendenti; oppure se giudichi la questione ai soli fini del diritto fatto valere in quel processo (si dice anche in via di cognizione meramente incidentale o *incidenter tantum*), con la conseguenza che il fatto-diritto sarà di nuovo valutabile in futuri giudizi, ad altri fini.

Ad esempio, nella lite sugli interessi, l'arbitro decide che essi non sono dovuti, perché non è dovuto il capitale. Successivamente, Tizio instaura un altro processo arbitrale per sentire dichiarare l'accertamento del suo diritto al prezzo-capitale; l'arbitro può pronunciarsi su questa domanda, oppure è vincolato alla pronuncia sul capitale già resa in sede di interessi?

La risposta sta nell'art. 819 c.p.c. (speculare, ma non identico, all'art. 34 c.p.c., nel processo di cognizione ordinario).

Al fine di interpretarlo correttamente occorre tenere conto che, per espressa disposizione dell'art. 819-*ter* c.p.c., in arbitrato non opera l'istituto della sospensione obbligatoria del procedimento, quando davanti ad altro giudice penda una causa pregiudiziale rispetto alla decisione della lite (art. 295 c.p.c.).

Ne consegue che l'eventuale sussistenza di una lite pregiudiziale davanti al giudice statuale non influisce sulla disciplina che andrò subito ad esaminare, al di fuori del caso previsto dall'art. 819-*bis*, n. 2, c.p.c., di cui si dirà a breve.

Inoltre, occorre considerare che, in arbitrato, vi sono problemi che non si presentano al giudice statuale, perché le questioni pregiudiziali potrebbero non essere arbitrabili, oppure potrebbero non essere comprese nella convenzione arbitrale.

Ciò posto, il fatto-diritto può emergere nel processo o in via di eccezione (rilevabile *ex parte* o anche d'ufficio a seconda dei casi), o per effetto di una vera e propria domanda (ad esempio una domanda riconvenzionale del convenuto).

Ad esempio, in un processo arbitrale avente ad oggetto l'adempimento di un contratto, il convenuto eccepisce l'annullabilità di quest'ultimo: il fatto-diritto è oggetto di un'eccezione e rileva soltanto come fatto impeditivo del diritto all'adempimento.

Diversamente, il convenuto propone domanda riconvenzionale con la quale chiede la declaratoria di annullamento: il fatto-diritto, essendo oggetto di apposita domanda, rileva ora come diritto, a sua volta impediente l'adempimento; l'ambito oggettivo del processo si allarga, a differenza del primo esempio.

Volendo schematizzare le diverse ipotesi, si danno i seguenti casi.

a) Fatti-diritti compromettibili che non siano oggetto di domanda, ma di eccezione. Gli arbitri ne conoscono *incidenter tantum*, ai soli fini del diritto soggettivo controverso. Il fatto-diritto potrà essere rideciso in altri processi senza alcun vincolo.

La medesima regola si applica sia che la questione pregiudiziale rientri sia che fuoriesca dalla convenzione arbitrale.

Ad esempio, Tizio chiede agli arbitri gli interessi, derivanti da un prezzo di una compravendita; Sempronio eccepisce che questi non sono dovuti perché non è dovuto nemmeno il capitale. L'arbitro decide in quest'ultimo senso. Successivamente, Tizio instaura un altro processo arbitrale per sentire dichiarare l'accertamento del suo diritto al prezzo-capitale; l'arbitro può liberamente decidere sul capitale senza essere vincolato dal precedente lodo sugli interessi.

b) Fatti-diritti compromettibili che siano oggetto di domanda. Quando il fatto-diritto è oggetto di espressa domanda di una delle parti, gli arbitri pronunciano con effetto di giudicato, cioè con accertamento incontrovertibile anche in futuri processi.

Nell'esempio appena fatto, Sempronio rileva che gli interessi non sono dovuti perché non è dovuto nemmeno il capitale e formula apposita domanda riconvenzionale per sentire accertare l'inesistenza del diritto al capitale, oltre a chiedere il rigetto della domanda sugli interessi. L'arbitro decide per l'insussistenza del capitale e degli interessi. Successivamente, Tizio instaura un altro processo arbitrale per sentire dichiarare l'accertamento del suo diritto al prezzo-capitale; l'arbitro è vincolato dal precedente lodo che ha deciso con efficacia di giudicato sia sugli interessi sia sul capitale.

Questa regola vale senz'altro quando la questione sia compresa nella convenzione arbitrale.

In caso contrario, occorre che vi sia il consenso dell'altra parte, affinché gli arbitri possano decidere con efficacia di giudicato. Detto consenso potrà essere desunto anche dal fatto che l'avversario non abbia eccepito l'esorbitanza della domanda dalla convenzione di arbitrato *ex* art. 817 c.p.c.

Per l'esempio del rapporto mutualistico in una cooperativa v. cap. VII, par. 9.

In ipotesi di mancato accordo, gli arbitri se ne occuperanno in via meramente incidentale.

Ad esempio, Tizio cita Caio per sentire dichiarare la risoluzione nonché il risarcimento dei danni, per inadempimento del contratto di finanziamento finalizzato all'acquisto di un bene, venduto dallo stesso Tizio a Caio con separato contratto. Caio rileva che non c'è inadempimento, poiché Tizio a sua volta è stato inadempiente al contratto di compravendita e formula apposita domanda riconvenzionale in ordine alla risoluzione di quest'ultimo rapporto; l'attore Tizio eccepisce che la domanda non è compresa nella convenzione arbitrale, limitata alle controversie riguardanti il contratto di finanziamento e nega il consenso alla decisione degli arbitri sul punto. Gli arbitri potranno valutare la risoluzione del contratto di compravendita ai soli fini del contratto di finanziamento, senza alcun vincolo in futuri giudizi sulla sorte del medesimo contratto di compravendita.

c) Fatti-diritti compromettibili, per i quali la legge imponga la pronuncia con effetto di giudicato. Cosa accade se il fatto-diritto compromettibile debba essere necessariamente deciso con effetto di giudicato e non vi sia apposita domanda di parte?

La questione potrebbe definirsi di scuola, tenuto conto che i tradizionali esempi di questioni che debbono essere decise con efficacia di giudicato per legge riguardano materie non compromettibili (ad esempio *status*); tuttavia, l'eventualità non si può escludere.

In questo caso la pronuncia incidentale non è possibile, per cui residuerebbe o il dovere degli arbitri di decidere anche senza domanda, oppure la necessità di sospendere; mentre la seconda soluzione, se generalizzata, appare in contrasto con l'espresso dettato dell'art. 819-*bis*, n. 2, c.p.c., la prima è valida solo se la materia rientri nella convenzione arbitrale, mentre in caso contrario ed in mancanza di accordo delle parti, deve ragionevolmente tornarsi alla sospensione del processo.

d) Fatti-diritti non compromettibili che non siano oggetto di domanda, ma di eccezione. Quando la parte si limiti ad eccepire la sussistenza di una questione impediente, senza farne oggetto di domanda espressa e si tratti di una materia non compromettibile, l'arbitro ne conoscerà *incidenter tantum*, ai soli fini del diritto soggettivo fatto valere.

Ad esempio: Tizio chiede alla società Caia di risarcirgli il danno per aver contraffatto il suo marchio; Caia eccepisce che il marchio è nullo e che pertanto nulla è dovuto. Volendo seguire l'interpretazione maggioritaria (sulla quale peraltro ho espresso dubbi in precedenza) la questione di nullità del marchio non è compromettibile; gli arbitri potranno occuparsi della questione comunque, benché al solo fine del diritto al risarcimento del danno.

La regola vale anche se la questione pregiudiziale fuoriesca dalla convenzione arbitrale o se il fatto-diritto sia oggetto di una causa autonoma in altro processo, dato che l'istituto della sospensione obbligatoria per pregiudizialità non si applica all'arbitrato.

e) Fatti-diritti non compromettibili che siano oggetto di domanda. Se la parte chieda l'accertamento incidentale (cioè la pronuncia con effetto di giudicato) di una questione pregiudiziale non compromettibile, agli arbitri è preclusa ogni decisione.

Tuttavia, non è imposto loro di sospendere il processo arbitrale, in attesa che il fatto-diritto sia accertato da un giudice: più semplicemente, essi potranno occuparsi della questione in via meramente incidentale.

Nell'esempio precedente, Tizio chiede alla società Caia di risarcirgli il danno per aver contraffatto il suo marchio; se Caia rileva che il marchio è nullo e propone apposita domanda riconvenzionale, gli arbitri potranno occuparsi della questione comunque, benché al solo fine del diritto al risarcimento del danno.

f) Fatti-diritti non compromettibili, per i quali la legge impone la pronuncia con effetto di giudicato. Veniamo ora all'ultima ipotesi, cioè quando la legge disponga che il fatto-diritto, vertente su materia non compromettibile, debba essere necessariamente deciso con efficacia di giudicato.

Gli arbitri non possono pronunciarsi con accertamento incidentale, ma non possono neppure conoscere della questione *incidenter tantum*.

Come ultima *ratio*, dunque, il legislatore ricorre alla sospensione del processo arbitrale, in attesa che le parti adiscano l'autorità giudiziaria per la decisione del fatto-diritto.

Il processo arbitrale si estingue se "entro 90 giorni dall'ordinanza di sospensione nessuna parte deposita presso gli arbitri copia autentica dell'atto con il quale la controversia sulla questione pregiudiziale è proposta davanti all'autorità giudiziaria" (art. 819-*bis*, comma 3°).

Ad esempio: Tizio rivendica gli alimenti arretrati da Caio; Caio eccepisce che Tizio non è il proprio figlio e non ha perciò diritto agli alimenti. Gli arbitri non possono occuparsi della questione di *status*, che la legge esige venga risolta una volta per tutte con effetto di giudicato. Occorre pertanto sospendere il processo arbitrale in attesa che l'autorità giudiziaria renda il suo giudizio.

La sospensione dovrà essere disposta anche se la lite pregiudiziale penda già davanti al giudice.

Va infine precisato che lo stesso regime vale per le liti endosocietarie: infatti, benché l'art. 35 d.lgs. n. 5 del 2003 sembri derogare all'art. 819 c.p.c, in realtà, lo conferma, in quanto la deroga si riferisce alla versione dell'art. 819 cit. previgente al 2006.

La norma, infatti, intendeva confermare il potere degli arbitri di decidere questioni pregiudiziali rispetto al diritto controverso, anche se queste non fossero state compromettibili; la facoltà concessa agli arbitri comportava, a contrappeso, un maggior vincolo all'autonomia delle parti nella fase di impugnazione del lodo, essendo vietata la deroga negoziale al sindacato di legittimità del lodo, da rendersi sempre secondo diritto. Letta alla luce del nuovo art. 819, occorre superare il dato letterale e ritenere che il legislatore di diritto comune si sia adeguato alle novità del societario, generalizzando la soluzione fino a quel momento ristretta a quel settore di liti, con la conseguenza che l'art. 35 cit. finisce per confluire nella norma del diritto comune, anche per quanto riguarda la garanzia dell'impugnativa per legittimità (art. 829, comma 4°, n. 2, nuovo testo).

Conviene ora effettuare una sintesi di questo lungo discorso.

Partendo dalle questioni compromettibili e potenzialmente coperte dalla convenzione arbitrale, se la questione pregiudiziale è sollevata dalla parte in via di mero fatto (solitamente in via di eccezione), l'arbitro ne conosce *incidenter tantum*, ai soli fini di accertare il diritto.

Se invece la questione venga fatta oggetto di apposita domanda (ad esempio una domanda riconvenzionale), la questione sarà decisa una volta per tutte ad ogni effetto, vincolante anche per giudizi futuri sullo stesso oggetto o su oggetti dipendenti.

Ciò vale anche quando sia la legge ad imporre la decisione con effetto di giudicato: stabilisca cioè che, ogniqualvolta sorga la questione, essa debba essere sempre accertata come autonomo diritto.

Le cose si complicano se la questione non sia compresa nella convenzione arbitrale, nel qual caso occorrerà che le parti siano tutte d'accordo per allargare la cognizione degli arbitri.

Ulteriori complicazioni sorgono quando la questione pregiudiziale riguardi una materia non compromettibile: quando gli arbitri ne conoscano in via meramente incidentale, l'assenza di una vera e propria decisione risolve ogni problema; quando invece debbano decidere con efficacia di giudicato per espressa disposizione di legge, si pone l'ostacolo della non compromettibilità.

Solo in questo caso, dunque, gli arbitri avranno l'obbligo di sospendere il processo; negli altri casi potranno conoscere e/o giudicare (a seconda del caso) delle questioni pregiudiziali di merito riguardanti i c.d. fatti-diritti.

10. *Segue*: L'eccezione di compensazione.

L'art. 817-*bis* c.p.c. contiene una disciplina specifica sull'eccezione di compensazione.

Si precisa, opportunamente, che gli arbitri possono conoscere dell'eccezione di compensazione, nei limiti del valore del credito domandato, anche se il controcredito fuoriesca dall'oggetto della convenzione arbitrale.

La disposizione permette così di introdurre nel processo arbitrale il controcredito, anche se derivi da un titolo diverso da quello a cui la convenzione arbitrale si riferisce, purché sia conosciuto dagli arbitri ai soli fini di estinguere il credito domandato.

Per comprendere la norma occorre ricordare che l'eccezione di compensazione viene tradizionalmente ritenuta un'ipotesi di accertamento incidentale *ex lege*: vi è cioè l'obbligo per il giudice di accertare il controcredito con effetto di giudicato (art. 35 c.p.c. – salvo discutere se sia necessaria o meno la contestazione del credito eccepito in compensazione).

In arbitrato, occorre pertanto esaminare tre diverse eventualità.

a) Gli arbitri sono chiamati a conoscere di un controcredito compreso nella convenzione arbitrale.

In questo caso, ritengo che valga la regola, già vista, dell'accertamento incidentale *ex lege*, per cui essi avranno il potere di decidere sull'intero controcredito con effetto di giudicato (salvo verificare se la contestazione sia o meno necessaria).

L'art. 817-*bis*, nel precisare che la regola si applica "anche" al caso in cui il controcredito non sia compreso nel patto compromissorio, conferma *a contrario* questa lettura, poiché è irragionevole ritenere che, quando il controcredito sia compreso nella convenzione arbitrale (ipotesi inclusa nella norma attraverso l'utilizzo della congiunzione "anche se"), debba escludersi l'accertamento *ex lege*.

b) Gli arbitri sono chiamati a conoscere di un controcredito estraneo alla convenzione arbitrale e contestato.

L'utilizzo del verbo "conoscere", anziché "decidere", da parte del legislatore nell'art. 817-*bis* cit., indurrebbe a ritenere che gli arbitri siano tenuti ad una valutazione del controcredito soltanto in via di cognizione *incidenter tantum*. L'esigenza che l'accertamento arbitrale sia frutto della volontà delle parti confermerebbe la tesi.

Tuttavia, come è stato giustamente notato, questa soluzione renderebbe superflua la successiva specificazione circa il fatto che la decisione deve avvenire "nei limiti del valore della domanda", perché la valutazione meramente incidentale, essendo finalizzata unicamente a dichiarare l'estinzione del credito domandato dall'attore, è già *in re ipsa* limitata all'entità di quest'ultimo.

Pertanto, pur con tutti i dubbi del caso, mi sembra più convincente la soluzione opposta: gli arbitri sono tenuti a pronunciarsi con accertamento incidentale *ex lege* sul controcredito, nei soli limiti del valore del credito domandato in via principale, non avendo i necessari poteri per giudicare sul residuo.

Potranno invece decidere sulla parte eccedente, nell'ipotesi in cui la parte non sollevi l'esorbitanza della questione *ex* art. 817 c.p.c.

Ad esempio, se Tizio chiede 100 a Caio, sulla base di un contratto di compravendita contenente la convenzione arbitrale e Caio eccepisce che sussiste un controcredito di 150, derivante da un altro contratto, di mutuo, non contenente la clausola arbitrale, gli arbitri potranno giudicare con efficacia di giudicato su entrambi i crediti, ma, per quanto riguarda il controcredito, solo nei limiti di 100. Se dunque ritengano il controcredito esistente, entrambi saranno estinti per cento e si potrà ridiscutere in un altro processo dei 50 residuali. Se invece gli arbitri ritengano inesistente il controcredito, per un verso il credito principale non si estinguerà (e potrà essere riconosciuto ove ne sussistano tutti i presupposti), per altro verso il controcredito sarà accertato come inesistente solo nei limiti di 100. Se, poi, l'attore nei confronti del quale viene eccepita la compensazione, non rilevi l'inesistenza della convenzione arbitrale sul controcredito, la competenza degli arbitri sul controcredito si avrà per radicata anche sui 50 residui.

c) Il giudice statuale, adito per il pagamento di un credito, è chiamato a conoscere di un controcredito assistito da convenzione arbitrale.

L'art. 817-*bis* non regola questa ipotesi.

Dunque, se l'attore sollevi *l'exceptio compromissi* in ordine al controcredito opposto dal convenuto (altrimenti il giudice potrà liberamente occuparsene), si potrebbe forse invocare, in via analogica, l'art. 35 c.p.c. nella parte in cui regola l'ipotesi di incompetenza del giudice rispetto alla somma opposta in compensazione.

11. La sospensione facoltativa del processo arbitrale, nel quale sia invocata l'autorità di una sentenza.

Il comma 2° dell'art. 819-*bis* c.p.c. fa rinvio ad una norma, l'art. 337 c.p.c., il cui ambito di applicazione nel processo davanti al giudice è assai controverso.

In pratica, la disposizione permette agli arbitri di sospendere il processo davanti a loro, nell'ipotesi in cui sia invocata dalle parti "l'autorità di una sentenza".

Per comprendere la previsione, occorre tenere presente che l'arbitro non ha il dovere di sospendere il procedimento arbitrale quando penda davanti a lui, o ad altro arbitro, o al giudice statuale, una lite pregiudiziale.

L'art. 819-*ter* infatti precisa che la competenza dell'arbitro non è esclusa dalla pendenza di eventuali liti connesse o identiche davanti al giudice, per cui i relativi procedimenti continuano in via parallela.

Ne consegue che, in presenza di una lite pregiudiziale, l'arbitro deve decidere sulla dipendente, applicando l'art. 819 c.p.c. e valutando incidentalmente la questione oggetto dell'altra causa; potrà sospendere solo se ricorra il caso *sub e*) del par. 9, cioè quando la questione verta su una materia non compromettibile e debba essere decisa *ex lege* con effetto di giudicato.

Ad esempio, Tizio cita Caio davanti agli arbitri per sentir accertare il suo diritto all'eredità del padre Sempronio e Caio eccepisce che non deve nulla perché Sempronio non è padre di Tizio; pende già davanti al giudice ordinario una lite circa l'accertamento della paternità di Sempronio nei confronti di Tizio. Gli arbitri dovranno necessariamente sospendere.

Per il caso della litispendenza, invece, i processi si svolgono in autonomia, secondo quanto già visto al cap. X.

La situazione cambia se il giudice sia già pervenuto ad una sentenza: l'arbitro davanti al quale la decisione venga invocata potrà (ma non dovrà) decidere di sospendere. La possibilità vale sia se la sentenza abbia ad oggetto una causa pregiudiziale, sia se abbia ad oggetto la stessa lite.

Tutto sta nel capire cosa si debba intendere per "autorità" della precedente decisione: data la genericità del rinvio, non escluderei che vi possa rientrare anche una sentenza non ancora passata in giudicato, impugnata in appello o in cassazione.

Nel processo davanti al giudice, si discute sul raccordo fra la norma in esame e l'art. 295 c.p.c.: autorevole dottrina ha ritenuto che l'art. 337 c.p.c. operi solo quando la sentenza invocata sia già passata in giudicato e sia pertanto oggetto di impugnazione straordinaria, mentre in tutti gli altri casi e in particolare quando la sentenza sia impugnata in via ordinaria, si applichi l'art. 295 c.p.c. L'assunto è stato criticato dalla giurisprudenza, secondo cui la sospensione facoltativa varrebbe sempre, quando davanti al giudice della causa dipendente venga invocata una sentenza, anche se non ancora passata in giudicato. In pratica, di fronte ad una sentenza non ancora divenuta incontrovertibile, il giudice può decidere di uniformarsi alla decisione, nel qual caso prosegue senza sospendere; se invece non condivide la sentenza, è opportuno che sospenda, per evitare il rischio che, nell'eventualità che la sentenza venga confermata in grado di impugnazione, si formino giudicati contrastanti (seppur non sullo stesso diritto, ma comunque su diritti strettamente legati, come accade nel caso della pregiudizialità). Tuttavia, non credo che in arbitrato possa trasferirsi automaticamente quanto dibattuto nel processo davanti al giudice, perché la sospensione obbligatoria per pregiudizialità non opera, al di fuori del residuale caso dell'accertamento incidentale *ex lege* di questione non compromettibile.

Inoltre, in virtù dell'equiparazione fra lodo e sentenza, riterrei che la sospensione possa essere disposta anche quando sia fatto valere un lodo arbitrale emesso in un altro procedimento.

Data l'ampia interpretazione accolta, si tratterà di fare un uso molto prudente di questa possibilità, soppesando rischi e benefici: da un lato, la sospensione può essere opportuna al fine di evitare futuri contrasti fra decisioni, che possono dar luogo all'impugnazione del lodo; d'altro lato, vi è il rischio allungare di molto i tempi del processo arbitrale.

Ad esempio, in un giudizio arbitrale avente ad oggetto il pagamento degli interessi sul prezzo di una compravendita, il convenuto Sempronio formula domanda riconvenzionale di accertamento dell'insussistenza del diritto al prezzo (domanda non compresa nella convenzione arbitrale, limitata agli interessi); nel frattempo, pende davanti al giudice civile una lite con lo stesso oggetto. Gli arbitri potranno valutare l'esistenza del capitale ai soli fini degli interessi; se sorga questione sul capitale, in un successivo giudizio, non vi sarà alcun vincolo. Se però il giudice abbia già emesso una sentenza sull'esistenza del diritto al capitale, gli arbitri potranno decidere di sospendere, in attesa del passaggio in giudicato di quest'ultima.

Capitolo XV
IL LODO

1. Il transito alla fase della decisione.

Terminata la trattazione, con o senza istruttoria, arriva il momento di decidere. In arbitrato non è previsto un passaggio formale da una fase all'altra.

Nel rito ordinario di cognizione davanti all'autorità giudiziaria, l'ordinanza con la quale venga dichiarata chiusa l'istruttoria è utile perché segna il momento a partire dal quale è possibile chiedere il provvedimento interinale di condanna *ex* art. 186-*ter* c.p.c.; in arbitrato l'istituto non è applicabile, anche tenuto conto del fatto che non vi dovrebbe essere pari esigenza di anticipazione della condanna rispetto alla decisione finale, che perverrà, presumibilmente, in tempi brevi, dato che gli arbitri hanno l'obbligo di pronunciare il lodo nel termine stabilito dalle parti o, in mancanza, dalla legge.

Occorre peraltro che gli arbitri rispettino il contraddittorio anche in questo momento di transizione; debbono, in particolare, dare la possibilità alle parti di interloquire sulle risultanze dell'attività istruttoria, altrimenti il lodo sarà invalidabile.

Spetta agli arbitri, possibilmente di concerto con le parti, stabilire le modalità più idonee a tali fini.

Ad esempio, si potranno assegnare alle parti termini per il deposito di memorie conclusionali, con l'eventuale replica, sempre scritta; in trattazione esclusivamente orale, si può fissare un'apposita udienza per la discussione; oppure, con tecnica mista, è possibile disporre il deposito di memorie scritte con eventuale replica in udienza, o viceversa.

Non è neppure previsto un formale invito alle parti a precisare definitivamente le proprie conclusioni, cioè le loro domande ed istanze (ad esempio, le richieste di prove che gli arbitri non abbiano ammesso e che la parte intenda rimettere alla loro attenzione in sede di decisione).

Tuttavia, la ricapitolazione di ciò che viene chiesto è da ritenersi oltremodo opportuna, per agevolare gli arbitri nella determinazione dei quesiti sui quali sono chiamati a rispondere, essendo vincolati dalla corrispondenza fra il chiesto e il pronunciato. All'uopo non vi è necessità di una udienza espressamente dedicata: sarà sufficiente un foglio di conclusioni da depositare separatamente o insieme ad eventuali memorie finali.

In caso di difformità fra le conclusioni rassegnate all'esito dell'istruttoria e quelle precisate negli atti introduttivi o comunque all'inizio dell'arbitrato, occorrerà verificare, innanzitutto, che la divergenza non leda il diritto di difesa dell'avversario, privato della possibilità di interloquire sulla modificazione, sia con nuove allegazioni, sia con richieste di prova; inoltre, gli arbitri dovranno verificare se la modifica importi rinuncia alla versione originariamente proposta, in favore di quella da ultimo modificata.

Nel capitolo precedente si è visto che gli arbitri, all'inizio della trattazione, possono rimettere subito in decisione una questione preliminare o pregiudiziale impediente e, in assenza di diversa previsione di legge, la rimessione potrà essere anche parziale: dunque gli arbitri, a differenza dei giudici, potranno scegliere di invitare le parti a dedurre le loro difese solo con riguardo alla questione impediente.

2. I passaggi in cui si snoda la fase della decisione.

La fase della decisione si snoda, di regola, nei seguenti passaggi:

a) deliberazione del lodo;

b) redazione del lodo per iscritto (che può essere contestuale alla fase di delibera, ma di regola la segue);

c) sottoscrizione del lodo da parte di tutti gli arbitri entro il termine fissato per la pronuncia;

d) comunicazione del lodo alle parti entro i successivi dieci giorni.

3. La deliberazione, la redazione e la firma del lodo.

La deliberazione del lodo si svolge in modo differente, a seconda del numero degli arbitri.

Infatti, mentre nel caso di arbitro unico, il momento della deliberazione non segue particolari modalità e può rimanere indistinto dalla redazione e dalla sottoscrizione del lodo, nel caso di collegio arbitrale, invece, l'*iter* è più complesso.

È opportuno distinguere tra *quorum* costitutivo e *quorum* deliberativo.

a) Quorum *costitutivo*. L'art. 823 c.p.c. richiede, come regola generale, la "partecipazione" di tutti gli arbitri facenti parte del collegio.

Soltanto se uno degli arbitri lo richieda, o se sia stato così previsto dalle parti *ex* art. 816-*bis* c.p.c., è obbligatoria la "conferenza personale".

Conferenza personale significa che gli arbitri debbono trovarsi fisicamente nel medesimo luogo e nel medesimo tempo, per raggiungere una decisione; per partecipazione, invece, si intendono tutte le possibili modalità che permettano un ruolo attivo di ciascun arbitro nella fase di deliberazione.

Ad esempio, può ipotizzarsi una videoconferenza; oppure una *conference call*, cioè una conferenza telefonica in contestualità di tutti gli arbitri; uno scambio di *e-mails*; e così via. È frequente lo scambio di opinioni e appunti fra gli arbitri, mentre sembra meno opportuna la predisposizione di una bozza di lodo da parte del presidente, da sottoporre agli altri arbitri prima ancora che vi sia stata una corale discussione sulla lite; utile può essere invece la preparazione, da parte del medesimo, di una tabella o di uno schema con i punti rilevanti per la decisione, sui cui gli altri arbitri possono esprimere la loro opinione.

Come mai il legislatore ha sentito la necessità di distinguere?

Non v'è dubbio che siano preferibili modalità che assicurino un'effettiva collegialità nella decisione, perché occorre rispettare la natura collettiva del mandato conferito dalle parti: la conferenza personale è sicuramente quella che garantisce meglio detta collegialità.

Tuttavia, non sempre è possibile per gli arbitri essere fisicamente compresenti, per impedimenti personali o distanze che non permettano una riunione in tempi brevi.

Inoltre, la prassi dell'arbitrato riporta casi di comportamento ostruzionistico di uno degli arbitri, al fine di ostacolare la deliberazione del lodo.

Ad esempio, un arbitro nominato da una parte e non rispettoso della necessaria imparzialità si rifiuta di partecipare alla deliberazione, nella speranza di forzare il collegio ad adottare una decisione diversa da quella ch'egli si aspetta, che sia maggiormente favorevole alla parte che l'ha designato.

Tale comportamento, oltre a rilevare sia sul piano deontologico sia su quello risarcitorio, giustifica una richiesta di sostituzione dell'arbitro, ai sensi dell'art. 813-*bis* c.p.c.: tuttavia, nell'imminenza della scadenza del termine per la decisione, non è sempre possibile ricorrere alla suddetta procedura, che richiede un certo tempo.

L'art. 823 c.p.c., nel sancire l'obbligo della mera partecipazione degli arbitri, permette di superare l'*impasse*.

Basterà cioè che gli arbitri mettano il collega a conoscenza dei loro convincimenti circa il caso, affinché possa dirsi che anch'egli, pur rimanendo in silenzio, abbia partecipato alla fase di delibera. Per alcuni sarebbe addirittura sufficiente un invito formale alla deliberazione.

Alcuni regolamenti permettono addirittura agli altri arbitri di continuare in assenza dell'arbitro riottoso (c.d. *truncated tribunal*).

Il regolamento *Icc*, all'art. 12.5, prevede che, quando sia necessario sostituire un arbitro dopo la chiusura della trattazione, "la Corte può decidere, se lo ritiene opportuno, che i rimanenti arbitri proseguano l'arbitrato. Nell'assumere questa decisione, la Corte considera il parere degli altri arbitri e delle parti e ogni elemento che ritenga rilevante".

Le regole dell'*Icdr* (*International Centre for Dispute Resolution* della *American Arbitration Association*) all'art. 15 prevedono che se un arbitro non partecipa all'arbitrato, "the two other arbitrators shall have the power in their sole discretion to continue the arbitration and to make any decision, ruling, order, or award, notwithstanding the failure of the third arbitrator to participate". Come si vede, qui, a differenza del regolamento *Icc*, vi è piena discrezionalità degli arbitri nel decidere cosa fare.

Si tratta di una soluzione di dubbia validità, con riguardo all'ordinamento italiano, perché, venendo meno la collegialità della deliberazione, pur nei limiti della già vista partecipazione, si altera il principio inderogabile di equidistanza del collegio arbitrale rispetto alle parti.

b) Quorum *deliberativo*. La decisione può essere adottata anche soltanto a maggioranza dei voti.

Se uno degli arbitri dissente e non intende firmare il lodo, è necessario che gli altri arbitri ne diano atto, a pena di nullità (art. 823, comma 2°, c.p.c.).

In altri paesi, è previsto che il voto del presidente prevalga, in assenza del raggiungimento di una maggioranza (art. 20 dell'*Arbitration act* inglese e art. 35 l. spagnola sull'arbitrato). L'art. 1512 del codice di procedura civile francese prevede allo stesso modo che "a défaut de majorité, le président du tribunal arbitral statue seul. En cas de refus de signature des autres arbitres, le président en fait mention dans la sentence qu'il signe alors seul".

Terminata la fase di deliberazione, si passa alla stesura materiale e alla sottoscrizione della decisione.

Nella prassi, la redazione del lodo viene spesso affidata ad uno degli arbitri, di solito il presidente, che la farà circolare per eventuali modifiche od integrazioni, prima del varo finale.

Quando il termine sta per scadere o è già scaduto, gli arbitri possono stendere per iscritto e sottoscrivere – almeno a maggioranza – il solo dispositivo: in questo modo, ottengono l'effetto di bloccare eventuali future iniziative delle parti, tese a far valere l'invalidità del lodo tardivo rispetto al termine per la pronuncia (art. 821 c.p.c., cap. XI, par. 9).

Alcuni regolamenti prevedono che il lodo, prima di essere definitivamente pronunciato, sia sottoposto all'approvazione dell'ente arbitrale. L'intervento è finalizzato a correggere eventuali errori di forma, ma può spingersi fino a rilevare eventuali problemi sulle statuizioni di merito (ad esempio omessa pronuncia su alcune domande), in grado di influenzare la validità o l'esecutorietà del lodo.

L'ente deve limitarsi a segnalare le eventuali obiezioni agli arbitri, che saranno liberi di valutarle come meglio credano.

L'art. 33 delle *Icc rules* prevede che "Prima di sottoscrivere il lodo, il tribunale arbitrale deve sottoporne il progetto alla Corte", che può "prescrivere modifiche di forma e, salva la libertà di decisione del tribunale arbitrale, può richiamare la sua attenzione su questioni inerenti al merito della controversia".

4. L'opinione concorrente e dissenziente.

Molti si chiedono se un arbitro possa esprimere il proprio dissenso dalla decisione deliberata dal collegio.

Nel processo davanti al giudice, vige il segreto della camera di consiglio, cioè l'obbligo, la cui violazione è penalmente sancita, di non rendere manifesto il proprio dissenso durante la decisione.

Il testo novellato dell'art. 131 c.p.c. prevede un'opportuna attenuazione, necessaria per coordinare il suddetto principio con la responsabilità civile del giudice: questi può infatti manifestare l'opinione dissenziente su atto separato dalla sentenza, da depositarsi in plico sigillato presso il tribunale e destinato ad essere aperto nell'eventualità che sia iniziato un procedimento di responsabilità civile nei riguardi del collegio giudicante.

In arbitrato, non vi è un espresso divieto di esprimere una posizione diversa da quella della maggioranza.

Per un verso, il reato di violazione del segreto della camera di consiglio non può operare, perché gli arbitri non sono equiparabili all'autorità giudiziaria.

Per altro verso, il dissenso è espressamente codificato dall'art. 823 c.p.c., che permette la delibera a maggioranza, nonché la possibilità per l'arbitro dissenziente di non firmare il lodo.

In questo caso, l'arbitro che non abbia firmato sarà senz'altro esonerato da ogni responsabilità risarcitoria per vizi *in iudicando*.

L'arbitro può esprimere posizioni differenti dalla decisione della maggioranza, attraverso una *concurring opinion*, oppure una *dissenting opinion*.

La prima ricorre quando l'arbitro dissente dalle motivazioni ma non dal dispositivo della decisione: essa, a prescindere dalla modalità in cui venga espressa, fa parte integrante del contenuto del lodo, a riprova di una decisione discussa ed approfondita, mentre la delibera è comunque da intendersi resa all'unanimità.

Più delicata è l'ammissibilità della *dissenting opinion*, quando cioè le divergenze riguardano sia la motivazione sia il dispositivo.

Il panorama interpretativo è diviso fra chi ritiene legittimo, anzi dovuto, che le parti abbiano contezza del dissenso di uno degli arbitri e dei relativi motivi; e chi invece sottolinea il rischio di un indebolimento della decisione, prodromico ad un suo eventuale annullamento, adducendo a riprova il fatto che, nella grande maggioranza dei casi, a dissentire è l'arbitro nominato dalla parte soccombente.

Alcuni regolamenti prevedono espressamente la possibilità di inserire in calce al lodo una opinione dissenziente: l'art. 47 del regolamento

Icsid dispone che "Any member of the Tribunal may attach his individual opinion to the award, whether he dissents from the majority or not, or a statement of his dissent".

Non sono in linea di principio sfavorevole all'ammissibilità dell'opinione dissenziente, purché sia intesa in coerenza con la sua funzione, che non è quella di evidenziare eventuali motivi di impugnazione del lodo ad uso e consumo di una parte, bensì quella di mettere in luce una diversa valutazione dei fatti e delle norme, in una prospettiva costruttiva e senza intento polemico con l'*iter* argomentativo seguito dalla maggioranza.

Alcuni ritengono preferibile, ove possibile, che il dissenso sia inglobato, magari anonimamente, all'interno della motivazione, in modo che la maggioranza possa rispondere alle obiezioni mosse, come occasione per un maggior approfondimento delle diverse questioni ed un rafforzamento della decisione.

Quando ciò non sia possibile (e non sempre lo è, se il dissenso sia espressione di visioni radicalmente opposte), l'opinione, nominativa, può essere scritta a parte, datata contestualmente alla delibera o quanto meno non oltre la firma del lodo e acclusa a quest'ultimo. Si ritiene dai più che, pur essendo comunicata alle parti insieme al lodo, resti estranea al suo contenuto.

Di essa si dà, di regola, notizia all'interno del lodo, con la precisazione che la delibera è avvenuta a maggioranza: ciò non esclude che il lodo venga sottoscritto da tutti gli arbitri.

In quest'ultimo caso, però, è dubbio che l'opinione dissenziente così espressa valga a sottrarre l'arbitro da eventuale responsabilità nel giudicare, perché la sottoscrizione gli attribuisce, ciononostante, la paternità della decisione nel suo complesso.

5. I requisiti del lodo.

Il contenuto-forma del lodo è disciplinato dall'art. 823, comma 2°, c.p.c., da coordinare con l'art. 829, comma 1°, n. 5, c.p.c.

Il legislatore distingue infatti fra due categorie di requisiti: quelli la cui mancanza determina la nullità del lodo e quelli che possono essere integrati anche in un secondo momento, tramite la correzione da parte degli arbitri o del giudice (art. 826 c.p.c.).

a) I requisiti previsti a pena di nullità del lodo sono:

a1) l'esposizione sommaria dei motivi che hanno portato alla decisione;

La convenzione di Ginevra del 1961 permette un lodo non motivato se le parti lo "abbiano espressamente dichiarato" o se "si siano sottoposte ad una procedura arbitrale nell'ambito della quale non è d'uso motivare le sentenze" (dovrà farsi riferimento di regola alla *lex arbitri*), sempreché, almeno una di loro non cambi idea durante il procedimento arbitrale. La norma non è applicabile, a mio avviso, in un sistema come quello italiano che considera la motivazione un principio generale di ordine pubblico processuale. Un lodo straniero senza motivazione, dunque, sarà difficilmente riconoscibile in Italia.

a2) il dispositivo, cioè la risposta degli arbitri alle domande delle parti;

a3) la sottoscrizione di tutti o della maggioranza degli arbitri, nel qual caso occorre dare atto che uno degli arbitri non ha voluto o potuto firmare il lodo.

Questo requisito, si diceva, è a pena di nullità: se, tuttavia, la sottoscrizione manchi in uno soltanto degli originali, oppure vi sia difformità fra questi ultimi con riguardo alle firme, è possibile la correzione.

b) Gli altri requisiti che, pur non essendo previsti a pena di nullità, è importante inserire sono:

b1) l'indicazione degli arbitri;

b2) l'indicazione della sede dell'arbitrato, fondamentale per conoscere, fra gli altri, il foro davanti al quale proporre l'impugnazione;

b3) l'indicazione delle parti, requisito peraltro essenziale, perché se non è possibile individuare in alcun modo, neppure dal contesto della motivazione, i soggetti della lite, non è possibile attuare materialmente il lodo;

b4) l'indicazione dell'accordo compromissorio e delle conclusioni rassegnate dalle parti;

Riguardo alle seconde, è buona regola per l'arbitro dare atto anche delle eventuali modifiche che le parti abbiano apportato alle loro conclusioni nel corso del processo.

b5) la data e il luogo di ciascuna sottoscrizione.

Benché la data non sia prevista a pena di nullità, l'omissione è grave, perché da quel momento decorre il termine lungo per l'impugnazione; inoltre, essa rappresenta il *dies ad quem* per verificare il rispetto del termine per la pronuncia del lodo.

Occorrerà dunque trovare una soluzione, attraverso, eventualmente, il ricorso al procedimento correttivo, benché quest'ultimo non si attagli perfettamente al caso.

La novella del 2006 ha invece eliminato, tra le indicazioni necessarie, il resoconto dello svolgimento del processo, che, tuttavia, può essere opportuno inserire, per dimostrare la regolarità degli atti ed il rispetto del contraddittorio.

Inoltre, non è più richiesto il luogo di sottoscrizione del lodo.

Benché non sia previsto, è importante dare atto della partecipazione di tutti gli arbitri alla deliberazione, o della conferenza personale quando sia avvenuta, a prescindere dall'espressa richiesta di uno degli arbitri o delle parti.

Infine, è consigliabile indicare il criterio di giudizio, diritto od equità, utilizzato dagli arbitri nella decisione.

6. L'efficacia del lodo.

La novella del 2006 ha espressamente sancito, all'art. 824-*bis* c.p.c., che il lodo rituale ha "dalla data della sua ultima sottoscrizione gli effetti della sentenza pronunciata dall'autorità giudiziaria".

Si è già detto, al cap. I, della natura dell'arbitrato e del lodo. Qui basti ribadire che, secondo l'impostazione preferibile, la decisione degli arbitri ha peculiarità sue proprie e rappresenta una fattispecie precettiva a sé stante, autonoma sia rispetto al contratto sia rispetto alla sentenza.

Quanto agli effetti, l'art. 824-*bis* cit. prende una posizione netta. La parificazione del lodo alla sentenza fin dalla sua sottoscrizione significa che la pronuncia arbitrale è vincolante nei riguardi delle parti, non appena firmata dagli arbitri.

Ci si chiede da più parti se il lodo sia già in grado di spiegare effetti costitutivi e di accertamento in pendenza del termine per impugnare, a differenza della sentenza, di cui si richiede, tradizionalmente, il passaggio in giudicato: si sottolinea, in favore di una soluzione positiva, il riferimento dell'art. 824-*bis* cit. all'"efficacia" di sentenza fin dalla sottoscrizione del lodo. Tuttavia, credo che la *ratio* della norma sia quella di una piena equiparazione fra lodo e sentenza senza ulteriori attribuzioni. Pertanto, solo nella misura in cui (ed io ne sono convinta) si ritenga che la sentenza ancora appellabile sia in grado di fondare l'esecuzione forzata di capi costitutivi o di accertamento, se necessitino di attuazione della realtà materiale, così sarà anche per il lodo, purché si sia ottenuto il suo *exequatur* in tribunale. Il riferimento dell'art. 830 all'efficacia e non alla sola esecutorietà come oggetto di inibitoria conferma a mio avviso l'assunto e non aggiunge nulla di più.

Nulla si dice, invece, in ordine al momento nel quale il lodo statuisce in modo incontrovertibile sul diritto sostanziale.

Mentre per la sentenza non più soggetta alle impugnazioni ordinarie il legislatore parla costantemente di passaggio in giudicato, per il lodo utilizza espressioni non concordanti: nell'art. 829 c.p.c. fa riferimento ad una non ben precisata non impugnabilità, mentre, con riguardo alle questioni pregiudiziali, l'art. 819 c.p.c. si spinge fino a parlare di efficacia di giudicato.

Ad ogni modo, da una lettura sistematica delle norme, emerge che, per non impugnabilità, occorre intendere l'impossibilità di proporre l'impugnazione per nullità, o perché sia scaduto il relativo termine, o perché l'impugnazione medesima sia già stata esperita.

Invece, la revocazione straordinaria e l'opposizione di terzo, essendo esperibili in ogni tempo, non sono in grado di condizionarla.

Pertanto, estendendo l'equiparazione fra lodo e sentenza al successivo stadio della non impugnabilità, consegue che:

a) si applica l'art. 2953 c.c., nella parte in cui trasforma la prescrizione breve in prescrizione decennale per effetto dell'accertamento incontrovertibile del diritto;

b) nei giudizi in cui è parte la pubblica amministrazione, il lodo non più impugnabile, analogamente alla sentenza passata in giudicato, fonda il giudizio di ottemperanza (art. 112, comma 1°, lett. *e*), del codice del processo amministrativo);

c) al pari della cosa giudicata, il lodo non più impugnabile prevale rispetto allo *ius superveniens* retroattivo e alla declaratoria di incostituzionalità di una legge;

d) è possibile sollevare l'*exceptio rei per arbitratum finitae*, similmente all'eccezione di giudicato, in un successivo processo avente ad oggetto la medesima lite, o una lite connessa per pregiudizialità-dipendenza;

e) il lodo non più impugnabile è in grado di spiegare gli effetti tipici della cosa giudicata, sia con riferimento all'oggetto del giudizio, sia con riferimento ai soggetti, in piena equiparazione alla sentenza.

In particolare, con riguardo all'oggetto, il lodo arbitrale ha efficacia vincolante sui diritti dipendenti da quello deciso e sono applicabili anche ad esso tutte le elaborazioni interpretative effettuate con riguardo ai limiti oggettivi del giudicato statuale.

Ad esempio, Tizio chiama Caio davanti agli arbitri per sentir accertare la proprietà di un appartamento ch'egli assume essergli stato donato in vita dallo zio Sempronio. L'arbitro accerta che la donazione è nulla per mancanza di forma solenne e rigetta la domanda con lodo che passa in giudicato. Successivamente, Tizio si rivolge al giudice per sentir accertare la proprietà dello stesso appartamento per averlo usucapito. Il limiti oggettivi del lodo coprono il diritto di proprietà del bene, a prescindere dal titolo allegato (c.d. diritti autodeterminati), dunque il giudice sarà vincolato all'accertamento compiuto dagli arbitri.

Con riguardo ai soggetti, il lodo arbitrale spiega effetto, prima di tutto, nei riguardi delle parti del procedimento arbitrale (parti in senso processuale); l'efficacia si estende agli eredi e agli aventi causa subentrati dopo la domanda (artt. 111 c.p.c. e 2909 c.c.), nonché ai terzi, titolari di diritti dipendenti, soggetti agli effetti *ultra partes* del giudicato.

Quest'ultimo assunto, in particolare, non è pacifico: alcuni interpreti, infatti, pur parificando la sentenza al lodo, ritengono che gli arbitri, in quanto soggetti privati legittimati dalla volontà delle parti, non possono statuire con effetti verso terzi.

A mio avviso, le cose stanno diversamente.

Poiché il lodo, al pari della sentenza, è in grado di accertare il diritto litigioso, il suddetto accertamento importa inevitabili ricadute sui diritti dei terzi, da ricercarsi sul terreno della disciplina sostanziale.

Sono tre le considerazioni che portano a questo risultato: *a*) l'accertamento può derivare da atti diversi dalla sentenza; *b*) l'efficacia oltre l'ambito soggettivo delle parti non è materia esclusiva dell'accertamento statuale, bensì anche degli accordi fra privati, come dimostra l'intensa elaborazione dottrinale sul tema degli effetti *ultra partes* del contratto; *c*) il meccanismo sul quale si basa l'efficacia soggettiva dell'accertamento opera nell'ambito dei rapporti fra diritti soggettivi e prescinde dunque dalla natura dell'atto che provoca il mutamento giuridico (sia esso costitutivo o accertativo).

Infatti, l'efficacia verso terzi non dipende dalla natura dell'atto, ma dalla relazione fra il diritto del terzo e il diritto accertato.

Ad esempio, un lodo che pronunci l'invalidità di una delibera assembleare spiega i suoi effetti nei riguardi di tutti i soci, anche di coloro che non abbiano partecipato al procedimento arbitrale; per altro verso, il lodo con il quale il conduttore sia condannato a rilasciare l'immobile è opponibile al sub-conduttore, che sarà tenuto a liberare l'appartamento.

Quanto invece ai mezzi di reazione che spettano al terzo in caso di pregiudizio derivante dal lodo, la legge detta una specifica disciplina.

Nell'arbitrato rituale, infatti, fortemente processualizzato (sul lodo irrituale si dirà al cap. XVIII), sono a disposizione l'opposizione di terzo e, in via preventiva, l'intervento adesivo dipendente, a cui va aggiunta, benché la legge non la preveda, la possibilità di chiamata su "invito" dell'arbitro, limitatamente al terzo vincolato alla convenzione compromissoria (cap. XIII, par. 3, *sub d)*).

Se, per contro, il terzo sia estraneo al patto arbitrale, si può forse ipotizzare una forma più attenuata di *denuntiatio litis* ad opera dell'arbitro, da verificarsi, comunque, alla luce dell'onere di riservatezza.

L'art. 35 d.lgs. n. 5 del 2003 specifica, con riguardo all'arbitrato nelle controversie endosocietarie, che "le statuizioni del lodo sono vincolanti per la società". Non credo che questa previsione innovi rispetto alle regole generali in tema di effetti dell'accertamento *ultra partes*: la società sarà vincolata dal lodo, o in quanto parte del procedimento arbitrale, o in quanto terza assoggettata agli effetti dell'accertamento altrui nei limiti previsti dalla legge sostanziale.

Ad esempio, in caso di impugnativa di delibera assembleare, il riferimento alla società – che è parte del processo – compiuto dall'art. 35 cit. sta a significare che l'effetto nei riguardi dei soci avviene proprio in virtù delle peculiarità del gruppo e del correlato principio di maggioranza, cui fa da contrappeso il potere di impugnativa del singolo. Con riferimento all'impugnativa di bilancio opererà allora l'art. 2434-*bis* c.c. Nell'eventualità di una lite fra soci (o fra soci e organi sociali) occorrerà valutare caso per caso applicando le regole individuate sulla base dei nessi sostanziali: ad esempio il riconoscimento del credito al dividendo vincola la società a versare l'utile a chi fu vittorioso nella causa; analogamente per l'accertamento dello *status* di socio.

L'equiparazione alla sentenza, infine, facilita la circolazione dei lodi italiani all'estero, escludendo che possano essere parificati ai contratti: il problema, peraltro, era già stato superato, in via interpretativa, prima della novella del 2006.

La convenzione di New York del 1958, infatti, all'art. V, subordina il riconoscimento del lodo straniero alla circostanza ch'esso abbia efficacia vincolante (*binding*) nel paese di origine: rimane fermo, comunque, quanto detto in precedenza circa il significato del vincolo prima del "passaggio in giudicato" del lodo.

Sull'*award by consent* v. cap. II, par. 3.

7. L'*exequatur* del lodo e le misure coercitive *ex* art. 614-*bis* c.p.c.

Il lodo, per produrre alcuni effetti, necessita di un "visto" del giudice.

In altri paesi, il lodo è esecutivo fin dalla sua sottoscrizione e non abbisogna di alcun suggello giudiziale: v. per esempio la legge arbitrale spagnola, all'art. 43. Per l'art. 54 del regolamento *Icsid*, gli Stati debbono trattare il lodo al pari di un "final judgement of a court in that State". Peraltro, per darvi concretamente esecuzione, occorre presentare la copia del lodo certificata dal Segretario generale all'autorità giudiziaria competente; si specifica che l'"execution of the award shall be governed by the laws concerning the execution of judgments in force in the State in whose territories such execution is sought".

Il deposito in tribunale, regolato dall'art. 825 c.p.c., permette di ottenere:

a) la possibilità di eseguire il lodo coattivamente;

Gli effetti costitutivi e di accertamento, che non richiedano l'adeguamento della realtà materiale a quella giuridica, non abbisognano di alcun *exequatur* per prodursi: ad esempio l'effetto del contratto definitivo di compravendita non concluso, *ex* art. 2932 c.c., sarà automaticamente costituito con il lodo, senza necessità di esecutività; questa sarà necessaria, invece, ove si vogliano realizzare coattivamente le obbligazioni che ne derivino, la consegna del bene o il pagamento del prezzo.

b) la trascrivibilità del lodo su diritti immobiliari;

La trascrizione del lodo va coordinata con la trascrizione anticipata della domanda d'arbitrato, che permette di far retroagire gli effetti del lodo.

c) la possibilità di iscrivere ipoteca giudiziale sui beni del debitore, per acquisire una prelazione, particolarmente utile nel caso di esecuzione forzata con il concorso di altri creditori.

Per attivare il procedimento di *exequatur* è necessario depositare il lodo in originale, o in copia conforme, insieme con l'atto contenente la convenzione arbitrale, nella cancelleria del tribunale nel cui circondario ha sede l'arbitrato.

Il controllo del giudice è esclusivamente formale: egli verifica soltanto se il documento presentato sia *prima facie* un lodo, senza entrare nel merito di eventuali nullità.

All'esito di tale controllo e senza obbligo di convocare le parti, il giudice emette un decreto, con il quale concede o nega la esecutività.

In caso di rigetto per incompetenza o per difetto, ad esempio, dei necessari documenti giustificativi, deve ritenersi che l'istanza sia riproponibile.

Contro tale provvedimento, è ammesso reclamo mediante ricorso alla Corte d'appello, entro trenta giorni dalla sua comunicazione. La Corte provvede con ordinanza.

Cosa succede se il giudice si trova di fronte ad un lodo irrituale, del quale venga chiesta l'esecutività? Rinvio per la risposta al cap. XVIII, par. 4.

Cosa accade se il giudice omologa un lodo estero, ritenendolo erroneamente interno? Il provvedimento sarà reclamabile e si potrà altresì proporre opposizione all'esecuzione eventualmente iniziata.

Se il lodo sia stato impugnato per nullità e l'impugnazione sia stata rigettata, sarei per ritenere, benché sia discusso, che gli effetti esecutivi conseguano automaticamente al passaggio in giudicato, senza necessità di deposito.

Una questione delicata riguarda la possibilità per gli arbitri di pronunciare le misure coercitive *ex* art. 614-*bis* c.p.c., in caso di obbligazioni diverse dal pagamento di una somma di denaro.

Ad esempio, gli arbitri condannano Tizio a dipingere il ritratto di Caia: si tratta di una obbligazione di fare, che non può essere coattivamente eseguita, poiché nessuno si può sostituire a Tizio nella realizzazione del quadro. Potrebbero gli arbitri condannare Tizio a pagare cento euro per ogni giorni di ritardo nell'adempimento dell'obbligazione?

Mentre l'arbitrato irrituale non sembra compatibile, dato il riferimento dell'art. 614-*bis* al provvedimento di condanna (ed essendo, come si dirà al cap. XVIII, il lodo una mera determinazione contrattuale), con riguardo all'arbitrato rituale, invece, la questione rimane aperta.

Per risolverla, occorre affrontare il problema di fondo, cioè se la misura *de qua* consista in un vero e proprio diritto soggettivo ad una prestazione aggiuntiva, a titolo di condanna in futuro o condizionata, o sia invece un mero accessorio a natura e contenuto processuale, con scopo latamente esecutivo.

Optando per la prima ricostruzione, non si riscontra alcun ostacolo teorico alla sua ammissibilità, data la fungibilità fra arbitrato e attività giurisdizionale pubblica.

Si è detto che la ridotta impugnabilità del lodo arbitrale rispetto alla sentenza rende molto più difficile il controllo della misura, ma, per un verso, con riguardo al requisito di iniquità, potrebbero muoversi censure sulla motivazione, rilevanti *ex* art. 829, comma 1°, n. 5, c.p.c., per altro verso, gli effetti dell'eventuale sospensione provvisoria e della riforma della condanna principale sono in grado di riflettersi anche sulla sanzione.

Optando invece per la seconda ricostruzione, l'ammissibilità di misure coercitive pronunciate direttamente dagli arbitri dovrebbe essere negata, almeno *de iure condito*, in quanto, come si è già detto, dall'art. 818 c.p.c. emerge un tendenziale *disfavor* per decisioni arbitrali senza accertamento, o comunque per provvedimenti che trovano nella necessità di intervenire sulla realtà concreta la loro funzione primaria ed ontologica (e non la conseguenza esterna dell'accertamento condannatorio). Ora, è lecito supporre che la misura coercitiva rientri in quest'ultima categoria, nel qual caso occorrerà rivolgersi al giudice che sarebbe competente per il merito.

Si avrebbe così un atipico giudizio sulla sola misura para-esecutiva: probabilmente, attesa la valutazione strettamente documentale, la via migliore sarebbe l'utilizzo del processo sommario *ex* art. 702-*bis* c.p.c., con un'ordinanza finale suscettibile di appello. La sorte del provvedimento è strettamente connessa, peraltro, a quella del lodo, il cui eventuale annullamento travolgerà anche la statuizione giudiziale sulla misura coercitiva. La base della richiesta sarà infatti rappresentata dal lodo arbitrale, anche non depositato per l'*exequatur*, dato che l'art. 614-*bis* si limita a richiedere la condanna alla prestazione principale e non necessariamente la sua qualità di titolo esecutivo. Più difficili mi sembrano la via del procedimento monitorio, che presuppone un debito liquido certo ed esigibile, o la possibilità di provvedere sull'istanza in sede di *exequatur* del lodo, che presuppone un mero controllo di "regolarità formale".

Resta ovviamente ferma l'operatività, in arbitrato come nel giudizio statuale, del sistema delle penali private *ex* art. 1382 ss. c.c., che necessitano, peraltro, dell'espressa previsione delle parti.

8. La comunicazione del lodo.

Il lodo va comunicato alle parti, a cura degli arbitri – sovente del presidente del collegio –, entro dieci giorni dall'ultima sottoscrizione.

Il termine non è a pena di nullità, ma è opportuno rispettarlo, perché il lodo può essere impugnato entro novanta giorni dall'ultima sottoscrizione ed eventuali ritardi nella comunicazione finirebbero per danneggiare la parte soccombente che voglia proporre gravame.

Ci si è chiesti se possa dar luogo a responsabilità risarcitoria la mancata comunicazione del lodo alle parti entro il termine previsto. Se da un punto di vista sistematico la responsabilità sarebbe del tutto giustificata, il tenore letterale non offre appigli in tal senso: infatti, la legge richiede che il lodo venga annullato per lo stesso motivo che ha dato luogo a responsabilità, ma non è prevista, nell'art. 829 c.p.c., una specifica censura sul punto.

Di regola, la comunicazione consiste nella consegna a ciascuna delle parti di un originale e sarà pertanto necessario redigere tanti originali quanti siano i contendenti, più un originale da conservare a cura degli arbitri, per l'eventuale correzione.

L'art. 824 c.p.c. prevede che alle parti possa essere consegnata anche una copia conforme, ma l'utilità della previsione è attenuata dal fatto che la conformità deve essere attestata da tutti gli arbitri e non dal solo presidente, come sarebbe stato più opportuno per facilitare l'onere di comunicazione, in caso di redazione di un solo originale firmato da tutti.

La comunicazione può avvenire o mediante consegna a mani, da effettuare con apposita ricevuta di riscontro, o con plico raccomandato.

Per plico raccomandato si intende, di regola, la spedizione del lodo senza involucro (l'atto può essere piegato in tre parti e spillato), affinché il timbro di consegna risulti direttamente sul documento.

L'equiparazione fra comunicazioni cartacee e comunicazioni telematiche induce a ritenere che gli arbitri possano effettuare la comunicazione anche tramite posta elettronica certificata del lodo redatto su documento informatico e firmato digitalmente dagli arbitri medesimi: sarebbe però auspicabile un'espressa previsione in tal senso.

9. La correzione del lodo.

L'art. 826 c.p.c. prevede la possibilità di procedere alla correzione, nel caso in cui:

a) il lodo contenga omissioni, errori materiali o di calcolo, anche se abbiano determinato divergenza fra i diversi originali del lodo;

b) il lodo non contenga i requisiti di cui all'art. 823, n. 1), 2), 3), 4) c.p.c., cioè i requisiti che non sono previsti a pena di nullità (par. 6);

c) manchi la sottoscrizione (o risultino altre difformità, sempre relativamente alle firme) in uno od alcuni degli originali: non in tutti, altrimenti il lodo sarebbe nullo.

La correzione del lodo può essere richiesta agli arbitri entro un anno dalla sua comunicazione, ma, nel caso in cui il lodo sia già stato depositato, diviene competente il tribunale.

La competenza differenziata, che aveva una sua *ratio* nella disciplina precedente alla riforma degli anni novanta (si prevedeva infatti che il lodo acquisisse efficacia di sentenza solo con il deposito in tribunale), oggi non trova più giustificazione, in quanto l'art. 824-*bis* c.p.c. dimostra come il lodo non sia in grado di cambiare natura con il deposito in tribunale.

Nell'art. 828 c.p.c., è opportunamente stabilito che la proposizione dell'istanza di correzione non sospende il termine per l'impugnazione del lodo. Inoltre, se l'istanza viene accolta, è sempre possibile impugnare il lodo nel termine breve di novanta giorni dalla comunicazione dell'atto di correzione, limitatamente alle parti corrette, quando il termine originario sia già scaduto, oppure quando l'impugnazione del lodo sia già stata proposta.

Sul significato del limite alle parti corrette, vi è ampio dibattito: si fa riferimento agli errori ed ai vizi del provvedimento di correzione (ad esempio, un eccesso di potere, che si verifica nel caso in cui gli arbitri o il giudice abbiano emendato il lodo non per meri errori materiali, bensì stabilendo soluzioni diverse da quelle originariamente prese)? Oppure al capo modificato, che abbia aggravato la soccombenza o addirittura trasformato il vittorioso in soccombente? Probabilmente, attesa la genericità del dettato normativo, occorre ammettere entrambe le possibilità. L'assunto dovrà valere sia per il provvedimento correttivo dell'arbitro, sia per quello del giudice.

Infine, se, al momento in cui si propone l'impugnazione contro la parte corretta, penda già l'impugnazione in relazione alla parte che non è stata oggetto di correzione, i due procedimenti dovranno essere riuniti ai sensi dell'art. 831 c.p.c.

Al di fuori dei limiti della correzione, non è possibile, in Italia, alcun'altra forma di integrazione del lodo: né i c.d. *additional awards*, né i lodi interpretativi, entrambi previsti dalla legge modello *Uncitral* e da alcune leggi nazionali.

La legge *Uncitral* (art. 33) consente ad una parte di fare istanza, entro trenta giorni della ricezione del lodo, affinché gli arbitri redigano un "additional award as to claims presented in the arbitral proceedings but omitted from the award", a meno che le parti non abbiano previamente escluso questa facoltà. Prevede inoltre che gli arbitri possano "if so agreed by the parties" emettere un lodo interpretativo "of a specific point or part of the award".

10. Il lodo non definitivo su domande e su questioni.

L'art. 827 c.p.c. disciplina il lodo con il quale gli arbitri, non esaurendo la materia del contendere, risolvono alcune soltanto delle questioni o domande dedotte davanti a loro.

Il legislatore distingue due sotto-tipi: il lodo che "decide parzialmente il merito della controversia", immediatamente impugnabile e il lodo che "risolve alcune delle questioni insorte senza definire il giudizio arbitrale", impugnabile solo unitamente al lodo definitivo.

L'art. 820, comma 4°, lett. *c*), c.p.c. riprende la distinzione parlando di lodo non definitivo contrapposto a quello parziale.

Infine, nell'art. 816-*bis* c.p.c., è previsto che gli arbitri si pronuncino su tutte le questioni con ordinanza non impugnabile, sempre revocabile e modificabile, "se non ritengono di provvedere con lodo non definitivo".

Per capire quale sia l'esatto riparto di operatività fra ordinanza, lodo non definitivo e lodo parziale, occorre avere riguardo all'oggetto della pronuncia: l'ordinanza e il lodo non definitivo vertono su questioni, il lodo parziale su domande.

Non può a mio avviso accogliersi il diverso orientamento espresso da una parte della giurisprudenza, che comprende nel lodo parziale non solo la decisione su – une delle – domande, ma anche su questioni preliminari di merito (quelle cioè dell'art. 279, comma 2°, n. 4, c.p.c. in relazione ai nn. 2 e 3, valorizzando il riferimento dell'art. 827 al "merito" per quel che riguarda il lodo immediatamente impugnabile). Non ritengo che questa intepretazione sia conforme alla *ratio legis*, perché è più ragionevole ritenere che l'immediata impugnabilità riguardi capi di domanda, suscettibili di passare in giudicato (benché, come si dirà al cap. XVI, par. 11, sarebbe stato opportuno introdurre anche la possibilità di riserva), mentre le decisioni sui capi di questione meglio si adattano ad una impugnabilità differita. Mi sembra, quest'ultima, l'interpretazione che meglio ricostruisce il rapporto fra gli artt. 827, 820 e 816-*bis*.

a) *Ordinanza*. L'ordinanza è la sede naturale per la pronuncia su qualsiasi questione che si presenti durante il procedimento.

Tuttavia, riprendendo le osservazioni del cap. XIV parr. 6-9, può darsi che sorga una questione di rito o di merito suscettibile di definire il giudizio davanti agli arbitri (cioè impediente).

In questo caso, conviene valutare, *prima facie*, il grado di probabile fondatezza della questione.

Se il grado di probabilità è basso, gli arbitri pronunciano un'ordinanza, nella quale dispongono la prosecuzione del processo, potendo eventualmente anticipare la loro opinione circa la questione impediente, senza peraltro vincolarsi in sede di decisione finale.

Se il grado di probabilità è alto, invece, converrà loro decidere immediatamente, con lodo, definitivo o non definitivo a seconda dell'esito della decisione (punto *b*)).

Potrebbero gli arbitri pronunciarsi con ordinanza su "beni della vita", cioè su una od alcune delle domande proposte nel giudizio arbitrale? La precisazione sulla non esecutività dell'ordinanza induce alla risposta positiva, poiché presuppone un capo decisorio, suscettibile di attuazione materiale; tuttavia, il riferimento dell'art. 816-*bis* alle questioni fa propendere per la risposta negativa. Il problema si pone soprattutto per quanto riguarda il giudizio sulla *potestas iudicandi* dell'arbitro, ove si ritenga trattarsi di decisione su domanda e non su questione (v. *infra*): ritengo peraltro preferibile la seconda soluzione (*infra sub d*)).

b) Lodo su questioni o lodo non definitivo. Gli arbitri si pronunciano con lodo non definitivo quando si limitano a decidere su un fatto costitutivo, impeditivo, modificativo o estintivo del diritto, oppure su una questione di natura processuale, senza statuire sull'esistenza o il modo d'essere del diritto litigioso.

Si è già visto (cap. XIV, parr. 6-7-8-9), infatti, che l'arbitro, in sede di trattazione, può rimettere subito in decisione una questione di merito o di rito, pronunciando un lodo non definitivo su questioni se la soluzione adottata non permetta di definire l'intera vertenza.

Ad esempio (preliminare di merito), gli arbitri decidono, alla prima udienza, di rimettere subito in decisione la questione della prescrizione del prezzo, eccepita dal debitore; ove ritengano che la prescrizione non operi, si tratterà di un lodo "non definitivo", su questioni.

Ancora (esempio di pregiudiziale di rito): durante il corso di un processo arbitrale tra la società Alfa e la società Beta sorgono delle contestazioni in merito alla capacità processuale del legale rappresentante della prima. Gli arbitri potranno scegliere se decidere immediatamente sulla legittimazione o se rinviare tutte le decisioni all'esito dell'istruttoria. È giusto premettere che, qualora gli arbitri rilevino un problema di legittimazione processuale, possono invitare la parte a regolarizzare la propria posizione. Peraltro, se il vizio non venga sanato, si determina la nullità dell'intero processo arbitrale; pertanto, gli arbitri dovranno effettuare una sommaria delibazione di probabile fondatezza della questione di legittimazione processuale, per valutare se rimettere subito la questione in decisione. Ove la sommaria delibazione abbia esito positivo essi pronunceranno un lodo. In particolare, il lodo sarà definitivo se rileveranno l'insussistenza della legittimazione; si tratterà di un lodo non definitivo qualora ritengano sussistente la legittimazione della parte, nel qual caso la causa sarà rimessa in istruttoria con ordinanza separata.

La rimessione in decisione può però avvenire soltanto se la questione preliminare o pregiudiziale sia potenzialmente idonea a chiudere il processo arbitrale (sia cioè impediente).

Lo si desume, a mio parere – e benché non tutti siano d'accordo –, *a contrario*, dalla precisazione contenuta nell'art. 827 cit., là ove afferma che il lodo è non definitivo quando gli arbitri, nel risolvere la questione, non definiscano il giudizio: la specificazione presuppone una preventiva valutazione su tale qualità e sul fatto che almeno potenzialmente la questione sia in grado di definire il giudizio. Non sempre le questioni di rito sono idonee a risolvere il giudizio: ad esempio, non lo è la questione della determinazione della legge processuale applicabile, oppure del criterio di giudizio (equità, diritto).

Parimenti, l'arbitro emette un lodo non definitivo, quando, avendo già rimesso l'intera causa in decisione, ritenga che soltanto una o più questioni siano mature per la decisione.

Nella categoria delle questioni di merito debbono ricomprendersi anche le questioni trasformabili, ma non trasformate, in cause (i c.d. fatti-diritti: cap. XIV, par. 9).

Ad esempio, viene chiesto il pagamento degli interessi di un capitale, ed il debitore eccepisce che quest'ultimo non è dovuto; gli arbitri rimettono in decisione sulla questione pregiudiziale e la risolvono ritenendo che il prezzo sia dovuto: il lodo è non definitivo, impugnabile soltanto con quello definitivo. La questione viene classificata da molti come pregiudiziale di merito, per contrapporla alla preliminare di merito, che non è suscettibile di trasformazione in domanda (v. esempio *supra*). In arbitrato, tutte le questioni, a prescindere dalla loro classificazione, sono accomunate sotto il lodo non definitivo.

Rinviando al cap. XVI, par. 11 per il regime di impugnazione, resta da precisare quali siano i rapporti fra lodo non definitivo e lodo definitivo.

In primo luogo, gli arbitri, in sede di lodo definitivo, non possono discostarsi da quanto già deciso nel lodo non definitivo, pena l'invalidità per disposizioni contraddittorie (art. 829, n. 11 c.p.c.): lo stesso vincolo vale per la Corte d'appello, investita dell'impugnazione del solo lodo definitivo.

In secondo luogo, se per qualche motivo il lodo definitivo non venga pronunciato, il lodo non definitivo viene meno, secondo l'interpretazione più in linea con il dettato normativo che, nel sancire l'inimpugnabilità autonoma, lo concepisce come un mero prodromo alla pronuncia finale.

c) Lodo su domande o lodo parziale. In un processo a pluralità di domande, il lodo parziale accerta l'esistenza o il modo di essere di uno o di alcuni dei diritti litigiosi, lasciando impregiudicati gli altri.

Il lodo è sempre parziale, sia quando pronuncia su una causa pregiudiziale, sia quando decide su alcune delle cause connesse per i soggetti, per il titolo o per l'oggetto.

Ad esempio: Tizio conviene in arbitrato Caio chiedendogli la risoluzione del contratto concluso fra le parti, per inadempimento ed il conseguente risarcimento del danno. Gli arbitri potranno rimettere in decisione la domanda relativa alla risoluzione del contratto, rinviando ad ulteriore istruttoria quella sul risarcimento del danno.

Ancora: di fronte agli arbitri viene richiesta la condanna al pagamento di un prezzo e degli interessi dal momento in cui il prezzo sia divenuto liquido ed esigile. Si ponga il caso che l'*an* e il *quantum* del prezzo siano facilmente accertabili, mentre sorgano problemi sul *dies a quo* per l'esigibilità degli interessi, che richiede una lunga istruttoria. Gli arbitri possono scegliere di decidere immediatamente sul prezzo e posticipare la statuizione sugli interessi.

Un tipo particolare di lodo parziale è la condanna generica *ex* art. 278 c.p.c.: riprendendo il primo esempio, gli arbitri potranno accertare l'*an* del risarcimento del danno, insieme alla risoluzione del contratto, eventualmente aggiungendovi una provvisionale, cioè un "acconto" sulla futura quantificazione, che viene rinviata all'esito di ulteriore istruttoria.

La sua qualifica non cambia neppure se si rientri nelle ipotesi contemplate dal n. 5 dell'art. 279, comma 2°, c.p.c., cioè la pronuncia su alcune delle cause connesse soggettivamente o oggettivamente, con annesso provvedimento di separazione.

Infatti, ritengo che non sia esportabile in arbitrato il complesso dibattito sorto nel processo davanti all'autorità giudiziaria, quanto al coordinamento fra l'art 277 e l'art. 279, comma 2°, n. 5, c.p.c. e alla distinzione, in parte correlata, fra sentenze parziali "non definitive" e parziali "definitive". Senza poter, ovviamente, dare esaustivo conto del dibattito, si distingue fra sentenze parziali definitive, in quanto vertenti su cause cumulate perché connesse per il titolo e per l'oggetto, o connesse soggettivamente e suscettibili di separazione, che, una volta avvenuta, comporta la pronuncia di sentenza definitiva per ciascun processo separato (si ritiene da molti che dette sentenze necessitino del formale provvedimento di separazione previsto dall'art. 279, comma 2°, n. 5); e sentenze parziali non definitive su domande, come la condanna generica. La disciplina arbitrale, dotata di autonomia piena rispetto al processo di cognizione davanti al giudice, non distingue fra provvedimenti "definitivi" o "non definitivi", nell'ambito di quelli che definiscono parzialmente il merito; inoltre, dato che la riserva di impugnazione è fortemente discussa in arbitrato, distinguere fra lodo definitivo o non definitivo (con riguardo al lodo su domande) avrebbe una scarsa rilevanza pratica, perché, a differenza delle sentenze, non importerebbe alcuna modifica sul regime di impugnazione.

I lodi parziali, al pari di quelli definitivi, sono eseguibili su deposito, sono immediatamente impugnabili (cap. XVI, par. 11) e, se il lodo finale non venga pronunciato per qualunque motivo, sopravvivono all'estinzione del processo arbitrale.

d) Il lodo sulla potestas iudicandi *degli arbitri*. Quando gli arbitri dichiarino di avere la *potestas iudicandi*, sul presupposto di una convenzione arbitrale valida ed efficace, rimettendo la causa in trattazione, il lodo sarà su domande o su questioni?

Esempio: innanzi agli arbitri, il convenuto, nella sua prima memoria, rileva la nullità della clausola compromissoria, per non compromettibilità della lite. Gli arbitri convengono di decidere subito sulla compromettibilità. Se statuiscono che la materia oggetto dell'arbitrato non è compromettibile, il lodo sarà ovviamente definitivo; se invece decidono che l'oggetto dell'arbitrato riguarda una materia compromettibile, il lodo non esaurisce tutta la materia del contendere loro devoluta, perché occorre continuare nel merito. Sarà un lodo su domande o su questioni?

La questione è nodale, perché, nel primo caso, la parte soccombente deve impugnare il lodo immediatamente per evitare il suo passaggio in giudicato; se invece si tratta di un lodo su questioni, la parte soccombente deve attendere il lodo definitivo, per rimettere in discussione la decisione sulla competenza ed un'eventuale impugnazione immediata dovrà essere dichiarata inammissibile.

Il legislatore non dà risposte certe (cap. I, par. 5): per un verso, l'art. 819-*ter*, ult. comma, c.p.c. mostra di considerare la questione sulla validità o l'efficacia della convenzione arbitrale come un bene della vita, tanto da permettere l'instaurazione di un processo autonomo davanti al giudice; per altro verso, la stessa norma e l'art. 817 c.p.c. parlano di competenza, tipica questione di rito.

Ho già detto che, a mio avviso, l'ipotesi considerata va annoverata nella categoria delle questioni di rito (cap. I, par. 5): la validità della convenzione arbitrale rappresenta una mera questione pregiudiziale all'accertamento della *potestas iudicandi* degli arbitri e la sua decisione non può, dunque, essere qualificata come capo su domanda.

È infatti da escludere che gli arbitri abbiano la legittimazione a pronunciarsi, con efficacia di giudicato sostanziale, sulla validità ed operatività della convenzione arbitrale, non rientrando quest'ultima nell'ambito oggettivo dello stesso patto compromissorio, per cui la valutazione sarà sempre prodromica ad accertare la loro *potestas iudicandi* ed avrà sempre natura processuale.

Si tratta dunque di un lodo non definitivo su questioni, impugnabile soltanto con il lodo definitivo.

Tuttavia, non nascondo che l'incertezza è grave, dato che la giurisprudenza è di opposto avviso e sarebbe assai opportuna una presa di posizione del legislatore.

In tal senso è, ad esempio, Cass., 6 aprile 2012, n. 5634, qualificando la questione come preliminare di merito, riconducibile al lodo parziale (v. *supra*).

11. Breve sintesi sulla forma dei provvedimenti degli arbitri, con riguardo all'oggetto della decisione.

Data la complessità del panorama, conviene effettuare una breve sintesi sui tipi di provvedimenti da adottare, ogni qualvolta si presenti agli arbitri la necessità di decidere su questioni o su domande.

a) Se si tratta di questioni istruttorie o relative alla conduzione del procedimento, la forma è l'ordinanza, revocabile e non depositabile, non vincolante per gli arbitri.

b) Se si tratta, all'opposto, di pronunciarsi sull'esistenza o il modo d'essere del diritto controverso, in maniera da esaurire l'intero oggetto del procedimento arbitrale, la forma è quella del lodo definitivo, irrevocabile ed impugnabile con gli strumenti tassativi previsti dalla legge.

c) Se si tratta di risolvere questioni che esulino dall'ambito istruttorio e investano l'ambito decisorio, si potrà trattare innanzitutto di questioni pregiudiziali di rito, o preliminari di merito, che non possono in astratto costituire oggetto di un autonomo processo (fatti).

L'arbitro dovrà verificare se siano potenzialmente idonee a definire il giudizio, nel qual caso potrà rimetterle in decisione ed emetterà un lodo che potrà essere non definitivo o definitivo a seconda dell'esito della decisione; o potrà per contro rinviare la decisione all'esito della trattazione, se del caso anticipando le proprie considerazioni con ordinanza, sempre revocabile e modificabile.

In sede di decisione finale, l'arbitro sarà vincolato alla decisione assunta nel lodo non definitivo, mentre quest'ultimo potrà essere impugnato soltanto insieme al lodo definitivo.

d) Se si tratta di questioni pregiudiziali di merito che possono costituire oggetto di un autonomo giudizio (c.d. fatti-diritti), può darsi innanzitutto che la questione non sia stata trasformata in causa, non sia stata cioè oggetto di una domanda di parte, nel qual caso gli arbitri la valutano *incidenter tantum*, cioè ai soli fini della causa principale, con applicazione di quanto detto *sub c*). Parimenti vale per il caso in cui sia stata proposta domanda su un fatto-diritto non compromettibile o su un fatto-diritto compromettibile, ma esterno alla convenzione arbitrale, senza l'accordo di tutti.

Nel caso opposto, la soluzione in senso non ostativo per la prosecuzione del giudizio va pronunciata con la forma del lodo parziale.

Il tutto a condizione che non si tratti di questione non compromettibile, che deve essere risolta con efficacia di giudicato *ex lege*.

e) In tutti i casi in cui si tratti di decidere su una delle domande cumulate nel processo arbitrale, o sulla condanna generica, il lodo è parziale, depositabile, immediatamente impugnabile e suscettibile di passare in giudicato.

Capitolo XVI
LE IMPUGNAZIONI DEL LODO

1. Profili generali delle impugnazioni.

L'art. 827 c.p.c. elenca i mezzi di impugnazione contro il lodo arbitrale rituale (per l'irrituale v. cap. XVIII): l'impugnazione per nullità, la revocazione e l'opposizione di terzo.

Essi non sono previamente rinunciabili.

L'art. 192 della l.d.i.p. svizzera prevede che "qualora non abbiano il domicilio, la dimora abituale o una stabile organizzazione in Svizzera, le parti possono, con dichiarazione espressa nel patto di arbitrato o in un successivo accordo scritto, escludere completamente l'impugnabilità delle decisioni arbitrali; possono anche escludere soltanto alcune delle impugnative". Resta comunque salvo il vaglio in sede di esecutività del lodo.

Vediamo alcune caratteristiche generali, per poi passare all'esame dei singoli mezzi.

a) La tassatività dei rimedi. Non vi è spazio per altri strumenti impugnatori: il regolamento di competenza è riservato alla sentenza dell'autorità giudiziaria, che si pronuncia sulla propria competenza.

L'equiparazione fra lodo e sentenza, se fosse accolta nel suo significato più lato, potrebbe far sorgere dubbi sull'applicabilità del ricorso in cassazione straordinario *ex* art. 111 Cost. per la violazione della legge derogabile, non coperta dall'impugnazione per nullità. Sarei per la negativa: il lodo ha natura diversa dalla sentenza e la sua autonomia permette di racchiudere i relativi rimedi in un sistema indipendente da quelli della giurisdizione statuale.

Neppure l'appello è previsto.

Alcuni regolamenti, però, delineano un secondo grado endoarbitrale, cioè l'impugnabilità davanti ad altri arbitri.

Un esempio è rappresentato dal sistema di arbitrato *Icsid*, che, per mantenere la propria massima autonomia rispetto agli ordinamenti nazionali, permette l'impugnazione del lodo solo attraverso il ricorso a strumenti di ricorso interni. Va ricordato anche il secondo grado dell'arbitrato davanti alla Corte arbitrale per lo sport, con sede in Losanna.

In Italia, non vi sono ostacoli di principio alla sua ammissibilità: peraltro resteranno esperibili le impugnazioni giudiziali, da proporsi contro il lodo di secondo grado.

Peraltro, poiché il n. 8 dell'art. 829, comma 1°, c.p.c. sancisce l'annullabilità del lodo in quanto contrario ad altro lodo non più impugnabile fra le stesse parti, se (come è naturale nella fattispecie) il documento sia stato prodotto nel corso del giudizio, occorre che la previsione pattizia contempli anche il venir meno del lodo già pronunciato.

Si ammette altresì una generale azione di accertamento in caso di inesistenza (o nullità assoluta) del lodo (par. 14).

b) I termini. I termini per impugnare il lodo variano a seconda del tipo di impugnazione.

Per quanto concerne l'impugnazione per nullità, il legislatore ha previsto un termine breve e un termine lungo: il primo è di novanta giorni dalla data della notificazione del lodo (notificazione che può essere fatta anche al difensore, ai sensi dell'art. 816-*bis*), il secondo è di un anno e trentuno giorni (per effetto dell'art. 16 d.lgs. n. 132 del 2014) dalla data dell'ultima sottoscrizione.

Per quanto riguarda, invece, la revocazione e l'opposizione di terzo, trovano applicazione le stesse regole previste per le sentenze: per la revocazione e l'opposizione di terzo revocatoria trenta giorni dalla scoperta del vizio o dal passaggio in giudicato del lodo; l'opposizione ordinaria non è soggetta ad alcun termine.

Negli arbitrati regolati dal codice dei contratti pubblici (d.lgs. n. 163 del 2006), l'impugnazione va proposta entro novanta giorni dalla notificazione del lodo e "non è più proponibile dopo il decorso di centoottanta giorni dalla data del deposito del lodo" presso la Camera arbitrale per i contratti pubblici.

c) Le condizioni per impugnare. Affinché una parte possa impugnare un lodo, è necessario che vi abbia interesse: vale dunque il criterio della soccombenza materiale, che può essere anche parziale.

Legittimati ad impugnare (eccetto l'opposizione di terzo) sono tutti coloro che hanno partecipato al processo arbitrale, che non necessariamente coincidono con le parti della convenzione arbitrale (cap. VII, par. 4).

Pertanto, se un soggetto, pur avendo stipulato la convenzione arbitrale, non sia stato parte del processo arbitrale, non avrà diritto ad impugnare il lodo, ma potrà proporre l'opposizione di terzo, se subisca un pregiudizio dalla pronuncia arbitrale o se, ad esempio, sia un litisconsorte necessario pretermesso.

Naturalmente, si dà per presupposto che la parte del compromesso non sia stata destinataria della domanda di arbitrato. Cosa succede, invece, se un soggetto parte della convenzione arbitrale venga convenuto in giudizio, ma la notificazione della domanda d'arbitrato è irregolare e non gli giunge alcuna notizia del processo in corso? Una volta pronunciato il lodo, questi potrà proporre impugnazione per nullità, sotto il profilo della violazione del contraddittorio, anche fuori dal termine previsto dall'art. 828, in applicazione analogica dell'art. 327 c.p.c.

Eccezionalmente, il successore nella *res litigiosa* è abilitato all'impugnazione della parte, anche se non sia intervenuto nel processo arbitrale.

d) *L'oggetto dell'impugnazione*. Oggetto dell'impugnazione è il lodo, nelle due forme, già viste, di lodo definitivo e di lodo parziale; il lodo non definitivo può essere impugnato soltanto con quello definitivo.

Le ordinanze non sono mai soggette ad impugnazione, essendo revocabili e modificabili in ogni tempo.

Ci si può domandare se anche nell'arbitrato si ponga un problema di prevalenza della sostanza sulla forma del provvedimento decisorio: in pratica, se l'ordinanza con la quale gli arbitri abbiano deciso su domande o su questioni idonee ad esaurire il processo, assumendo sostanza di lodo, sia impugnabile secondo le modalità di quest'ultimo, anziché revocabile e modificabile in ogni tempo. Ritengo che la risposta debba essere negativa, perché emerge dal dettato normativo una netta preferenza della forma sulla sostanza: se l'ordinanza dovesse essere qualificata come lodo, dovrebbe conseguirne, per coerenza, la sua esecutorietà tramite deposito, ma la legge non lo permette, ai sensi dell'art. 816-*bis,* ult. comma, c.p.c.

Talvolta è dubbio se il lodo abbia natura rituale o irrituale: rimando al cap. VIII, par. 4.

e) *Impugnazione ed esecutività del lodo*. Oggi, diversamente dal passato, è possibile impugnare il lodo rituale a prescindere dal suo deposito in tribunale.

Con riguardo all'opposizione di terzo, invece, rinvio al par. 15.

f) *La pluralità di parti nell'impugnazione; riunione ed impugnazione incidentale*. Quando alcune soltanto delle parti del processo impugnino il lodo, si applica la disciplina di cui agli artt. 331 (per cause inscindibili o dipendenti) e 332 (per cause scindibili) c.p.c., in attuazione del principio di unità del processo di impugnazione, valevole anche per l'arbitrato.

Parimenti si applicano l'obbligo di riunione, nel caso di contestuale proposizione di più impugnazioni separate, in applicazione dell'art. 335 c.p.c., nonché il regime dell'impugnazione incidentale, tempestiva o tardiva.

2. Classificazione delle impugnazioni.

Le impugnazioni contro il lodo possono essere classificate a seconda delle loro principali caratteristiche.

a) Con riguardo alla stabilità del lodo ed agli effetti sostanziali della domanda. Non v'è dubbio che l'impugnazione per nullità presenti alcune peculiarità, rispetto all'opposizione di terzo e alla revocazione.

Infatti, si è già detto che il lodo non più suscettibile di declaratoria di nullità acquista una stabilità pari al giudicato: stabilità correlata al fatto che il vizio impugnatorio è rilevabile fin dal momento della pronuncia.

Potrà dunque parlarsi di impugnazione ordinaria, contrapposta agli altri due rimedi, di natura straordinaria.

Più in generale, a differenza dell'opposizione di terzo e della revocazione, la proposizione dell'impugnazione non spezza la linea di continuità rispetto al procedimento arbitrale, poiché rimangono fermi gli effetti prodotti *ab origine* dalla domanda d'arbitrato.

Ad esempio, in caso di controversia su beni immobili, mentre la domanda di revocazione e di opposizione di terzo debbono essere trascritte, affinché siano opponibili ai terzi, la domanda di impugnazione per nullità non necessita di trascrizione, in quanto si continua a fare riferimento al momento della trascrizione della domanda d'arbitrato.

b) Con riguardo alla funzione e alla struttura delle impugnazioni. Ci si può chiedere se l'impugnazione per nullità sia assimilabile ad una delle impugnazioni previste per le sentenze oppure se si tratti di un giudizio in unico grado, eteronomo rispetto al procedimento arbitrale.

La questione è a mio avviso mal posta, perché questo rimedio, da un canto, si pone in continuità rispetto al processo arbitrale, come si è già detto; d'altro canto presenta caratteristiche sue proprie, non assimilabili ad altre impugnazioni.

La sua natura rescindente (e non sostitutiva) si desume agevolmente dall'art. 830 c.p.c., che la sdoppia in due fasi: il *iudicium rescindens,* finalizzato ad eliminare il lodo; il *iudicium rescissorium,* devoluto, a seconda dei casi, al giudice o ad altri arbitri, per la nuova decisione nel merito.

Dall'autonomia dell'impugnazione per nullità consegue che il richiamo alla disciplina dei rimedi contro le sentenze non è scontato e va verificato caso per caso.

Se l'applicazione delle regole sulle impugnazioni in generale è tendenzialmente da riconoscere, salve eventuali incompatibilità, il fatto che l'impugnazione del lodo sia proponibile davanti alla Corte d'appello non significa che sia richiamabile *in toto* la relativa procedura, ma occorre valutare, norma per norma, se sia rispettosa della struttura e strumentale alla funzione di questo speciale rimedio.

Ad esempio, data l'applicabilità del regime delle impugnazioni incidentali, ritengo altresì valevole l'art. 343 c.p.c., sulle modalità di proposizione delle suddette impugnazioni.

La natura rescindente della revocazione o della opposizione di terzo, invece, è, benché discussa, prevalente, con riguardo alle sentenze e la stessa soluzione va adottata per il lodo. Inoltre, pur restando fermo quanto detto circa l'autonomia di questi rimedi, rispetto agli analoghi strumenti contro le sentenze, l'ampio richiamo dell'art. 831 c.p.c. alla disciplina vigente nel processo statuale comporta la tendenziale importazione di quest'ultima nell'arbitrato.

Quanto ai motivi di gravame, tutte le impugnazioni sono da ritenersi a critica vincolata, fatta eccezione per l'opposizione di terzo ordinaria.

3. L'impugnazione per nullità: motivi e limiti al loro rilievo.

L'art. 829 c.p.c contiene un elenco tassativo dei motivi in forza dei quali è possibile invalidare il lodo, da raggrupparsi in tre macroaree: vizi concernenti la convenzione arbitrale; vizi concernenti il procedimento; vizi concernenti la decisione degli arbitri.

Il legislatore pone rigorosi limiti all'invocabilità dei suddetti vizi, al fine di garantire maggiore stabilità alla pronuncia arbitrale e di evitare che la censura sia utilizzata in modo strumentale.

In particolare:

a) con riguardo alla invalidità-inesistenza-inefficacia della convenzione arbitrale, fatta eccezione per l'incompromettibilità dei diritti, il mancato rilievo entro la prima difesa successiva all'accettazione degli arbitri comporta l'impossibilità di impugnare il lodo per questo motivo (art. 817, comma 2°, c.p.c.).

La Corte di giustizia dell'Unione europea (23 ottobre 2006, C-168/05, caso *Mostaza Claro*) ha introdotto un'ulteriore deroga, con riguardo alla vessatorietà della convenzione arbitrale nei confronti del consumatore, che può essere rilevata da quest'ultimo o anche d'ufficio dal giudice, per la prima volta nel giudizio di impugnazione.

b) La stessa regola vale se la parte abbia proposto una domanda che fuoriesce dall'ambito del compromesso, nel qual caso l'avversario deve eccepirlo nel corso del procedimento arbitrale (non, dunque, entro la prima difesa), per poter poi impugnare il lodo che abbia deciso *extra-compromissi* (art. 817, comma 3°, c.p.c.).

c) Se il vizio del lodo riguardi irregolarità nella nomina degli arbitri, occorre che la parte abbia rilevato la nullità nel corso del giudizio arbitrale (art. 829, comma 1°, n. 2, c.p.c.).

d) Se gli arbitri abbiano pronunciato il lodo fuori termine, la parte è tenuta a comunicare agli arbitri e alle altre parti di voler far valere la decadenza, prima della deliberazione del lodo risultante dalla sottoscrizione del dispositivo (art. 821, comma 1°, c.p.c.).

e) Più in generale, "la parte che ha dato causa a un motivo di nullità, o vi ha rinunciato, o che non ha eccepito nella prima istanza o difesa successiva la violazione di una regola che disciplina lo svolgimento del procedimento arbitrale, non può per questo motivo impugnare il lodo" (art. 829, comma 2°, c.p.c.). Quest'ultima disposizione deve intendersi applicabile in via residuale, là ove non operino le regole citate ai punti *a*)-*d*), da ritenersi prevalenti.

Si tratta di capire che cosa si debba intendere per "regola che disciplina lo svolgimento del procedimento arbitrale": se si riferisca unicamente alle nullità formali, oppure a tutte le regole fissate dalla legge o dalle parti relative al processo (non credo che l'accezione sia in grado di comprendere i vizi della convenzione arbitrale, il cui rilievo è comunque regolato dall'art. 817). Accedendo alla seconda tesi, che mi sembra più aderente al dato normativo, vi sarebbero comprese tutte le violazioni del contraddittorio, finendo così per limitare notevolmente il rilievo di un canone ritenuto tradizionalmente di ordine pubblico processuale. La legge modello *Uncitral* ha scelto una diversa soluzione, ritenendo che il limite al rilievo valga solo per le norme che possono essere derogate dalle parti (art. 4).

Come si vede, rimangono fuori soltanto i vizi propri ed originari del lodo, per l'evidente impossibilità di rilevarli prima della decisione.

Essi dovranno essere sollevati dalla parte, al più tardi, con l'atto di impugnazione, salvo gli eccezionali casi di inesistenza del lodo (par. 13).

4. I vizi della convenzione arbitrale.

Il lodo è nullo in caso di inesistenza, invalidità od inefficacia della convenzione arbitrale.

L'art. 829, comma 1°, n. 1, c.p.c., parla esclusivamente di invalidità, ma debbono intendersi comprese sia l'inefficacia (ad esempio il caso in cui la convenzione sia stata stipulata da un *falsus procurator*) sia l'inesistenza, come precisato dall'art. 817 c.p.c., che assume sotto questo profilo funzione integrativa.

Come si è visto, il vizio della convenzione arbitrale può essere rilevato anche con causa autonoma davanti al giudice ordinario, prima che il procedimento arbitrale inizi (art. 819-*ter* c.p.c.): in questo caso, occorre chiedersi cosa succeda se, una volta iniziato il procedimento arbitrale, il vizio non sia stato sollevato entro la prima difesa ed al contempo sia stata emessa una sentenza di invalidità della convenzione: poiché l'art. 817 non afferma che il vizio viene sanato, ma più semplicemente che il lodo non è impugnabile per il predetto motivo, occorrerà regolare il conflitto attraverso la possibilità di revocazione del giudicato, per contrarietà a lodo non più impugnabile, o viceversa, di impugnazione del lodo per contrarietà a sentenza passata in giudicato.

5. I vizi riguardanti la nomina degli arbitri.

Il lodo è nullo se non siano state rispettate le modalità di nomina previste dalle parti nella convenzione arbitrale (art. 829, comma 1°, n. 2), oppure nel caso di incapacità degli arbitri (art. 829, comma 1°, n. 3).

Nella prima ipotesi, occorre avere riguardo non solo alle particolari modalità dettate dalle parti, ma anche al rispetto degli artt. 809, 810, 811 e 813-*bis* c.p.c., che contengono una disciplina in parte inderogabile, in parte integrativa in assenza di diversa previsione negoziale, nonché dell'art. 832 c.p.c., in caso di arbitrato amministrato.

In particolare, bisogna controllare che siano stati rispettati i precetti dell'art. 809 nel caso in cui le parti abbiano indicato un numero pari di arbitri, o non abbiano previsto alcuna modalità di nomina; che sia stata seguita la procedura di cui all'art. 810, nell'ipotesi in cui la parte o il terzo, incaricati di nominare un arbitro, non vi abbiano provveduto; che sia stato seguito l'*iter* dell'art. 811, nel caso in cui uno degli arbitri sia venuto meno; che, infine, sia stato rispettato l'art. 813-*bis*, se la necessità di sostituire l'arbitro sia derivata da omissione o ritardo nel compimento di un atto.

Se gli arbitri si sono dimenticati di accettare l'incarico, invece, non si verifica una nullità, quando abbiano sottoscritto il lodo, che vale come accettazione.

Si è già detto, invece, che il difetto di indipendenza e di imparzialità, o il mancato rispetto delle qualifiche richieste dalle parti vanno tendenzialmente denunciati tramite la ricusazione (cap. VIII, par. 12).

6. I vizi del procedimento arbitrale.

Vengo ora alle nullità che si verificano durante il processo arbitrale e che si riverberano sul lodo, annullabile per derivazione.

a) *Violazione delle forme previste dalle parti* (art. 829, comma 1°, n. 7). La peculiarità sta nel fatto che, a differenza del processo statuale, le parti, in arbitrato, possono esigere il rispetto di determinate forme procedimentali, a pena di nullità: possono cioè creare nullità in via pattizia.

La norma si riferisce alle sole "forme" procedimentali e non, in generale, alle regole del procedimento: sembra, dunque, che le regole pattizie extraformali non rientrino nella disposizione in esame, dovendo essere ricondotte agli altri motivi di nullità (v. più in generale, cap. XI, par. 1). Ad ogni modo, occorre intendere in senso ampio il concetto di forma, inteso come manifestazione estrinseca di qualunque attività processuale (non necessariamente, cioè, memorie difensive, ma anche depositi, comunicazioni, modalità di deliberazione del lodo, ecc.): si v. l'esempio successivo.

Cionondimeno, si è giustamente rilevato come il processo arbitrale sia terreno particolarmente ostile ai vizi processuali.

Infatti, il mancato rispetto delle forme pattizie può essere sollevato solo quando le parti le abbiano espressamente dichiarate a pena di nullità e il vizio non sia stato successivamente sanato: sanatoria che ricorre quando l'atto abbia raggiunto il suo scopo nonostante la nullità, ai sensi dell'art. 156 ss. c.p.c. Inoltre, la nullità non può essere sollevata dalla parte che vi ha dato causa, o dalla parte che non l'abbia rilevata nella prima difesa successiva al verificarsi del vizio.

Ad esempio, se le parti hanno previsto che gli arbitri debbano fissare un'udienza finale di discussione della lite, o debbano invitarle a precisare formalmente le loro conclusioni prima di decidere in apposita udienza, o ancora debbano osservare l'obbligo di conferenza personale nella deliberazione, esse potranno impugnare il lodo solo se la previsione sia stata in origine corredata della sanzione di nullità e solo se non sia stato accertato che l'atto, nonostante il vizio, abbia comunque raggiunto lo scopo per cui era stato previsto.

Tuttavia, se il vizio processuale abbia inciso sul diritto al contraddittorio o su altri canoni inderogabili previsti dall'art. 829 c.p.c., il lodo sarà nullo a prescindere dall'espressa sanzione di nullità.

Ad esempio, se la mancata fissazione dell'udienza di discussione finale, prevista dalle parti senza sanzione di nullità, non ha permesso loro di interloquire su eventuali questioni emerse nel corso del processo e rilevabili d'ufficio, che siano poi poste a base della decisione degli arbitri, il lodo è comunque annullabile.

Per approfondimenti, anche con riguardo alle diverse ipotesi di regole formali stabilite direttamente dalle legge o dagli arbitri, rinvio al cap. XI, par. 1.

b) *Violazione del contraddittorio* (art. 829, comma 1°, n. 9). Il vizio riguarda il diritto delle parti alla collaborazione paritaria (contraddittorio c.d. orizzontale) ed effettiva (contraddittorio c.d. verticale), sia nell'attività di allegazione difensiva;

Ad esempio gli arbitri decidono la lite su una questione di nullità rilevata d'ufficio, senza aver prima sentito le parti sul punto (c.d. lodo della terza via); ovvero una parte deduce una domanda nell'atto difensivo finale, senza che vi sia possibilità per l'avversario di replicare; oppure una parte propone una eccezione, deposita memorie o produce documenti di cui non sia stata data comunicazione a controparte; o ancora il collegio arbitrale, al termine dell'istruttoria, fissa il termine per memorie e produzioni senza farlo decorrere dall'effettiva conoscenza di una delle parti (tutti casi di violazione del contraddittorio orizzontale); oppure non viene rispettata la lingua stabilita per il procedimento (violazione del contraddittorio verticale, quando entrambe le parti parlino una lingua diversa da quella fissata).

sia nell'accertamento dei fatti in sede istruttoria.

Ad esempio, quando l'arbitro, nominato dalla parte, che riceva da quest'ultima un documento, ne faccia uso durante la discussione senza avere previamente informato la controparte; o quando gli arbitri ritengano superflua, in sede di decisione, un'istanza istruttoria, respingendo al contempo la domanda attorea per difetto di prova; o ancora quando le parti non siano messe in grado di conoscere il giorno e il luogo in cui l'arbitro delegato assumerà una prova o il consulente tecnico espleterà le proprie indagini.

Il diritto al contraddittorio va inteso in termini di effettività e non di formalismo, specie in un processo dominato dal principio di libertà delle forme, quale è l'arbitrato.

Ad esempio, se il consulente tecnico omette di avvertire le parti dell'espletamento di una determinata indagine, il lodo sarà nullo solo se gli arbitri abbiano fondato la loro decisione sulle risultanze di quella indagine.

c) *Domanda* extra-compromissi (art. 829, comma 1°, n. 4). Il vizio consiste nella proposizione, da parte di uno dei contendenti, di una domanda estranea alla convenzione arbitrale, che gli arbitri abbiano esaminato e deciso nel lodo.

Ad esempio: Tizio chiede il pagamento a Caio di un prezzo di 70 relativo a un contratto contenente una clausola compromissoria. Quest'ultimo si costituisce affermando che il prezzo non è dovuto, in quanto Tizio deve a Caio 100 in forza di un altro distinto contratto e chiede che Tizio venga condannato a pagare la differenza di 30. La pretesa di Caio, relativa agli eccedenti 30, fuoriesce dalla clausola compromissoria e gli arbitri non potranno pronunciarsi in ordine a quest'ultima domanda, a meno che Tizio non rilevi il vizio. Gli arbitri potranno invece liberamente valutare se il controcredito sussista nei limiti del prezzo di 70 richiesto da Tizio, ai sensi dell'art. 817-*bis* c.p.c. (cap. XIV, par. 10).

Il motivo, insieme all'omissione di pronuncia (par. 7), comporta la violazione del principio di corrispondenza fra quanto forma oggetto del patto compromissorio e quanto viene deciso: *tantum compromissum tantum iudicatum* (v. però par. 7).

La fattispecie in esame riguarda l'ipotesi in cui il vizio derivi dal comportamento della parte e non dell'arbitro che, di sua iniziativa, decida oltre il compromesso (par. 7): solo nel primo caso, infatti, si rientra nella categoria delle nullità proprie del procedimento.

Si è già visto che l'avversario deve rilevare immediatamente l'esorbitanza della domanda: la mancata reazione non porta ad un compromesso tacito, bensì, più limitatamente, alla validità del lodo che si sia pronunciato su di essa.

In caso di mancata reazione, gli arbitri non potranno rifiutarsi di pronunciare sulla domanda estranea al compromesso, dichiarandosi incompetenti, pena la censura di cui al n. 10, dell'art. 829, comma 1°, c.p.c., ai sensi del quale il lodo è nullo quando gli arbitri abbiano pronunciato nel rito, anziché nel merito.

7. I vizi relativi alla decisione.

I vizi relativi alla decisione rappresentano la maggior parte delle censure proponibili contro il lodo.

a) *Pronuncia oltre i limiti del compromesso o delle domande* (art. 829, comma 1°, n. 4). L'ipotesi si distingue da quella esaminata nel precedente paragrafo, poiché si tratta di un errore degli arbitri, che hanno deciso su un diritto non compreso nel patto compromissorio, senza domanda della parte.

Ad esempio, agli arbitri viene chiesto di pronunciarsi in ordine all'adempimento del contratto contenente una clausola compromissoria che limita espressamente l'arbitrato alle sole controversie sulla sua esecuzione (senza che possa invocarsi il criterio secondo il quale, nel dubbio, la convenzione arbitrale si interpreta nel senso più ampio possibile), ma, a seguito all'istruttoria, emerge un fatto che giustifica l'annullamento del contratto. Se gli arbitri dichiarano che il contratto è annullabile, il lodo è invalido.

La disposizione parla soltanto di pronuncia oltre i limiti del compromesso. Tuttavia, la materia del contendere si determina non solo e non tanto sulla base del compromesso, bensì sulla base delle domande effettivamente proposte dalle parti (*tantum devolutum tantum iudicatum*).

Tant'è vero che, in caso di mancata reazione dell'avversario, non rileva se le domande rientrino o meno nella convenzione arbitrale, perché gli arbitri sono tenuti a decidere in entrambi i casi (par. 6, *sub c*)).

La vigenza del principio della corrispondenza fra il chiesto e il pronunciato emerge chiara anche dall'invalidità del lodo per omessa petizione (*sub f*)).

Pertanto, se il lodo contenga statuizioni che, pur rientrando nell'ambito della convenzione arbitrale, vanno oltre le domande delle parti, esso sarà invalidabile, perché gli arbitri hanno deciso nel merito, quando avrebbero dovuto fermarsi ad una pronuncia di rito (lett. *g*)).

Si è ritenuto che il vizio ricorra anche quando gli arbitri, errando nella scelta del metro di giudizio, abbiano deciso secondo equità, al posto del diritto e viceversa.

In realtà, l'errore è censurabile più raramente di quanto si possa immaginare.

Secondo la giurisprudenza, infatti, gli arbitri di equità che applicano il metro di diritto non sbagliano, se danno adeguata spiegazione delle ragioni per le quali hanno deciso in tal senso: in questo caso, il lodo sarà censurabile se dette ragioni siano talmente insufficienti da comportare una vera e propria mancanza di motivazione, ai sensi dell'art. 829, comma 1°, n. 5.

Viceversa, se gli arbitri, pur essendo tenuti al diritto, abbiano deciso secondo equità, l'errore si risolve nel vizio *in iudicando*, ai sensi dell'art. 829, comma 3°, c.p.c., secondo la tesi che ritengo preferibile.

Pertanto, il lodo sarà nullo solo se la decisione equitativa abbia violato l'ordine pubblico (salvo i casi eccezionali in cui è censurabile la violazione di legge anche derogabile: par. 8).

Infine, rientra nella censura *de qua* anche il caso in cui gli arbitri abbiano pronunciato un lodo rituale, nonostante che le parti avessero previsto un arbitrato irrituale (cap. XVIII).

b) *Mancanza dei requisiti previsti a pena di nullità* (art. 829, comma 1°, n. 5). Il lodo è nullo se mancano i requisiti indispensabili perché possa definirsi tale: motivazione, dispositivo e sottoscrizione.

La censura più delicata e più frequente nella prassi consiste nell'omissione "della sommaria esposizione dei motivi".

Se la mancanza della motivazione dovesse intendersi in senso letterale, l'ipotesi sarebbe di raro accadimento: in realtà, il vizio ricorre anche quando la motivazione, pur sussistente, è talmente lacunosa o contraddittoria da non permettere la comprensione delle ragioni che hanno portato alla decisione degli arbitri.

Quando ai sensi del n. 5 dell'art. 360 c.p.c., previgente, la sentenza era impugnabile in cassazione per insufficiente o contraddittoria motivazione, ci si chiedeva se il vizio in esame potesse interpretarsi allo stesso modo. Oggi la norma citata censura unicamente l'omesso esame di un fatto decisivo controverso, per cui occorre tornare a concentrarsi sull'art. 829, comma 1°, n. 5 e sul significato dell'omissione di motivazione, che secondo l'art. 824 c.p.c. è sufficiente anche se sommaria (potrà essere utile il richiamo ai criteri elaborati dalla giurisprudenza nel periodo precedente alla riforma dell'art. 360 cit.).

Andrà dunque escluso il sindacato sulla valutazione delle prove, a meno che non risultino sostanzialmente omesse le ragioni poste alla base di detta valutazione, che deve fondarsi sul prudente apprezzamento degli arbitri.

Per quanto riguarda il dispositivo, la nullità non ricorre quando esso, pur non essendo formalmente collocato alla fine del lodo, sia desumibile in modo chiaro dal tenore della pronuncia.

Infine, con riferimento alla sottoscrizione, si è già detto che il lodo non deve essere firmato da tutti gli arbitri, purché si dia espressamente atto che uno di loro non ha potuto o voluto sottoscriverlo; inoltre, se la firma è presente in uno degli originali e non negli altri, il lodo può essere corretto (cap. XV, par. 9).

c) Mancato rispetto del termine per la pronuncia del lodo (art. 829, comma 1°, n. 6). La pronuncia del lodo oltre il termine fissato dalle parti o dalla legge porta al suo annullamento, a patto però che l'impugnante abbia fatto valere il motivo prima della delibera del lodo risultante dal dispositivo sottoscritto, almeno, dalla maggioranza del collegio arbitrale, *ex* art. 821 c.p.c. (cap. XI, par. 9).

d) Contrarietà ad altra pronuncia (art. 829, comma 1°, n. 8). Il lodo è nullo quando sia contrario ad altra preesistente pronuncia arbitrale (*exceptio rei per arbitratum finitae*) o giudiziale (*exceptio iudicati*) resa sullo stesso diritto (stesso *petitum*, stessa *causa petendi*, stessi soggetti).

Più dubbio è il caso in cui il lodo o la sentenza abbiano pronunciato su un diritto pregiudiziale, incompatibile o concorrente: dato il tenore generico della disposizione, sarei per estenderla anche a questa eventualità.

Il lodo o la sentenza preesistenti debbono essere rispettivamente non più impugnabile e passata in giudicato, al più tardi al momento della sottoscrizione del lodo da impugnare.

Infine, dette pronunce debbono essere prodotte nel procedimento arbitrale, produzione da ritenersi possibile anche quando non siano ancora divenute incontrovertibili.

La norma è importante per ricostruire il quadro del contrasto fra decisioni in arbitrato.

L'*exceptio iudicati* e *rei per arbitratum finitae* sono infatti rilevabili anche *ex officio* dall'arbitro, che deve però basarsi sul documento prodotto dalla parte; a maggior ragione la parte può sollevarle in ogni momento del processo arbitrale, nel rispetto del contraddittorio e delle regole stabilite dagli arbitri.

Se l'arbitro non si avveda del contrasto, o si pronunci erroneamente sul punto, il lodo sarà impugnabile per nullità.

Se invece il lodo o la sentenza non vengano prodotti nel giudizio arbitrale, l'arbitro non può rilevare *ex officio* il conflitto ed il vizio non sarà censurabile né tramite impugnazione per nullità, né per revocazione ordinaria, non ammessa dall'art. 831 c.p.c.

Rimane quindi una finestra nella quale può verificarsi un conflitto fra decisioni.

Nel caso in cui non sia stato prevenuto attraverso il ricorso alla sospensione facoltativa di cui all'art. 337 c.p.c., deve ritenersi che prevalga il lodo non impugnato, anche se contrastante con una sentenza precedentemente emessa.

e) *Disposizioni contraddittorie* (art. 829, comma 1°, n. 11). Questo motivo ricorre in caso di contraddittorietà fra parti dello stesso dispositivo, oppure fra i dispositivi contenuti nel lodo parziale, o non definitivo e nel lodo finale.

Si discute se il contrasto fra lodo parziale e lodo definitivo possa essere ascritto al n. 8 (che censura il contrasto fra giudicati), ma sarei per escluderlo, intendendolo come riferito al giudicato esterno; ritengo più calzante il motivo in esame, rispetto al n. 4, sull'eccesso di potere degli arbitri nel lodo definitivo o al n. 7, sulle nullità che richiedono la previsione espressa delle parti.

Si ritiene che il contrasto debba essere tale da portare ad una concreta impossibilità materiale di eseguire il lodo.

Per contro, la contraddittorietà fra il dispositivo e la ragione che lo sorregge rileva soltanto sotto il profilo dell'omissione della motivazione, *ex* n. 5 dell'art. 829.

Cosa accade se la contraddittorietà riguarda un capo del dispositivo e la motivazione posta a base di un altro e diverso capo (magari fra un lodo parziale ed un lodo definitivo)? Se il contrasto fra motivazione e dispositivo porta anche ad un contrasto materiale fra i due dispositivi, è aperta l'impugnazione *ex* n. 11, altrimenti – come accadrà nella maggior parte dei casi – il lodo sarà censurabile solo nei limiti dell'omessa motivazione.

f) Omessa petizione (art. 829, comma 1°, n. 12). L'omissione di pronuncia ricorre quando gli arbitri non abbiano pronunciato su tutto ciò che è stato loro richiesto.

Per verificare la corrispondenza occorre avere riguardo, prima di tutto, alle domande validamente formulate dalle parti nell'atto iniziale o negli atti successivi.

Inoltre, l'omissione è espressamente estesa al mancato esame delle eccezioni, ipotesi che in passato era stata discussa.

Il vizio va invece escluso per questioni o domande rimaste assorbite, cioè non esaminate perché superflue all'esito della lite.

Ad esempio, l'attore ha chiesto che gli arbitri dichiarino l'annullamento del contratto, per incapacità del contraente, e comunque, in via subordinata, per errore. Gli arbitri, pronunciando l'annullamento per incapacità, ritengono superfluo esaminare anche l'errore, che rimane dunque assorbito.

Se la parte omette di impugnare il lodo, la domanda non decisa può essere riproposta in un successivo arbitrato, mentre non altrettanto vale per l'eccezione, dato che il lodo non impugnato, come la sentenza, copre il dedotto ed il deducibile.

g) Pronuncia di merito anziché di rito e viceversa (art. 829, comma 1°, nn. 4, ultimo inciso e 12). La legge prevede infine due ulteriori motivi di annullamento: quando gli arbitri abbiano deciso nel merito, mentre avrebbero dovuto pronunciare un lodo di rito, o quando abbiano pronunciato un lodo di rito, mentre avrebbero dovuto decidere nel merito.

Le genericità dei due motivi si presta a ricomprendere molti di quelli elencati negli altri numeri dell'art. 829 c.p.c.: essi hanno perciò natura residuale, per i casi di nullità che fuoriescano dalle altre previsioni.

La prima censura ricorre nell'ipotesi in cui gli arbitri non si siano avveduti di un presupposto impediente di rito, decidendo la lite nel merito.

Ad esempio gli arbitri non hanno rilevato il difetto di legittimazione ad agire, o di legittimazione processuale della parte nel processo arbitrale, o ancora la mancata partecipazione di un litisconsorte necessario; oppure hanno deciso su questioni pregiudiziali non compromettibili, da risolvere *ex lege* con efficacia di giudicato, in violazione dell'art. 819, comma 1°, c.p.c.; o ancora hanno deciso nel merito senza che le parti avessero regolarizzato il contraddittorio al venir meno di una di loro; è altresì da accogliere la tesi secondo cui, nell'ipotesi in cui il convenuto non sia stato messo in grado di partecipare attivamente al procedimento, il motivo *de quo* è più garantistico di quello riguardante la violazione del contraddittorio, in quanto permette il giudizio rescissorio davanti agli arbitri (par. 10).

La seconda censura riguarda il caso in cui gli arbitri abbiano ritenuto di non potere decidere nel merito, a causa di un presupposto impediente, che in realtà non sussisteva.

Ad esempio, gli arbitri hanno pronunciato erroneamente l'invalidità della convenzione arbitrale, dichiarando il proprio difetto di *potestas iudicandi* sul merito.

8. La violazione di legge e l'ordine pubblico.

A seguito della riforma del 2006, la decisione arbitrale è impugnabile per violazione o falsa applicazione di norme di diritto relative al merito della controversia, solo con riguardo all'ordine pubblico.

Per tutto il resto, *l'error in iudicando* rimane incensurabile.

Sono stabilite però alcune eccezioni, nelle quali è ammesso il sindacato per violazione di legge anche non di ordine pubblico.

In primo luogo, le parti possono liberamente derogare al suddetto limite, anche tramite rinvio ad un regolamento arbitrale che lo preveda.

In secondo luogo, la garanzia del sindacato di legge anche non imperativa è espressamente assicurato in alcune materie.

In particolare, l'art. 829 c.p.c. menziona i lodi di lavoro, impugnabili anche per contrarietà alle norme e ai contratti ed accordi collettivi (cap. XVIII, par. 5), nonché i lodi nei quali, a prescindere dalla natura del diritto litigioso, gli arbitri hanno dovuto risolvere incidentalmente una questione pregiudiziale non compromettibile.

Nelle controversie endosocietarie (art. 36 d.lgs. n. 5 del 2006) il lodo, anche internazionale, è sindacabile per violazione di legge, non importa se di ordine pubblico o meno, quando gli arbitri abbiano conosciuto di questioni non compromettibili o abbiano deciso sulla validità delle delibere assembleari.

Nel caso in cui gli arbitri abbiano conosciuto di questioni non compromettibili, l'ambito del sindacato di legge cambia a seconda che il lodo riguardi controversie endosocietarie o no. Nel primo caso, infatti, l'intero contenuto del lodo è censurabile per *errores in iudicando,* mentre nel secondo caso, il lodo è impugnabile per violazione di legge limitatamente alla questione pregiudiziale risolta, per cui non potrà essere annullato se la violazione riguardi profili diversi dalla questione impediente, o se quest'ultima non abbia formato oggetto di valutazione da parte dell'arbitro.

Anche il lodo reso sui contratti pubblici, ai sensi dell'art. 241 d.lgs. n. 163 del 2006, è sempre censurabile per errori di diritto.

Tornando all'ordine pubblico, è arduo delinearne i confini, specie quando lo si confronti con la categoria delle norme imperative, a cui la legge fa riferimento per la nullità contrattuale.

Se una parte degli interpreti è favorevole ad una coincidenza fra le due nozioni, vi è chi vede, nell'ordine pubblico, l'espressione dei principi generali dell'ordinamento, mentre attribuisce alle norme imperative il ruolo di limite diretto all'autonomia delle parti; oppure immagina le due categorie come due insiemi, quello delle norme imperative contenente quello dell'ordine pubblico, quest'ultimo inteso come nucleo di norme la cui violazione costituisce il "grado massimo di contrarietà all'ordinamento".

Comunque sia, si può fare riferimento ai valori che la Costituzione repubblicana – a cui vanno aggiunti le carte internazionali ed il diritto fondamentale europeo – ha inteso esprimere, nel salvaguardare i diritti inviolabili e, ad un tempo, rendere il diritto del singolo funzionale alle esigenze della collettività.

Se il lodo è domestico, occorre fare riferimento all'ordine pubblico interno, mentre se l'arbitrato presenta elementi di estraneità, si deve avere riguardo al più ristretto ordine pubblico internazionale.

Se, come visto in precedenza, l'ordine pubblico interno confluisce nella categoria delle norme imperative, l'ordine pubblico internazionale consiste nel più ristretto insieme dei valori fondamentali di un dato ordinamento. Da questi si distingue un ulteriore ed ancor più ristretto ordine pubblico "transnazionale", costituente il frutto dell'incrocio fra i principi fondamentali dell'insieme degli ordinamenti nazionali, peraltro difficilmente richiamabile nel caso che si sta esaminando, dato che il giudice è ancorato alla propria *lex fori*.

Una questione importante riguarda la possibilità di ricomprendere nella censura in esame la violazione dei principi fondamentali del giusto processo, quando essi non siano coperti dai motivi nn. 1-12 dell'art. 829.

Un esempio potrebbe essere la violazione del principio del prudente apprezzamento delle prove libere da parte degli arbitri, che sono tenuti al rispetto dell'art. 116 c.p.c.: quando essa si risolva nella mancata esplicitazione di massime di esperienza o di motivi ragionevoli per la valutazione di una prova in un senso anziché in un altro, si rientra nel vizio di motivazione; ad ogni modo, trattandosi di canone connaturato all'attività di giudizio, potrebbe anche darsi una violazione dell'ordine pubblico.

Il comma 3°, nel precisare che l'*error in iudicando* deve riguardare il merito della lite sembrerebbe escluderlo. Tuttavia, la disposizione aggiunge che l'ordine pubblico va tutelato "in ogni caso".

Disgiungendo le due previsioni, è possibile ritenere che la violazione dell'ordine pubblico sia sempre censurabile, non solo quando riguardi i principi generali regolatori del diritto litigioso, ma anche quando venga in gioco il rispetto dei canoni fondamentali del giusto processo.

Per il lodo reso secondo equità rinvio al par. 7.

9. Il procedimento e la decisione: *iudicium rescindens*.

Competente a decidere in merito all'impugnazione per nullità è la Corte d'appello del distretto dove si trova la sede dell'arbitrato.

Il giudizio si instaura con un atto di citazione, da notificarsi alla parte o al suo difensore in arbitrato, ai sensi dell'art. 816-*bis* c.p.c.

Ci si può chiedere se l'impugnante sia tenuto al rigore che caratterizza il contenuto dell'atto di appello, *ex* art. 342 c.p.c. riformato. Si deve sempre partire dal presupposto che l'impugnazione per nullità non è un appello, tant'è vero che l'onere di prospettare una diversa ricostruzione del fatto di cui al n. 1 della norma citata non è adattabile alla funzione del rimedio in esame.

Ad ogni modo, se l'applicazione diretta non opera, vale pur sempre il principio di specificità dei motivi, che discende direttamente dalla natura vincolata della critica proponibile in sede di impugnazione per nullità.

Il problema si riverbera sulla sanzione, nell'ipotesi in cui l'atto di impugnazione sia carente dei motivi. In difetto di applicazione diretta dell'art. 342 c.p.c., richiamerei il regime delle nullità sanabili *ex nunc*, di cui all'atto di citazione (sanabili, cioè, se non sia già decorso il termine per impugnare).

La mancanza di un'estensione automatica delle norme sull'appello comporta altresì che l'impugnazione per nullità non sia soggetta al macchinoso sistema di filtro, di cui all'art. 348-*bis* c.p.c., a termini del quale il gravame va dichiarato inammissibile se non ha una ragionevole probabilità di essere accolto.

Una particolarità riguarda il fascicolo del procedimento arbitrale, di regola conservato dagli arbitri (nella persona del presidente, in caso di collegio), che non sono a rigore tenuti alla consegna alle parti, trattandosi di rapporti privatistici: nel caso in cui vi siano difficoltà, occorrerà che l'attore chieda alla Corte d'appello un ordine di esibizione. Con l'avvento del fascicolo informatico, il passaggio potrà essere gestito in maniera più semplice.

La costituzione in giudizio del convenuto avverrà secondo le regole del processo di cognizione ordinario (artt. 165, 166 c.p.c.), ammessa l'eventuale proposizione dell'impugnazione incidentale, con le forme di cui all'art. 343 c.p.c.

L'impugnante può chiedere al giudice di sospendere interinalmente l'efficacia del lodo per gravi motivi.

Si noti che la norma parla di efficacia e non soltanto di esecutorietà, quasi lasciando intendere (questione assai dibattuta per le sentenze) che il lodo sia in grado di spiegare effetti di accertamento o costitutivi anticipati rispetto alla sua acquisita incontrovertibilità. Se così fosse, l'inibitoria potrebbe essere richiesta a prescindere dall'*exequatur*. V. però quanto detto al cap. XV, par. 6.

Data la rilevanza pratica del provvedimento, che blocca l'esecuzione per tutta la durata dell'impugnazione, è importante capire in cosa consistano i gravi motivi, non potendosi fare riferimento alle sentenze, la cui inibitoria si basa su diversi presupposti. Potranno essere addotte circostanze relative al danno che il provvedimento potrebbe arrecare all'istante (in comparazione con il danno da mancata esecuzione), o, anche disgiuntamente, considerazioni attinenti al *fumus boni iuris*, cioè alla probabile fondatezza del gravame.

Se il lodo verte su contratti pubblici, l'inibitoria è invece possibile solo per "gravi e fondati motivi" (art. 241, d.lgs. n. 163 del 2006).

L'istanza può essere formulata all'atto dell'impugnazione o anche successivamente, all'atto dell'ottenimento dell'*exequatur* da parte dell'avversario; sarei per applicare un modello analogo a quello dell'art. 351 c.p.c., con procedura ordinaria alla prima udienza e procedura d'urgenza che può sfociare in un provvedimento emesso dal giudice monocratico, riesaminabile dal collegio nel contraddittorio delle parti.

L'art. 351 è espressamente richiamato, del resto, con riguardo al lodo reso su contratti pubblici, ai sensi dell'art. 241 d.lgs. n. 163 del 2006. È prevista una peculiare procedura, perché il collegio può, in sede di inibitoria, direttamente definire la lite, previa discussione orale e con pronuncia ai sensi dell'art. 281-*sexies* c.p.c.

Il provvedimento sull'inibitoria, valorizzando il silenzio dell'art. 830 c.p.c., dovrà ritenersi revocabile e modificabile, anche nel caso di rigetto.

Si è anche ritenuto, benché l'assunto sia controverso, che l'ordinanza sia impugnabile con reclamo cautelare.

All'esito del giudizio rescindente, la Corte d'appello potrà dichiarare inammissibile o rigettare l'impugnazione, nel qual caso il lodo diverrà non più impugnabile ed esplicherà i tipici effetti della cosa giudicata.

Se la Corte d'appello ritenga di accogliere l'impugnazione, la declaratoria di nullità comporta l'immediata ablazione degli effetti del lodo, compreso quello esecutivo (art. 336 c.p.c.), ma vige ad un tempo il principio di divisibilità: la pronuncia arbitrale resta valida nelle parti che siano scindibili da quella impugnata ed annullata.

La questione nodale è il significato di "parte" del lodo. Viene in rilievo, qui, il più generale problema dell'oggetto dell'impugnazione: in sostanza, ci si chiede se la "minima unità strutturale" impugnabile sia la decisione sulla singola questione o sulla singola domanda: ove si acceda alla prima impostazione, quando venga impugnato un lodo che pronunci sulla domanda (ad esempio l'adempimento dell'obbligo di consegna di un bene), risolvendo ad un tempo la questione preliminare di prescrizione, l'accoglimento dell'impugnazione sul capo di domanda non travolge la decisione sulla questione preliminare, in assenza di impugnazione anche di quest'ultima. Accedendo invece alla seconda tesi prospettata, l'accoglimento dell'impugnazione sul capo relativo alla consegna travolgerebbe anche la questione di prescrizione, pur non impugnata. La *vexata questio* si basa su una diversa interpretazione dell'art. 827 c.p.c. nella parte in cui ammette una pronuncia autonoma su questione, ma ad un tempo ne condiziona l'impugnabilità a quella del lodo definitivo. A mio avviso, l'art. 830 c.p.c., quando parla di "parte" fa riferimento alle decisioni su una pluralità di domande, per cui la norma riguarda unicamente la relazioni fra più capi di domanda e non si applica al caso in cui il lodo ne contenga uno solo. Ciò non toglie, però, che se il vittorioso sulla domanda, ma soccombente sulla questione preliminare, non proponga impugnazione incidentale condizionata su quest'ultima, la questione non è più riesaminabile nel giudizio rescissorio che si apre a seguito dell'accoglimento dell'impugnazione principale sulla domanda; ciò in virtù non dell'art. 830 c.p.c. (che, come detto, non riguarda il caso), ma della natura rescindente dell'impugnazione. L'assunto è confermato dall'art. 827 c.p.c., con riguardo al lodo non definitivo su questioni, che va necessariamente impugnato in sede di impugnazione del lodo definitivo, per espressa disposizione di legge.

In particolare, affinché il giudice possa dichiarare la nullità parziale occorre:

a) che il vizio incida soltanto su una parte del lodo, intesa, a mio avviso, come capo di domanda, cioè come decisione su uno dei diritti fatti valere nel giudizio; oppure che, pur incidendo il vizio sull'intero lodo, la parte si sia limitata ad impugnare uno solo dei capi di domanda;

Primo caso: se l'arbitro abbia pronunciato sul capitale e sugli interessi, nonostante che quest'ultima domanda non fosse ricompresa nella convenzione arbitrale, in caso di impugnazione il capo sugli interessi sarà annullato, ma resterà salvo quello su capitale.

Secondo caso: con riguardo ad un lodo che pronunci su una pluralità di domande (pagamento del prezzo di una compravendita, rilascio di immobili), se l'attore abbia impugnato il solo capo relativo al prezzo, adducendo un vizio di irregolarità della nomina, che potenzialmente investirebbe l'intero lodo, l'annullamento sarà comunque limitato al capo impugnato ed a quelli da esso inscindibili, ma non ai capi scindibili da quello annullato (anche se censurabili per lo stesso motivo). Ciò in ragione del fatto che anche in arbitrato opera il principio dell'acquiescenza parziale (art. 329, comma 2°, c.p.c.), per cui se la parte non impugna per nullità una o più statuizioni pronunciate dagli arbitri su domande, si verifica la definitiva inimpugnabilità del lodo con riferimento ai capi di domanda non impugnati e scindibili (v. *sub b*)) da quello annullato.

b) che detta parte sia scindibile dagli altri capi di domanda, il che non si verificherà, ad esempio, in caso di pregiudizialità fra diritti, se il capo annullato riguardi il diritto pregiudiziale.

Ad esempio, una volta impugnato il capo del capitale e non quello degli interessi, per un vizio di motivazione limitato al primo, l'accoglimento dell'impugnazione non potrà che portare al travolgimento del capo sugli interessi e ciò perché l'art. 830 c.p.c. prevede, *a contrario*, l'estensione della nullità laddove il capo viziato si trovi in relazione di inscindibilità rispetto ad altri capi non investiti dal vizio.

L'efficacia del lodo viene meno fin dalla pubblicazione della sentenza di nullità, dovendosi fare applicazione dell'art. 336 c.p.c. per l'attività esecutiva già iniziata e la Corte d'appello potrà altresì disporre le restituzioni conseguenti al venir meno del titolo esecutivo.

Quanto ai terzi intervenienti, il principio di economia processuale di cui è espressione l'art. 344 c.p.c., pur non applicabile direttamente, consiglia di ammettere tutti coloro che sarebbero abilitati a proporre opposizione di terzo.

La sentenza della Corte d'appello sarà impugnabile, a sua volta, in cassazione per censure sue proprie e non del lodo.

Se la Cassazione annulli la sentenza e il giudizio di rinvio non sia riassunto nei tempi fissati, l'estinzione dell'intero processo di cui all'art. 393 c.p.c. deve intendersi comprensivo del giudizio arbitrale? La risposta non è agevole perché l'arbitrato è sì processo, ma appartenente ad una sfera diversa da quella della giurisdizione statuale. Va detto però che la giusta tendenza ad ammettere il passaggio senza soluzione di continuità fra processo statuale e processo arbitrale potrebbe spingere verso la soluzione positiva; dovrebbero comunque restare fermi gli effetti di un eventuale lodo arbitrale non definitivo o parziale, nonché i capi di domanda non impugnati.

10. *Segue*: *Iudicium rescissorium*.

Nella maggior parte delle ipotesi, l'annullamento del lodo porterà alla necessità di una nuova decisione sulla lite.

Quest'ultima spetta sempre agli arbitri quando le parti l'abbiano espressamente previsto, o quando l'arbitrato sia internazionale.

Negli altri casi, l'art. 830 c.p.c. ripartisce la competenza fra Corte d'appello ed arbitri a seconda del motivo di censura.

Individuare la *ratio* del riparto non è facile: l'unico criterio attendibile al cento per cento è quello fondato sulla tassatività dell'elenco dei casi devoluti al giudice statuale.

Si rimane davanti alla Corte d'appello quando il lodo sia carente dei suoi elementi indispensabili o sia stato pronunciato fuori termine, quando si siano verificate nullità processuali non sanate o vi sia stata lesione del contraddittorio, quando la pronuncia arbitrale contenga disposizioni contraddittorie, oppure sia stata annullata per *omissa petita* o per violazione di legge (nei limiti previsti dall'art. 829 c.p.c.), o ancora quando sia contraria ad altro lodo o sentenza divenuti incontrovertibili (nel qual caso il giudizio rescissorio si dovrà conformare).

Viceversa, si torna davanti agli arbitri se il lodo sia annullato per irritualità della nomina o incapacità dell'arbitro, per extrapetizione (su domande comunque comprese nella convenzione arbitrale), per mancata integrazione di un litisconsorte necessario vincolato dalla convenzione arbitrale, o ancora in tutti i casi residuali in cui l'arbitro abbia omesso di pronunciare nel merito, riscontrando un inesistente difetto in rito.

Occorrerà instaurare un nuovo giudizio davanti ad arbitri diversi da quelli nominati in origine, altrimenti ricusabili per aver già conosciuto della vertenza.

In alcuni casi, però, detto giudizio non potrà svolgersi né davanti alla Corte d'appello (perché si salterebbe un grado), né davanti agli arbitri (che sarebbero sforniti di *potestas iudicandi*).

Se venga riconosciuta la nullità o l'inesistenza della convenzione arbitrale, da un lato un nuovo giudizio arbitrale è da escludere, d'altro lato neppure la Corte d'appello potrà pronunciarsi sul merito, perché si salterebbe un grado di giudizio: i giudici dovranno fermarsi al giudizio rescindente. Parimenti accade nel caso in cui il lodo sia annullato per extrapetizione, quando la domanda fuoriesca dall'ambito oggettivo della convenzione arbitrale o nell'ipotesi in cui sia riscontrato un difetto processuale che non consente la pronuncia nel merito, come la mancanza della legittimazione ad agire.

Il giudice del rescissorio non può sempre pronunciarsi *ex novo* sull'intera materia del contendere.

Un primo limite è rappresentato dal già visto principio di divisibilità del lodo: l'oggetto del rinnovato giudizio verterà esclusivamente sui capi impugnati e non potrà estendersi a domande – e relative questioni – che non abbiano formato oggetto di impugnazione.

Cosa accade se il convenuto soccombente impugna il lodo, con il quale gli arbitri lo hanno condannato alla prestazione, risolvendo in senso a lui sfavorevole una serie di eccezioni sollevate in arbitrato e si duole unicamente della soluzione data ad una delle suddette eccezioni? Si tratta del problema della riesaminabilità delle questioni all'interno del capo di domanda impugnato. Ebbene, la natura dell'impugnazione per nullità, concepita non come mezzo per ottenere un giudizio sostitutivo, bensì come strumento per l'annullamento della pronuncia attraverso il rilievo di censure rigidamente predeterminate, porta a ritenere che l'unica possibilità per il soccombente di vedere riesaminata una qualunque delle questioni che costituiscono la scomposizione logica della pronuncia è quella di proporre specifico gravame sulla base dei motivi di cui all'art. 829 c.p.c. Se però il vizio, denunciato dall'impugnante, è in grado di espandersi sull'intero lodo (per esempio irregolarità della nomina), la soluzione dovrebbe essere opposta.

Un secondo limite è rappresentato dall'eventuale pronuncia di un lodo non definitivo: se la parte non lo abbia impugnato insieme al lodo definitivo, la questione risolta non potrà più essere messa in discussione nel giudizio rescissorio.

In Corte d'appello, la trattazione è collegiale.

Quanto allo *ius novorum*, più che richiamare l'art. 345 c.p.c., farei riferimento all'elaborazione compiuta con riguardo all'oggetto del giudizio di rinvio a seguito di cassazione, di cui all'art. 394 c.p.c. Riterrei altresì che le prove assunte nel processo arbitrale possano essere utilizzate come indizi, o tutt'al più come argomenti di prova: occorrerà comunque tenere conto del vizio che ha portato all'annullamento del lodo.

Fase rescindente e fase rescissoria mantengono un'autonomia reciproca, benché la domanda di riforma nel merito debba ritenersi implicita in quella di nullità e spesso entrambe siano risolte in una unica decisione.

Ciò accadrà quando non vi sia bisogno di istruttoria per la fase rescissoria, o perché le parti hanno già fornito le prove necessarie, oppure perché non hanno richiesto alcun mezzo di prova, o ancora perché hanno dedotto mezzi di prova inammissibili, a meno che il giudice non voglia disporre prove d'ufficio. In caso contrario, ben potrà la Corte, ove competente, annullare il lodo e accoppiarvi una ordinanza con la quale dispone di proseguire il processo fino alla pronuncia nel merito della controversia.

Infine, se il giudizio si estingua prima della sentenza di merito, l'art. 808-*quinquies* c.p.c. fa propendere per la reviviscenza della convenzione arbitrale, purché valida.

Quando il giudizio di merito spetti agli arbitri, ritengo che si conservino gli effetti sostanziali e processuali della domanda di arbitrato originaria, richiamando per via analogica le argomentazioni espresse dalla Corte costituzionale sulla *translatio iudicii* fra giudice e arbitro (cap. X, par. 3).

11. L'impugnazione del lodo non definitivo su questioni e del lodo parziale su domande.

Conviene esaminare le due ipotesi distintamente.

a) *Lodo su questioni*. Si è già visto che il lodo non definitivo su questioni può essere impugnato solo con il lodo definitivo (o con l'eventuale lodo parziale su domande emesso successivamente).

Ad esempio, il convenuto al pagamento di un credito eccepisce la prescrizione del diritto, oltre a sostenere che nulla è dovuto per nullità del titolo. Gli arbitri, con lodo non definitivo, rigettano l'eccezione di prescrizione; detto lodo potrà essere impugnato solo all'esito del lodo definitivo, con il quale l'arbitro accerterà una volta per tutte la sussistenza del credito e valuterà, a tal fine, la nullità del titolo.

La ragione sta nel principio di economia processuale: il soccombente nel lodo non definitivo può attendere l'esito del giudizio, per valutare se l'impugnazione gli convenga o meno.

Riprendendo l'esempio precedente, anche se gli arbitri abbiano rigettato, con lodo non definitivo, l'eccezione di prescrizione, ciò non significa che il convenuto sia necessariamente condannato al pagamento del debito; ad esempio, gli arbitri, in sede di lodo definitivo, potrebbero decidere che il denaro non sia dovuto per nullità del credito e sarebbe dunque antieconomico instaurare, nel frattempo, un processo di impugnazione del lodo non definitivo, sostanzialmente inutile, attesa la vittoria finale del convenuto.

Per quanto riguarda l'impugnativa per nullità, il gravame potrà essere proposto entro i medesimi termini previsti per il lodo definitivo, cioè entro novanta giorni dalla notifica di quest'ultimo, oppure entro un anno dall'ultima sottoscrizione.

Per quanto riguarda il vizio di revocazione, rilevato prima della pronuncia del lodo definitivo, il termine di trenta giorni dalla scoperta del vizio non tiene conto del necessario differimento del gravame all'esito del giudizio arbitrale, per cui è ragionevole ritenere che il suddetto termine decorra dalla notifica del lodo definitivo.

b) *Lodo su domande*. È, come già detto, sancita l'immediata impugnabilità del lodo, nei termini ordinari.

Con riguardo alla sorte del procedimento arbitrale *a quo*, nel silenzio della legge, non sembra possibile trapiantare la disciplina di coordinamento prevista per il processo ordinario di cognizione (art. 279 c.p.c.). È preferibile basarsi sugli strumenti che la legge predispone per l'arbitrato e, in particolare, l'art. 820 c.p.c., che prevede la proroga del termine in caso di pronuncia di lodo parziale o non definitivo. Poiché è oltre modo probabile che detta proroga non sia sufficiente per giungere alla decisione sull'impugnazione, sarà altresì possibile una proroga su accordo delle parti, o per ordine del Presidente del tribunale, fino alla detta decisione.

In assenza di previsione legislativa, è possibile l'impugnativa differita tramite riserva?

Gli interpreti sono divisi: una parte della dottrina propugna la soluzione affermativa, argomentando dal silenzio del legislatore e dalla piena compatibilità della disciplina dettata sulla riserva di impugnazione delle sentenze; la giurisprudenza ed altra dottrina sono contrarie, facendo leva sull'inapplicabilità analogica all'arbitrato delle regole in materia di appello e cassazione.

Nel dubbio, è probabilmente più sicuro impugnare immediatamente: ad ogni modo, l'incertezza interpretativa rimane ed è particolarmente grave, essendo in gioco il passaggio in giudicato dell'accertamento contenuto nel lodo parziale.

A favore di una soluzione positiva sta l'utilità di spostare avanti l'impugnazione, sia per dare modo al soccombente di considerare l'intero assetto dei rapporti sostanziali derivante dal lodo definitivo, sia per garantire l'unità del processo di impugnazione, che deve essere affermato anche in arbitrato. In realtà, la questione dell'estensione all'arbitrato delle forme procedimentali previste per la sentenza è solo un corollario del problema centrale: se sia giusto dedurre dall'impugnabilità immediata del lodo parziale l'automatica inammissibilità della via differita. Ove si ritenesse ammissibile l'impugnazione differita, ne discenderebbe giocoforza l'applicazione analogica delle modalità di riserva, poiché occorre che la volontà di impugnare all'esito del giudizio sia espressa chiaramente entro il termine perentorio che la parte dovrebbe osservare in caso di impugnazione immediata del lodo (o tramite declaratoria a verbale, davanti al collegio arbitrale, oppure con atto notificato alla controparte).

12. L'impugnazione per nullità in materie devolute al rito o alla giurisdizione speciale.

a) *Arbitrato di lavoro*. Per l'impugnazione del lodo rituale di lavoro, ci si deve chiedere se la Corte d'appello debba seguire il rito ordinario, o quello previsto dall'art. 433 ss. c.p.c.

Nel primo caso l'impugnazione andrebbe proposta con atto di citazione, nel secondo caso con ricorso. Ne consegue che, ove l'attore sbagli il rito e proponga, ad esempio, l'impugnazione con atto di citazione – anziché con ricorso – notificato entro il termine, ma depositato dopo la sua scadenza, il giudice dovrebbe rilevare l'inammissibilità del gravame: infatti, pur convertendosi la citazione in ricorso, il momento utile per il rispetto del termine sarebbe il deposito e non la notificazione dell'atto.

La risposta non è agevole: da un canto, l'art. 829 c.p.c. fa espresso riferimento all'impugnazione dei lodi di lavoro, facendo così supporre che il gravame debba seguire le regole generali, cioè il rito ordinario; d'altro canto, l'art. 433 c.p.c. fa espresso riferimento al rito speciale con riguardo all'appello contro le sentenze.

È vero che quest'ultima norma non è direttamente applicabile all'impugnazione per nullità, ma sembra essere espressione di un più generale principio di corrispondenza fra materia e rito e, pertanto, sembra suggerire l'applicabilità del rito del lavoro anche all'impugnazione del lodo.

Per il lodo irrituale di lavoro rinvio al cap. XVIII, par. 5.

b) I lodi pronunciati nei riguardi della pubblica amministrazione. I lodi che coinvolgono una pubblica amministrazione debbono essere impugnati davanti al giudice amministrativo o davanti al giudice ordinario?

La risposta, in passato discussa, va tratta oggi dall'art. 12 del codice del processo amministrativo: poiché si stabilisce che l'arbitrato sui diritti devoluti alla giurisdizione amministrativa deve essere regolato dall'art. 806 ss., ne deriva l'applicazione del regime ordinario dell'impugnazione per nullità, con conseguente devoluzione alla Corte d'appello competente.

Il problema nasce dopo, quando si tratta di capire quale sia il giudice del rescissorio: infatti attribuire quest'ultimo alla Corte d'appello significherebbe violare il riparto di giurisdizione. Eppure, il rinvio alle norme dell'arbitrato comprende anche l'art. 830 c.p.c., perciò è a quest'ultima norma che si deve a mio avviso fare riferimento.

13. L'inesistenza del lodo arbitrale e l'*actio nullitatis*.

Nel processo davanti all'autorità giudiziaria, se la sentenza non viene sottoscritta, la nullità è talmente insanabile da spingere gli interpreti a parlare di inesistenza, rilevabile in ogni tempo attraverso l'*actio nullitatis*.

È possibile parlare di inesistenza del lodo?

La mancanza di firma dà luogo a nullità censurabile nei limiti dell'art. 829 c.p.c., ma non si possono escludere, per ciò solo, altri casi in cui il vizio è talmente grave da dover ammettere l'esperibilità di una azione di accertamento *ad hoc*, sottratta alle regole dell'impugnazione per nullità e proponibile in ogni tempo.

D'altro canto, deve tenersi conto del fatto che il dettato normativo post-novella del 2006 mostra una netta ostilità all'incidenza delle nullità sull'arbitrato, come è dimostrato dai rigorosi limiti temporali che la legge impone per il rilievo dei vizi procedimentali.

Ne consegue che, nell'ipotesi in cui la si voglia ammettere, la categoria dell'inesistenza va ridotta ai minimi termini.

Di conseguenza, con riguardo a molte delle ipotesi di inesistenza proposte dagli interpreti, non vi è, a mio avviso, spazio per rimedi diversi da quelli dell'impugnazione per nullità.

Mi riferisco ad esempio al caso in cui manchi o sia da considerarsi inesistente il patto compromissorio, oppure manchi la forma scritta: l'art. 817 c.p.c., nell'imporre il rilievo *ex parte* durante il processo arbitrale pena la preclusione dall'impugnazione, è espressione di una *ratio* incompatibile con la sopravvivenza del vizio alla scadenza del termine per impugnare il lodo. Parimenti, la vessatorietà della clausola compromissoria nei riguardi del consumatore, pur essendo rilevabile d'ufficio anche dal giudice dell'impugnazione, come stabilito dalla Corte di giustizia Ce nella sentenza *Claro vs. Movil* (C-168/05), non può costituire la base per una azione di accertamento al di fuori dei presupposti per l'impugnazione per nullità. Stessa soluzione vale a mio avviso per la contrarietà del lodo all'ordine pubblico.

Diverso è il caso del lodo che ha pronunciato su materia incompromettibile: certamente il vizio rientra fra quelli denunciabili tramite impugnazione per nullità (art. 829, comma 1°, nn. 1 e 4), ma *quid* se le parti non abbiano impugnato la pronuncia in tempo utile?

Il nuovo art. 817, comma 2°, non offre elementi decisivi in favore o contro la sopravvivenza del vizio oltre l'impugnazione, limitandosi a stabilire che l'incompromettibilità può essere sollevata per la prima volta in quella sede.

Per sciogliere il dubbio, ritengo decisivo l'argomento secondo cui la libera circolazione di una pronuncia su diritti la cui tutela è sottratta alla disponibilità dei privati non può essere tollerata dall'ordinamento.

Ad esempio, Tizio chiede agli arbitri di pronunciare la paternità di Caio nei suoi riguardi. Gli arbitri dichiarano la paternità: la statuizione potrà essere iscritta negli atti di stato civile a tutti gli effetti? Riterrei senz'altro di no.

Pertanto, è ragionevole ritenere che il vizio sia sollevabile in ogni tempo, al di fuori dell'impugnazione per nullità ed anche d'ufficio, con causa autonoma, o con l'opposizione alla esecuzione nel caso in cui il lodo sia stato illegittimamente omologato, o ancora in via di eccezione, in un altro processo, per resistere alla domanda avversaria fondata sulla pronuncia arbitrale viziata.

Più problematici sono altri casi, come il lodo contenente statuizioni "impossibili", cioè non classificabili come capi di accertamento, di condanna o costitutivi.

14. La revocazione.

Il lodo è impugnabile, nonostante qualunque rinuncia, per revocazione straordinaria, sulla base dei motivi 1, 2, 3 e 6 dell'art. 395: vale a dire, dolo di una delle parti a danno dell'altra, decisione basata su prove riconosciute o dichiarate come false, scoperta di nuovi documenti decisivi per causa non imputabile alla parte, dolo dell'arbitro accertato con sentenza passata in giudicato.

Restano dunque esclusi sia la contrarietà ad altra pronuncia, coperta dall'impugnazione per nullità, limitatamente al caso in cui le parti abbiano prodotto la decisione nel giudizio arbitrale, sia il travisamento del fatto, che rimane invece insindacabile.

Quest'ultima scelta è alquanto criticabile, trattandosi di un vizio grave: si potrebbe forse, ma l'assunto è dubbio, fare ricorso al difetto di motivazione.

Si è prospettato addirittura un vizio di incostituzionalità della norma, ove non sia possibile ricostruire la censura all'interno dei motivi di annullamento; una dottrina, invece, si avvale della generica indicazione dell'art. 827 c.p.c. alla revocazione per ritenere che vi sia spazio anche per la revocazione ordinaria, non regolata dall'art. 831 c.p.c.

L'art. 831 c.p.c. stabilisce la competenza della Corte d'appello: la trattazione sarà dunque collegiale.

Per il resto, si fa rinvio alla disciplina della revocazione delle sentenze.

Pertanto, quanto al *iudicium rescissorium* che segue all'accoglimento di uno dei motivi di revocazione, il merito potrà essere pronunciato unitamente al giudizio rescindente, o in una fase successiva, qualora sia necessaria altra istruttoria: qui non sembra esservi spazio per una diversa volontà delle parti, dovendosi applicare l'art. 402 c.p.c.

Quanto al concorso fra revocazione ed impugnazione per nullità, dall'art. 831 c.p.c. si desume che: *a*) se l'impugnazione per nullità non sia stata ancora proposta, oppure sia stata rigettata, la revocazione è proponibile nei tempi e nelle forme ordinarie; *b*) se invece il vizio di revocazione si manifesta a giudizio di nullità pendente, il comma 2° dell'art. 831 stabilisce che il termine per la proposizione della revocazione si sospende fino alla "comunicazione della sentenza che abbia pronunciato la nullità"; *c*) infine, se le impugnazioni siano contemporaneamente pendenti se ne potrà disporre la riunione, quando lo stato delle cause consenta una trattazione unitaria.

15. L'opposizione di terzo.

Al terzo è data protezione contro il lodo, in tutti i casi in cui egli può proporre opposizione contro le sentenze.

Legittimato a impugnare il lodo con opposizione di terzo è colui che non ha partecipato al giudizio arbitrale, in proprio o tramite rappresentante, a prescindere dal fatto che sia o non sia stato parte del patto compromissorio (eccetto il caso del *falsus procurator*, su cui dirò a breve): la *ratio* dell'impugnazione, infatti, vista in connessione con i limiti soggettivi della pronuncia e con la tutela del contraddittorio, si fonda sul criterio dell'effettiva partecipazione al giudizio nel quale si è discusso del diritto che pregiudica il terzo.

Pertanto, l'impugnazione sarà proponibile nei seguenti casi.

a) *Opposizione di terzo ordinaria.*

a1) *Terzo titolare di diritto autonomo e incompatibile che non ha stipulato il patto compromissorio.* La *ratio* della tutela consiste, come per la sentenza, nella possibilità per il terzo di rimuovere gli effetti pregiudizievoli che la pronuncia arbitrale gli arreca illegittimamente, effetti, cioè, che non si producono *secundum legem*, ma *contra legem*: l'incertezza giuridica che il lodo determina sulla sua posizione è il c.d. danno da esecuzione, non necessariamente inteso come danno derivante da esecuzione forzata in senso stretto.

Ad esempio, viene pronunciato un lodo fra Tizio e Caio, che accerta la proprietà di un bene in capo a Tizio. Del lodo viene a sapere Sempronio, che non ha firmato la convenzione arbitrale e che ritiene di essere proprietario esclusivo del bene. Benché il lodo non spieghi effetto nei suoi riguardi, gli arreca comunque un pregiudizio, sia perché determina incertezza circa la proprietà del bene, sia perché, ove venga eseguito, l'attribuzione del bene in capo a Tizio potrebbe comportare maggiore difficoltà nel recupero da parte di Sempronio; egli potrà pertanto proporre opposizione di terzo ordinaria.

a2) *Litisconsorte necessario pretermesso che non ha stipulato il patto compromissorio; difetto di legittimazione a compromettere.* L'opposizione di terzo è altresì ammessa a favore del litisconsorte necessario che sia rimasto estraneo al patto compromissorio: in tal caso il pregiudizio deriva non tanto dalla mancata partecipazione al giudizio arbitrale, quanto, a monte, dalla mancata stipulazione della convenzione arbitrale.

Si tratta, in particolare, del terzo contitolare della situazione giuridica decisa dal lodo (secondo quanto detto al cap. XIII, par. 1);

Ad esempio, tre dei quattro fratelli che hanno ereditato dal padre stipulano un patto compromissorio per realizzare la divisione del patrimonio. Emesso il lodo che divide l'eredità fra i tre, il quarto fratello può proporre opposizione di terzo ordinaria, al fine di rimuovere il pregiudizio che il lodo gli ha provocato, non avendo tenuto in debito conto la propria frazione di proprietà.

nonché del terzo che sia titolare esclusivo della predetta situazione giuridica, in presenza di patto compromissorio stipulato da un soggetto non legittimato a compromettere.

Ad esempio, Alfa, creditore di Beta, stipula con Gamma, a sua volta debitore di Beta, un patto compromissorio per la proposizione dell'azione surrogatoria; Beta, rimasto esterno alla scelta arbitrale, può impugnare il lodo con cui Gamma venga condannato a versare le somme ad Alfa.

a3) Il falsus procurator *rispetto al patto compromissorio*. Nel caso in cui il falso rappresentante stipuli una convenzione arbitrale, in mancanza di ratifica da parte del falso rappresentato, il patto compromissorio è inefficace nei confronti di quest'ultimo.

Egli potrà dunque proporre opposizione di terzo contro il lodo, per la stessa *ratio* già vista al punto precedente: la volontà compromissoria non è riferibile al soggetto la cui situazione sostanziale è oggetto del giudizio arbitrale.

Si dibatte da sempre sulla qualità di parte o di terzo del falso rappresentato, il cui nome è pur sempre speso nel processo: chi ritiene giusta la prima soluzione gli accorda l'impugnazione per nullità con il necessario ampliamento del termine, in applicazione analogica dell'art. 327 c.p.c., cioè il gravame del contumace; tuttavia, nel caso della falsa rappresentanza in arbitrato, il difetto di volontà compromissoria prevale sulla contumacia involontaria del falso rappresentato nel giudizio arbitrale, dovendosi pertanto escludere che costui sia da ritenersi parte, nonostante la spendita del nome. Pertanto, la parte falsamente rappresentata può meglio assimilarsi alla figura del terzo che fa valere l'inefficacia della convenzione arbitrale nei suoi confronti, tramite lo strumento dell'opposizione di terzo contro il lodo.

a4) *Terzo che ha stipulato validamente il patto compromissorio ma che non è stato chiamato a partecipare al giudizio arbitrale*. In questo caso, la mancata partecipazione al giudizio arbitrale non è di per sé elemento sufficiente perché si verifichi il pregiudizio di cui all'art. 404 c.p.c., in quanto occorre verificare la situazione sostanziale di cui egli è titolare.

In primo luogo, il rimedio può essere accordato al litisconsorte necessario, parte della convenzione arbitrale, ma pretermesso dal relativo giudizio.

Ad esempio, i quattro figli, alla morte del padre, stipulano una convenzione arbitrale per eventuali controversie sulla divisione dei beni ereditari; uno degli eredi inizia il giudizio arbitrale convenendo soltanto due dei fratelli. Gli arbitri, non avvedendosi del quarto erede pretermesso, pronunciano un lodo inutile, perché insuscettibile di produrre gli effetti desiderati. È ragionevole ritenere che il litisconsorte necessario, benché parte del patto compromissorio, sia legittimato all'opposizione di terzo semplice, alla pari del litisconsorte pretermesso che non abbia partecipato al patto compromissorio. Egli infatti non è parte in senso processuale del giudizio arbitrale.

Eguale tutela spetta al terzo compromittente titolare di diritto autonomo e incompatibile.

Ad esempio, Tizio, Caio e Sempronio, assumendo di essere proprietari esclusivi di un bene Alfa, stipulano un compromesso per la soluzione della lite: Tizio inizia il giudizio arbitrale convenendo soltanto Caio e gli arbitri decidono per la proprietà in capo all'attore; Sempronio, venuto a conoscenza del lodo, propone opposizione per far valere il pregiudizio che il suddetto lodo è in grado di arrecargli.

Il pregiudizio che si vuole tutelare in queste ipotesi non riguarda più la mancata riferibilità della volontà compromissoria al terzo, bensì la sua mancata partecipazione al giudizio.

Nel caso in cui la parte compromittente sia falsamente rappresentata nel processo arbitrale, si presenta l'alternativa fra opposizione di terzo e impugnazione per nullità per assenza involontaria: l'inefficacia degli atti processuali nei riguardi del falso rappresentato mi induce a favorire la prima delle soluzioni prospettate.

b) *Opposizione di terzo revocatoria.* Vi è un sicuro nesso fra i legittimati all'opposizione di terzo revocatoria e i terzi soggetti agli effetti riflessi del giudicato, questa volta *secundum legem*, in virtù di un nesso di dipendenza fra il rapporto di cui sono titolari e quello deciso dalla pronuncia.

Dunque, essi possono esperire l'opposizione revocatoria solo in presenza di dolo o collusione fra le parti, a prescindere dalla stipula o meno del patto compromissorio; in assenza di dolo, debbono accettare la situazione giuridica soggettiva così come fissata nella pronuncia.

Ad esempio, pronunciato un lodo fra Tizio, locatore, e Caio, conduttore, che condanna quest'ultimo al rilascio del bene per cessata locazione, la pronuncia è opponibile al subconduttore Sempronio, che può impugnarla con opposizione di terzo solo se viene a conoscenza di un patto fraudolento fra Tizio a Caio, teso ad ottenere un pretestuoso rilascio del bene da parte di quest'ultimo, al solo fine di liberarsi di Sempronio.

Analogo rimedio spetta ai creditori, in virtù del richiamo dell'art. 831 c.p.c. al comma 2° dell'art. 404 c.p.c., sempre a condizione che dimostrino che il debitore ha colluso con l'altra parte a loro danno.

Poiché l'art. 831 c.p.c. richiama l'art. 404 c.p.c., l'opposizione è proponibile, alternativamente, o contro il lodo dichiarato esecutivo, benché ancora impugnabile, o contro il lodo non più impugnabile, a prescindere dal deposito.

Pendente l'impugnazione per nullità, per contro, il terzo potrà far valere la propria posizione tramite l'intervento.

Quanto al procedimento, valgono *mutatis mutandis* le regole già viste sulla revocazione.

La competenza a giudicare sull'opposizione di terzo spetta alla Corte d'appello del distretto in cui ha sede l'arbitrato, con rito collegiale.

Il procedimento inizia con citazione, che, nell'opposizione di terzo revocatoria, dovrà essere notificata entro trenta giorni dalla scoperta del dolo o della collusione e deve contenere l'indicazione del giorno in cui è avvenuta la scoperta, con la relativa prova.

Sarà inoltre possibile la sospensione dell'esecutorietà del lodo, ai sensi dell'art. 407 c.p.c.

La pronuncia sull'opposizione può rimuovere il lodo anche solo parzialmente, mentre la fase rescissoria, qualora si renda necessaria, deve svolgersi dinanzi al giudice togato, poiché non è prevista la deroga a favore della competenza arbitrale: la soluzione si impone a maggior ragione quando il terzo coinvolto non abbia espresso alcuna volontà compromissoria.

Quanto all'eventuale concorso con l'impugnazione per nullità, il problema si pone unicamente per il lodo depositato e non ancora divenuto incontrovertibile, mentre il concorso con la revocazione è possibile anche in quest'ultimo caso.

Verificatasi la contemporanea pendenza delle impugnazioni, il legislatore ammette la riunione, se lo stato delle cause lo consenta.

Capitolo XVII
I COSTI E LA RISERVATEZZA

1. Quanto costa un arbitrato?

Le voci di costo del procedimento arbitrale, esaminate una per una nei paragrafi che seguono, consistono:

a) nel compenso e nelle spese degli arbitri, con gli eventuali anticipi nel corso del procedimento;

b) nel compenso dell'ente amministratore, se l'arbitrato è amministrato;

c) nelle spese e nel compenso dell'avvocato, se presente;

d) nelle imposte previste dalla legge.

2. Il compenso e le spese degli arbitri.

Gli arbitri, nella veste di privati che offrono una prestazione d'opera intellettuale, hanno diritto al compenso e al rimborso delle spese della procedura, ai sensi degli artt. 2233 e 2234 c.c.: lo stabilisce espressamente l'art. 814 c.p.c., salva la possibilità di rinunciarvi con atto scritto contestuale o successivo all'accettazione dell'incarico.

Le spese, in particolare, possono consistere in costi personali per le trasferte, nel pagamento delle imposte sui provvedimenti, nel compenso per l'eventuale segretario. Vi vanno altresì ricompresi i costi dell'istruttoria, come il corrispettivo spettante al consulente tecnico d'ufficio (non quello del consulente di parte, che rientra nelle spese di difesa di quest'ultima), oppure all'interprete nominato dagli arbitri.

Nella prassi il compenso del c.t.u. viene spesso sostenuto direttamente dalle parti, dietro liquidazione dell'arbitro.

Il compenso e le spese sono dovuti da tutte le parti con il vincolo della solidarietà, il che significa che gli arbitri potranno rivolgersi ad una soltanto di loro, per ottenere l'intero, salvo rivalsa interna fra le parti medesime, sulla base di quanto stabilito dagli arbitri in sede di condanna alle spese.

Ad esempio, in un arbitrato fra Mevia e Caia, l'arbitro Tizio fissa il proprio compenso in 100, condannando al pagamento delle spese dell'arbitrato Caia. Tizio chiede il pagamento dell'intero a Mevia, che deve corrisponderlo, in quanto tenuta al vincolo solidale. A sua volta, Mevia, potrà ripetere da Caia tutta la somma pagata all'arbitro, in quanto quest'ultima è tenuta a sopportare le spese dell'arbitrato.

Fa eccezione l'ipotesi in cui le parti stipulino un compromesso a lite già pendente davanti al giudice, ai sensi dell'art. 1 del d.l. n. 132 del 2014: esse saranno tenute al pagamento ciascuna per la propria parte.

Il compenso trova una diversa regolamentazione, a seconda che l'arbitrato sia *ad hoc* o amministrato.

a) *Arbitrato* ad hoc. Nell'arbitrato *ad hoc*, a meno che le parti e gli arbitri non abbiano concordato un compenso ai sensi dell'art. 2233, comma 1°, c.c., sono gli arbitri a determinare l'onorario e le spese dovute, con apposita ordinanza o addirittura in sede di deliberazione del lodo.

Si tratta però di una mera proposta, non vincolante, alla quale le parti possono aderire pagando spontaneamente.

Se le parti non aderiscono, o rimangono semplicemente silenti (e sempre che il silenzio non sia da interpretare, alla luce delle circostanze del caso di specie, come accettazione tacita), gli arbitri possono rivolgersi al Presidente del tribunale, che provvede a liquidare il loro compenso.

Fa eccezione l'arbitrato sui contratti pubblici *ex* art. 241 d.lgs. n. 163 del 2006, perché gli arbitri liquidano direttamente il compenso e le spese e la relativa ordinanza "costituisce titolo per l'ingiunzione di cui all'art. 633 c.p.c.".

L'istanza può essere presentata anche dal singolo arbitro; il procedimento, regolato dall'art. 814 c.p.c., segue il rito della camera di consiglio.

La valutazione del Presidente deve limitarsi, secondo l'interpretazione maggioritaria, alla determinazione del compenso sulla base delle attività svolte e non può estendersi, neppure incidentalmente, ad accertamenti circa la responsabilità degli arbitri o l'invalidità della convenzione arbitrale, che influirebbero sulla debenza del compenso.

Il Presidente, sentite le parti, decide con ordinanza immediatamente esecutiva, che può essere reclamata ai sensi dell'art. 825, comma 4°, davanti alla Corte d'appello, entro trenta giorni dalla comunicazione: quest'ultima può anche sospendere l'esecutività del provvedimento impugnato ai sensi dell'art. 830, comma 4°, c.p.c.

Si è aperta una *querelle* giurisprudenziale sull'idoneità al giudicato e la conseguente impugnabilità in cassazione dell'ordinanza di reclamo: *querelle* risolta per ora in senso negativo dalle sezioni unite (da ultimo Cass., 31 luglio 2012, n. 13620), che ritengono, criticabilmente, il procedimento di natura non contenziosa. L'assunto nasce dall'idea che il giudice non venga chiamato ad accertare il diritto degli arbitri al compenso (l'*an*), ma debba limitarsi soltanto a quantificarlo, sostituendosi, in ciò, alle parti contrattuali o ad un eventuale arbitratore.

Con riguardo alla determinazione del *quantum*, mentre le spese vengono conteggiate sulla base dei costi sostenuti, il compenso degli arbitri è stato oggetto di ripetuti interventi normativi.

Allo stato attuale, si deve fare riferimento al regime valevole per gli avvocati in veste di arbitri, ai sensi dell'art. 24 d.l. n. 223 del 2006 (conv. in l. n. 248 del 2006), tuttora vigente.

La norma citata fa riferimento alle tariffe, oggi abrogate e sostituite da appositi parametri, utilizzabili dal giudice nella liquidazione dei compensi dell'avvocato, in assenza di accordo fra questi ed il proprio assistito.

Consegue che, salvo diverso accordo con le parti sull'importo del compenso, gli arbitri faranno verosimilmente capo ai citati parametri, sapendo che essi costituiranno la base di riferimento per l'eventuale liquidazione giudiziale.

Nel momento in cui si scrive vigono i parametri di cui al d.m. n. 55 del 2014, che fissa gli onorari degli arbitri in una somma predeterminata, diminuibile fino al 50% ed aumentabile fino all'80%: inopportunamente, peraltro, la legge non determina un diverso compenso a seconda che della lite si sia occupato un arbitro unico o un collegio. L'art. 10 del d.m. cit. parla genericamente di arbitri e sembra dunque confermare l'applicabilità a chiunque assuma detta veste, a prescindere dalla sua appartenenza ad altre categorie professionali.

Di regola, il compenso si determina sul valore della domanda, il cui accertamento diviene dunque nodale, al fine di quantificare l'effettivo costo dell'arbitrato: al riguardo, si può fare utile riferimento al regime di determinazione del valore ai fini della competenza del giudice (art. 10 ss. c.p.c.).

Vi sono poi regimi speciali, dettati per alcune materie.

Quando parte dell'arbitrato è una pubblica amministrazione, sono previsti opportuni calmieramenti della spesa.

Ai sensi della l. n. 190 del 2012 la pubblica amministrazione deve preventivamente fissare l'importo massimo del compenso al dirigente pubblico a pena di nullità, di modo che l'eventuale differenza fra quest'ultimo e il compenso effettivamente percepito nella sua qualità di arbitro torni alla collettività, con l'acquisizione a bilancio dell'amministrazione.

In particolare, il codice dei contratti pubblici (artt. 241 e 243, d.lgs. n. 163 del 2006), negli arbitrati aventi ad oggetto "lavori, servizi, forniture, concorsi di progettazione e di idee", detta una serie di norme dirette a contenere il più possibile i costi.

L'idea centrale è quella di limitare l'esborso economico, attraverso: *a*) la determinazione normativa delle tariffe degli arbitri e del valore della lite (d.m. n. 398 del 2000, appositamente non abrogato limitatamente a queste previsioni); *b*) un valore massimo complessivo di spesa per i compensi (escluse le spese) in centomila euro; *c*) il richiamo alle tariffe giudiziali *ex* d.p.r. 115 del 2002, con riguardo all'eventuale consulente tecnico o ausiliare di giustizia, ivi compreso il segretario.

Anche per l'arbitrato a lite pendente, di cui al d.l. n. 132 del 2014, conv. in l. n. 162 del 2014, cit., sono previste particolari riduzioni.

Infine, nell'arbitrato di lavoro *ex* art. 412-*quater* c.p.c., i compensi del presidente del collegio e degli altri arbitri vanno limitati rispettivamente entro il due e l'uno per cento del valore della lite.

Gli arbitri hanno il diritto a richiedere degli anticipi sulle spese e sugli onorari.

Con riguardo alle spese prevedibili, tale diritto è espressamente disciplinato dall'art. 816-*septies* c.p.c.; con riguardo ai compensi, il fondo spese è previsto dalla disciplina della prestazione d'opera intellettuale (art. 2234 c.c.).

Vi è, in proposito, una peculiarità.

Se gli arbitri lo abbiano stabilito espressamente, il mancato pagamento del fondo spese, limitatamente alle spese prevedibili, permette loro di chiudere anticipatamente il procedimento.

Infatti, se una parte non paga la sua quota, viene richiesto il pagamento dell'intero all'altra parte. Se anche quest'ultima non paga, viene meno il vincolo arbitrale con riguardo alla controversia oggetto dell'arbitrato.

La norma non parla dei compensi; tuttavia, da un lato, dovrebbe ritenersi possibile per gli arbitri di avvalersi dell'eccezione di inadempimento, per rifiutare a loro volta la prosecuzione dell'incarico; d'altro lato, non vedo ostacoli nel prevedere, in accordo con le parti (magari a verbale della prima udienza) l'estensione della norma anche ai compensi.

La previsione ha il pregio di evitare che gli arbitri si trovino costretti ad anticipare costi anche ingenti, con il rischio di non riuscire a recuperarli all'esito del procedimento, ma può avvantaggiare la parte che non abbia interesse alla prosecuzione dell'arbitrato.

Per tale motivo, alcuni regolamenti arbitrali stabiliscono che, nel caso in cui le parti abbiano proposto domande reciproche, l'arbitrato prosegue limitatamente alle domande della parte adempiente.

Ad esempio, è in tal senso l'art. 25 del regolamento della Camera arbitrale di Bologna.

Si discute, nel panorama internazionale, se gli arbitri o un giudice possano condannare una parte alla restituzione delle somme anticipate dall'altra, prima della pronuncia del lodo di merito. In Italia, non ritengo, alla luce di quanto detto nel cap. XI, par. 14, che gli arbitri possano pronunciare provvedimenti provvisori corredabili di esecutorietà; si potrebbe valutare l'ammissibilità di una ordinanza provvisoria satisfattiva da parte del giudice, ma essa troverebbe comunque ostacolo nell'art. 816-*septies* c.p.c., che non prevede detta possibilità; oppure, eventualmente, si potrebbe configurare la possibilità di un lodo parziale, ove si sia disposti ad ammettere che la decisione verta su una vera e propria domanda di merito, di natura non cautelare né provvisoria (soggetta però ad eventuale restituzione in caso di condanna alle spese della parte adempiente).

In ambito internazionale, assumono particolare importanza i provvedimenti arbitrali che tendono ad assicurare il pagamento delle spese, spesso di notevole ammontare: si tratta di una misura provvisoria (direi cautelare, benché al servizio del processo e non del merito) denominata *security for costs*.

In tal senso è la previsione dell'art. 38 dell'*Arbitration act* inglese. In pratica, quando la situazione economica di una delle parti è critica, dopo la conclusione della convenzione di arbitrato, o comunque in caso di comportamenti che fanno presumere ch'ella non pagherà le spese dell'arbitrato nell'eventualità di una condanna, l'avversario – di solito il convenuto – richiede agli arbitri l'ordine di prestare garanzia o cauzione corrispondente alle spese prevedibili. Detto ordine potrà anche riguardare gli anticipi da versare all'ente amministratore o agli arbitri, nel qual caso sarà di regola l'attore a chiederlo, quando debba pagare al posto del convenuto recalcitrante per poter continuare nel procedimento.

È assai dubbio che gli arbitri soggetti alla legge processuale italiana possano emettere siffatti provvedimenti, in virtù di quanto si è detto con riguardo all'inammissibilità di decisioni senza accertamento (cap. XI, par. 14).

b) *Arbitrato amministrato*. Nell'arbitrato amministrato, di regola, è l'ente che si occupa della determinazione dei compensi, facendo ricorso a tariffe predeterminate che vanno da un minimo ad un massimo; spesso, il pagamento è effettuato nelle mani dell'ente medesimo ed è previsto il versamento di un anticipo.

A differenza dell'arbitrato *ad hoc*, ritengo che la determinazione del compenso degli arbitri compiuta dall'ente sia vincolante per le parti, dovendo essere qualificata come arbitraggio, che queste hanno accettato rinviando al regolamento. Peraltro, affinché sia esecutiva, sarà necessario il ricorso al giudice, eventualmente a mezzo di procedimento per ingiunzione.

Contrari orientamenti permettono il ricorso alla procedura di liquidazione *ex* art. 814 c.p.c. (limitatamente agli arbitri e non al compenso dell'ente), nel qual caso si pongono problemi di legittimazione alla richiesta, se cioè debbano essere gli arbitri o la Camera arbitrale ad adire il giudice. Affidare la legittimazione alla Camera arbitrale non sarebbe, a mio parere, in linea con la sua funzione, che è quella di controllo dei compensi e di intermediazione fra parte ed arbitro, al fine di garantire la massima imparzialità, mentre il credito resta pur sempre di titolarità dell'arbitro. Ciò vale sia per i compensi degli arbitri nominati dalle parti, sia per quelli degli arbitri nominati dalla Camera, perché non mi sembra che, in entrambi i casi, si possa parlare di un rapporto diretto fra quest'ultima e l'arbitro, con riguardo alla funzione giudicante dalla quale deriva il diritto al compenso.

Alcuni regolamenti prevedono che il termine per il deposito del lodo da parte degli arbitri presso l'ente possa essere sospeso in attesa del saldo di quanto dovuto.

In tal senso è, ad esempio, l'art. 38 del regolamento della Camera arbitrale di Milano.

Per contro, la possibilità per l'ente amministratore di trattenere presso di sé il lodo già depositato dagli arbitri, in attesa del saldo, non sembra in linea con la regola che emerge dalla disciplina codicistica, cioè la consequenzialità necessaria fra la pronuncia del lodo nel termine stabilito e la comunicazione alle parti. È vero che l'art. 813-*ter* ricollega la responsabilità dell'arbitro alla sola mancata pronuncia del lodo entro il termine, ma sarebbe contrario allo spirito della norma non far seguire, in tempi brevi, la conoscibilità del responso in capo alle parti. L'*Arbitration act* inglese all'art. 56 prevede espressamente la facoltà per gli arbitri di non comunicare il lodo in caso di mancato pagamento del compenso agli arbitri; tuttavia, è prevista la possibilità di rivolgersi al giudice per ottenere la decisione, dietro pagamento di una somma stabilita da quest'ultimo.

Un particolare esempio di liquidazione del compenso ad opera di un ente arbitrale è quello previsto dalla legge con riguardo alla Camera arbitrale per i contratti pubblici, quando questa abbia designato gli arbitri (cap. VI, par. 12).

L'art. 243 d.lgs. n. 163 del 2006 prevede, infatti, che spetti alla Camera arbitrale liquidare il compenso degli arbitri (sulla base di una specifica tariffa di cui al d.m. n. 398 del 2000), nonché il compenso di eventuali ausiliari, provvedendo altresì sulla modalità dell'acconto e all'incasso diretto degli importi. Si discute se la determinazione della Camera arbitrale abbia natura di atto amministrativo, oppure integri gli estremi di un arbitraggio, com'è a mio avviso preferibile, tenuto conto del ruolo dell'ente, che interviene pur sempre in un fenomeno privato.

3. Le spese della difesa.

La parte non deve sostenere le spese per la difesa tecnica, quando abbia scelto – ipotesi peraltro non frequente nella prassi – di non munirsi di difensore.

Se presente, quest'ultimo deve necessariamente rivestire la qualità di avvocato (cap. XI, par. 4), per cui il compenso sarà determinato o in base ad un accordo con l'assistito, oppure con riferimento agli appositi parametri dettati per la sua categoria professionale.

Sulla base dei parametri vigenti al momento in cui si scrive (d.m. n. 55 del 2014), il compenso è costituito dalla somma degli importi dovuti per ciascuna fase del processo, se svolta: fase preliminare di studio, fase introduttiva, fase istruttoria, fase decisionale.

Occorre tenere concettualmente distinto il rapporto economico fra l'avvocato ed il proprio assistito, rispetto all'eventuale condanna dell'avversario a sostenere le spese di difesa del vittorioso (par. 5).

Nel rapporto interno, infatti, il compenso è determinato sulla base dei criteri sopra visti; nel rapporto con il soccombente, invece, il rimborso è liquidato dagli arbitri, che potranno, peraltro, fare riferimento anch'essi ai parametri sopra citati.

Non è scontato (anche se auspicabile, tenendo conto della *ratio* della disposizione) che gli importi coincidano (ad esempio in ipotesi di accordo fra il difensore ed il suo assistito su una cifra a *forfait*, ritenuta dagli arbitri eccessiva), nel qual caso l'assistito sarà tenuto a versare all'avvocato il compenso dovuto, mentre otterrà il rimborso della diversa somma stabilita dagli arbitri.

4. Il prelievo fiscale.

Quando l'arbitrato ha sede in Italia, l'attività arbitrale è assoggettata a prelievo fiscale, sotto forma di imposta di bollo e di imposta di registro, oltre al regime delle imposte dirette e sul valore aggiunto fra le parti e nei rapporti parti-arbitri.

Il sistema del contributo unificato vigente per il processo statuale, cioè il versamento di un importo iniziale *una tantum*, non sembra invece applicabile.

È d'obbligo il termine dubitativo, perché, dopo la svolta della Cassazione del 2013 (cap. I, par. 2), si potrebbe avanzare l'idea che l'arbitrato rientri nei procedimenti "di natura giurisdizionale" di cui al d.p.r. n. 115 del 2002. Ho però espresso il mio dissenso rispetto alla tesi in esame.

a) L'imposta di bollo (d.p.r. n. 642 del 1972) è dovuta, in primo luogo, sulla convenzione arbitrale.

Il regime è diverso a seconda che si tratti di un compromesso o di una clausola compromissoria inserita in un altro contratto (nel qual caso si discute se sia soggetta ad imposta in una con il predetto contratto); nel caso in cui sia frutto di uno scambio di corrispondenza, vi è l'agevolazione dell'imposta solo in caso d'uso.

È altresì dovuta per gli atti di parte (non per i documenti, non assoggettati in origine all'imposta di bollo e le copie semplici), gli atti del procedimento (ad esempio i verbali) e i provvedimenti degli arbitri: andrà bollata anche la perizia del c.t.u.

Infine, l'imposta va applicata al lodo.

Se gli arbitri ricevono dalle parti atti non in regola con il bollo, non possono rifiutare il deposito, ma si ritiene che debbano trasmettere la segnalazione alla pubblica amministrazione competente.

b) L'imposta di registro (d.p.r. n. 131 del 1986) va versata sia con riguardo alla convenzione arbitrale sia con riferimento al lodo.

L'imposta per la convenzione arbitrale è dovuta a misura fissa, trattandosi di contratto a contenuto non patrimoniale, con regime differenziato a seconda che sia redatta con atto pubblico o scrittura privata autentica, oppure scrittura semplice o scambio di corrispondenza (in queste ultime ipotesi solo in caso d'uso).

Il lodo sconta la stessa imposta delle sentenze, quando venga omologato dal giudice, con conseguente onere del cancelliere di richiedere direttamente la registrazione.

Parimenti, l'imposta è dovuta in tutti i casi d'uso. Non va invece versata nel caso di adempimento spontaneo della pronuncia: si tratta di un notevole vantaggio rispetto alla sentenza, attenuato però, almeno secondo una parte degli interpreti, dall'obbligo di registrazione in caso di impugnazione (considerata caso d'uso).

In tutte le ipotesi, deve ritenersi che gli arbitri non siano corresponsabili in ordine al pagamento dell'imposta di registro sul lodo.

Quanto detto vale per l'arbitrato italiano rituale. Regole evidentemente diverse valgono per il lodo straniero, mentre per il lodo irrituale (cap. XVIII) nulla è detto espressamente, occorrendo perciò fare riferimento al regime fiscale dei contratti.

È da segnalare, in proposito, la risoluzione ministeriale 25 novembre 1983, n. 240964, secondo cui il lodo irrituale è soggetto all'obbligo di registrazione, alla pari dei contratti, in base agli effetti che produce. Si richiama sovente la transazione (soggetta a registrazione obbligatoria), ma vale la pena sottolineare che il lodo irrituale contiene pur sempre un accertamento, pertanto non è assimilabile al contratto transattivo. Quanto alla responsabilità degli arbitri, se essi siano qualificati come mandatari delle parti, la soluzione sarà opposta a quella dell'arbitrato rituale, essendo stabilito che i mandatari sono corresponsabili per il pagamento dell'imposta.

5. La condanna alle spese.

Spetta agli arbitri l'onere di decidere chi debba sostenere le spese del procedimento, comprese le spese di difesa.

In ambito internazionale, si ritiene valido il principio della soccombenza, peraltro con una certa elasticità, quando rilevino circostanze quali la condotta delle parti, il valore ingiustificatamente elevato delle domande e così via.

V. ad esempio l'art. 61 dell'*Arbitration act* inglese, secondo cui "Unless the parties otherwise agree, the tribunal shall award costs on the general principle that costs should follow the event except where it appears to the tribunal that in the circumstances this is not appropriate in relation to the whole or part of the costs"; il regolamento della Camera arbitrale di Stoccolma, art. 44, fa riferimento a "outcome of the case and other relevant circumstances". L'*Arbitration act* svedese (art. 37), a sua volta, individua nel lodo che dichiara l'incompetenza degli arbitri un caso in cui il convenuto non è tenuto a versare le spese, salvo "special circumstances".

Che gli arbitri non siano vincolati al regime di riparto delle spese di cui all'art. 91 ss. c.p.c. è assunto condivisibile, in quanto implicitamente desumibile dalla libertà nella determinazione delle regole procedimentali stabilita dall'art. 816-*bis* c.p.c. Peraltro, la tendenziale correlazione fra chi perde e chi paga le spese del processo costituisce l'applicazione del giusto principio in base al quale la parte che ha ragione ha diritto di ottenere tutto ciò che le spetta.

In tal senso è una pronuncia della Cassazione (30 giugno 2015, n. 13312), che ha ritenuto vessatoria una clausola compromissoria derogatoria del principio a sfavore dell'assicurato. Negli arbitrati regolati dal codice dei contratti pubblici (d.lgs. n. 163 del 2006), si stabilisce, all'art. 241, comma 12°-*bis*, che "il collegio arbitrale, se accoglie parzialmente la domanda, compensa le spese del giudizio in proporzione al rapporto tra il valore della domanda e quello dell'accoglimento", fatta salva l'applicazione dell'art. 92, comma 2°, c.p.c.

Potranno peraltro valere attenuazioni del principio per circostanze motivate, come la condotta delle parti; più dubbia è l'applicazione del regime collegato all'eventuale proposta conciliativa del giudice di cui all'art. 91 c.p.c. (mentre avrei meno dubbi sulla possibilità più generale di applicare l'ultimo comma dell'art. 96 c.p.c.).

Premesso che non sono a mio avviso richiamabili – facendo la legge unicamente riferimento al giudice – le disposizioni di cui al d.lgs. n. 28 del 2010 (che permettono al giudice di infliggere una sanzione o di escludere le spese a carico del soccombente, ove la parte rifiuti la proposta conciliativa ed ottenga poi lo stesso *quantum* in sentenza), ci si può domandare se gli arbitri possano applicare, in assenza di richiamo delle parti, l'art. 91 c.p.c. nella parte in cui dispone che il giudice debba condannare la parte vincitrice alle spese maturate dopo la formulazione della proposta; sarei per la negativa, perché la norma non è automaticamente estendibile all'arbitrato e, d'altro canto, non ha la stessa valenza di regola generale che caratterizza la corrispondenza fra onere delle spese e soccombenza.

Ad ogni modo, non è escluso che le parti, anche tramite rinvio ad un regolamento, impongano agli arbitri un criterio diverso da quello della soccombenza.

Nel regolamento Consob (art. 31), in caso di soccombenza dell'investitore non professionale non determinata da lite temeraria, le spese sono sempre divise a metà.

6. Il costo come ostacolo all'effettività dell'arbitrato: possibili rimedi.

Il costo è avvertito, dagli operatori, come uno dei principali ostacoli all'utilizzo proficuo dell'arbitrato.

Secondo alcuni orientamenti d'oltreconfine, esso può addirittura condizionare la stessa efficacia della convenzione arbitrale.

Il *Bundesgerichtshof* tedesco (14 settembre 2000), ha ritenuto che la clausola compromissoria sia inefficace in caso di assoluta impossibilità di una delle parti di far fronte ai costi dell'arbitrato. La Corte suprema americana (11 dicembre 2000, *Green Tree vs. Randolph*), dopo aver stabilito che i costi dell'arbitrato sono un elemento dal quale dipende lo stesso diritto di azione, pone sul tappeto questioni – pur senza risolverle direttamente – di "ragionevolezza" e "giustizia" di una clausola arbitrale che importi un sacrificio economico sproporzionato rispetto al valore della lite, nonché di "accessibilità" alla tutela arbitrale da parte di chi non abbia particolari risorse economiche.

Si sono già visti i casi in cui la legge italiana è intervenuta per calmierare i compensi degli arbitri. Inoltre, un ruolo importante spetta agli enti amministratori, che fissano talvolta tariffe più contenute rispetto ai parametri dell'arbitrato *ad hoc*.

Il problema si pone, specialmente, quando i contendenti siano in condizioni di disparità economica, o quando il valore della lite sia sproporzionato rispetto al costo dell'arbitrato.

In Italia, l'art. 816-*septies* c.p.c., nel sancire il venir meno della convenzione arbitrale in caso di mancato anticipo delle spese da parte di chi vi abbia interesse, quando l'avversario non ottemperi, non va certo nella direzione di facilitare l'attore debole.

Non credo però che la via migliore sia quella di scoraggiare il ricorso all'arbitrato (si pensi al divieto nelle società quotate in borsa o ad azionariato particolarmente diffuso, *ex* art. 34 d.lgs. n. 5 del 2003). La rapidità dei tempi e la flessibilità della procedura possono, anzi, assicurare una tutela assai più consistente di quella giudiziale, per determinate categorie di soggetti svantaggiati.

Occorre piuttosto trovare rimedi atti a diminuire l'impatto del costo sulla scelta arbitrale. L'Unione europea è assai sensibile al riguardo, prevedendo (direttiva n. 22 del 2013) la tendenziale gratuità o la cospicua riduzione del costo a carico del consumatore e, in ogni caso, la sua prevedibilità, sia con riguardo al *quantum*, sia per quanto attiene alla ripartizione dell'onere.

Diversi possono essere gli strumenti di contenimento dei costi.

a) Semplificazione del procedimento. In primo luogo si può agire tramite uno snellimento delle regole processuali, in modo da contenere al massimo i costi delle trasferte, del lavoro degli arbitri e dei difensori.

I regolamenti degli arbitrati amministrati possono fare molto sotto questo profilo: la preferenza per la nomina di un arbitro unico, ove possibile; la sede dell'arbitrato vicina alla residenza delle parti (cfr. il foro del consumatore, obbligatorio a pena di vessatorietà); la possibilità di uso di strumenti telematici; la previsione di semplificazioni istruttorie, a patto che non vadano a discapito di una piena cognizione; la predisposizione di modalità di difesa particolarmente facilitate, per permettere alla parte di stare in giudizio senza avvocato. Occorre peraltro essere cauti: il ricorso a cognizioni semplificate dovrebbe essere valutato caso per caso, perché talvolta una lite di valore contenuto può richiedere un'istruttoria complessa; inoltre, la possibilità di stare in giudizio personalmente è sicuramente idonea a contenere i costi, ma comporta il rischio di una disparità di difesa.

b) *Gratuità o costo moderato per la parte debole.* In presenza di una parte debole, la soluzione migliore è senz'altro quella della gratuità.

In Spagna, l'arbitrato di consumo (regolato dal *Real decreto* n. 231 del 2008) è tendenzialmente gratuito per intervento pubblico, ma la disciplina è stata via via modificata, al fine di ridurre lo sforzo economico della Stato. Ad esempio, è previsto che le prove chieste dalle parti debbano essere pagate da queste ultime.

Ci si può chiedere, in primo luogo, se al processo arbitrale sia applicabile il sistema del gratuito patrocinio davanti al giudice, ma non sembra che un'interpretazione coordinata delle disposizioni della l. n. 115 del 2002 permetta di ricomprendere all'interno delle liti coperte dall'assistenza statuale anche quelle devolute in arbitrato.

Benché, infatti, la legge, nell'art. 3, definisca il processo come "qualunque procedimento contenzioso o non contenzioso di natura giurisdizionale", occorre pur sempre dimostrare che l'arbitrato ne condivida la natura (ciò che si è escluso in precedenza); inoltre si parla in più parti di processo civile, con chiaro riferimento a quello che si svolge davanti all'autorità giudiziaria (v. ad esempio artt. 78, 82, 83 l. cit.).

Vi si potrà fare ricorso, se mai, per la fase di impugnazione del lodo e più in generale per tutti i procedimenti incidentali davanti al giudice. In tutti i casi, il rimedio non coprirebbe una larga fascia di potenziali utilizzatori che, pur non rientrando nei ridotti limiti di reddito previsti dalla norma, non sono in grado di sostenere i costi.

Il contributo dello Stato può anche essere erogato sotto forma di un credito di imposta: è previsto, in via sperimentale, dall'art. 21-*bis* della l. n. 132 del 2015, con riguardo all'arbitrato a lite giudiziale pendente.

Sul fronte privato, si potrebbe pensare a costi differenziati, a seconda della capacità economica delle parti in causa, prevedendo un criterio di riparto diverso dalla soccombenza nei rapporti interni (par. 5), ferma l'eguaglianza nei confronti degli arbitri, oppure attribuendo direttamente ad una parte l'onere del pagamento delle spese.

L'arbitrato di consumo, ad esempio, può costituire un efficace mezzo pubblicitario, per attrarre nuova clientela, da parte dell'impresa che si impegni a sostenere i relativi costi.

La soluzione è interessante, ma può minare la terzietà dell'arbitro, che potrebbe essere indotto a favorire il soggetto tenuto a corrispondergli la maggior parte o tutto il compenso.

Si possono però, al riguardo, predisporre alcuni correttivi.

Ad esempio, l'istituzione arbitrale può assumere il ruolo di filtro fra arbitri e parti, provvedendo alla gestione degli incassi ed impedendo, così, ai primi di conoscere il riparto dei costi fra le seconde.

Un esempio è rappresentato dal *Consumer Due Process Protocol* della *Aaa* (*American Arbitration Association*): l'ente amministratore gestisce in via esclusiva i pagamenti, "without disclosing the parties' share therein".

Il ricorso a strumenti assicurativi, o a forme di contribuzione volontaria delle imprese in fondi autonomi, eventualmente in concorso fra loro (sull'esempio del settore della sanità) potrebbe permettere di frapporre un ulteriore filtro fra l'arbitro e la parte; oppure, i costi potrebbero essere sostenuti da associazioni di categoria o da apposite fondazioni, purché ciò sia fatto con risorse finanziarie dedicate e non confluenti nel bilancio generale dell'associazione (cfr. direttiva Ue n. 22 del 2013, all'art. 6, par. 4).

Queste soluzioni garantiscono altresì una migliore solvibilità.

L'art. 412-*quater* c.p.c. prevede, nell'ambito dello specifico arbitrato di lavoro regolato dalla norma, che i contratti collettivi di categoria possano istituire un fondo per il rimborso delle spese sostenute dalle parti.

Addirittura, l'ente può approntare un sistema di gratuito patrocinio "interno".

È il caso della Corte di arbitrato per lo sport di Losanna che, a certe condizioni, assicura alla persona fisica (cfr. le *Guidelines on legal aid before the Court of arbitration for sport* del 2013) le spese del procedimento; è previsto anche un "pro bono counsel", tratto da un'apposita lista e chiamato a prestare all'indigente l'assistenza gratuita.

Negli Stati Uniti, è da tempo in uso la prassi del *third party funding*, cioè la ricerca di finanziamenti di terzi, quando la vertenza si presenti particolarmente complessa e costosa.

I problemi maggiori riguardano il ruolo del terzo finanziatore, che, pur non essendo parte del processo, è economicamente interessato al suo esito, con il pericolo di scissione fra parte formale e parte sostanziale e tutte le conseguenti questioni: molti regolamenti o modelli di contratti di finanziamento prevedono apposite regole per evitare o ridurre gli effetti distorsivi di questa pratica.

c) Prevedibilità del costo. Decisiva, specie nei rapporti economici, è la prevedibilità del costo.

La miglior via è quella di stabilire anticipatamente, con accordo fra le parti e gli arbitri, un importo fisso.

Ai sensi del d.m. 2 settembre 2010, art. 39, in tema di compensi dei dottori commercialisti ed esperti contabili, le parti debbono preconcordare l'onorario dell'arbitro con quest'ultimo e, solo in mancanza, questi procede alla liquidazione secondo i parametri.

Questa opzione si scontra con la difficoltà di valutare il costo *ex ante*, quando non è possibile prevedere in anticipo il valore definitivo della lite o la complessità delle attività da svolgere; ad ogni modo, resta un margine di fattibilità, specie nelle liti seriali.

Sono interessanti in proposito, le *American arbitration association supplementary rules enable predictable time-and-cost construction arbitration*, che permettono di calcolare in anticipo i tempi ed i costi: questo è possibile quantificando il lavoro dell'arbitro in costo orario ed avendo un'idea media dei tempi per quel tipo di lite.

7. La riservatezza in arbitrato.

Si suole affermare che una delle caratteristiche che differenziano l'arbitrato dal giudizio statuale è la riservatezza del procedimento e della decisione.

Si distingue fra riservatezza (*privacy*) e confidenzialità (*confidentiality*), intendendo la prima come diritto di non far accedere terzi alle udienze e alle attività arbitrali e la seconda come onere di non rendere pubbliche informazioni, documenti, ecc. inerenti al processo arbitrale.

In realtà, la legge italiana non prende espressa posizione sul punto. Alcuni ordinamenti hanno fatto una scelta diversa, con soluzioni talvolta opposte.

Ad esempio, la legge spagnola sull'arbitrato, all'art. 24, comma 2°, impone alle parti, agli arbitri e agli enti di assicurare che non vengano divulgate informazioni; all'opposto, l'art. 5 della legge arbitrale norvegese, esclude il dovere di confidenzialità, a meno che le parti non l'abbiano espressamente previsto, mentre condiziona la partecipazione del terzo alla volontà delle parti. Il codice di procedura civile francese distingue fra arbitrato interno ed internazionale: per il primo, a differenza del secondo, prevede espressamente, salvo eccezioni, il principio di confidenzialità (art. 1464, comma 4°).

Anche molti regolamenti arbitrali prevedono norme *ad hoc*.

Una disciplina molto dettagliata è contenuta nell'art. 44 delle *Swiss rules*, a termini del quale, salva contraria volontà delle parti, la riservatezza va garantita (da parte di tutti gli "attori" del procedimento, incluso il c.t.u. e l'ente), quanto a tutte le informazioni e alle attività del procedimento, a meno che "a disclosure may be required of a party by a legal duty, to protect or pursue a legal right, or to enforce or challenge an award in legal proceedings before a judicial authority"; la delibera è altresì da ritenersi confidenziale, ma il lodo può essere pubblicato, su richiesta, cancellando i riferimenti nominativi e salva opposizione di una parte in un termine fissato *ad hoc* (v. par. successivo).

Le parti, poi, sono libere di introdurre nel patto arbitrale regole di riservatezza, oppure possono convenirle durante il procedimento, magari su sollecitazione degli arbitri.

Significativa è la clausola-tipo proposta dalla *International Law Association*, in un *Report* sulla confidenzialità in arbitrato presentato alla conferenza dell'Aja dell'agosto 2010.

Per converso, le parti possono attenuare negozialmente il dovere di riservatezza e, anche in mancanza di accordo, possono derogarvi quando abbiano necessità di tutelare un proprio diritto in altra sede giudiziale, o l'obbligo di ottemperare a doveri imposti dalla legge (ad esempio informazioni alla pubblica amministrazione).

La riservatezza può venire in gioco sia durante il procedimento arbitrale, sia con riguardo al lodo.

a) *Procedimento*. È indubbio che l'arbitrato *ad hoc*, svolgendosi prevalentemente in luoghi privati, garantisca una particolare *privacy*, grazie anche all'ambito ristretto dei soggetti a conoscenza del procedimento.

Parimenti, gli enti amministratori di regola assicurano riservatezza nello svolgimento delle attività arbitrali.

È però necessario ricordare che anche davanti all'autorità giudiziaria civile le udienze di trattazione (eccetto quella di discussione – art. 128 c.p.c. –, rara nella prassi del rito ordinario) non sono pubbliche (art. 84, disp. att. c.p.c.).

Fa eccezione alla regola l'arbitrato societario, dato che l'art. 35 d.lgs. n. 5 del 2003 prevede l'obbligo di deposito della domanda d'arbitrato presso il registro delle imprese, affinché sia resa accessibile – soltanto – ai soci, all'evidente fine di permettere loro di partecipare, ad esempio quando sia stata impugnata una delibera assembleare ed il socio voglia a sua volta impugnarla, oppure intervenire a sostegno della società.

È altresì previsto che siano pubblicati nel registro delle imprese il – solo – dispositivo del provvedimento di sospensione della delibera, nonché il dispositivo del lodo che decida sulla sua validità, al fine di assicurare la pubblicità necessaria ad evitare il consolidamento dei diritti dei terzi di buona fede.

Nella fase istruttoria, possono porsi particolari problemi di confidenzialità, con riguardo alla produzione di documenti, o ad indagini di consulenti tecnici, che siano suscettibili di rivelare fatti protetti da segreti industriali o commerciali.

In questo caso, gli arbitri debbono adottare ogni più opportuna cautela, invitando se del caso le parti a concludere uno specifico accordo di confidenzialità, in modo da poter assumere la prova garantendo al contempo la tutela delle informazioni riservate;

Secondo l'art. 9 delle *Iba Rules on the Taking of Evidence*, oltre alla possibilità di escludere i documenti e le informazioni riservate dall'istruttoria, è possibile per gli arbitri "where appropriate, make necessary arrangements to permit evidence to be presented or considered subject to suitable confidentiality protection".

oppure possono stabilire che venga nominato un *confidentiality advisor*, che, pur mantenendo la piena riservatezza sulle informazioni, fornisca elementi utili alla valutazione dei fatti.

L'art. 52 delle *Wipo rules* (*World Intellectual Property Organisation*), in circostanze nelle quali la mancata protezione dei dati sia in grado di causare grave danno ad una parte, prevede che gli arbitri nominino un *confidentiality advisor*, che valuti la sussistenza di questa esigenza e stabilisca le modalità per contemperarla con il diritto alla prova, oppure vada oltre, assumendo le vesti di esperto incaricato di rendere il proprio parere "on specific issues designated by the Tribunal without disclosing the confidential information either to the party from whom the confidential information does not originate or to the Tribunal".

b) *Lodo*. È principio internazionalmente accettato che gli arbitri debbano garantire la confidenzialità, nella trasmissione della decisione alle parti.

In Italia, si ritiene, alla luce dell'art. 52 d.lgs. n. 196 del 2003, che il lodo divenga accessibile al pubblico, al pari della sentenza, quando sia depositato in tribunale per ottenerne l'esecutività.

La norma citata, infatti, equipara alla sentenza il lodo depositato e precisa che la parte può chiedere agli arbitri, prima della pronuncia della decisione, che sia apposta un'annotazione "volta a precludere, in caso di riproduzione [...] in qualsiasi forma, per finalità di informazione giuridica su riviste giuridiche, supporti elettronici o mediante reti di comunicazione elettronica, l'indicazione delle generalità e di altri dati identificativi del medesimo interessato riportati" sul lodo medesimo. Si è peraltro avanzato il dubbio che da questa norma sia desumibile, *a contrario*, il divieto di pubblicità del lodo non depositato (par. 8).

La legge austriaca sull'arbitrato, all'art. 616(2), prevede che, su richiesta della parte, quando vi sia motivo giustificato e legittimo, anche la pubblicità del procedimento giudiziale (ad esempio sull'impugnazione del lodo) possa essere esclusa.

Ad ogni modo, va consentito alla parte di produrre il lodo in un altro giudizio, anche nei confronti di terzi, quando ciò sia necessario per tutelare il proprio diritto di difesa.

Quando venga violato il dovere di riservatezza da parte di un contendente a danno dell'altro, deve ritenersi che gli arbitri possano occuparsene direttamente, a patto che la vicenda rientri nell'ambito oggettivo e soggettivo della convenzione arbitrale.

8. Riservatezza *vs.* trasparenza.

Il confine fra dovere di riservatezza e trasparenza è particolarmente dibattuto nei tempi più recenti.

La trasparenza non è finalizzata soltanto a rendere controllabile l'attività arbitrale, per incrementare la fiducia degli utilizzatori, ma anche ad attribuire alle istituzioni arbitrali un ruolo attivo nella tutela dei diritti, attraverso la pubblicazione della giurisprudenza arbitrale e la predisposizione di linee-guida per la gestione di determinate categorie di liti, a scopo preventivo.

Che la trasparenza sia importante lo conferma anche la direttiva Ue n. 22 del 2013, sull'arbitrato di consumo: l'ente arbitrale incaricato della gestione deve assicurare l'accesso pubblico ai dati circa la sua attività ed i risultati nel tempo.

In particolare sono previste relazioni annuali di attività, con l'indicazione della durata media dei processi, le percentuali di composizioni amichevoli o di decisioni nel merito e così via.

Nelle liti che contrappongono gli Stati ai privati, l'esigenza di trasparenza è particolarmente sentita.

Sono da segnalare, in proposito, le regole proposte dall'*Uncitral* negli arbitrati scaturenti dai trattati stipulati fra Stati ed investitori stranieri.

Si tratta delle *Rules on Transparency in Treaty-based investor-State Arbitration* ("*Rules on Transparency*"), effettive dal 1° aprile 2014, applicabili su accordo delle parti o quando queste ultime facciano rinvio alle *Uncitral Arbitration Rules* (salvo accordo contrario). È seguita la convenzione sulla trasparenza nell'arbitrato dei trattati di investimento, aperta per la firma dal 17 marzo 2015.

Anche l'*Icsid* garantisce particolare trasparenza al proprio contenzioso, pubblicando sul sito *web* tutti gli atti e i provvedimenti dei procedimenti pendenti o già terminati.

La giurisprudenza *Icsid* sovente sottolinea il valore di una interpretazione uniforme, che tenga conto dei precedenti, per contribuire ad armonizzare il diritto degli investimenti.

La riservatezza delle parti può comunque essere garantita con la soppressione dei riferimenti nominativi nei lodi: alcuni regolamenti arbitrali prevedono questa possibilità.

Talvolta è richiesto apposito consenso, talvolta è sufficiente il richiamo al regolamento. Ad esempio, secondo l'art. 8 del regolamento della Camera arbitrale di Milano, "A fini di studio, la camera arbitrale può curare la pubblicazione in forma anonima dei lodi, salva l'indicazione contraria anche di una sola delle parti manifestata nel corso del procedimento"; sono disponibili sul sito della Camera apposite linee guida per l'anonimizzazione dei lodi.

CAPITOLO XVIII
L'ARBITRATO IRRITUALE

1. La storia dell'arbitrato irrituale.

Nell'ordinamento italiano, vige la peculiare distinzione tra arbitrato rituale ed arbitrato irrituale.

L'art. 808-*ter* c.p.c., infatti, riportando in rubrica la dizione "arbitrato irrituale", stabilisce che le parti possono prevedere che la loro lite sia decisa dagli arbitri con una "determinazione contrattuale".

La norma aggiunge sia la tendenziale inapplicabilità delle norme dettate per l'arbitrato rituale, sia il divieto di deposito del lodo in tribunale per ottenerne l'esecutività.

Infine, viene garantita l'impugnabilità della pronuncia arbitrale sulla base di alcuni motivi, espressamente elencati.

Per comprendere la ragione dell'arbitrato irrituale, occorre ripercorrere la sua storia.

L'istituto, infatti, ha fatto il suo ingresso in seguito ad una sentenza della Corte di cassazione di Torino degli inizi del novecento, che ha riconosciuto il potere delle parti di stipulare un contratto atipico di soluzione della loro lite, ai sensi dell'art. 1322 c.c., giudicandolo meritevole di tutela per l'ordinamento italiano.

La Corte partiva dall'idea di uno strumento puramente privatistico, privo di elementi processuali.

Secondo la Corte (Cass. Torino, 27 dicembre 1904, in *Rivista di diritto commerciale*, 1905, II, p. 45) vi sono diverse maniere di risolvere le controversie: "Nella quarta maniera non si fa luogo ad un giudizio ma la risoluzione si ottiene per effetto della concorde volontà delle parti indipendentemente da ogni forma procedurale"; il prodotto non potrà avere efficacia di sentenza ma più semplicemente efficacia di "risoluzione contrattuale", giammai ripudiabile per "eccezioni derivanti dalla mancanza di formalità procedurali". Come si vede, l'impostazione iniziale era imperniata sull'assenza di requisiti processuali: assenza oggi smentita dall'art. 808-*ter*, che ha mutato radicalmente direzione.

Vi erano ragioni teoriche e pratiche alla base dell'eleborazione giuridica dell'arbitrato irrituale.

Sicuramente, esso rispondeva all'aspirazione di svincolarsi dalle costrizioni della disciplina dell'arbitrato tradizionale (rituale), particolarmente rigorose all'epoca del codice di procedura civile del 1865, specie in certe materie come quella laburistica: prima fra tutte l'obbligo di deposito in tribunale del lodo entro cinque giorni dalla sua pronuncia, pena la sua inesistenza.

Come notò Carnelutti, probabilmente l'arbitrato irrituale non avrebbe fatto il suo ingresso nell'ordinamento, se il lodo rituale fosse stato suscettibile di acquistare efficacia di giudicato a prescindere dall'*exequatur* dell'allora pretore. Non ultimo, il deposito obbligatorio del lodo, oltre a renderlo pubblico al pari di una sentenza, faceva scattare l'obbligo di pagamento immediato della tassa di registro, mentre, come si è detto al cap. XVII, par. 4, oggi il lodo è soggetto a imposta di registro solo in caso di inadempimento.

Alla pronuncia della Cassazione sono poi seguiti i primi riconoscimenti normativi.

In particolare, il codice navale ha previsto l'ammissibilità del c.d. chirografo di avaria, non soggetto alle norme sull'arbitrato – salvo accordo contrario – e da molti qualificato come arbitrato irrituale.

Art. 619 cod. navig.: "Gli interessati possono, mediante stipulazione di chirografo di avaria, far decidere da arbitri le cause relative alla formazione del regolamento contributorio. Al chirografo e al regolamento si applicano in tal caso le norme del codice di procedura civile riguardanti l'arbitrato, se gli interessati intendono che al regolamento venga dal tribunale competente conferita efficacia di sentenza, e di ciò fanno espressa dichiarazione nel chirografo". La norma va interpretata alla luce della disciplina vigente sull'arbitrato: oggi l'efficacia di sentenza è automatica e non abbisogna dell'intervento del giudice.

Anche nelle liti di lavoro, il legislatore dapprima ha previsto l'arbitrato irrituale in particolari materie, come il licenziamento o le sanzioni disciplinari, per poi giungere a disciplinare alcuni modelli generalizzati di arbitrato irrituale – benché alcune caratteristiche, come ad esempio l'esecutività del lodo, di irrituale abbiano ben poco (*infra*, par. 5).

Oggi, il panorama normativo è profondamente mutato rispetto a quello che vigeva all'epoca della sentenza.

Da atipico, l'arbitrato irrituale è divenuto tipico e sempre più processualizzato, come si desume chiaramente dai motivi di impugnazione del lodo.

Nel contempo, è cambiata radicalmente la disciplina dell'arbitrato rituale, in favore di una crescente liberalizzazione delle forme, con contestuale allentamento dei vincoli giudiziari e, più in generale, del riconoscimento di una fungibilità piena con la giurisdizione statuale.

Vi è dunque ragione di dubitare che l'arbitrato irrituale conservi una funzione utile: eppure viene tuttora utilizzato nella prassi e continua a trovare riconoscimenti normativi.

2. La natura dell'arbitrato irrituale.

Da sempre la questione della natura dell'arbitrato irrituale anima il dibattito dottrinale e giurisprudenziale.

La soluzione ha ricadute pratiche, perché, a seconda della tesi preferita, le lacune normative possono essere riempite dal rinvio all'una o all'altra categoria di norme di riferimento.

Gli inquadramenti proposti possono sintetizzarsi come segue.

a) L'arbitrato irrituale come arbitraggio nella transazione o arbitraggio nel negozio di accertamento. Una prima tesi inquadra l'arbitrato irrituale come un arbitraggio nella transazione, cioè un incarico agli arbitri di comporre la lite tramite reciproche concessioni (una transazione eterodeterminata).

Altra tesi fa riferimento, invece, ad un arbitraggio nel negozio di accertamento, quando il compito degli arbitri consista nell'accertamento del torto e della ragione.

A dimostrazione, si argomenta su una particolare forma di arbitrato, invalsa nella prassi, soprattutto in passato: il c.d. bianco segno, ovvero un foglio bianco, contenente soltanto le firme delle parti litiganti, che doveva essere completato dagli arbitri con la loro decisione.

Con l'ammissibilità del bianco segno, insomma, sarebbe dimostrato che le parti hanno inteso fare propria la determinazione dell'arbitro, quasi che provenisse da loro stesse; prevarrebbe dunque l'elemento volontaristico, su quello logico-conoscitivo connesso all'attività di giudizio e non vi sarebbe soluzione di continuità fra la scelta arbitrale (cioè la convenzione arbitrale) ed il suo frutto.

Le ricostruzioni proposte si collegano all'idea che il giudizio degli arbitri irrituali sia inscindibilmente connesso all'equità e non all'affermazione dell'ordinamento attraverso l'applicazione della legge, tipica espressione della giurisdizione pubblica, almeno secondo una certa concezione.

Così, Scialoja riteneva che l'arbitrato irrituale fosse riconducibile al mandato ed avesse ragione di esistere giuridicamente in quanto secondo equità, non come "attuazione del diritto obiettivo".

Contro le tesi citate possono muoversi alcune decisive obiezioni.

Infatti, per quanto riguarda l'arbitraggio nella transazione, l'esperienza dimostra che, nella stragrande maggioranza dei casi, le parti che scelgono l'arbitrato irrituale non intendono definire il giudizio con reciproche concessioni imposte dall'arbitro ma vogliono sapere chi abbia torto e chi abbia ragione.

Per quanto attiene, invece, al negozio di accertamento, è la ricostruzione in termini di arbitraggio a non mettere in debita luce l'elemento comune a tutte le forme arbitrali: le parti non vogliono semplicemente delegare a terzi il contenuto di un loro contratto, ma vogliono che questi giudichino la controversia, dopo aver dato loro modo di dedurre e dimostrare la loro ragione.

L'art. 808-*ter* conferma che l'arbitrato irrituale è ben lontano dallo schema normativo dell'arbitraggio, di cui il contraddittorio non è requisito indispensabile.

D'altro canto, il metro dell'equità non è di per sé sufficiente a caratterizzare l'irritualità, essendo possibile sia nell'arbitrato rituale, sia nella giurisdizione statuale.

b) La condivisione di funzione e struttura e la reductio ad unum *dei due tipi di arbitrato.* Dopo il 2000, sulla scia di una parte della dottrina e della pronuncia della Suprema Corte sulla natura contrattuale all'arbitrato (cap. I, par. 2), è nata una nuova prospettiva.

In particolare, si affermano due diverse impostazioni, l'una costituente lo sviluppo dell'altra ed entrambe basate sull'appartenenza negoziale di entrambe le *species* arbitrali.

La prospettiva più moderata riconosce, come unica *differentia* specifica, il diverso regime di esecutività e di impugnabilità del lodo arbitrale.

La tesi più rigorosa, portando a totale coerenza l'identità di funzione e di struttura (processuale) di entrambi gli strumenti, prende atto della sostanziale *reductio ad unum* del fenomeno arbitrale e del conseguente venir meno dell'arbitrato irrituale.

Anche queste teorie suscitano alcune obiezioni, specie dopo la riforma del 2006.

Per un verso, la contrapposizione fra lodo rituale ed irrituale non si risolve soltanto nell'esecutività e nell'impugnabilità, bensì nella stessa efficacia, il primo di sentenza, il secondo di contratto.

Per altro verso, la *reductio ad unum,* viene smentita dall'art. 808-*ter*, che ha sancito una volta per tutte l'autonomia del "tipo" irrituale.

c) La contrapposizione fra arbitrato irrituale, appartenente alla sfera negoziale e arbitrato rituale, appartenente alla sfera giurisdizionale. Per una parte degli interpreti, in una prospettiva diametralmente opposta a quella *sub b*), l'introduzione degli artt. 808-*ter* e 824-*bis* c.p.c. avrebbe definitivamente distanziato l'arbitrato rituale da quello irrituale.

La radicale differenza sull'efficacia del lodo testimonierebbe l'appartenenza a due sfere separate ed autonome: l'arbitrato rituale alla giurisdizione, quello irrituale al contratto.

A questa impostazione si può obiettare che dall'efficacia del lodo rituale come sentenza non deriva necessariamente che il relativo arbitrato condivida con il processo statuale la medesima natura.

L'obiezione è più generale: dall'attribuzione di particolari effetti alle due tipologie di lodo non possono dedursi, con altrettanta certezza, diversità o identità di natura dei rispettivi arbitrati.

Ciò detto, la ricostruzione che ritengo più convincente è la seguente.

Sia l'arbitrato rituale sia quello irrituale si muovono in una sfera diversa da quella della giurisdizione statuale, perché entrambi traggono legittimazione dalla volontà delle parti e consistono in un processo privato, destinato a sfociare in un giudizio vincolante.

All'interno di questo fenomeno unitario, il legislatore acconsente ad una differenziazione di disciplina, a seconda che le parti vogliano una pronuncia che abbia efficacia di sentenza, oppure di contratto, con le debite conseguenze in termini di regole procedimentali, di esecutività e di impugnazione del lodo.

Così, volendo concentrarsi sul contratto compromissorio, quello rituale e quello irrituale sono da considerare come due *species*, entrambe tipiche, dello stesso *genus*.

3. La disciplina positiva.

Per delineare la disciplina positiva dell'arbitrato irrituale è più utile passare da una prospettiva incentrata sulla sua natura ad un'ottica funzionale.

Dalla legge emergono chiari due assunti.

Innanzitutto, l'arbitato irrituale condivide con quello rituale la stessa funzione economica: anche agli arbitri irrituali si chiede una "determinazione", che si allontana dall'idea dell'*aliquid datum aliquid retentum* tipico della transazione e si avvicina all'accertamento dei diritti.

L'analogia di funzione porta ad una necessaria procedimentalizzazione, di cui occorre tenere conto nella determinazione della disciplina applicabile.

Al contempo, l'inciso in base al quale solo con la scelta rituale divengono automaticamente applicabili gli artt. 806 ss. c.p.c. dimostra che il legislatore ha voluto fortemente contrapporre i due istituti.

L'assunto rileva di fronte alla forte lacunosità dell'art. 808-*ter*: vale la regola *in dubio pro* disciplina dell'arbitrato rituale, oppure ci si deve unicamente basare sulle norme generali dei contratti?

La risposta sta nel mezzo.

In linea di principio, salvaguardando l'autonomia del procedimento irrituale, non può farsi automaticamente riferimento agli istituti propri dell'arbitrato rituale.

Ciò non significa, però, che l'applicazione degli artt. 806 ss. sia da evitare *a priori*. Infatti, lo stesso legislatore sente la necessità di escludere espressamente l'applicazione dell'art. 825 c.p.c. (sull'esecutorietà del lodo) e richiama invece l'art. 812 c.p.c. (sull'incapacità degli arbitri), con ciò dimostrando che occorre valutare caso per caso.

Prima della novella del 2006, la giurisprudenza aveva faticosamente costruito uno "statuto" dell'arbitrato irrituale, scegliendo quali norme dell'arbitrato rituale potessero essere applicate e tenendo conto, a tal fine, della natura processuale che connota entrambi gli istituti. L'art. 808-*ter* c.p.c., sotto questo aspetto, fa un passo indietro perché ripropone prepotentemente la questione della comunicabilità fra le due sfere.

In pratica, di fronte ad un caso dubbio, occorre prima di tutto cercare nella disciplina dell'art. 808-*ter* c.p.c., o in quella generale sui contratti, una soluzione idonea, senza condizionamenti derivanti dalla normativa rituale.

Se ciò non sia possibile, può farsi riferimento alle regole dell'arbitrato rituale che siano espressione diretta della funzione che i due arbitrati condividono: l'accertamento del diritto (secondo la legge o secondo l'equità) attraverso un processo.

Tenendo presente queste generali indicazioni, conviene distinguere fra i diversi momenti dell'arbitrato irrituale.

a) La convenzione arbitrale.

Esempio di clausola compromissoria per arbitrato irrituale: "qualsiasi controversia che dovesse insorgere in relazione al presente contratto sarà deferita ad un collegio arbitrale composto da tre arbitri, due scelti rispettivamente dalle parti e il terzo di comune accordo fra gli arbitri così nominati, affinché definiscano la controversia mediante determinazione contrattuale, in via irrituale".

L'art. 808-*ter* è esplicito nel ritenere che il patto compromissorio irrituale debba avere forma scritta, che non sembra però essere dettata *ad substantiam*, ma *ad probationem*, data l'assenza della sanzione di nullità.

Le leggi speciali consentono la forma elettronica, alla luce e nei limiti di quanto detto nel cap. VII, par. 12.

Non è invece da condividere, a mio avviso, l'orientamento giurisprudenziale secondo cui il patto per arbitrato irrituale sarebbe negozio di secondo grado, al quale non si applicherebbe il principio di autonomia rispetto al contratto a cui accede: la natura irrituale non cambia infatti la causa del contratto, che è quella di soluzione delle liti nascenti da un rapporto ed è come tale autonoma rispetto a quest'ultimo. Mi pare che un argomento a sostegno della soluzione che ritengo preferibile emerga dal comma 10° dell'art. 31 l. n. 180 del 2010, che, nello stabilire la possibilità per le parti di inserire nei contratti di lavoro individuale una clausola compromissoria per arbitrato irrituale fa richiamo dell'art. 808 c.p.c., mostrando così di ritenere che anche per questa specie di arbitrato valga il principio di autonomia.

La *ratio* che sottende all'incompromettibilità dei diritti indisponibili vale a maggior ragione per l'arbitrato irrituale. Per converso, quest'ultimo sarà utilizzabile per qualunque lite disponibile, sia essa su contratti o extracontrattuale.

Un cenno va fatto a proposito della disciplina speciale dell'arbitrato per le liti endosocietarie: benché l'assunto non sia pacifico, una clausola statutaria per arbitrato irrituale non solo sarà valida, come implicitamente stabilisce l'art. 35 d.lgs. n. 5 del 2003, ma non dovrebbe neppure essere soggetta al regime speciale di cui al d.lgs. cit., quanto, ad esempio, all'obbligo di nomina eterodeterminata.

b) *Gli arbitri*. Il rapporto parti-arbitri trova la sua fonte nel contratto di mandato e in quello d'opera intellettuale, ma ciò vale sia per l'arbitrato rituale sia per quello irrituale (cap. VIII, par. 14).

La differenza sta nel fatto che, mentre per l'arbitrato rituale le regole degli artt. 806 ss. c.p.c. prevalgono sugli schemi normativi dei citati contratti, per l'arbitrato irrituale si deve fare diretto riferimento a queste due ultime fonti.

Rimane ferma l'assoluta prevalenza della volontà delle parti nella scelta dei criteri di nomina degli arbitri, come sancito dall'art. 808-*ter* c.p.c.

Ciononostante, rimangono alcune lacune.

In particolare, l'*impasse* sorge in caso di mancata collaborazione delle parti per la designazione degli arbitri.

Dovendo operare il principio del *favor* per l'eseguibilità del contratto, unitamente a quello della buona fede nella sua interpretazione ed esecuzione, la giurisprudenza successiva al 2006 ha correttamente riaffermato l'applicazione analogica dell'art. 810 c.p.c.; applicazione che va estesa, a mio avviso, agli artt. 809 e 811 c.p.c.

Secondo Cass. 21 luglio 2010, n. 17114 l'art. 810 va applicato "in considerazione sia della somiglianza strutturale e funzionale dei due istituti; sia dell'ammissibilità di un intervento di volontaria giurisdizione anche per supplire ad un'inerzia di tipo negoziale; sia soprattutto dell'esigenza di assicurare l'attuazione del compromesso e quindi di conservare gli effetti del contratto"; lo confermerebbe anche "il disposto dell'art. 1473 cod. civ., in cui l'integrazione della volontà della parte è affidata al giudice, in surrogazione del mandatario che la parte ha omesso di nominare".

La stessa giurisprudenza ha però escluso la disciplina sul compenso di cui all'art. 814 c.p.c., mettendo addirittura in discussione il diritto all'onorario dell'arbitro irrituale in caso di annullamento del lodo.

Si potrà in ogni caso fare riferimento agli artt. 1709, 1719, 1720 e 2233 c.c.

Cass. 28 aprile 2010, n. 10221 afferma: "Vero è che la giurisprudenza ha enunciato il principio che il diritto dell'arbitro di ricevere il pagamento dell'onorario sorge per il fatto di avere effettivamente espletato l'incarico e che non viene meno allorquando il lodo sia stato impugnato con il giudizio di cui all'art. 828 c.p.c. e successivamente caducato dal giudice dell'impugnazione [...] Ma siffatto principio trova un limite nella avvenuta effettiva pronuncia di un lodo avente i requisiti minimi previsti dal menzionato art. 823 c.p.c., per cui non è applicabile in tutte le ipotesi in cui un provvedimento di tal natura sia mancato del tutto come avviene allorquando sia stato emesso a seguito di arbitrato irrituale o di arbitraggio o di perizia contrattuale [...] In quanto in ciascuno di questi casi la decisione comunque di natura negoziale che li conclude è sfornita dell'elemento che caratterizza l'arbitrato rituale, ossia l'attitudine a divenire 'sentenza' a seguito del deposito del lodo e posto che il compenso dovuto agli arbitri irrituali non si connota come spesa ma come debito *ex mandato*, per l'adempimento del quale è attivabile un ordinario giudizio di cognizione".

Non sembra vietata la composizione dell'organo arbitrale in numero pari, purché con i dovuti accorgimenti per garantire la sua equidistanza e la formazione della maggioranza in sede di delibera.

Quanto all'imparzialità, non v'è dubbio che il requisito sia imprescindibile anche per l'arbitro irrituale. Si tratta solo di capire se, per sanzionarla, si possa fare riferimento alla ricusazione *ex* art. 815 c.p.c., oppure se sia sufficiente la disciplina della revoca del mandato (art. 1726 c.c. in collegamento con l'art. 2237 c.c.).

Volendo, come sembra, far prevalere la disciplina del codice civile, la fattispecie va inquadrata nella revoca del mandato collettivo per giusta causa.

Si tratta dunque di capire quali siano i casi in cui ricorre la giusta causa: sarei per comprendervi tutti i casi di cui all'art. 815 c.p.c., ma più in generale ogni altro motivo che metta giustificatamente in dubbio l'imparzialità dell'arbitro irrituale.

La responsabilità degli arbitri può poi farsi risalire agli artt. 1710 e 2236 c.c.

c) *Il procedimento e i provvedimenti cautelari*. Per quanto riguarda il procedimento, si può partire dall'art. 1708 c.c., che autorizza i mandatari-arbitri a svolgere tutti gli atti necessari al compimento del mandato.

L'art. 808-*ter* c.p.c. dà indicazioni importanti, sul punto, prescrivendo la necessità del contraddittorio e del rispetto delle norme procedimentali sanzionate dalle parti con l'annullamento del lodo.

Per quanto riguarda il termine per la pronuncia, potrà farsi riferimento alla regola generale dell'art. 1183 c.c., in combinazione con l'art. 1722 c.c., che prevede l'estinzione del mandato per scadenza del termine.

L'estinzione, come giustamente notato, riguarda soltanto il procedimento. La convenzione arbitrale, perciò, conserverà la sua vigenza.

Fino a qualche anno fa, vi erano pronunce di merito che negavano l'ammissibilità di provvedimenti cautelari in arbitrato irrituale, motivando sul fatto che, con questa scelta, le parti avevano inteso esprimere un rifiuto a qualsiasi forma di tutela statuale, ivi compresa quella cautelare.

L'art. 669-*quinquies* c.p.c. ha fatto giustizia di questo orientamento, prevedendo che l'arbitrato irrituale è pienamente compatibile con la pronuncia giudiziale di provvedimenti cautelari.

Già prima lo aveva stabilito l'art. 35 d.lgs. n. 5 del 2003 con riguardo all'arbitrato societario.

Un punto delicato riguarda il raccordo fra provvedimento cautelare e procedimento irrituale nei casi in cui quest'ultimo vada obbligatoriamente instaurato, cioè per i cautelari conservativi: una tesi più radicale esclude infatti che il sistema degli artt. 669-*bis* ss. c.p.c. possa applicarsi ad un procedimento che si muove in un ambito radicalmente opposto a quello giudiziale. Per contro, a me sembra che il riferimento all'arbitrato irrituale contenuto nell'art. 669-*quinquies* cit. vada inteso come recepimento dell'intera disciplina di raccordo: perciò l'instaurazione del procedimento attraverso la domanda d'arbitrato sarà in grado di interrompere il termine per la proposizione del giudizio di merito, così come il lodo irrituale sarà in grado di assorbire la pronuncia cautelare.

d) *Il lodo*. Il punto centrale della disciplina riguarda il lodo irrituale, che, come si è già visto, non può essere depositato e divenire così titolo esecutivo.

A questo difetto si potrebbe forse ovviare autenticando le firme degli arbitri e sostenendo, sulla scorta di una felice intuizione della dottrina, che l'atto, benché etero-determinato, sia equiparabile alla scrittura privata autenticata, titolo esecutivo limitatamente alle somme ivi contenute (art. 474 c.p.c.).

Può accadere che il lodo irrituale venga cionondimeno presentato al tribunale per ottenere l'*exequatur*, nel qual caso occorre distinguere.

Se il lodo è qualificato come irrituale dagli stessi arbitri, il giudice dovrebbe comunque fare uso del potere di controllo che gli è devoluto dalla legge, negando, se del caso, l'esecutività.

Se invece il lodo è definito come rituale, ma chi subisce l'esecutività ritiene detta classificazione erronea, le cose si complicano: la giurisprudenza (*infra sub e*)) più recente ritiene, infatti, che il regime di impugnazione del lodo si deduce dalla sua qualifica formale ad opera degli arbitri e questo ragionamento, portato alle conseguenze, dovrebbe comportare la possibilità di chiedere l'esecutività del lodo, finché non sia annullato (o ne sia sospesa l'esecutività).

Maggiori dubbi desta il caso limite in cui, nonostante la qualifica rituale data dagli arbitri, le parti abbiano chiaramente attribuito la natura irrituale al loro arbitrato nel patto compromissorio.

In tutti i casi, sarà dato reclamo alla parte che lamenti il conferimento erroneo dell'esecutività e viceversa.

Infine, deve essere sgombrato ogni dubbio circa la riconoscibilità all'estero del lodo irrituale ai sensi della convenzione di New York, in quanto non può negarsi ch'esso abbia il carattere vincolante che la convenzione richiede.

Ove si ritenga, peraltro, che l'eseguibilità in un dato paese presupponga la medesima eseguibilità del paese di origine, la natura contrattuale del lodo irrituale potrebbe giocare a sfavore.

e) *L'impugnazione*. Quanto all'impugnabilità del lodo, l'art. 808-*ter* c.p.c. elenca una serie di possibili censure:

e1) invalidità della convenzione d'arbitrato;

e2) pronuncia oltre i suoi limiti, eccepita nel corso del procedimento;

e3) nomina irregolare degli arbitri, in violazione della volontà delle parti, o loro incapacità *ex* art. 812 c.p.c.;

e4) mancato rispetto delle regole imposte dalle parti come condizione di validità del lodo;

Un analogo motivo vale anche per l'arbitrato rituale, ma in quello irrituale non è prevista la preclusione per quanto concerne il rilievo della violazione. Inoltre, il motivo sembra più ampio nell'arbitrato irrituale, perché si riferisce ad ogni regola che le parti abbiano imposto a pena di nullità e non soltanto alla "forma" procedimentale (penso ad esempio, a norme sul merito o al metro di giudizio, su cui v., comunque cap. XVI, par. 6).

e5) mancato rispetto del contraddittorio.

Come si vede, sono censure che mettono in luce la vocazione processuale dell'arbitrato irrituale e trovano una corrispondenza con alcuni dei motivi di annullamento del lodo rituale.

La questione nodale sta nella tassatività delle predette censure.

La legge nulla dice e gli interpreti sono divisi fra chi ritiene l'elenco esaustivo, chi apre la via alle impugnative generali di invalidità negoziale, o quanto meno alle nullità – non contemplate dalla norma in esame, che parla solo di annullamento – e chi, infine, fa richiamo ai vizi del mandato.

La diatriba ha notevoli implicazioni: ammettere la nullità contrattuale significa rendere il lodo irrituale sindacabile per violazione di norme imperative, con un raggio addirittura più ampio rispetto al lodo rituale, soggetto a controllo solo per l'ordine pubblico.

Significa anche permettere, secondo l'interpretazione che mi sembra più ragionevole, che il lodo possa essere impugnato per nullità in ogni tempo.

Ancora, ampliando ai motivi di annullamento del contratto o ai vizi del mandato, si rende rilevante l'errore di fatto, insindacabile con riguardo al lodo rituale.

Per converso, vi sono alcuni motivi di censura del lodo rituale che non trovano rispondenza espressa nell'elenco dell'art. 808-*ter* c.p.c., ma che riflettono requisiti indispensabili affinché un'attività di giudizio possa definirsi tale.

Mi riferisco, ad esempio, al fatto che per il lodo irrituale non è espressamente prevista la revocazione per dolo dell'arbitro: data la gravità della circostanza, peraltro, o si cerca all'interno dell'elenco dell'art. 808-*ter* un motivo nel quale sia sussumibile (forse la violazione di norme del procedimento imposte dalle parti, o la violazione del contraddittorio), o si fa riferimento all'annullamento del contratto per dolo oppure, forse più agevolmente, si inquadra il vizio nella mancanza dell'oggetto del contratto, di cui all'art. 1418 c.p.c., non potendosi definire come vero giudizio una valutazione resa da un soggetto non imparziale.

A mio avviso, è difficile sostenere che, data la natura del lodo irrituale, la via delle impugnative contrattuali vada negata *in toto*.

Come giustamente osservato, poiché l'art. 808-*ter* c.p.c. individua cinque motivi di annullamento e non vi è alcuna espressa deroga alla disciplina sulla nullità del contratto (deroga imposta dall'art.

1418 c.c.), anche il lodo irrituale potrà essere dichiarato nullo per tutti i motivi previsti dalla legge ed in specie per violazione di norme imperative.

Peculiarità vi sono nella disciplina del lodo irrituale di lavoro. Infatti, l'art. 412 c.p.c. (su cui par. 6) dispone che il giudizio secondo equità deve avvenire nel rispetto dei principi fondamentali dell'ordinamento e dei principi regolatori della materia, ivi compresi gli obblighi comunitari. È da ritenere, dunque, che la violazione di detti principi possa essere tenuta in conto, in sede di impugnazione; mentre non è chiaro se rilevino tutte le altre norme imperative. Sempre a proposito, si è ritenuto che le norme inderogabili di lavoro (trattandosi di quello che ho definito ordine pubblico di "protezione") debbano rilevare solo quando la violazione del precetto incida sui rapporti futuri e non su quelli già maturati.

Viceversa, per quanto riguarda l'invalidità per annullamento, l'elenco contenuto nell'art. 808-*ter* dovrà ritenersi esaustivo, senza possibilità di ricorrere all'art. 1425 ss. c.c.

Ad ogni modo, tutte le soluzioni sono opinabili e sarebbe oltremodo opportuno un chiarimento normativo.

Piuttosto, va segnalato che, sulla base di un recente orientamento della Cassazione sul rilievo d'ufficio della nullità dei contratti, dovrebbe essere permesso al giudice, investito dell'impugnazione del lodo per un dato motivo (anche solo di annullamento), di sollevare di propria iniziativa un diverso motivo di nullità. Analogamente, tale rilievo dovrebbe essere consentito a seguito di domanda di adempimento del lodo.

La Cassazione (sez. un., 12 dicembre 2014, n. 26243) ha infatti ritenuto che, impugnato un lodo irrituale per erronea percezione del fatto, fosse possibile, per la prima volta in appello contro la sentenza di primo grado che aveva respinto l'impugnazione, rilevare la nullità della clausola compromissoria per simulazione del contratto, convertendosi l'eventuale domanda nuova (e come tale inammissibile) in eccezione officiosa.

L'impugnazione si propone al giudice di primo grado, come si conviene ai contratti.

Cosa succede, peraltro, se gli arbitri abbiano errato, qualificando il lodo come rituale e la parte soccombente abbia conseguentemente impugnato la pronuncia davanti alla Corte d'appello della sede?

È da preferire il criterio formale: il giudice dell'impugnazione si determina sulla qualificazione data dagli arbitri e non sull'effettiva natura del lodo, che rileva soltanto ai fini dell'eventuale invalidità della pronuncia, ai sensi dell'art. 829, comma 1°, n. 4, c.p.c. (cioè pronuncia fuori dai limiti del compromesso: cap. XVI, par. 7).

L'orientamento citato (v. ad esempio Cass., 8 novembre 2013, n. 25258) comporta che il motivo di impugnazione debba essere ricercato all'interno di quelli dell'art. 829 c.p.c., anziché dell'art. 808-*ter*; deriva inoltre che, se il lodo non venga impugnato, esso passa in giudicato nella veste rituale, perciò parificabile ad una sentenza, anche sotto il profilo della sua esecutività. Se, invece, la natura dell'arbitrato sia incerta anche nel lodo, l'errore di individuazione del giudice dell'impugnazione comporta, secondo la giurisprudenza (ad es. Cass., 19 agosto 2013, n. 19182), l'inammissibilità senza possibilità di *translatio iudicii*.

4. Perché e come scegliere l'arbitrato irrituale?

Perché scegliere l'arbitrato irrituale?

Per rispondere occorre domandarsi se questo istituto offra alle parti utilità che l'arbitrato rituale non è in grado di dare.

Se si osserva la prassi, emerge un'esigenza di *deregulation*: l'arbitrato irrituale ha più fortuna nei casi in cui il legislatore detta regole dettagliate e stringenti nei confronti dell'arbitrato rituale.

Ad esempio, il modello "forzato" dettato dagli artt. 34 ss. del d.lgs. n. 5 del 2003 – prima fra tutti l'imposizione della nomina eterodeterminata degli arbitri – può essere evitato attraverso il ricorso all'arbitrato irrituale (*supra*, par. 3).

A fronte dell'ampia libertà che contraddistingue l'arbitrato irrituale, vi sono tuttavia alcuni ostacoli alla sua effettività.

Oltre al già visto problema della nomina degli arbitri nel caso in cui una delle parti non collabori – problema risolto in via interpretativa dalla giurisprudenza –, va rilevata l'assoluta mancanza di assistenza giudiziale nei casi di *impasse*, ad esempio nella fase istruttoria.

Inoltre, il difetto di esecutività del lodo costituisce un rilevante *handicap* per la parte vittoriosa.

Confrontando a prima vista i rispettivi motivi di annullamento, il lodo irrituale sembrerebbe più resistente del lodo rituale; tuttavia, una volta riconosciuta l'ammissibilità delle impugnative generali del contratto, almeno con riferimento alla nullità, l'ambito di revisione si amplia notevolmente.

D'altro canto, l'evoluzione normativa dell'arbitrato rituale è improntata ad un netto *favor* nei riguardi di quest'ultimo: gli interventi più recenti sono stati, per lo più, finalizzati a rafforzare la sua effettività, senza intaccarne la flessibilità.

Tutte queste circostanze vanno tenute in debito conto, all'atto della scelta.

Se, una volta soppesati i *pro* e i *contra*, le parti decidano di orientarsi verso la via irrituale, debbono dirlo espressamente, come stabilito dall'art. 808-*ter*: *in dubio pro* arbitrato rituale.

Spesso accadeva ed accade tuttora che le parti nella convenzione arbitrale manifestino semplicemente la volontà di devolvere le liti in arbitrato, senza specificarne il tipo. Prima del 2006, la Cassazione era intervenuta affermando che laddove, nell'interpretazione della convenzione arbitrale, fosse persistito il dubbio circa la natura dell'arbitrato, quest'ultimo avrebbe dovuto intendersi come irrituale, quale scelta più radicale di distacco dalla tutela giurisdizionale statuale. L'orientamento era poi stato superato, a favore della prevalenza dell'arbitrato rituale.

Sarà opportuno che le parti specifichino, nella convenzione arbitrale o successivamente, che intendono ottenere una definizione della lite "mediante determinazione contrattuale"; è da ritenersi comunque sufficiente l'utilizzo del termine "irrituale".

Non vale, invece, a scegliere l'arbitrato irrituale l'utilizzo di termini, invalsi nella prassi, quali "amichevole compositore" (che significa equità) o "senza formalità di procedura".

5. L'arbitrato del lavoro: l'avvicinamento fra modello rituale ed irrituale.

L'arbitrato del lavoro ha caratteristiche peculiari, che comportano una progressiva commistione fra modello rituale ed irrituale.

L'art. 806 c.p.c. sancisce la compromettibilità delle liti di lavoro, purché l'arbitrato sia previsto dalla legge o dai contratti collettivi (cap. VI, par. 8).

a) *Arbitrato rituale*. L'arbitrato rituale è, dunque, pienamente ammissibile.

Lo si deduce dall'art. 829 c.p.c., che stabilisce la nullità del relativo lodo, per violazione della legge relativa al merito, anche se derogabile, nonché per contrarietà a contratti o accordi collettivi.

Se il lodo rituale di lavoro è reso secondo equità, dovrebbe, invece, valere soltanto il limite dell'ordine pubblico (benché l'assunto sia dubbio).

Non si applica in arbitrato il rinvio pregiudiziale alla Corte di cassazione *ex* art. 420-*bis* c.p.c. per l'interpretazione del contratto collettivo dubbio, previsto unicamente nel processo davanti all'autorità giudiziaria. Non vedo ostacoli, invece, alla previsione pattizia, da inserirsi nei contratti collettivi, di un meccanismo di sospensione del processo arbitrale, affinché le parti sociali siano invitate dagli arbitri a raggiungere un accordo circa il dubbio interpretativo (sulla falsariga dell'art. 64 d.lgs. n. 165 del 2001 per il pubblico impiego); resta inteso che la mancanza di accordo apre la via alla decisione autonoma degli arbitri.

L'art. 412-*ter* c.p.c., dal canto suo, ribadisce quanto già enunciato dall'art. 806 c.p.c., specificando che è valida ogni forma di arbitrato regolata dalla contrattazione collettiva con le associazioni sindacali maggiormente rappresentative, presso le sedi e con le modalità previste da quest'ultima (v., per i dettagli, *sub b)*).

b) Arbitrato irrituale. L'art. 5 della l. n. 533 del 1973 contiene una regola speculare per l'arbitrato irrituale, ammesso soltanto nei casi previsti dalla legge o dai contratti e accordi collettivi; aggiunge però che, nell'ipotesi di previsione nei contratti collettivi, la scelta deve avvenire "senza pregiudizio della facoltà delle parti di adire l'autorità giudiziaria".

Deve dunque ritenersi che, in quest'ultimo caso, la clausola compromissoria resti meramente facoltativa, potendo le parti disattenderla nel momento in cui sorge la lite, mentre un eventuale compromesso a lite già sorta rimane vincolante.

L'art. 412-*ter* c.p.c. conferma l'ammissibilità dell'arbitrato irrituale, secondo le modalità fissate nella contrattazione collettiva con le associazioni sindacali maggiormente rappresentative.

Ritengo, peraltro, che sia tuttora possibile un arbitrato da contratti collettivi non provenienti dalle associazioni maggiormente rappresentative con forme diverse da quella dell'art. 412-*ter* (attesa la generalità della l. n. 533 del 1973 cit.), purché persista il "doppio livello di contrattazione": una previsione arbitrale a monte nel contratto collettivo e una clausola compromissoria nel contratto individuale di lavoro o un compromesso fra le parti anche su procura.

Cosa succede se le parti dispongano nel contratto individuale in modo contrastante rispetto alla previsione contenuta nei contratti collettivi (o, più facilmente, non facciano alcun espresso richiamo alla clausola collettiva)? Mentre l'art. 829 c.p.c. stabilisce l'invalidità del lodo se contrario agli accordi collettivi (anche con riferimento, riterrei, alle forme procedimentali), per l'arbitrato irrituale non vi è un'analoga previsione. Occorrerà peraltro verificare quale sia la disposizione difforme, perché mi pare irragionevole spingersi fino a ritenere che il ferreo rispetto delle previsioni collettive impedisca alle parti, per esempio, di prorogare il termine per la pronuncia in caso di necessità sopravvenute nella specifica lite ed in applicazione dell'art. 820 c.p.c.

È da ammettere un lodo irrituale di equità, se le parti l'abbiano previsto (v. infatti i casi *sub c*)).

Infine, il lodo è impugnabile per i motivi e ai sensi dell'art. 808-*ter* c.p.c., davanti al giudice del lavoro e non è sucettibile di divenire titolo esecutivo.

Dagli artt. 412 e 412-*quater* c.p.c., che si esamineranno subito appresso, emerge una disciplina del lodo che, a prima vista, parrebbe suscettibile di applicazione in tutte le forme di arbitrato irrituale. Tuttavia, poiché il legislatore, quando ha voluto assoggettare il lodo allo speciale regime, lo ha ripetuto per ogni tipo di arbitrato da lui previsto, ritengo preferibile la tesi secondo cui, in mancanza di espressa specificazione, il lodo irrituale di lavoro è regolato dall'art. 808-*ter* c.p.c.

c) *Forme speciali, previste dalla legge, di arbitrato irrituale di lavoro*. È in questo quadro che vanno collocati i modelli di arbitrati speciali rinvenibili negli artt. 412 ss. c.p.c. (introdotti dalla l. 183 del 2010), nonché in altre disposizioni normative sparse. Si tratta per lo più di arbitrati irrituali.

La legge n. 183 del 2010 precisa che gli artt. 412 ss. si applicano anche alle controversie relative ai rapporti di lavoro alle dipendenze delle pubbliche amministrazioni di cui all'art. 63, comma 1°, d.l. n. 165 del 2001. Né ostacoli possono derivare dall'eventuale esistenza di atti amministrativi, che gli arbitri possono disapplicare in via meramente incidentale alla pari del giudice ordinario e con gli stessi limiti.

c1) *Arbitrato irrituale di cui all'art. 412 c.p.c.* È innanzitutto previsto un arbitrato affidato alle commissioni di cui all'art. 410 c.p.c., in continuità con il tentativo di conciliazione.

Ritengo che non possano essere nominati arbitri gli stessi commissari che si sono occupati della fase precedente di conciliazione: la norma va intesa come riferita all'organo e non alle persone fisiche. Se così non fosse, gli arbitri avrebbero già conosciuto della vertenza e sarebbero a rischio di ricusazione.

Gli arbitri pronunciano un lodo espressamente qualificato come irrituale, che, una volta autenticato, ha efficacia di contratto – anzi, si richiama inopinatamente la transazione di cui all'art. 2113 c.c., dimenticando che l'arbitrato si risolve in un accertamento –; è impugnabile per i motivi di cui all'art. 808-*ter*, nonché, deve ritenersi, per nullità negoziali.

Per altro verso, è suscettibile di esecutività a seguito di deposito in tribunale, quando sia stato confermato in sede di impugnazione o non sia più impugnabile, per scadenza del termine o acquiescenza delle parti.

È dubbio se il decreto di *exequatur* sia reclamabile *ex* art. 825 c.p.c. (risponde negativamente Cass., 19 agosto 2013, n. 19182).

Il risultato è singolare. Il titolo esecutivo sembrerebbe mantenere la sua natura stragiudiziale; tuttavia, a differenza della comune scrittura autenticata, che è titolo esecutivo con riguardo alle obbligazioni di somme di denaro, necessita anche del deposito in tribunale.

Non è chiaro se, una volta reso esecutivo, abbia l'efficacia della scrittura privata autentica, limitata cioè alle somme di denaro, oppure sia eseguibile a prescindere dalla natura dell'obbligazione. Mi parrebbe giusta, nel silenzio della legge, la seconda opzione, ma l'assunto è dubbio. Diversamente, occorre negare l'esecuzione per obblighi di fare e non fare, in quanto rimane titolo esecutivo stragiudiziale non assimilabile alla sentenza di condanna richiesta dall'art. 612 c.p.c.

L'impugnativa si propone al tribunale del lavoro, entro trenta giorni dalla notificazione del lodo ed il procedimento si svolge in unico grado.

Non è chiaro cosa accada se la notificazione del lodo manchi; sarei per applicare il termine prescrizionale dei contratti. Il giudizio di merito, poi, non può essere svolto dal giudice dell'impugnazione, dato che si perderebbe un grado di giudizio.

Questa tipologia di arbitrato, oltre che nascere da un compromesso all'atto della lite, può anche derivare da una clausola compromissoria (l. n. 183/10, art. 31, comma 10°), che rinvii espressamente all'art. 412, purché sia prevista da accordi interconfederali o contratti collettivi di lavoro.

Inoltre, la suddetta clausola deve essere pattuita dopo la stipula del contratto di lavoro per evitare coercizioni sulla parte debole, non può riguardare controversie relative alla risoluzione del contratto di lavoro e deve essere certificata, a pena di nullità, da appositi organi, che devono accertare la sussistenza di un'effettiva volontà delle parti a favore dell'arbitrato.

Le parti possono deferire agli arbitri il giudizio secondo equità, purché "nel rispetto dei principi generali dell'ordinamento e dei principi regolatori della materia, anche derivanti da obblighi comunitari": dunque, nel rispetto di norme non necessariamente inderogabili, a differenza del lodo irrituale di diritto.

Una previsione piuttosto inopportuna riguarda la decadenza dall'incarico degli arbitri, se il lodo non sia stato pronunciato entro sessanta giorni dall'accettazione: inopportuna come lo sono tutte le norme che impongono un termine breve preconfezionato, che non tenga conto delle complessità del singolo caso. Peraltro, la sua violazione è difficilmente riconducibile ai motivi di impugnazione del lodo irrituale.

*c2) Arbitrato irrituale di cui all'art. 412-*quater *c.p.c.* Un secondo tipo di arbitrato, denominato anch'esso irrituale, viene affidato ad appositi collegi di conciliazione e arbitrato, attraverso una sorta di compromesso in formazione progressiva, realizzato con lo scambio degli atti introduttivi del giudizio arbitrale.

Per la clausola compromissoria valgono le limitazioni già viste a proposito dell'art. 412 c.p.c.

Si tratta di un arbitrato fortemente processualizzato, in cui è obbligatorio l'avvocato, vi sono rigide scansioni di tempi (la cui violazione, però, non ha la relativa sanzione), secondo un modello assai lontano dalla flessibilità tipica dell'arbitrato irrituale.

Eppure il lodo, con efficacia contrattuale, è impugnabile secondo l'art. 808-*ter*, con le ibridazioni già viste nel modello *sub a*).

Anche in questo caso, un punto cruciale è rappresentato dall'indipendenza dell'arbitro. È infatti previsto che due dei tre arbitri da nominare siano "rappresentanti" delle parti (si vuole probabilmente alludere ai sindacati e alle associazioni di riferimento) e che ciascuna parte sia tenuta a remunerare l'arbitro che ha designato, salvo il riparto interno da effettuarsi sulla base della soccombenza.

Valgono le stesse regole già viste *sub c1*) per il giudizio secondo equità.

c3) *Arbitrato irrituale amministrato dagli enti di certificazione* (l. 183/10). Secondo la l. 183/10, art. 31, comma 12°, gli organi di certificazione (d.lgs. n. 276 del 2003) possono istituire camere arbitrali per gestire arbitrati definiti espressamente come irrituali, in materia di lavoro pubblico e privato. Il regime dell'impugnabilità del lodo è tratto dal modello *sub c1*).

c4) *Altri arbitrati previsti dalla legge*. Vanno ricordati, in particolare, l'arbitrato sulle sanzioni disciplinari, di cui alla l. n. 300 del 1970, art. 7, commi 6° e 7°;

La norma citata prevede che, ferma restando la facoltà di adire l'autorità giudiziaria, "il lavoratore al quale sia stata applicata una sanzione disciplinare può promuovere, nei venti giorni successivi, anche per mezzo dell'associazione alla quale sia iscritto ovvero conferisca mandato, la costituzione, tramite l'ufficio provinciale del lavoro e della massima occupazione, di un collegio di conciliazione ed arbitrato, composto da un rappresentante di ciascuna delle parti e da un terzo membro scelto di comune accordo o, in difetto di accordo, nominato dal direttore dell'ufficio del lavoro. La sanzione disciplinare resta sospesa fino alla pronuncia da parte del collegio". Si ritiene che il datore di lavoro possa evitare la procedura arbitrale rivolgendosi al giudice entro dieci giorni dall'invito alla nomina del proprio rappresentante in seno al collegio arbitrale, pena l'inefficacia della sanzione disciplinare. Valgono le perplessità già espresse *sub c*)), con riferimento all'imparzialità degli arbitri.

l'arbitrato in tema di controversie sui licenziamenti individuali per le imprese minori *ex* art. 5 l. n. 108 del 1990;

Dopo il fallimento della procedura di conciliazione, "ciascuna delle parti entro il termine di venti giorni può promuovere, anche attraverso l'associazione sindacale a cui è iscritta o conferisca mandato, il deferimento della controversia al collegio di arbitrato previsto dal contratto collettivo nazionale di lavoro applicabile o, in mancanza, ad un collegio composto da un rappresentante scelto da ciascuna parte e da un presidente scelto di comune accordo o, in difetto, dal direttore dell'ufficio provinciale del lavoro e della massima occupazione. Il collegio si pronuncia entro trenta giorni e la sua decisione acquista efficacia di titolo esecutivo [...]". Il meccanismo di nomina è analogo a quello di cui alla l. n. 300 del 1970.

infine, l'arbitrato riguardante i contratti di lavoro sportivo regolati dalla l. n. 91 del 1981 (cap. VI, par. 13).

c5) *Arbitrato a lite giudiziale pendente.* L'art. 1 d.l. n. 132 del 2014, conv. in l. n. 162 del 2014 (cap. VIII, par. 8) regola il compromesso a lite già pendente e soddisfa perciò il requisito dell'art. 806 c.p.c.

La disposizione precisa però che esso è possibile solo se la lite verta "su diritti che abbiano nel contratto collettivo di lavoro la propria fonte esclusiva, quando il contratto stesso abbia previsto e disciplinato la soluzione arbitrale".

La *ratio* della limitazione non è chiara: se, come spesso accade, a fianco della previsione negoziale si trovi una disposizione di legge, non si comprende perché l'arbitrato non possa essere scelto, pur essendo regolato dal contratto collettivo.

Tuttavia, ciò non significa che negli altri casi l'arbitrato non sia ammesso, quando sia già stato instaurato il processo statuale: potrà, infatti, farsi ricorso alle forme arbitrali disciplinate dai contratti collettivi, nonché a quelle di cui all'art. 412-*quater* c.p.c. e agli altri arbitrati regolati dalla legge; fa eccezione l'arbitrato dell'art. 412 c.p.c., davanti alle commissioni di conciliazione, che presuppone che la causa non sia stata ancora iniziata.

Capitolo XIX
IL RICONOSCIMENTO DEL LODO STRANIERO

1. Il riconoscimento e l'esecutività del lodo straniero: premessa.

Dell'arbitrato straniero si occupano specificatamente gli artt. 839 e 840 c.p.c. che disciplinano il riconoscimento e l'esecutività del lodo estero in Italia.

Si è già detto che la nazionalità dell'arbitrato è, di regola, determinata dalla sua sede.

Pertanto, poiché la qualifica di lodo straniero va determinata in base alla *lex fori*, cioè alla legge del giudice chiamato al riconoscimento, il lodo va ritenuto straniero, per la legge italiana, quando abbia sede all'estero e quando, pur avendo sede in Italia, o in assenza di fissazione della sede, vi sia un'inequivoca volontà delle parti di ancorarlo ad un altro ordinamento.

Rimane invece aperta la questione del lodo c.d. anazionale (di cui si è vista la dubbia legittimità): cap. IV, par. 3.

Per espresso dettato dell'art. 840 c.p.c., le convenzioni internazionali ed in particolare la convenzione di New York del 1958 prevalgono sulla disciplina interna. Fra l'altro, poiché l'Italia non ha formulato alcuna riserva di reciprocità, un lodo straniero dovrà essere riconosciuto sulla base della predetta convenzione, a prescindere dal fatto che esso provenga da uno Stato non contraente.

D'altro canto, la convenzione di New York lascia liberi gli Stati di dettare le regole del procedimento di riconoscimento, con la raccomandazione che non siano sensibilmente più rigorose, o non impongano spese di giustizie molto più elevate di quelle previste per il lodo interno.

Inoltre, sempre ai sensi della stessa convenzione, le norme interne prevalgono quando siano più favorevoli.

Dunque, per avere un quadro chiaro delle modalità di riconoscimento di un lodo straniero in Italia, occorrerà fare riferimento al codice di procedura civile e alla convenzione in comparazione tra loro, senza dimenticare che anche la convenzione di Ginevra potrà rappresentare una fonte integrativa, nella misura in cui la convenzione di New York o gli artt. 839 ss. facciano riferimento a profili che ricadono nella sua disciplina.

Ciò detto, è necessario prima di tutto tenere concettualmente distinti il riconoscimento dall'esecuzione del lodo.

Mentre quest'ultima inerisce alle statuizioni che necessitano di un adeguamento della realtà materiale a quella giuridica, cioè le statuizioni di condanna, il riconoscimento va inteso come attribuzione di efficacia, all'interno dell'ordinamento di destinazione, ai capi di accertamento e costitutivi, i cui effetti operano esclusivamente sul piano giuridico.

In entrambi i casi, occorre un provvedimento del giudice.

Il decreto di delibazione porterà dunque al risultato, tipicamente costitutivo, di attribuire al lodo straniero l'efficacia giuridica delle statuizioni di merito, oltre alla possibilità di procedere ad esecuzione forzata per i capi condannatori e ad ogni altra facoltà inerente, quale, ad esempio, la trascrizione nei registri immobiliari.

Si discute, peraltro, se la delibazione sia diretta ad attribuire una efficacia nuova, originaria e distinta al provvedimento straniero, rispetto a quella che aveva nel paese d'origine, oppure se, al contrario, essa si limiti ad importare in Italia gli stessi effetti che aveva all'estero. In ogni caso, l'efficacia sarà retroattiva al momento in cui il lodo ha prodotto gli effetti nel paese di appartenenza. V. comunque par. 4.

Ci si deve chiedere, poi, che cosa si intenda per "lodo" riconoscibile.

La questione si incentra soprattutto sull'individuazione della regola in base alla quale fornire detta nozione: per alcuni è la legge del giudice che è chiamato a rendere il riconoscimento (*lex fori*, dunque la legge italiana, nel nostro caso); oppure la legge dello Stato di origine del lodo; o ancora una regola autonomamente desumibile dalla stessa convenzione di New York. In ogni caso, si ritiene comunemente che il giudice non sia vincolato dalla qualificazione data dagli arbitri al loro provvedimento.

Vi rientra sicuramente il lodo parziale su domande, mentre più difficile è includervi il lodo su questioni, che non ha una propria autonomia rispetto al lodo definitivo e non pronuncia su un bene della vita.

Ancor più dubbia è la riconoscibilità in Italia del c.d. *award by consent*, quando gli arbitri recepiscano nel lodo la transazione raggiunta dalle parti.

Non vi rientrano neppure le ordinanze istruttorie e i provvedimenti che pronunciano su misure cautelari.

Una parte della dottrina ha ritenuto peraltro che, quando le misure cautelari siano pronunciate con lodo, l'*exequatur* sia potenzialmente possibile. Tuttavia, nel caso in cui un siffatto lodo fosse presentato al giudice italiano, questi potrebbe rifiutare il riconoscimento ritenendo che il divieto di pronunce cautelari da parte dell'arbitro sia motivo di ordine pubblico.

Infine, va ricordato che i lodi *Icsid*, ai sensi dell'art. 54 della relativa convenzione, sono riconosciuti in via automatica dagli Stati contraenti nei quali la pronuncia deve essere eseguita, con riguardo alle obbligazioni pecuniarie: trattandosi di disposizione più favorevole rispetto al regime della convenzione di New York, prevale su quest'ultima.

2. I motivi di rifiuto dell'efficacia del lodo straniero in Italia: opposizione *ex parte*.

L'art. 840 c.p.c. enuncia una serie di ragioni, tassative, in base alle quali l'*exequatur* può essere rifiutato.

La norma, con struttura analoga a quella della convenzione di New York, distingue fra cinque motivi che debbono essere necessariamente rilevati e provati dal convenuto in sede di opposizione e due motivi soggetti, invece, a controllo officioso.

Di seguito si analizzano i motivi rilevabili *ex parte*.

1) *Incapacità delle parti contraenti la convenzione arbitrale secondo la legge ad essi applicabile; invalidità della convenzione arbitrale secondo la legge a cui le parti l'hanno assoggettata o, in mancanza, secondo la legge del luogo in cui è stato reso il lodo*. Il primo motivo si è posto spesso con riguardo alla capacità di compromettere degli enti pubblici, o di società private a capitale pubblico, che in alcuni ordinamenti trova notevoli restrizioni.

Per valutare detti requisiti, il giudice italiano farà riferimento all'ordinamento risultante dalle norme di conflitto di cui alla l. n. 218 del 1995.

> In proposito, va ricordato che, ai sensi dell'art. 2 della convenzione di Ginevra del 1961, salvo riserva degli Stati contraenti, "le persone qualificate dalla legge applicabile nei loro confronti come 'persone morali di diritto pubblico' hanno la facoltà di concludere validamente delle convenzioni di arbitrato".

Il secondo motivo riguarda più genericamente tutte le questioni di inesistenza/nullità/inefficacia della convenzione arbitrale.

In proposito, il giudice deve avere riguardo alla legge del patto compromissorio e, solo in subordine, alla *lex arbitri* (cioè la legge della sede dell'arbitrato).

Per il vero, alcuni aspetti della convenzione arbitrale sono regolati in via materiale dalle convenzioni internazionali, ma deve ritenersi che il giudice dell'*exequatur* non debba necessariamente farne applicazione quando la legge che governa la convenzione arbitrale contenga disposizioni più favorevoli.

Ad esempio, la convenzione di New York disciplina la forma della convenzione arbitrale (art. II); parimenti fa l'art. I (2) (a) della convenzione di Ginevra, con disposizione analoga. In entrambi i casi, ove la legge applicabile alla convenzione arbitrale preveda condizioni più favorevoli (ad esempio una forma non necessariamente scritta), il riconoscimento sembra possibile.

Inoltre, si è già visto (cap. X, par. 6) che il giudice dell'*exequatur* non è vincolato alla valutazione sull'invalidità della convenzione arbitrale espressa o presupposta in una sentenza di un giudice di un altro Stato europeo.

La censura è in grado di coprire l'eventuale incompromettibilità della lite, che si vedrà essere oggetto di controllo del giudice anche nella fase *inaudita altera parte*.

2) *Violazione del contraddittorio*. La previsione, pur riferendosi ai casi in cui la parte non sia stata informata della nomina dell'arbitro o del procedimento arbitrale, oppure sia stata nell'impossibilità di far valere le proprie difese, va interpretata nel senso che l'*exequatur* sia rifiutato ogni qualvolta risulti una violazione del diritto al contraddittorio, nell'attività di allegazione o di prova dei fatti.

Una parte degli interpreti, peraltro, ritiene che l'opponente debba dimostrare di avere reagito, una volta accortosi della violazione. Si è giustamente notato che la previsione va coordinata con il motivo della contrarietà all'ordine pubblico italiano, per cui, quando la violazione del contraddittorio sia stata assoluta, cioè non abbia posto l'avversario in grado di partecipare al processo, dovrebbe potersi ammettere la rilevabilità *ex officio* (v. par. 3 *sub b*)).

3) *Pronuncia* extra-compromissi. Il vizio va distinto fra pronuncia su controversia non contemplata dal patto compromissorio e pronuncia resa fuori dai limiti del medesimo.

Nel primo caso, gli arbitri hanno pronunciato su un diritto che non era coperto dalla convenzione arbitrale.

Nel secondo caso, gli arbitri hanno ecceduto rispetto ai poteri che le parti gli avevano attribuito con il patto compromissorio.

Il secondo caso sembra ricorrere, ad esempio, quando gli arbitri abbiano deciso secondo equità pur non avendone i poteri. Tuttavia, il motivo finisce per risolversi in un *error in iudicando*, non ammesso fra i motivi tassativi previsti dalla norma in esame, eccetto la violazione dell'ordine pubblico.

Non si fa invece riferimento all'ipotesi in cui gli arbitri abbiano pronunciato su diritti che, seppur compresi nel patto compromissorio, non erano stati oggetto di espressa domanda nel procedimento arbitrale.

Se l'extrapetizione riguardi solo una parte del lodo, il riconoscimento potrà essere concesso per il residuo.

4) *Non conformità della nomina degli arbitri, oppure del processo arbitrale, alle regole dettate dalle parti, oppure, in mancanza, alle legge della sede dell'arbitrato*. È un ampio motivo, che riguarda tutte le irregolarità procedimentali diverse dal vizio del contraddittorio, già coperto dal n. 2.

Data la genericità del tenore normativo, gli interpreti si sforzano di circoscriverlo.

Probabilmente, è ragionevole ritenere che la contrarietà debba riguardare o regole poste dalle parti a pena di nullità, o norme inderogabili della *lex arbitri*, come l'equidistanza degli arbitri (rilevante peraltro anche sotto il profilo dell'ordine pubblico: v. par. 3).

Ci si domanda altresì se sia possibile salvare il lodo conforme alla volontà delle parti, anche quando sia contrario a norme dell'ordinamento di appartenenza; è dubbio se questo sia possibile, soprattutto, quando la violazione riguardi norme imperative; in ogni caso, occorrerà che il lodo passi al vaglio dell'ordine pubblico della *lex fori*.

5) *Natura non vincolante del lodo; annullamento o sospensione dell'efficacia da parte dell'autorità giudiziaria competente dello Stato cui appartiene l'arbitrato*.

La convenzione di New York utilizza il termine ufficiale in inglese "binding": non è chiaro se, per capire che cosa significhi, occorra fare riferimento ad un dato ordinamento (quello della sede dell'arbitrato) oppure se sia possibile estrapolare una nozione uniforme. Ad ogni modo, un lodo ancora soggetto a rimedi straordinari, quali la revocazione o l'opposizione di terzo, è da ritenersi sicuramente vincolante.

Se un lodo annullato nello Stato di appartenenza dell'arbitrato venga successivamente presentato in Italia per l'*exequatur*, il giudice deve rifiutare il riconoscimento, salvo che la sentenza di annullamento non sia a sua volta riconoscibile (ma l'assunto non è pacifico).

Il legislatore italiano ha scelto una soluzione più rigorosa rispetto ad altri ordinamenti.

In Francia, il riconoscimento del lodo straniero non è condizionato al suo annullamento nel paese d'origine. D'altro canto, come già detto, la convenzione di New York non esclude per ciò solo la possibilità di riconoscimento, perché fa salve le norme interne agli ordinamenti che siano più favorevoli.

Tuttavia, quando l'arbitrato ricade nell'ambito applicativo della convenzione di Ginevra, il giudice italiano non può rifiutare l'*exequatur*, se l'annullamento del lodo nel paese d'origine sia stato fondato su motivi diversi da quelli previsti dall'art. 9 della convenzione.

Questi ultimi sono: *a*) incapacità dei contraenti; *b*) invalidità della convenzione arbitrale; *c*) mancato rispetto del contraddittorio; *d*) decisione *extra-compromissi*; *e*) irregolarità nella nomina. In pratica, la convenzione gradua i motivi di annullamento, tenendo separati quelli talmente gravi da non poter consentire la circolazione del lodo (c.d. *international standards of annulment*).

Diverso è il caso in cui la domanda di annullamento, o la richiesta di sospensione dell'efficacia del lodo non siano ancora state decise dal giudice del paese di appartenenza. In questa eventualità, il giudice italiano potrà (e non dovrà) sospendere il processo di delibazione, in attesa dell'esito del procedimento straniero, disponendo, se del caso, idonee garanzie a favore della parte istante.

Cosa succede se, nonostante il giudizio di annullamento pendente, il giudice italiano decida di proseguire pronunciando l'*exequatur* e successivamente lo stesso lodo sia annullato nel paese d'origine? Si è ipotizzato il venir meno immediato degli effetti del provvedimento di delibazione; o comunque si dovrà consentire l'impugnabilità per revocazione straordinaria.

3. I motivi di rifiuto a rilievo officioso.

Il giudice, oltre a verificare che l'atto di cui si chiede il riconoscimento sia qualificabile come lodo estero e che esista una convenzione arbitrale che lo legittima, deve controllare d'ufficio l'esistenza di due motivi ostativi al riconoscimento.

a) La controversia non poteva formare oggetto di convenzione arbitrale secondo la legge italiana. Il giudice deve verificare che la materia su cui il lodo ha deciso sia arbitrabile ai sensi della *lex fori*, cioè della legge italiana.

b) Il lodo contiene disposizioni contrarie all'ordine pubblico. L'ordine pubblico a cui fa riferimento la norma è quello dello Stato in cui si richiede il riconoscimento e va inteso come ordine pubblico internazionale, cioè come insieme dei principi inderogabili, che contraddistinguono i valori fondamentali di un ordinamento in una data epoca: più ristretto, dunque, rispetto alle norme imperative della *lex fori*, alle quali si suole ricollegare il concetto di ordine pubblico interno (cap. XVI, par. 8).

Ad esempio, sarà probabilmente negato il riconoscimento in Italia ad un lodo straniero che abbia violato le norme in materia di diritto della concorrenza; oppure ad una condanna che comporti una sanzione corporale; si sono posti problemi anche sul riconoscimento di un lodo americano che disponga i c.d. danni punitivi.

Ci si domanda se l'ordine pubblico rilevante si riferisca unicamente al merito della decisione o possa riguardare anche il procedimento arbitrale.

Mentre l'art. 840 c.p.c. precisa che il controllo ha ad oggetto il lodo, secondo la convenzione di New York non è tanto e solo il contenuto della decisione, quanto la sua efficacia nell'ordinamento italiano a dover passare attraverso il vaglio dell'ordine pubblico.

L'esegesi della norma interna alla luce di quella internazionale permetterebbe così di ampliare il controllo al rispetto dei canoni processuali fondamentali della *lex fori*.

Si potrebbe, ad esempio, sanzionare il difetto di motivazione; secondo una dottrina vi rientrerebbe la contrarietà del lodo straniero ad altro lodo o sentenza già passati in giudicato in Italia (v. comunque cap. X, par. 6).

L'*Oberlandesgericht München*, 15 gennaio 2015, (caso *Pechstein*) ha ritenuto che sia contrario all'ordine pubblico un lodo emesso dalla Corte arbitrale per lo sport di Losanna, in quanto lesivo della normativa *antitrust*: la federazione sportiva, infatti, avrebbe abusato della propria posizione dominante, inducendo l'atleta a scegliere un arbitrato disciplinato da un regolamento che non assicura l'equidistanza del collegio arbitrale rispetto alle parti (cap. VI, par. 12).

Il giudice non potrà verificare d'ufficio la sussistenza dei motivi di rifiuto rilevabili soltanto *ex parte* di cui all'art. 839 c.p.c., a meno che non si sovrappongano a quelli in esame: ad esempio l'incompromettibilità rispetto all'invalidità del patto compromissorio.

Tuttavia, non è chiaro se la Corte possa prevenire l'iniziativa del convenuto in ordine al rilievo di eventuali altre eccezioni ostative al riconoscimento, come la propria incompetenza.

Si pongono, *mutatis mutandis*, gli stessi dubbi già visti nel cap. XI, par. 14, a proposito del processo per ingiunzione.

4. Il procedimento.

Il legislatore italiano delinea un meccanismo analogo al procedimento per ingiunzione, con una prima fase *inaudita altera parte* ed una successiva opposizione solo eventuale.

Legittimata a proporre l'istanza è la parte del procedimento arbitrale, o il suo successore, davanti al presidente della Corte d'appello nel cui distretto risiede il soggetto contro il quale intende far valere il lodo (parte del lodo o suo successore o avente causa).

Nel caso di residenza all'estero, si deve fare riferimento alla Corte d'appello di Roma.

Se vi sono più parti, l'istante potrà agire nei confronti di una di esse, quando voglia soltanto far valere il capo che la riguarda, purché scindibile rispetto agli altri.

Al ricorso andranno allegati il lodo in originale o in copia conforme, nonché la convenzione arbitrale, sempre in originale o copia conforme.

A causa del diverso tenore letterale dell'art. 839 c.p.c., rispetto alla convenzione di New York, si sono posti dubbi sia con riguardo alla necessità che il lodo ed il compromesso debbano essere formalmente autenticati (in senso positivo Cass., 8 ottobre 2008, n. 24856), sia con riferimento alla contestualità fra ricorso e produzione dei suddetti documenti (in senso positivo Cass., 23 luglio 2009, n. 17291).

Il giudice emette un decreto motivato che potrà essere di accoglimento o di rigetto.

In entrambi i casi è data opposizione entro trenta giorni che decorrono, per il decreto di rigetto, dalla sua comunicazione, mentre, per il decreto di accoglimento, dalla sua notificazione.

Potrebbe anche darsi un provvedimento che accolga solo parzialmente l'*exequatur*, nel qual caso entrambe le parti saranno titolate all'opposizione.

Pertanto, nel caso di rigetto, la richiesta di *exequatur* non è riproponibile (almeno quando il motivo sia di merito), ma l'istante è tenuto a proporre opposizione con atto di citazione, pena il passaggio in giudicato del provvedimento del giudice.

Nel caso di accoglimento, invece, sarà il destinatario dell'istanza a dover proporre opposizione.

Cosa succede se, a fronte di un lodo che condanna Tizio e Caio a pagare solidalmente a Sempronio una certa somma, il decreto di riconoscimento viene opposto solo da Tizio, nonostante fosse stato notificato ad entrambi? Potrà Caio avvalersi dell'eventuale sentenza con la quale la Corte d'appello rifiuti il riconoscimento riformando il decreto? La risposta è no, perché il decreto di accoglimento, in mancanza di opposizione, è passato in giudicato nei confronti di Caio, che non può più disconoscerlo.

La trattazione è collegiale.

Potrebbe un terzo, coinvolto nell'esecuzione del lodo straniero, partecipare al procedimento? Gli interpreti sono favorevoli all'intervento del terzo (occorrerà peraltro distinguere fra terzo rispetto al processo di riconoscimento e terzo rispetto al lodo, nonché con riguardo alla qualità di litisconsorte facoltativo o necessario), nonché alla possibilità di impugnare il provvedimento finale con l'opposizione di terzo.

I momenti in cui si producono l'effetto esecutivo per la condanna e l'efficacia giuridica per i capi di accertamento e costitutivi non coincidono.

All'esecuzione del lodo si potrà procedere fin dalla pubblicazione della sentenza con la quale, in sede di opposizione, venga accordato l'*exequatur*.

Non è chiaro, invece, se il decreto di riconoscimento sia provvisoriamente esecutivo in pendenza del termine o a opposizione già instaurata.

Propendo, pur con tutti i dubbi del caso, per la soluzione positiva, ritenendo possibile per l'opponente chiedere la sospensiva in applicazione analogica dell'art. 649 c.p.c.

Mi pare deponga in favore di questa ricostruzione, – oltre al richiamo agli artt. 645 ss. c.p.c., ivi compreso l'art. 649 –, il fatto che la convenzione di New York richieda che le condizioni per il riconoscimento del lodo straniero non siano più onerose rispetto a quelle per l'*exequatur* interno.

Tuttavia, occorre dare atto di contrari orientamenti.

Il primo nega l'esecutività automatica, consentendo all'istante di chiedere provvedimenti cautelari che preservino il suo diritto in costanza di opposizione.

Si fa leva sulla previsione dell'art. 840, comma 4°, c.p.c., secondo cui se il lodo è stato annullato o sospeso nel paese di origine, il giudice può sospendere il processo di delibazione, disponendo se del caso idonee garanzie. Dal che si dedurrebbe che il provvedimento di accoglimento non spieghi efficacia provvisoria.

Il secondo ritiene possibile chiedere l'espressa declaratoria di provvisoria esecutività del lodo straniero in pendenza del termine per l'opposizione, sulla falsariga dell'art. 642 c.p.c. (peraltro non richiamato dall'art. 840 c.p.c.), o, comunque, in pendenza di opposizione, ai sensi dell'art. 648 c.p.c.

Ad ogni modo, deve ritenersi che la pronuncia di cautelari, sia prima sia durante il procedimento, sia sempre possibile, quando ne sussistano i presupposti ed il giudice italiano non sia carente di giurisdizione. Resta un problema di competenza nell'ipotesi di richiesta cautelare *ante causam*, fra il giudice di primo grado del luogo dove va eseguito il cautelare e la Corte d'appello incaricata del procedimento di *exequatur*. Probabilmente la seconda opzione è quella più corretta, dato che in gioco non vi è solo il diritto oggetto del lodo, ma anche lo stesso riconoscimento del provvedimento arbitrale in Italia.

Per l'efficacia dei capi costitutivi e di annullamento, invece, occorrerà attendere che il decreto di *exequatur* non sia più impugnabile per decorso dei termini per l'opposizione, oppure che la sentenza di opposizione, con la quale venga accordato il riconoscimento, non sia più impugnabile con ricorso per cassazione.

De *iure condito*, infatti, non sembra che l'efficacia giuridica diversa dall'esecutività sia anticipabile al momento della pubblicazione della sentenza di opposizione o del decreto.

INDICE ANALITICO

Il numero romano indica il capitolo, il numero arabo successivo il paragrafo.

B

C

D

N

O

P

Q

R

Finito di stampare nel mese di gennaio 2016
presso Global Print (Gorgonzola, Milano)